住房和城乡建设部"十四五"规划教材

教育部高等学校工程管理和工程造价专业教学指导分委员会规划推荐教材

# 建筑企业管理（第二版）

张涑贤　苏　秦　主　编

魏泽龙　主　审

中国建筑工业出版社

**图书在版编目（CIP）数据**

建筑企业管理 / 张涑贤，苏秦主编．— 2 版．
北京：中国建筑工业出版社，2024.7. —（住房和城
乡建设部"十四五"规划教材）（教育部高等学校工程管
理和工程造价专业教学指导分委员会规划推荐教材）．
ISBN 978-7-112-29960-7

Ⅰ．F407.96

中国国家版本馆 CIP 数据核字第 2024UF6740 号

本教材系统地阐述了建筑企业管理的基本内容以及行业和学科前沿在建筑企业中的应
用，内容共分 12 章，包括建筑企业管理总论、建筑企业组织管理、建筑企业战略管理、建
筑企业文化、建筑企业人力资源管理、建筑企业经营预测与决策、建筑企业计划管理、建
筑企业经营方式及投标、建筑企业生产要素管理、建筑企业技术管理、建筑企业质量管理、
建筑企业信息管理概论等。为便于读者学习，各章附有本章要点及学习目标、案例分析及
思考与练习。

本教材可作为高等院校工程管理专业、土木工程专业及管理类其他专业的课程教材或
教学参考书，亦可供管理科学与工程、工商管理等管理类学科研究生及有关企事业单位人
员学习和参考。

为更好地支持相应课程的教学，我们向采用本书作为教材的教师提供教学课件，有需
要者可与出版社联系，邮箱：jckj@cabp.com.cn，电话：(010)58337285，建工书院 ht-
tp：//edu.cabplink.com（PC 端）。

责任编辑：张　晶　吴越恺
责任校对：赵　力

住房和城乡建设部"十四五"规划教材
教育部高等学校工程管理和工程造价专业教学指导分委员会规划推荐教材
## 建筑企业管理（第二版）
张涑贤　苏　秦　主　编
魏泽龙　主　审

\*

中国建筑工业出版社出版、发行（北京海淀三里河路 9 号）
各地新华书店、建筑书店经销
北京龙达新润科技有限公司制版
三河市富华印刷包装有限公司印刷

\*

开本：787 毫米×1092 毫米　1/16　印张：21　字数：519 千字
2025 年 7 月第二版　　2025 年 7 月第一次印刷
定价：**49.00** 元（赠教师课件）
**ISBN 978-7-112-29960-7**
（42984）

# 出版说明

党和国家高度重视教材建设。2016年，中办国办印发了《关于加强和改进新形势下大中小学教材建设的意见》，提出要健全国家教材制度。2019年12月，教育部牵头制定了《普通高等学校教材管理办法》和《职业院校教材管理办法》，旨在全面加强党的领导，切实提高教材建设的科学化水平，打造精品教材。住房和城乡建设部历来重视土建类学科专业教材建设，从"九五"开始组织部级规划教材立项工作，经过近30年的不断建设，规划教材提升了住房和城乡建设行业教材质量和认可度，出版了一系列精品教材，有效促进了行业部门引导专业教育，推动了行业高质量发展。

为进一步加强高等教育、职业教育住房和城乡建设领域学科专业教材建设工作，提高住房和城乡建设行业人才培养质量，2020年12月，住房和城乡建设部办公厅印发《关于申报高等教育职业教育住房和城乡建设领域学科专业"十四五"规划教材的通知》（建办人函〔2020〕656号），开展了住房和城乡建设部"十四五"规划教材选题的申报工作。经过专家评审和部人事司审核，512项选题列入住房和城乡建设领域学科专业"十四五"规划教材（简称规划教材）。2021年9月，住房和城乡建设部印发了《高等教育职业教育住房和城乡建设领域学科专业"十四五"规划教材选题的通知》（建人函〔2021〕36号）。为做好"十四五"规划教材的编写、审核、出版等工作，《通知》要求：（1）规划教材的编著者应依据《住房和城乡建设领域学科专业"十四五"规划教材申请书》（简称《申请书》）中的立项目标、申报依据、工作安排及进度，按时编写出高质量的教材；（2）规划教材编著者所在单位应履行《申请书》中的学校保证计划实施的主要条件，支持编著者按计划完成书稿编写工作；（3）高等学校土建类专业课程教材与教学资源专家委员会、全国住房和城乡建设职业教育教学指导委员会、住房和城乡建设部中等职业教育专业指导委员会应做好规划教材的指导、协调和审稿等工作，保证编写质量；（4）规划教材出版单位应积极配合，做好编辑、出版、发行等工作；（5）规划教材封面和书脊应标注"住房和城乡建设部'十四五'规划教材"字样和统一标识；（6）规划教材应在"十四五"期间完成出版，逾期不能完成的，不再作为《住房和城乡建设领域学科专业"十四五"规划教材》。

住房和城乡建设领域学科专业"十四五"规划教材的特点，一是重点以修订教育部、住房和城乡建设部"十二五""十三五"规划教材为主；二是严格按照专业标准规范要求编写，体现新发展理念；三是系列教材具有明显特点，满足不同层次和类型的学校专业教学要求；四是配备了数字资源，适应现代化教学的要求。规划教材的出版凝聚了作者、主审及编辑的心血，得到了有关院校、出版单位的大力支持，教材建设管理过程有严格保障。希望广大院校及各专业师生在选用、使用过程中，对规划教材的编写、出版质量进行反馈，以促进规划教材建设质量不断提高。

住房和城乡建设部"十四五"规划教材办公室

2021年11月

# 序　言

全国高等学校工程管理和工程造价学科专业指导委员会（以下简称专指委），是受教育部委托，由住房和城乡建设部组建和管理的专家组织，其主要工作职责是在教育部、住房和城乡建设部、高等学校土建学科教学指导委员会的领导下，负责高等学校工程管理和工程造价类学科专业的建设与发展、人才培养、教育教学、课程与教材建设等方面的研究、指导、咨询和服务工作。在住房城乡建设部的领导下，专指委根据不同时期建设领域人才培养的目标要求，组织和富有成效地实施了工程管理和工程造价类学科专业的教材建设工作。经过多年的努力，建设完成了一批既满足高等院校工程管理和工程造价专业教育教学标准和人才培养目标要求，又有效反映相关专业领域理论研究和实践发展最新成果的优秀教材。

根据住房和城乡建设部人事司《关于申报高等教育、职业教育土建类学科专业"十三五"规划教材的通知》（建人专函［2016］3号），专指委于2016年1月起在全国高等学校范围内进行了工程管理和工程造价专业普通高等教育"十三五"规划教材的选题申报工作，并按照高等学校土建学科教学指导委员会制定的《土建类专业"十三五"规划教材评审标准及办法》以及"科学、合理、公开、公正"的原则，组织专业相关专家对申报选题教材进行了严谨细致地审查、评选和推荐。这些教材选题涵盖了工程管理和工程造价专业主要的专业基础课和核心课程。2016年12月，住房和城乡建设部发布《关于印发高等教育 职业教育土建类学科专业"十三五"规划教材选题的通知》（建人函［2016］293号），审批通过了25种（含48册）教材入选住房城乡建设部土建类学科专业"十三五"规划教材。

这批入选规划教材的主要特点是创新性、实践性和应用性强，内容新颖，密切结合建设领域发展实际，符合当代大学生学习习惯。教材的内容、结构和编排满足高等学校工程管理和工程造价专业相关课程的教学要求。我们希望这批教材的出版，有助于进一步提高高等学校工程管理和工程造价本科专业的教育教学质量和人才培养成效，促进工程管理和工程造价本科专业的教育教学改革与创新。

高等学校工程管理和工程造价学科专业指导委员会

2017年8月

# 第二版前言

《建筑企业管理》作为住房城乡建设部土建类学科专业"十三五"规划教材，自2019年3月第一版出版以来，得到工程管理及其他土建学科专业广大师生的一致认可。为满足社会发展对建筑业提出的新要求，并适时推广管理领域理论与实践的新成果和应用，特对本教材进行修订。

本次修订对教材的内容进行了必要的调整和补充，修订以后的教材体现以下特点：①更新了各章所有的案例分析，案例选取不仅紧扣各章知识点，更要体现行业、企业以及项目发展的新趋势、新要求和新理念；②为培养与提升学生创新思考的潜力和积极主动性，各章开篇均结合本章内容主题增加导入案例；③结合管理学科发展及最新研究成果，本次修订融入最新的企业管理理论和方法及其在建筑企业管理中的应用状况和应用前景；④结合工程管理专业人才培养的实际需求，兼顾本课程与工程管理其他课程的内容衔接，又不失本教材的独立性与完整性。

修订后教材共12章，由西安建筑科技大学张涑贤教授和西安交通大学苏秦教授担任主编并统稿，西安建筑科技大学刘华教授、孙笑明教授，工程管理系主任高志坚老师、王腊银副教授参与编写。其中，第1章、第4章、第9章由张涑贤、王腊银编写；第2章、第5章由张涑贤、刘华编写；第3章、第7章由孙笑明、张涑贤编写；第6章、第8章、第10章由张涑贤编写；第11章、第12章由苏秦、张涑贤、高志坚编写。硕士研究生李宝、梁雅赟、曹海若、张悦、安靖雯、苏佳俊、李天时等均对教材编写提供了帮助。为便于读者学习，各章附有本章要点及学习目标、案例分析及思考与练习。

本教材编写过程中，参考了部分同类著作、教材和教学参考书，已在参考文献中列明，在此一并表示衷心感谢。

由于编者水平有限，本教材难免有不当或疏漏之处，恳请广大读者提出宝贵意见，以便修订改进。

编者

2024年4月于西安建筑科技大学

# 第一版前言

"建筑企业管理"作为高校工程管理专业的专业方向课，旨在使学生走向工作岗位之前，对建筑企业的生产、经营管理活动有一个全面的了解，以期步入社会以后能更快地适应相应岗位的工作。

《建筑企业管理》教材内容涉及建筑企业主要的生产和经营活动。本教材体现以下特点：（1）追踪当前行业和学科发展前沿，融入新理念、新观点；（2）既考虑与工程管理其他课程的内容衔接，又不失本教材的独立性与完整性；（3）引入大量典型案例分析，从理论到实践，培养学生分析问题解决问题的能力。

本教材包括建筑企业管理总论、建筑企业组织管理、建筑企业战略管理、建筑企业文化、建筑企业人力资源管理、建筑企业经营预测与决策、建筑企业计划管理、建筑企业经营方式及投标、建筑企业生产要素管理、建筑企业技术管理、建筑企业质量管理、建筑企业信息管理概论等共12章内容，本书由西安建筑科技大学张泺贤教授和西安交通大学苏秦教授担任主编并统稿，西安建筑科技大学仇国芳教授、刘华教授、湖南大学姜早龙教授等担任副主编，参加编写和讨论的还有西安建筑科技大学工程管理系高志坚老师、王腊银老师以及硕士研究生任倩楠、王强、王福乐、王少峰、姚锐、张龙龙等。其中，第1章、第2章、第3章由张泺贤、仇国芳、任倩楠编写；第4章、第5章由刘华、王腊银、王福乐编写；第11章由苏秦、张泺贤、张龙龙编写；第6章、第9章由仇国芳、王腊银、姚锐编写；第7章、第8章、第10章、第12章由张泺贤、高志坚、王少峰、王强编写。为便于读者学习，各章附有学习要点和思考与练习以及案例分析。

本教材编写过程中，编者参考了部分同类著作、教材和教学参考书，已在参考文献中注明，在此一并表示衷心的感谢。

由于编者的水平有限，本教材难免有不当或疏漏之处，恳请广大读者提出宝贵意见，以便在修订时加以改进。

编者
2019 年 1 月于西安建筑科技大学

# 目　　录

# 1  建筑企业管理总论

1. 掌握企业及企业管理的概念。
2. 掌握建筑企业概念、了解其分类及特点。
3. 熟悉建筑企业管理的内容和特点。
4. 掌握建筑企业素质概念，了解建筑企业素质的内容。
5. 熟悉建筑企业资质类别及其等级。

**引导案例**

## 中建五局：数字化浪潮中的转型之路

在当今的数字化时代，企业的数字化转型已经成为必然趋势。作为全球最大的投资建设集团之一，中国建筑第五工程局有限公司（以下简称中建五局）也正在积极响应这一潮流，实现全方位的数字化转型。

中建五局的数字化转型是一个系统的进阶过程，不仅仅是技术的升级，更是管理理念和业务模式的全面革新。2008—2021 年，伴随着信息化 1.0 到 4.0，中建五局的数字化转型经历了集约化管控、一体化融合、场景化应用，最终达到数据驱动、产业协同等几个重要阶段，具体如下：

（1）集约化管控阶段（2008—2012 年）：标志着中建五局数字化的起步，通过统一主数据、平台、门户，建成"中建五局管理信息化集成系统"，由人力、财务、物资、办公等十个子系统组成，实现了工作业务和管理流程的线上化，开启了无纸化办公，提升了工作效率和管理规范性。

（2）一体化融合阶段（2013—2016 年）：为推动标准化、信息化、精细化"三化"融合，中建五局以项目管理为重点，通过业务线上办理、财务凭证自动生成、报表自动统计等措施，减少了简单重复工作，提高了管理效能。

（3）场景化应用阶段（2017—2020 年）：随着云计算、大数据、人工智能等新一代信息技术的应用，中建五局以提高用户体验为重点，推进了轻量化、移动化与可视化管理，实现了场景数字化运营，管理模式发生了巨大变革。实施项目全周期数字孪生管理，物资、分包全过程场景数字化管理，自主研发了 BIM 轻量化引擎，项目物理场景与数字场景信息实时交互，实现自动感知、检测预警和过程可视化管理。

（4）数据驱动、产业协同阶段（2021 年至今）：为响应"十四五"规划号召，中建五局以数据为核心，推动了数字化转型，形成了统一的数据标准及技术体系，推进数智技术深度应用，建设全产业链数字化管控运营平台，打造数智孪生、数智生产、数智管理、数智生态，实现了业务与技术的深度融合，提升了资源整合能力和全要素生产率。

中建五局的数字化转型提升了企业内部效率，实现了管理流程的优化和业务模式的创新。数字化转型已成为建筑企业在数字化浪潮中乘风破浪，实现高质量发展的必由之路。

**案例来源：**

［1］网易订阅．中建五局数字化转型实践总结［EB/OL］．（2023-7-18）［2024-1-17］．

［2］搜狐．数字化转型成功案例｜中建五局信息化进入4.0时代，推荐学习［EB/OL］．

# 1.1 企 业 概 述

### 1.1.1 企业的概念及其分类

1. 企业的概念

企业是指以盈利为目的，运用生产要素（土地、劳动力、资本、信息和技术），并在承担风险条件下，从事生产、流通和服务性经济活动，实行自主经营、自负盈亏、自我发展、自我约束，具有法人资格的经济组织或自然人经济实体。

2. 企业的分类

企业作为国民经济的基本单位或细胞，对社会的发展、国家经济的繁荣、人民生活的改善都起着十分重要的作用。企业可从以下不同的角度进行分类。

（1）按行业的不同，企业可分为工业企业、建筑企业、农业企业、交通运输企业、邮电通信企业、商业企业、物资企业、金融企业、服务企业等。

（2）按从事经济活动的不同，企业可分为：从事商品生产的生产性企业，如工业企业、农业企业、建筑企业等；在流通领域中为交换和分配服务的企业，如交通运输企业、商业企业等；为生产、流通、消费服务的各类服务性企业（如提供咨询、信息服务的企业）；提供生活消费和文化娱乐等服务的企业（如饭店、旅馆、文娱体育场所等）。

（3）按生产资料所有制不同，企业可分为国有企业、集体所有制企业、私营个体企业、股份制企业、联营企业、涉外企业（包括外商投资、中外投资等）、股份合作企业。

（4）按生产力各要素所占比重不同，企业可分为劳动密集型企业、技术密集型企业和知识密集型企业。

（5）按资产组织形式和所承担的法律责任不同，企业可分为独资企业（即个人业主制企业）、合伙制企业和公司制企业等。

（6）按规模不同，企业可分为大型企业、中型企业、小型企业、微型企业。

### 1.1.2 企业的本质和现代企业的一般特征

1. 企业的本质

一般来说，企业（Firm）是指市场经济中工业（Industry）和商业（Business）组织的基本单位。

不同时期，经济学和管理学对企业本质的认识和表述有所不同，基本观点有两种。

（1）实体观。传统企业理论将企业作为生产实体来研究，认为企业是在市场价格引导下以"利润最大化"为目标的"黑箱"（Black-box）。企业的基本行为是优化投入、合理组织生产和销售、提高生产率、降低生产和经营成本、提高产品和服务质量，以获得最大利润。企业管理的重点是"黑箱"里的操作，即以生产组织为核心的，包括计划、生产、技术、质量、物资、设备、劳动人事、成本财务及销售等职能管理，如图 1-1 所示。

（2）契约观。现代企业理论认为，企业是多利益主体之间契约关系的集合，其管理的重点应是各利益主体的行为和关系以及企业制度的建立和改善，体现在动态、柔性的企业战略管理全过程之中，如图 1-2 所示。

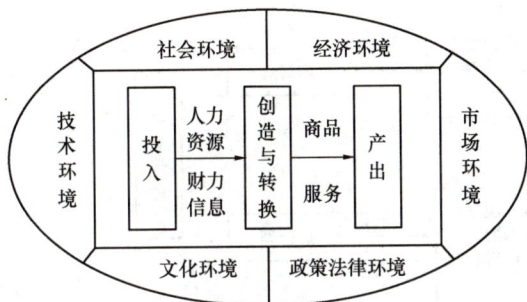

图 1-1　企业——实体观

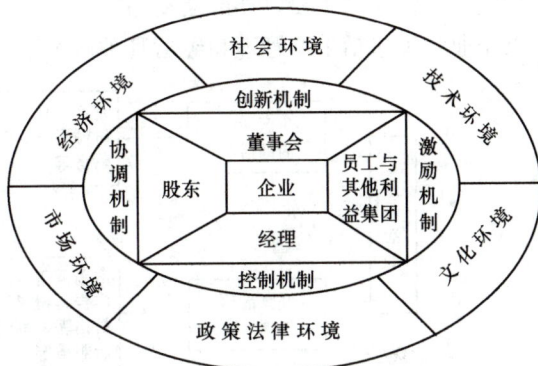

图 1-2　企业——契约观

2. 现代企业的一般特征

现代企业是面向市场的经济组织，是现代市场经济社会中代表企业组织的最先进形式和未来主流发展趋势的企业组织形式。现代企业制度是超越国家范围的制度模式，具有国际通用性。

现代企业具有以下特征：

（1）所有者与经营者相分离

目前，公司制是现代企业的重要组织形式。随着公司资本所有权多元化和分散化，公司规模大型化和管理的复杂化的发展，传统企业所有权和经营权集于一身的管理体制已经不再适应于现代企业管理现状。由此，创立了所有权和经营权相分离的现代管理体制和管理组织。

（2）拥有现代技术

在现代企业中，技术发挥着越来越重要的作用。采用现代技术有利于开发出更多的可用资源，比如可以寻找代替资源来解决资源紧缺的问题。雇佣具有较高技术水平和熟练程度的劳动者，以及使用先进的机器设备，也可大大提高劳动生产率。因此，现代企业一般都拥有先进的现代技术。

（3）实施现代化的管理

现代企业内部生产社会化程度空前提高，劳动分工更加细致，劳动协作更加严密，计划控制更严格，形成严密的科学管理。现代企业必须进行有效化管理，运用科学的思想、组织、方法和手段，创造最佳的经济效益。

（4）企业规模扩大与组织扩张

现代企业实现规模扩张的方式主要有三种：一是垂直型或纵向型扩张，即收购或合并在生产或销售上有业务联系的企业；二是水平或横向型扩张，即收购或合并生产同一产品的其他企业；三是混合型扩张，即收购或合并在业务上彼此无很大联系的企业。

### 1.1.3　企业管理的概念和性质

**1. 企业管理的概念**

企业管理就是为实现企业的既定目标对企业的生产经营活动所进行的决策、计划、组织、控制、领导、激励和创新等一系列工作活动的总称。企业的生产活动主要以内部活动为主，经营活动主要以外部活动为主。由于企业活动包含生产活动和经营活动两部分，所以企业管理包括生产管理和经营管理两大部分，如图 1-3 所示。

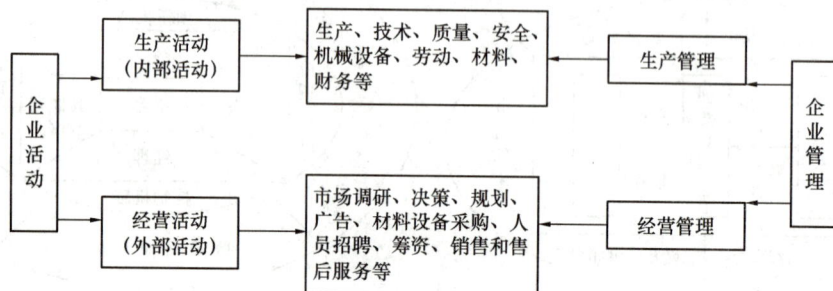

图 1-3　企业活动与企业管理对应图

（1）企业内部生产活动

企业内部生产活动是指为了实现企业的经营目标，执行经营确定的方针和策略，对企业的生产活动及人、财、物、信息等资源所进行的计划、组织、控制等一系列工作活动，即生产管理。其目的是不断提高生产和工作效率，保证企业生产经营活动正常进行。企业生产管理，是以生产为对象的管理，其活动范围主要是企业内部的生产领域，其工作内容主要包括生产、技术、质量、安全、机械设备、劳动、材料、财务等具体管理业务。

（2）涉及企业外部流通领域的活动

企业的经营是面向市场、面向未来的，时刻研究外部环境的变化，不断寻求新出路、新目标的总体思考和战略行动。根据其外部环境和内部条件，制订所应采取的目标、方针与策略等一系列具有全局性战略意义的活动。企业经营活动范围主要是社会市场，涉及商品流通领域，其工作内容主要包括市场调研、决策、规划、广告、材料设备采购、人员招聘、筹资、销售和售后服务等。其目的在于不断提高企业的经济效益，保证企业生存和不断发展。

**2. 企业管理的性质**

企业作为一个生产经营活动的经济组织，具有二重性。一方面，它是组织生产力活动的组织，具有由生产力、社会化大生产所决定的自然属性；另一方面，它又是体现一定生产关系的组织，具有由生产关系、社会制度所决定的社会属性。企业本身既然具有二重性，对企业的管理工作也必然具有二重性。这种管理的二重性是客观存在的。

企业为了提供满足社会及用户需要的产品并获取盈利，为了其生存和发展，必须根据市场的需求和现代化大生产的客观要求，按照生产技术经济规律的要求，对生产经营过程合理地进行决策、计划、组织和控制，有效地利用企业的一切资源，提高企业的经济效益。这种由合理组织和发展生产力引起管理的需要，就是企业管理的自然属性。它是没有阶级性的，在任何社会的企业都是相同的。

企业的生产经营活动都是生产资料的所有者按照自己的利益和意志来进行的，企业管理就是要维护和完善一定的生产关系，实现特定的目的。生产资料所有制不同，生产目的、人们的相互关系、分配制度也就不同，这就决定了企业管理的社会属性。它是有阶级性的，生产资料所有制不同的企业其社会属性也是根本不同的。

正确认识企业管理的二重性，有着重大的现实意义。

首先，企业管理的二重性体现着生产力和生产关系的辩证统一关系。在重视企业管理对维护和完善社会主义生产关系作用的同时，更要重视企业管理对发展生产力方面的作用。要提高企业的生产水平，必须着重抓好企业经营和合理组织生产力方面的工作。

其次，外国的企业管理理论、技术和方法是人类长期从事生产经营管理实践的产物，是人类智慧的结晶，是不分国界的。在学习、引进国外先进的管理经验时，要有鉴别和分析，要根据我国的国情和特点，辩证地使用。

再次，企业管理的制度、方法和技术，既受生产力发展水平的制约，又受社会制度、民族文化传统的制约和影响。要建立有中国特色的企业管理科学体系，必须认真总结、继承和发展我国企业管理的经验，并吸取外国的先进经验。

### 1.1.4 企业管理的基本观念

企业管理的基本观念要根据环境的变化不断更新，当今企业应具有的基本观念主要有：

1. 战略管理观念

战略管理是指企业围绕战略目标的实现而进行的战略制定、战略实施、战略控制等管理工作，是企业根据其本身特点及现代社会复杂多变的环境的产物。现代管理活动中，复杂多变的经济、政治环境，要求管理主体必须有"高瞻远瞩"把握事物未来发展趋势的战略管理观念。根据《中华人民共和国国民经济和社会发展第十四个五年规划和2035年远景目标纲要》，"十四五"时期建筑业发展的战略方向以绿色、智能、工业化为主，强调高质量发展，由"增量建设"转向"存量提质"。

2. 人力资源管理观念

人力资源管理是现代最先进的管理思想，它将人力资源视为第一资源，将人力资本视为最重要的资本，它强调加大对人力资本的投入，加强对员工潜能的开发，这样就会使企业得到最大的经济利益。在全球性的市场竞争中，企业间比拼最激烈是人才，谁拥有了高素质的人力资源，谁就将获得最丰厚的回报。企业应当树立现代人力资源管理观念和"以人为本"观念，通过各种措施吸引人才、留住人才，并且通过教育、培训、激励等多种方式，加大对人力资源的开发力度。

3. 用户管理观念

市场是由实行交换的供需双方构成的，用户是市场需求的主体。顾客满意中心论是经济时代由工业经济社会向知识经济社会过渡时期的重要理论，经济全球化和服务一体化成为时代的潮流，顾客对产品和服务满意与否，成为企业发展的决定性因素，而在市场上需求运动的最佳状态是满意，顾客的满意就是企业效益的源泉。因此，"客户满意中心论"成为当今企业管理的中心和基本观念。

**4. 精细化管理观念**

当前环境下，随着网络信息的不断深入以及智能技术的广泛运用，市场经济竞争越发激烈。因此，企业内部必须制定一套完整的管理制度，即将传统制度与精细化制度融合，相互完善，以适应社会的各种要求。对于企业经营来讲，开展精细化管理工作，构建企业内部信息化建设不仅能提高经济效益，也能增强核心竞争力。

**5. 时间成本观念**

知识经济时代，一个重要特点就是"快"：科技进步快、产品更新快、市场变化快。市场竞争不仅仅只是比价格、比质量、比服务，更重要的是比速度，看谁能更快地为目标消费者提供所需产品。因此，企业获取市场信息要快、决策要快、产品的研制开发要快、生产要快、上市要快、资金周转要快、产品销售后的信息反馈要快。快的"本质"就是降低时间成本。因此，时间成本成为知识经济时代最重要的成本概念。

**6. 创新管理观念**

根据"创新驱动，绿色发展"的基本原则，当前企业的创新管理应包括推动科技创新和技术进步，倡导创新文化，加强知识产权保护，推动数字化转型，以及强化政策支持等内容。企业应该在创新文化、科技创新、数字化转型、知识产权保护等方面加强管理，不断提高创新能力和竞争力。同时，还应注重信息化管理、绿色低碳发展、智能化管理、人才培养与管理、跨界合作与开放创新、社会责任与企业文化等方面的内容，以实现可持续发展和提升核心竞争力。这些内容将成为企业发展的重要指导方针，为企业创造更加有利的发展环境。

**7. 绿色管理观念**

根据党的二十大报告的相关内容，企业绿色管理理念的核心是以环境保护为优先，通过节能减排和资源循环利用来实现可持续发展。企业应加强绿色技术创新和应用，建立环境监管和合规管理体系，倡导绿色消费和生活方式。企业应积极响应绿色发展号召，推动绿色转型，实现经济发展与环境保护的良性循环。加强环保意识，推行节能减排，降低碳排放，提高资源利用效率，推广绿色产品和技术，加强环保监管和自我约束，落实企业社会责任，促进可持续发展。上述内容将为企业提供指导，帮助企业实现绿色转型，推动经济发展与环境保护的良性循环。

**8. 生态管理观念**

企业生态是指企业所处的环境。企业生态管理观念的确立，则是指企业经营中应努力营造企业生存和发展的和谐环境，包括内部和外部环境。此观念有利于企业的持续发展，企业能在竞争和合作的和谐环境中，发挥优势和潜能，从而降低经营成本和风险。

**9. 信息化管理观念**

根据党的二十大报告和"十四五"规划，企业信息化管理观念主要包括两个方面：首先，企业应加强信息化基础设施建设，提高信息化水平和管理能力。这包括加大对信息技术的投入，建设高速稳定的网络基础设施，构建全面覆盖的信息系统，提升数据安全和隐私保护能力。其次，企业应积极应用数字技术，实现业务流程的数字化、智能化。通过引入人工智能、大数据分析、云计算等技术，提高生产效率、降低成本、优化管理决策。此外，企业还应加强对数字化人才的培养和引进，提升员工的数字化素养和技能水平。利用数字化产业成果服务于信息化管理，使得企业能够更好地适应市场需求变化，提高运营效率，拓展新的业务模式，实现可持续发展。

# 1.2　建筑企业及建筑企业管理

## 1.2.1　建筑业的地位及发展趋势

### 1. 国民经济中的建筑业

根据中华人民共和国国家标准《国民经济行业分类》GB/T 4754—2017，建筑业属于第二产业，主要由房屋建筑业、土木工程建筑业、建筑安装业、建筑装饰装修业等构成。其中，房屋建筑业包括住宅房屋、体育场馆及其他房屋建筑；土木工程建筑业包括铁路、道路、隧道和桥梁工程建筑，水利和水运工程建筑，海洋工程建筑，工矿工程建筑，架线和管道工程建筑，节能环保工程建筑，电力工程施工及其他土木工程建筑；建筑安装业包括专门从事电气、管道和设备及其他的安装活动；建筑装饰装修业主要包括对建筑后期的装饰、装修、维护、清理，建筑物的产出和施工前场地准备活动，提供施工设备服务及未列明的其他工程建筑活动也包括在内。

自 2013 年以来，在创新、协调、绿色、开放、共享的新发展理念引领下，我国建筑业取得了显著的发展成果。生产规模不断扩大，行业结构和区域布局不断优化，充分发挥了对经济社会发展、城乡建设和民生改善的重要作用。建筑业的支柱产业地位不断巩固，使我国由"建造大国"向"建造强国"持续迈进。同时，建筑业在吸纳就业方面也发挥了显著的作用，为解决就业问题做出了积极贡献。这一系列成就的取得，得益于我国建筑业不断推进技术创新、加强产业协同、推动绿色发展、拓展对外开放以及促进共享发展的努力。建筑业对我国经济增长、社会发展发挥着重要作用，主要表现在以下几个方面：

（1）建筑业保持平稳增长，国民经济支柱产业地位更加稳固

1）生产规模迈上新台阶

自 2013 年以来，我国建筑业在应对国内外市场风险挑战方面表现积极。建筑业的增加值始终占国内生产总值的 7% 左右，巩固了其作为国民经济支柱产业的地位。2021 年，全国建筑业企业总产值达到 29.3 万亿元，比 2012 年增长 1.14 倍，年均增长 8.8%。建筑业的增加值达到 8.0 万亿元，占国内生产总值的 7.0%，年均增长 5.9%。

随着建设规模的持续扩大，建筑业市场主体也得到了蓬勃发展。截至 2021 年末，全国各类建筑业企业数量达到了 226 万家，其中具备总承包和专业承包资质的建筑业企业达到 12.9 万家，较 2012 年末增加了 5.3 万家，年均增长 6.1%。这表明建筑业规模实现了跨越式的发展。

2）行业结构不断优化

建筑业在做大做强的过程中，行业结构不断优化。自党的十八大以来，建筑业产业集中度不断提高，特级、一级建筑企业市场占有率持续提升。到 2021 年，我国特级、一级建筑业企业数量达到 1.6 万家，较 2012 年增长 84.3%，占全部建筑业企业个数比重为 12.1%，比 2012 年提高了 0.9 个百分点。建筑业产值比重达到 68.0%，比 2012 年提高了 5.6 个百分点，龙头企业对建筑业全行业的影响力进一步增强。

分行业来看，土木工程建筑业等重要基础设施建设行业快速发展。2021 年，全国土木工程建筑业产值达到 8.4 万亿元，比 2012 年增长 1.41 倍。其中，海洋工程建筑业、铁

路道路隧道和桥梁工程建筑业、架线和管道工程建筑业实现了翻番，分别比 2012 年增长 4.09 倍、1.59 倍、1.21 倍，为我国重要基础设施建设贡献力量。同样，房屋建筑业产值达到 17.9 万亿元，比 2012 年增长 1.06 倍；建筑安装业产值达到 1.5 万亿元，增长 90.1%；建筑装饰装修和其他建筑业产值达到 1.4 万亿元，增长 99.6%。这些数据表明，建筑业在不同领域都取得了显著的增长和发展。

3）区域布局持续改善

各大区域板块的建筑业发展呈现出持续改善的均衡态势。根据数据显示，2021 年，东中西部地区的建筑业产值均相比 2012 年翻番增长。其中，东部地区增长了 1.03 倍，中部地区增长了 1.67 倍，西部地区增长了 1.60 倍。这表明东部地区的建筑业增长相对较稳定，中部和西部地区的建筑业发展速度更为迅猛。

然而，东北地区的建筑业总产值却出现了萎缩，比 2012 年减少了 36.0%。这可能是由于该地区经济结构调整和产业转型的影响所致。不过，中部和西部地区的建筑业总产值占全国比重分别为 24.7% 和 21.6%，相比 2012 年分别提高了 4.9 个百分点和 3.9 个百分点。这显示出中西部地区在建筑业发展中具有较大的后发优势，地区间的发展趋向更加均衡。

4）吸纳就业作用显著

建筑业的平稳发展不仅为社会提供了大量新增就业岗位，也为农村剩余劳动力提供了就业机会，为社会经济发展做出了重要贡献。据不完全统计，2021 年全社会建筑业企业用工人数达到 8180 万人，位居国民经济行业门类中的第二位，仅次于制造业。其中，具有总承包和专业承包资质的建筑业企业平均用工人数为 6194 万人，比 2012 年增长了 33.8%，年均增长率为 3.3%。建筑业的专业人才队伍也在不断壮大，执业资格人员数量逐年增加。截至 2021 年末，全国建筑业企业工程技术人员达到 682 万人，比 2012 年末增加了 75 万人；全国注册一级建造师超过 74 万人，增加了 30 多万人。

根据国家统计局的农民工监测调查报告，2021 年末全国农民工总量为 29251 万人，其中建筑业农民工年末从业人员占比为 19.0%。这表明建筑业为农村劳动力提供了就业机会，帮助他们实现了城乡转移就业，同时也减轻了社会的就业压力。

（2）经济效益稳中有进，发展质量明显提升

1）经济效益平稳增长

建筑业企业劳动生产率明显提升，经济效益不断优化。2021 年末，按建筑业总产值计算的劳动生产率达到 47.3 万元/人，比 2012 年提高 17.7 万元/人，提高了 59.8%。按建筑业增加值计算的劳动生产率达到 12.9 万元/人，比 2012 年提高 5.0 万元/人，提高了 63.3%。这表明建筑业企业在单位劳动力投入下创造了更多的产值，生产效率得到了显著提升。这进一步提高了企业的盈利水平，建筑业企业的营业收入和利润也呈现快速增长。2021 年，全国建筑业企业实现营业收入 27.0 万亿元，比 2012 年增长了 1.07 倍，年均增长率为 8.4%。利润总额达到 8554 亿元，比 2012 年增长 79.1%，年均增长率为 6.7%。这说明建筑业的经济效益不断提高，为企业和整个行业带来了可观的利润。

2）综合实力明显增强

建筑业围绕产业结构调整目标，努力实现优化和强化，综合实力稳步提升。首先，企业的财务状况更加强大。截至 2021 年底，全国建筑业企业的总资产达到 31.0 万亿元，比

2012 年增长了 1.77 倍，年均增长率为 12.0％。其次，建筑业市场容量达到历史最高水平。2021 年，建筑业企业签订的合同金额达到 65.7 万亿元，比 2012 年增长了 1.66 倍，年均增长率为 11.5％。再次，建筑业的国际影响力不断提升。2021 年，《财富》世界 500 强排行榜中有 10 家中国建筑与工程企业上榜，比 2012 年增加了 4 家。

3）创新驱动和绿色发展持续发力

中国建筑业在技术创新、产业链现代化和绿色建筑方面取得了显著进展，推动了产业转型升级和现代化水平的提高，为行业的发展和可持续发展做出了重要贡献。建筑业的产业链布局逐渐完备，涵盖了基建、冶金、有色、煤炭、石油、化工、水电、水利、机械等领域。建造流程也向上游勘探设计和下游工程监理拓展，实现了全链条的协同发展。

信息技术在建筑业的应用能力不断提升，城市信息模型（CIM）、建筑信息模型（BIM）、大数据、智能化、移动通信、云计算、物联网等技术得到广泛应用。一批重大建筑技术实现了突破，部分领域的施工技术达到世界领先水平。例如，高铁工程代表了中国工程的速度，港珠澳大桥代表了中国工程的跨度，上海中心大厦代表了中国工程的高度，华龙一号核电工程代表了中国工程的难度。

绿色建筑在中国得到快速发展，建筑节能改造也在有序推进。截至 2020 年底，全国累计建成绿色建筑面积超过 66 亿平方米，累计建成节能建筑面积超过 238 亿平方米。节能建筑占城镇民用建筑面积比例超过 63％。此外，全国城镇完成既有居住建筑节能改造面积超过 15 亿平方米，为减少碳排放，逐步实现"双碳"目标贡献了力量。

4）"走出去"势头强劲

我国建筑业坚持统一开放的发展原则，以"一带一路"倡议为引领，加快了"走出去"的步伐，推动了我国建筑业的国际化发展。通过与 170 多个国家和国际组织签署共建"一带一路"合作协议，开展了超过 2000 个合作项目，我国建筑业已基本形成了"六廊六路多国多港"互联互通架构。根据《工程新闻纪录》发布的国际承包商 250 强榜单，2021 年有 78 家中国企业上榜，数量和国际业务总额均居全球首位，国际业务总额占榜单企业总额的四分之一强。

我国建筑业企业积极拓展海外业务，深度参与"一带一路"共建国家和地区重大项目的规划和建设。已建成的项目包括中缅油气管道、摩洛哥穆罕默德六世大桥、蒙内铁路、柬埔寨斯登特朗—格罗奇马湄公河大桥、巴基斯坦卡洛特水电站等。通过这些项目，中国的建筑业品牌在国际上逐渐稳定和扎根。

（3）基础设施持续完善，建设成就惠及民生

1）基础设施更加完善

我国建筑业持续推进重大基础设施建设，完善民生基础设施，并在新型基础设施建设方面取得了新的突破。截至 2021 年末，全国铁路营业里程达到 15.1 万公里，高铁里程达到 4 万公里，占世界高铁总里程的三分之二以上。公路里程增加了 104.3 万公里，定期航班通航机场增加了 68 个。城市供水、天然气供气、排水、污水处理等方面也取得了显著进展。信息基础设施快速普及，光缆线路长度增长了 2.71 倍，5G 网络已覆盖全国地级以上城市及重点县市。全民共享发展成果，现代化基础设施体系不断完善，布局合理、设施配套、功能完备、安全高效。

2）居民住房更加宜居

党的十八大以来，我国建筑业在住房建设能力方面取得了明显提升，人均居住面积持续增加。截至 2021 年，全国建筑业企业房屋施工面积达到 157.5 亿平方米，比 2012 年增长了 59.7%，年均增长率为 5.3%。城镇居民人均住房建筑面积从 2012 年的 32.9m² 增加到 2021 年的 41.0m²。棚户区、城中村和危房改造稳步推进，城市更新有序进行。2015 年至 2021 年，全国开工改造各类棚户区超过 3100 万套，安置了约 6000 万居民。2019 年至 2021 年，全国共开工改造了 11.5 万个城镇老旧小区，惠及超过 2000 万户居民。城市更新改造不仅改善了居民的住房条件，还优化了城市功能，提升了城镇的综合承载能力，使更多人能够住得更好、生活更宜居。

3）美丽宜居乡村建设深入推进

建筑业在改善乡村居住水平、基础设施和生态环境方面取得了显著进展。通过农村危房改造，全国建档立卡贫困户危房改造任务已在 2020 年提前全面完成，改善了贫困户的居住条件。农村基础设施建设也取得了显著成果，村镇供水管道覆盖面积大幅增加，乡镇排水管道长度也有所增加，提高了农村居民的生活水平和环境卫生状况。此外，农村信息基础设施建设也得到了加强，光纤和 4G 网络的普及率超过 99%，农村地区互联网普及率也有所提升，为农村地区的发展提供了更好的信息化支持。这些举措有助于实现城乡人民共享发展成果，推动农村地区的全面发展。

4）社会公共服务设施更加健全

我国在教育、文化、医疗等社会领域工程建设方面取得了显著进展，推动社会公共服务设施的普及和基本公共服务均等化水平的提高。截至 2021 年底，全国建成了 2756 所普通高等学校，年均增加 30 多所；建成了 1.5 万所普通高中，年均增加 100 多所；建成了 29.5 万所学前教育机构，年均增加 1.1 万所。医疗卫生机构数量达到了 103.1 万个，年均增加 0.8 万个；公共图书馆和博物馆数量分别达到了 3215 个和 5772 个，分别比 2012 年增加了 139 个和 2703 个。这些举措使人民获得感、幸福感和安全感更加充实、更有保障、更可持续。这些社会领域的工程建设为人民提供了更好的教育、文化和医疗服务，促进了社会公共服务的普及和均等化，进一步提高了人民的生活质量和幸福感。

2. 建筑业的发展方向

当前，我国建筑业正处于转型升级和创新发展的重要历史节点。根据《“十四五”建筑业发展规划》，“十四五”时期是新发展阶段的开局起步期，是实施城市更新行动、推进新型城镇化建设的机遇期，也是加快建筑业转型发展的关键期。应以推动建筑业高质量发展为主题，以深化供给侧结构性改革为主线，以推动智能建造与新型建筑工业化协同发展为动力，加快建筑业转型升级，实现绿色低碳发展。近年来建筑业的发展方向可以概括为以下几点：

（1）完善智能建造政策和产业体系

实施智能建造试点示范创建行动，发展一批试点城市，建设一批示范项目，总结推广可复制政策机制。加强基础共性和关键核心技术研发，构建先进适用的智能建造标准体系。发布智能建造新技术新产品创新服务典型案例，编制智能建造白皮书，推广数字设计、智能生产和智能施工。培育智能建造产业基地，加快人才队伍建设，形成涵盖科研、设计、生产加工、施工装配、运营等全产业链融合一体的智能建造产业体系。

（2）夯实标准化和数字化基础

完善模数协调、构件选型等标准，建立标准化部品部件库，推进建筑平面、立面、部品部件、接口标准化，推广少规格、多组合设计方法，实现标准化和多样化的统一。加快推进建筑信息模型（BIM）技术在工程全寿命期的集成应用，健全数据交互和安全标准，强化设计、生产、施工各环节数字化协同，推动工程建设全过程数字化成果交付和应用。

（3）推广数字化协同设计

应用数字化手段丰富方案创作方法，提高建筑设计方案创作水平。鼓励大型设计企业建立数字化协同设计平台，推进建筑、结构、设备管线、装修等一体化集成设计，提高各专业协同设计能力。完善施工图设计文件编制深度要求，提升精细化设计水平，为后续精细化生产和施工提供基础。研发利用参数化、生成式设计软件，探索人工智能技术在设计中应用。研究应用岩土工程勘测信息挖掘、集成技术和方法，推进勘测过程数字化。

（4）大力发展装配式建筑

构建装配式建筑标准化设计和生产体系，推动生产和施工智能化升级，扩大标准化构件和部品部件使用规模，提高装配式建筑综合效益。完善适用不同建筑类型装配式混凝土建筑结构体系，加大高性能混凝土、高强钢筋和消能减震、预应力技术集成应用。完善钢结构建筑标准体系，推动建立钢结构住宅通用技术体系，健全钢结构建筑工程计价依据，以标准化为主线引导上下游产业链协同发展。积极推进装配化装修方式在商品住房项目中的应用，推广管线分离、一体化装修技术，推广集成化模块化建筑部品，促进装配化装修与装配式建筑深度融合。大力推广应用装配式建筑，积极推进高品质钢结构住宅建设，鼓励学校、医院等公共建筑优先采用钢结构。培育一批装配式建筑生产基地。

（5）打造建筑产业互联网平台

加大建筑产业互联网平台基础共性技术攻关力度，编制关键技术标准、发展指南和白皮书。开展建筑产业互联网平台建设试点，探索适合不同应用场景的系统解决方案，培育一批行业级、企业级、项目级建筑产业互联网平台，建设政府监管平台。鼓励建筑企业、互联网企业和科研院所等开展合作，加强物联网、大数据、云计算、人工智能、区块链等新一代信息技术在建筑领域中的融合应用。

（6）加快建筑机器人研发和应用

加强新型传感、智能控制和优化、多机协同、人机协作等建筑机器人核心技术研究，研究编制关键技术标准，形成一批建筑机器人标志性产品。积极推进建筑机器人在生产、施工、维保等环节的典型应用，重点推进与装配式建筑相配套的建筑机器人应用，辅助和替代"危、繁、脏、重"施工作业。推广智能塔式起重机、智能混凝土泵送设备等智能化工程设备，提高工程建设机械化、智能化水平。

（7）推广绿色建造方式

持续深化绿色建造试点工作，提炼可复制推广经验。开展绿色建造示范工程创建行动，提升工程建设集约化水平，实现精细化设计和施工。培育绿色建造创新中心，加快推进关键核心技术攻关及产业化应用。研究建立绿色建造政策、技术、实施体系，出台绿色建造技术导则和计价依据，构建覆盖工程建设全过程的绿色建造标准体系。在政府投资工程和大型公共建筑中全面推行绿色建造。积极推进施工现场建筑垃圾减量化，推动建筑废弃物的高效处理与再利用，探索建立研发、设计、建材和部品部件生产、施工、资源回收再利用等一体化协同的绿色建造产业链。

（8）加强农村基础设施建设

加大对农村居民住房改善的力度，推进农村危房改造，提高农村基础设施建设水平。这包括改善农村道路、供水、供电、通信等基础设施，提高农村居民的生活条件和基础设施水平。

（9）推动乡村振兴战略

乡村振兴战略是指通过推动农村经济发展、农村产业升级、农民就业创业、农村生活水平提升等一系列措施，实现农村与城市的协调发展。建筑业将支持农村产业发展，促进农民就业创业，提高农村公共服务水平，推动农村经济多元化发展，实现乡村振兴战略目标。

### 1.2.2 建筑企业的分类及特点

1. 建筑企业及其分类

（1）建筑企业

建筑企业是指依法自主经营、自负盈亏、独立核算，从事建筑商品生产和经营，具有法人资格的经济实体。具体地讲，建筑企业是指从事铁路、公路、隧道、桥梁、堤坝、电站、码头、机场、运动场、房屋（如厂房、剧院、旅馆、医院、商店、学校和住宅等）等土木工程建筑活动，从事电力、通信线路、石油、燃气、给水、排水、供热等管道系统和各类机械设备、装置的安装活动，从事对建筑物内、外装修和装饰的设计、施工和安装活动的企业。建筑企业又称建筑施工企业。它通常包括建筑公司、建筑安装公司、机械化施工公司、工程公司及其他专业性建设公司等。

根据工程专业特点，建筑企业有不同的名称，如工程局、工程处、建设公司、工程公司、市政公司、房修公司、建筑安装公司、机械施工公司、基础公司、装饰公司等。建筑企业（施工企业）是其总称。

建筑企业与一般工业企业相比较，既有相似之处，又有不同的特点。相似之处是：

1）都把一系列资源投入生产过程，产出产品并进行销售；

2）都具有生产的阶段性和连续性；

3）都具有组织的专业化和协作化；

4）都在经营上进入流通领域。

建筑商品包括各种建筑物、构筑物、设备安装，以及技术、劳务服务等。建筑商品具有一系列技术经济特点，例如地点固定、类型多样、体形庞大、使用寿命长等。这些特点决定了建筑企业本身也存在许多行业特征。比如，采取以承包为主的经营方式，通过承揽工程任务获得建筑商品的销售权；采取以现场管理为主的生产组织方式，以项目为对象建立基层管理机构；企业的生产经营地点总是不断流动，无法固定。此外，建筑企业在核算方式、机构设置、生产要素管理等方面，也存在许多行业特点。

（2）建筑企业的分类

建筑企业有多种类型，可以按照以下标准进行分类：

1）按企业制度不同，建筑企业可分为个人业主制企业、合伙制企业、公司制企业。

2）按资产所有制不同，建筑企业可分为国有企业、集体所有企业、个体企业，以及各种资产混合所有企业（如中外合资企业和国家参股、控股的企业等）。

3）按经营范围不同，建筑企业可分为综合性建筑企业、专业性建筑企业和劳务性建筑企业。

4）按企业规模不同，建筑企业可分为大型、中型、小型和微型建筑企业。建筑业的企业规模主要表现为企业组织项目生产的专业门类多少和可以承担的与工程项目相关的服务范围的纵深程度。

5）按专业类别不同，建筑企业可分为：对象专业化企业，如冶金、电力、化工、铁路、石油等建筑企业；建筑制品和构配件生产专业化企业，如混凝土预制厂、金属结构厂、构件预制厂、木材加工厂等；辅助、服务生产专业化企业，如建筑材料公司、运输和机修厂、机械租赁公司等；施工工艺专业化企业，如油漆、粉刷装修、水电安装、屋面防水、混凝土搅拌、升板、滑模等企业。

6）按资质条件不同：建筑业企业资质分为施工总承包资质、专业承包资质、施工劳务资质三个序列。其中施工总承包序列设有建筑工程、公路工程、铁路工程、水利水电工程、港口与航道工程施工总承包资质标准等 12 个类别，一般分为 4 个等级（特级、一级、二级、三级）；专业承包序列设有地基基础工程、起重设备安装工程、消防设施工程、桥梁工程专业承包资质标准等 36 个类别，一般分为 3 个等级（一级、二级、三级）；施工劳务序列不分类别和等级。

2. 建筑企业特点

建筑产品是指各种建筑物或构筑物。一般企业管理的原理和方法，适用于各类企业。但是对建筑企业来说，其生产对象——建筑工程（产品）、生产组织和技术、生产经营管理，都具有与一般工业企业不同的特点。因此，研究建筑企业管理，首先必须了解建筑产品及其生产的特点以及对企业管理的影响。

（1）建筑产品的特点

1）建筑产品的固定性。作为具有使用功能的最终工程产品，是不能移动的，只能在使用它的地方进行建造，在建造过程中直接与地基基础连接。许多建设工程如地下建筑、道路、隧道等本身就是土地不可分割的一部分。固定性是建筑产品与一般工业产品最大的区别。

2）建筑产品的多样性。首先是使用功能的多样性，使用功能不同，工程产品的类型也就不同。其次，建筑产品在满足使用功能的同时也要具有艺术价值及体现地方或民族风格，同时也会受到自然条件等因素的影响。因此，建筑产品在形式、构造结构等方面会体现出差异性。

3）建筑产品的体积庞大性。建筑产品形体庞大，自重大，功能复杂，工程量大，占用广阔的空间，需要占用大量的物质资源。

4）建筑产品的综合性。建筑产品作为一个完整的固定资产实物体系，集艺术风格、建筑功能、结构构造、装饰做法等于一体，各类设备错综复杂，包括工艺设备、采暖通风、供水供电、卫生设备、办公自动化系统及通信自动化系统等。

（2）建筑产品生产的特点

1）生产的流动性。建筑产品的固定性决定了建筑施工的流动性。施工生产的流动性表现为：第一，各工种的工人在一个工程项目的不同部位上进行流动；第二，工人在一个工地现场范围内各个施工对象上进行流动；第三，施工队伍在不同工地、不同的建设地区间辗转流动。

2）生产周期较长。这是由于建筑产品体积庞大性和地点固定性所决定的。体形庞大，占用和消耗的人力、物力和财力就多。地点固定，约束条件就多。建筑产品的生产周期，从几个月到一年、几年甚至十几年不等。

3）生产的单件性。建筑产品的多样性决定了其施工的单件性。建筑产品由于类型繁多，要求各异，不可能进行批量生产。每一件产品都必须根据用户要求，进行单独的设计和施工。即使采用标准设计，也会因为地质、气候以及各种社会经济环境的不同，需要对基础、材料、施工组织、施工方法做修改，从而带来一系列单件性的特点。

4）生产的复杂性。建筑产品的综合性决定了其施工过程的复杂性。建筑产品的生产只能露天作业，除此之外，还涉及高空作业、地下作业，加之施工性和个别性，便导致了生产过程的复杂性。

5）协作关系复杂。建筑生产涉及面广，协作关系多。在企业内部，要在不同时期、不同地点和不同产品上组织多工种综合作业；在企业外部，要同建设单位（即用户）、勘察设计、材料供应以及城市规划、土地征用、环保、质量监督等单位和主管部门协作配合，从而具有广泛的社会综合性。

### 1.2.3 建筑企业管理的内容和特点

1. 建筑企业管理的概念和内容

建筑企业管理就是按客观的、技术的、经济的规律，合理地组织建筑企业的全部生产经营活动。如前所述，建筑企业的生产经营活动，大致也可以分为两部分：一部分是在企业内部的活动，它以生产活动为中心，包括基本生产过程、辅助生产过程、施工准备和技术准备过程，以及为施工生产的服务工作等。对于这些活动的管理，叫作生产管理。建筑企业的另一部分活动，涉及企业外部，联系社会的流通、分配、消费等过程，包括原材料、能源等物资供应问题，生产任务落实问题，企业系统外部环境的调查、预测问题，机械设备、劳动力等的调整补充问题以及企业需要处理的各种经济关系问题等。对这些活动的管理，叫作经营管理。建筑企业生产活动及其管理与经营活动及其管理的关系，如图 1-4 所示。

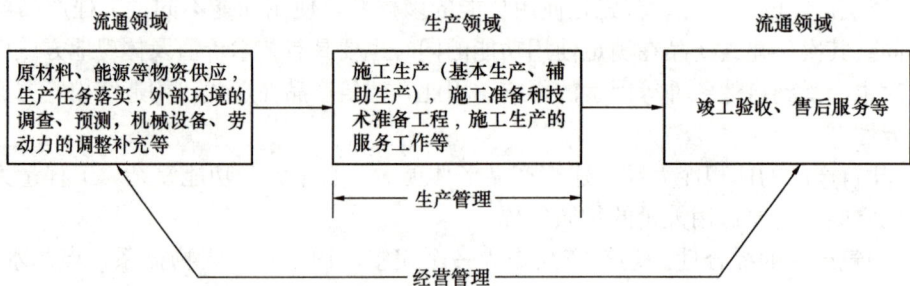

图 1-4 建筑企业管理内容

2. 建筑企业管理的层次

建筑企业管理包括 3 个层次，即企业层次、项目层次和作业层次。

（1）企业层次

企业层次代表的是一个法人职责范畴，它具有 3 个主体特点：一是市场竞争主体；二是合同履约责任主体；三是企业利益主体。企业层次作为生产要素控制的第一层面，要搞好工程信息市场、资金市场、劳动力市场、设备材料市场、租赁市场等五大市场的组织协调和动态管理工作。

（2）项目层次

项目层次的组织形式就是项目经理部。这是新型生产方式和经营管理模式的运行载体。项目层具有"三个一次性"的特点，即项目层是企业法人一次性的授权管理、一次性临时组织、一次性成本中心。项目经理部只负责一个单体项目的质量、工期、成本等，是企业面向市场为用户提供服务的直接责任层面。项目经理作为项目层次的代表，是企业法人所中标的工程项目负责组织施工的授权责任人，是实现一个单体项目质量、工期、成本、安全等目标的直接责任人，是一个企业面向市场、对接业主、服务用户的岗位责任人。

（3）作业层次

作业层次以劳务人员为主体，可以提供工程建设所需要的各种专业施工力量。其发展方向应是专业化、独立化和社会化。

上述3个层次之间的关系是：企业层次服务于项目层次，而项目层次一定要服从于企业层次，这是因为项目层次只是成本中心。企业法人层次与项目层次是授权委托关系，而项目层次与作业层次之间是合同商务关系，项目层次与供应商之间也是合同关系。

3. 建筑企业管理的特点

建筑生产的特点，直接影响着建筑企业的生产经营管理，使其具有以下特点：

（1）生产经营业务不稳定

由于建筑产品的多样性，同一时期不同用户对建筑产品的种类需求是不同的，对一个建筑企业来说，其生产经营的对象和业务将是不固定和不稳定的。因此，就要求建筑企业善于预测社会经济发展趋势，以及固定资产投资规模、方向和产品种类构成比例，具有适应社会需求的应变能力。

（2）管理环境多变

由于建筑产品的固定性和生产的流动性，影响到企业管理环境变化大，可变因素多。管理环境可分为自然环境（包括地形、地质、水文、气候等）和社会环境（包括市场竞争、劳动力供应、物资供应、运输和配套协作条件等），这些环境是经常变化的。在大城市承包施工，组织分包、劳务、材料、运输等比较方便，而在边远地区或新开发地区就有许多不便。如果承包国外工程，则环境更为复杂、更为特殊。因而使建筑企业生产经营的预见性、可控性比较差，许多工作要因环境制宜。

（3）特定的投标承包方式

建筑产品生产多是预约生产，以合同形式承包的。建筑企业首先需要通过投标竞争获得承包工程任务，并通过工程承包合同与用户建立经济法律关系。在招标投标中，往往是一家用户多家竞争，而且十分激烈。因此，必须讲究竞争策略。建筑企业要根据用户的委托，按合同要求完成预定的任务，并在工程进行过程中接受用户的监督。

（4）基层组织人员变动大

由于产品多样、生产流动、任务不稳定、环境多变等原因，引起直接领导生产经营活动的企业基层组织结构和人员，随工程对象的规模、性质、地理分布不同而适时变化和调整。在建设过程中，不同工程、不同季节，职工的需要量波动很大，工种的配合比例也会有较大的差异。因此，建筑企业内部的管理组织结构适宜项目管理制。

（5）计划管理方面

在计划管理方面，建筑企业的计划包括两类，一类是以企业为对象编制的生产经营计划；另一类是以工程项目为对象编制的工程施工组织设计。这两类计划是相互依托、密切联系的，一般计划期较长的前一类计划由后一类计划去落实，而计划期较短的后一类计划受前一类计划的指导。

（6）劳动用工方面

在劳动用工方面，由建筑施工生产的流动性和均衡性较差等因素所决定，建筑企业不宜保持庞大的固定工队伍，只宜拥有精干的经营管理人员、工程技术人员和适量的技术工人骨干，工程需要时，再雇用合同工和临时工。

（7）产品价格方面

由于建筑产品的多样性，几乎没有完全一样的建筑产品，所以建筑产品价格的确定不能像一般产品那样批量定价。建筑产品有其特殊的计价方法，即通过编制造价文件对不同工程定价，以此作为投标报价的基础或结算的依据。

（8）资金占用方面

建筑产品由于其生产周期长、占用资金多，所支付的贷款利息也大，所以在计量、支付方面有其特定的要求。

上述这些特点，说明建筑企业生产经营管理比一般工业企业更复杂，我们要研究和认识建筑企业生产经营管理的这些特点，运用企业管理的基本原理，有针对性地采取措施，解决建筑企业管理中的上述问题。

## 1.3 建筑企业素质

### 1.3.1 建筑企业系统

所谓"系统"，就是由许多（至少两个）相互联系、相互制约的成分要素结合成的、能执行特定功能、达到特定目的的有机整体。

"系统"有自然系统（自然界本来存在的系统）和人造系统（经人改造或创造的系统）。建筑企业是人们按其性质、特点、任务设计的人造系统，它具有人造系统的基本特征。

1. 建筑企业系统的目的与功能

建筑企业系统的目的，就是要把输入的资源（人、物、财）转换为企业的成果输出，实现企业的目标。当我们把企业系统看成输入转换为输出的转换机构时，它的功能如图 1-5 所示。

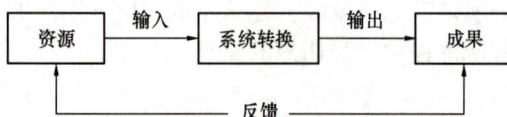

图 1-5　企业系统的功能

从图 1-5 可见，把资源（人、财、物）输入，经过转换机构，变成企业的成果输出；企业的内部、外部都有信息传送，有关输出的信息反馈到输入，输入就会根据收到的信息改变其内容、数量，从而使输入变为输出时总能满足企业的目的。这就是企业系统的功能。为了实现企业的目标，必须强化企业系统的功能，因而就要掌握输入和输出以及转换过程中的各种规律、关系和方法。

2. 建筑企业系统的构成要素

企业系统的构成要素亦称企业系统元素，它是构成企业机体的、相互关联又相互区别（可以分离）的必要因素。"要素"在系统中和从系统中分离出去时，它们的功能是不同的，整体的功能不是个别部分功能的叠加，新的组合会赋予系统以新的意义。因此，研究企业系统的构成要素、实现要素的最佳组合，对增强企业系统的功能具有重要的意义。

建筑企业是从事建筑产品生产活动的经济组织，所以企业系统必须具有从事建筑生产经营活动的劳动者、劳动对象和劳动手段等生产力要素，同时还要有反映这些要素相互结合和运动的价值表现和信息。因此，建筑企业系统是由以下基本要素构成，如图 1-6 所示。

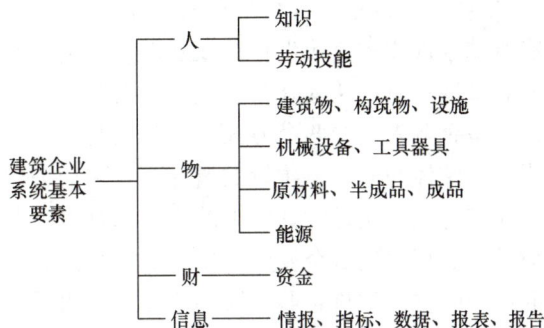

图 1-6　建筑企业系统的构成要素

3. 建筑企业系统的子系统

建筑企业必须科学地确定目标、活动方案和各种技术组织措施并使其先进、合理、可行；必须不断地协调各种生产力要素、使其合理结合、正常运动，充分发挥作用，保证企业系统有组织、有秩序地实现企业目标。要做到这一点，一方面必须使企业系统的构成要素按照它们所具有的功能能动地发挥作用，另一方面则必须使企业系统有效地进行活动。这就要求我们必须对企业系统的构成要素进行科学组合。这种组合除赋予企业系统特定的功能以外，同时也将产生企业的子系统、孙系统。

4. 建筑企业系统的环境与行为

当企业系统处于活动状态时，会产生人、物、财、信息等的流动。这种流动可以由企业系统流向其他系统，也可以自其他系统流向该企业系统。这样，企业系统就要与其他一些外部系统相互影响。从广义而言，后者称为前者的环境。从环境向企业系统的流动称为输入，从企业系统向环境的流动称为输出。通常，我们把构成企业系统的要素的输入称为直接输入；把企业系统的成果输出称为直接输出。其他输入和输出则分别称为间接输入和间接输出。这样，接收企业系统的间接输出和给出企业系统的间接输入的外部系统环境称为环境（狭义的环境）。

环境是企业系统的客观条件（发展条件或制约条件），它对企业系统的作用表现为各种输入。建筑企业是国民经济（大系统）的基本单位（也可以说是国民经济的一个小的子系统或孙系统），它必然要受整个社会经济发展的影响，它本身的活动——企业行为，也会影响社会经济的发展。具体说来，由于建筑企业的自然属性（在社会化大生产和社会分工中所处的地位）和社会属性（所有制、企业目的等），一方面它离不开环境的支持，也摆脱不了国际形势、社会变动、经济动向、市场状况等对企业本身直接或间接的影响，它必须适应环境的变化和要求，使自己的活动与社会经济活动协调一致、密切衔接；另一方面，它必须对整个社会经济体系起积极推动作用，通过自己的活动，促进其他企业、其他经济单位乃至整个社会经济的发展。

总之，在企业系统的概念中，我们着重强调的是整体性观念。企业系统是作为一个整体而存在的，其构成要素（或子系统）是不能脱离其整体的，系统本身也是不能离开环境的。这就要求我们管理建筑企业，应采用系统分析的方法，把内部条件和外部条件结合起来，把局部利益和全局利益结合起来，把当前利益和长远利益结合起来。只有这样，才能科学地计划、组织和控制企业活动，用正确的企业行为实现企业目标。

### 1.3.2　企业素质

1. 企业素质的概念

"素质"通常是指事物内在的特性。所谓企业素质，就是企业系统构成要素的质量及其有机结合形成的企业生存与发展能力。企业素质从其内在因素看，包括人员素质、技术素质和管理素质；从其外在表现看，具体表现为企业的生存与发展能力。内在因素和外在表现，是企业素质的两个方面，二者紧密联系，相互制约，是不可分割的统一体。建筑企业素质是整体的概念、质量的概念，它是动态和不断发展变化的。

建筑企业素质是指其内部的人力、物力、财力、技术等各种要素有机结合所形成的综合质量，表现为建筑企业生存发展的能力。建筑企业素质决定企业综合施工能力、管理水平和经济效益。建筑企业素质的高低，说明了建筑企业获取工程建设任务的可能性大小；说明了建筑企业施工生产能力的大小和施工管理水平的高低；说明了建筑企业降低成本增加盈利的水平；说明了建筑企业技术开发水平的高低；说明了建筑企业扩大再生产能力的大小。

2. 建筑企业素质的内容

（1）内在因素

1）领导班子素质

领导班子素质，包括领导者个人素质和领导班子整体素质两个方面。

领导者个人素质，是指领导者个人的政治思想觉悟、政策水平、文化程度、专业知识、业务能力、组织领导能力，以及年龄、健康状况等。其中企业主要领导人的个人素质尤为重要。

领导班子整体素质，一是指班子结构，包括年龄结构、知识结构、专业结构和职能结构是否合理；二是指班子的集合力，能否形成集合力，关键在于班子能否团结合作、相互支持。

2）职工队伍素质

职工队伍指除领导班子外的工人、技术人员和管理人员。职工队伍素质，包括职工队伍的比例结构，职工的思想觉悟，文化、技术业务水平，处理技术和业务工作的能力。职工队伍素质是企业素质的基础。

3）技术素质

技术素质是指企业的技术装备程度和施工工艺水平等。技术素质是搞好企业生产经营的物质基础。

4）管理素质

管理素质包括管理思想、组织、方法和手段的科学化及现代化程度和企业管理基础工作的质量。管理是一种生产力，在现代化生产过程中，管理不仅是保证生产顺利进行的必要条件，也是充分发挥生产力要素的作用，提高生产能力和经济效益的推动力和创造力。

（2）外在表现

外在表现为企业的生存与发展能力，具体表现为：

1）竞争能力。即企业在质量、成本、工期、服务、信誉等方面的水平和竞争地位，以及在竞争中取胜、赢得市场的能力。

2）应变能力。即企业在瞬息万变的经营环境中，根据条件变化迅速作出反应，采取恰当对策的能力。

3）盈利能力。即企业有效利用人力、物力和财力，获得预期利润的能力。

4）技术开发能力。即企业在开拓市场，开发新产品、新技术、新工艺、新材料，开发管理技术等方面的创新能力。

5）扩大再生产能力。即企业依靠自身的力量进行技术改造、增添设备、改善管理、扩大生产规模的能力。

3. 提高建筑企业素质的意义和途径

（1）提高企业素质的意义

为什么要提高企业的素质呢？首先，提高建筑企业素质是适应国家大规模经济建设和社会发展的需要。我国的建设任务艰巨，同时，现代的建设项目具有规模大、工艺先进、技术复杂、配套建设项目多、施工难度大等特点，客观要求建筑企业应具有较高的素质。其次，提高建筑企业素质，才能在激烈竞争的国内、国际建筑市场中生存发展。随着我国改革开放深入进行和市场经济体制的建立和完善，企业正面临着一场严峻的挑战。如果企业不从根本上提高素质，在竞争中就有被淘汰的危险。再者，为了提高国民经济的宏观经济效益，也要求提高作为国民经济细胞的企业的素质。

（2）提高企业素质的途径

如何提高企业的素质？企业的素质是一个整体。提高企业素质要采取内外结合的办法来进行。

首先，在宏观上要为企业创造一种环境，使企业具有提高素质的内在动力和外在压力。构成企业素质的每一类因素，企业经营管理的每一个方面，都同国民经济的管理体制密切相关，并受其制约和影响。因此，从宏观的环境上要使企业成为具有一定权利和义务的法人，并把它置于经营竞争的环境之中，使其自主经营、独立核算、自负盈亏，产生内在动力和外在的压力，就会增强企业提高素质的自觉性。

其次，提高企业素质的关键是在企业内部。要想真正提高企业素质，必须从企业的实际情况出发，一方面要注重提高企业系统构成因素的质量，另一方面则要抓好各种构成要素的有机结合，实现各种构成要素的最优结构，使其互相协调、互相促进，发挥最大的效率或收益。主要途径有：

1）提高领导班子素质

提高领导班子素质是提高企业素质的关键。

① 提高领导者个人的素质。作为现代企业的领导者，必须具备包括政治、知识、技能、身体、心理等五个方面的基本素质：有强烈的事业心和责任感、勇于改革、勇挑重担、不怕个人担风险，能密切联系群众、有民主作风，大公无私、作风正派；懂得基本经济理论、理解国家的各项方针、政策，掌握企业管理的基本原理方法和现代建筑科技知识，善于洞察形势，有远见、有战略头脑，能因势利导、驾驭企业的健康发展；有决策、

组织、指挥、控制和协调的能力，有善于处理人际关系的能力、用人能力和创新能力；要身体健康、精力充沛；要有敏捷的认识力、健康的情感、坚强的意志和良好的个性等。

② 提高领导班子的整体素质。提高领导班子整体素质的中心问题是要有一个合理的结构。这样，不仅能使各个领导成员人尽其才，而且还能通过有效的结构组合，迸发出巨大的集体能量。

什么样的领导班子结构才是合理的呢？一般应考虑以下四个方面的结构：

A. 年龄结构。合理的年龄结构是指不同年龄的领导成员在领导班子中应有一个合理的比例，并使之处于不断发展的动态平衡之中，以发挥成员的最优智力和效能。现代生理科学和心理科学的研究表明，一个人的年龄与智力有一定的定量关系。以知觉而言，最佳年龄是 10～17 岁；以记忆、动作和反应速度而言，最佳的年龄是 18～29 岁；以比较和判断而言，最佳年龄是 30～49 岁。可见领导年轻化，是完全符合科学规律的。合理的年龄构成应当是老、中、青合理搭配，形成梯形的年龄结构。

B. 知识结构。现代企业的领导成员必须具有足够的知识水平，特别是企业高级层次的领导，总是面对着全局的复杂变化的现实，必须具有更高知识水平。科学研究告诉我们，在现代社会，一个人的知识只有约 10％是靠正规学校教育获得的，约 90％的知识是以后的工作实践和职业学习中获得的。因此，在选任干部时，除了要注意学历外，还必须考察实际的知识水平。

C. 专业结构。是指在领导班子中，各类专业人才的比例。作为企业的领导班子，比较理想的应是根据它所担负的职能，配备相应的各类专业人才，使整个班子成为具有综合业务领导能力的群体。

D. 智能结构。智能指的是人们掌握和运用知识的能力。主要包括自学能力、研究能力、思维能力、表达能力、组织能力和管理能力。合理的智能结构，应由具有高超创造能力的思想家、具有高度组织能力的组织家和具有"一步一个脚印"的实干家共同构成。

综上所述，领导班子结构是考虑多因素的、动态的综合体。为了提高领导班子整体素质，必须全面考虑年龄、知识、专业和职能结构，同时必须注意，一个合理的结构必然是自适应、自控制、自调整的，并不是一次成功、永恒不变的。必须在不断运动中，逐步求得平衡和合理。只有这样，才能使领导班子内的"摩擦"和相互抵消力量转化成为动力，形成高效能的领导集体。

2）提高职工队伍的素质

提高职工队伍素质必须做到：

① 制定各类人员（管理人员、工程技术人员、工人）的素质标准。一般包括政治素质、文化素质、技术业务素质、身体素质等。并采取各种形式进行全员培训。

② 讲求企业职工合理比例结构。一般主要指：企业的生产、管理、服务三类人员的合理比例；生产人员中，基本生产、附属生产、辅助生产之间，各工种构成的合理比例；管理人员中如政工、经营管理、技术人员之间的合理比例；职工的技术职称和等级的构成的合理比例。

3）提高企业的技术素质

提高建筑企业技术素质的途径有：积极采用建筑施工新工艺、新技术；进行技术改造、采用先进的施工机械设备；积极进行技术开发及应用；形成和完善企业的适用技术体系，并不断提高其水平。

4）提高企业的管理素质

提高建筑企业的管理素质的途径是：按照市场经济的要求，建立现代企业制度，加强企业管理的基础工作，结合企业实际，实行现代科学管理。

## 1.4　建筑企业资质标准

### 1.4.1　建筑企业资质类别

为规范建筑市场秩序，加强建筑活动监管，保证建设工程质量安全，促进建筑业高质量发展，国家建设行政主管部门根据《中华人民共和国建筑法》（以下简称《建筑法》）《中华人民共和国行政许可法》《建设工程质量管理条例》和《建设工程安全生产管理条例》等法律、法规，制定了《建筑业企业资质标准》，该标准自2015年1月1日起施行。但根据住房和城乡建设部最新发布的《建筑业企业资质标准（征求意见稿）》，该标准对建筑企业的资质要求进行了更新和调整（需要说明的是：该标准目前仍处于征求意见阶段，尚未正式发布。教材中所述的相关内容均以该征求意见稿为参考，待正式发布后可进行相应更新）。

1. 建筑企业资质序列

根据住房和城乡建设部最新发布的《建筑业企业资质标准（征求意见稿）》，建筑企业资质的分类发生了一些变化。原《建筑业企业资质标准》中将建筑企业资质分为施工总承包资质、专业承包资质、施工劳务资质三个序列。然而，在征求意见稿中，建筑企业资质的分类变为施工综合资质、施工总承包资质、专业承包资质和专业作业资质四个序列。

（1）施工综合资质企业

施工综合资质不分类别和等级，是一种综合性的资质，涵盖了所有的施工类别和等级。取得施工综合资质的企业在进行分包时，应该分包给具有相应专业承包资质的企业。

（2）施工总承包资质企业

取得施工综合资质和施工总承包资质的企业，可以从事资质证书许可范围内的相应工程总承包、工程项目管理等业务。施工综合企业和施工总承包企业对所承接的施工总承包工程的各专业工程全部自行施工，也可以将专业工程依法进行分包。对设有资质的专业工程进行分包时，应分包给具有相应专业承包资质的企业。取得施工综合资质和施工总承包资质的企业将专业作业分包时，应分包给具有专业作业资质的企业。

（3）专业承包资质企业

取得专业承包资质的企业可以承接具有施工综合资质和施工总承包资质的企业依法分包的专业工程或建设单位依法发包的专业工程。取得专业承包资质的企业应对所承接的专业工程全部自行组织施工，专业作业可以分包，但应分包给具有专业作业资质的企业。

（4）专业作业资质企业

取得专业作业资质的企业可以承接具有施工综合资质、施工总承包资质和专业承包资质的企业分包的专业作业。

2. 建筑企业资质类别

施工总承包资质、专业承包资质按照工程性质和技术特点分别划分为若干资质类别，施工劳务资质不分类别。在征求意见稿中，施工总承包资质和专业承包资质同样按照工程性质和技术特点分别划分为若干资质类别，但类别数量发生了变化，而施工综合资质与专业作业资质不分类别。

（1）施工综合序列资质类别

施工综合序列不分类别。

（2）施工总承包序列资质类别

施工总承包序列分为12个类别，分别是：建筑工程施工总承包、公路工程施工总承包、铁路工程施工总承包、港口与航道工程施工总承包、水利水电工程施工总承包、电力工程施工总承包、矿山工程施工总承包、冶金工程施工总承包、石油化工工程施工总承包、市政公用工程施工总承包、通信工程施工总承包、机电工程施工总承包。在征求意见稿中新增了民航工程施工总承包。

（3）专业承包序列资质类别

在征求意见稿中，专业承包序列由原先的36个类别变更为18个类别，分别是：地基基础工程专业承包、起重设备安装工程专业承包、预拌混凝土专业承包、建筑机电工程专业承包、消防设施工程专业承包、防水防腐保温工程专业承包、桥梁工程专业承包、隧道工程专业承包、模板脚手架专业承包、建筑装修装饰工程专业承包、古建筑工程专业承包、公路工程类专业承包、铁路电务电气化工程专业承包、港口与航道工程类专业承包、水利水电工程类专业承包、输变电工程专业承包、核工程专业承包、通用专业承包。

（4）专业作业序列资质标准

专业作业序列不分类别。

### 1.4.2 建筑企业资质等级

各资质类别按照规定的条件划分为若干资质等级，施工劳务资质不分等级。但在征求意见稿中，建筑企业资质等级发生了一些变化：新增的施工综合资质和专业作业资质不分等级；施工总承包资质分为2个等级（甲级、乙级）；专业承包资质一般分为2个等级（甲级、乙级，部分专业不分等级）。

1. 施工综合企业的资质等级

施工综合企业资质不分等级。

2. 施工总承包企业的资质等级

在征求意见稿中，所有类别施工总承包企业的资质等级全部分为甲级、乙级。

3. 专业承包企业的资质等级

在征求意见稿中，地基基础工程专业承包、起重设备安装工程专业承包、建筑机电工程专业承包、消防设施工程专业承包、防水防腐保温工程专业承包、桥梁工程专业承包、隧道工程专业承包、建筑装修装饰工程专业承包、古建筑工程专业承包、公路工程类专业承包、铁路电务电气化工程专业承包、港口与航道工程类专业承包、水利水电工程类专业承包、输变电工程专业承包、核工程专业承包资质分为甲级、乙级。预拌混凝土专业承包、模板脚手架专业承包、通用专业承包资质不分等级。

4. 专业作业企业的资质等级

专业作业资质实行备案制。具有公司法人《营业执照》且拟从事专业作业的企业在完成企业信息备案后，即可取得专业作业资质。

# 本 章 小 结

本章主要介绍了企业概述，建筑企业及建筑企业管理，建筑企业素质和建筑企业资质标准四大部分。

企业是指以盈利为目的，运用生产要素（土地、劳动力、资本、信息和技术），并在承担风险条件下，从事生产、流通和服务性经济活动，实行自主经营、自负盈亏、自我发展、自我约束，具有法人资格的经济组织或自然人经济实体，其本质主要有实体观和契约观。企业管理是为实现企业的既定目标对企业的生产经营活动所进行的决策、计划、组织、控制、领导、激励和创新等一系列工作活动的总称。现代企业是面向市场的经济组织，主要具有以下特征：所有者与经营者相分离，拥有现代技术，实施现代化的管理，企业规模扩大与组织扩张。企业作为一个生产经营活动的经济组织，具有二重性，即自然属性和社会属性。

随着外界环境的变化，建筑业的发展方向发生改变：以推动建筑业高质量发展为主题，以深化供给侧结构性改革为主线，以推动智能建造与新型建筑工业化协同发展为动力，加快建筑业转型升级，实现绿色低碳发展。建筑企业是指依法自主经营、自负盈亏、独立核算，从事建筑商品生产和经营，具有法人资格的经济实体。建筑产品具有固定性、多样性、体积庞大性，综合性等特点。建筑产品生产的特点为流动性，周期较长，单件性，复杂性，协作关系复杂。建筑企业管理分为生产管理和经营管理两部分，具有生产经营业务不稳定，管理环境多变，特定的投标承包方式基层组织人员变动大等特点。包括 3 个层次，即企业层次、项目层次和作业层次。

建筑企业系统是由人、物、财、信息四个基本要素构成。环境是企业系统的客观条件。建筑企业是国民经济的基本单位，受整个社会经济发展的影响，它本身的活动——企业行为，也会影响社会经济的发展。建筑企业素质是指其内部的人力、物力、财力、技术等各种要素有机结合所形成的综合质量。其内容分为内在因素和外在因素两部分。

建筑企业资质分为施工综合资质、施工总承包资质、专业承包资质和专业作业资质 4 个序列。各资质类别按照规定的条件划分为若干资质等级。

**案例分析一**

## 数字化转型赋能企业高质量发展

中建八局一公司紧跟国家数字化转型发展战略，迅速组建数字科技公司，推进数字产业化和产业数字化，聚力打造价值增长新引擎。自 2021 年以来，数字科技公司累计实现合同额 1.7 亿元，在研在建项目突破 30 个，累计获取独立知识产权 50 余项，"智慧＋"相关专利 20 余项，获评济南市五星级上云企业、山东省 2020 年度网络安全和信息化工作先进单位等荣誉。目前正稳步推进数字科技公司法人化运营，致力打造成为公司首个"上市企业"和"独角兽企业"。

（1）数字化助力企业管理模式智能化。中建八局一公司通过标准化与信息化的深度融合，搭建"一个中心、两个平台、四个系统"的信息化架构，实现项目全生命周期管理流程98%的标准化业务流程线上运行，较线下审批效率提升近58%，并加速由填报式向智能推送式转变，真正实现业务流程化、流程数据化的转型升级。此外，公司还全面启动企业数据治理工作，打通决策和管理堵点、层级和业务之间的数据壁垒，打造企业级运营分析系统。目前已构建人资、财务、商务等7个业务模块的54个数据分析模型，利用大数据分析技术辅助企业运营决策，助力企业向标准化、数字化、智能化转型。

（2）数字化赋能工程管理模式纵深发展。中建八局一公司在协同EPC业务发力智慧设计方面，依托自有BIM引擎，创新开发设计管理平台，包含市场营销、生产阶段、商务管理、设计管理和协同管理5大子模块，22项功能菜单与1项微信小程序，完成85%业务流程的数字化，管理效率提升近46%。在协同装配式业务助力智能制造方面，综合应用BIM、云平台、物联网、GIS等前沿技术，研发智慧园区和智慧工厂管理平台，具备计划排产、生产协同、决策支持、物流控制、物资管控、质量控制等六维智能管控手段，汇集装配式建筑数字深化设计、精细化生产管理和质量全过程追溯三项重要功能，打通设计、供应链和自动化生产环节。

（3）数字化实现传统主业转型升级。中建八局一公司拓展的智慧医院业务，以济南中心医院项目为突破口，其智慧建造与运维的物联网应用荣获全国物联网示范项目。该项目将30余万平方米的医院BIM模型、智能化系统、运营服务和后勤管理四个基本要素进行优化组合，定制化开发安全可靠、共享高效的智慧医院平台，助力医院综合管理的精细化、规范化与可视化，获得客户充分肯定。此外，公司还积极布局智慧校园业务，逐步实现主业由传统智能化工程业务向软硬一体的智慧化场景转变。

（4）数字化拓展智慧生态业务。中建八局一公司全力拓展智慧生态业务，聚焦基础设施、环保水务、高科技厂房和城市更新等转型升级类业态，打造智慧水务、城市更新一张图、智慧仓储、智慧管廊和智慧工厂等运营平台。成功打造杨家河智慧水务、大汶河智慧水务、济南市钢城区智慧园林等智慧生态产品。其中，智慧水务项目建设总长43.6km，智慧园林项目建筑面积达146hm²，将客户服务向后延伸至参建工程的运营期。

中建八局一公司的数字化转型提升了公司的运营效率，并着力赋能企业高质量发展。

**案例来源：** 中建八局．中建八局一公司：开拓创新求实奋进，数字化转型赋能企业高质量发展［EB/OL］．（2023-2-12）

**案例分析题：**

1. 中建八局一公司采取了哪些措施来推进数字化转型？这些措施对企业的数字化转型有何效果？

2. 中建八局一公司在协同EPC业务发力智慧设计方面的创新实践，对其他建筑业企业有何启示和借鉴价值？

**案例分析二**

## 中建三局：扶贫路上不缺席，乡村振兴不余力

乡村振兴战略方针下，打造生态宜居环境，建筑企业的担当不可或缺。同时，国家乡村振兴的战略规划，无疑亦为建筑企业提供新的发展机遇。

甘肃康县王坝镇何家庄村是一个贫困村，村里没有一块超过5亩的平地，仅有一条公

路通向大山之外，这里曾经是一个远近闻名的贫困村。然而，几年后，再次来到何家庄村，曾经的泥泞土路和简陋茅草房不复存在，取而代之的是干净整洁的水泥马路与依山建造的特色民居。这一切变化均得益于中建三局对何家庄村开展的定点帮扶工作。

产业发展方面，何家庄村群山环绕、景色优美、自然环境好，中建三局以旅游业为突破口，重新规划村里旅游设施，修建了包括农事体验园、老式客栈、休闲广场等总建筑面积超过 $4600m^2$ 的康县旅游产业扶贫示范园。示范园建成后无偿移交给康县当地运营维护，项目运营收益将按折股量化方式向岸门口镇一千多户建档立卡贫困户发放分红。

解决就业问题方面，中建三局在建设项目中为当地百姓创造就业机会，优先让当地群众在家门口就业，实现了"一人就业，全家脱贫"的目标。康县旅游产业扶贫示范园建设以来，中建三局累计吸纳本地劳动力 193 人，其中建档立卡贫困户 13 人。当地村民通过培训进入了项目建设中，一些组织能力较强的村民，甚至在项目一期结束后，从普通工人变为承包负责人，前后带领 50 多名工人继续投入二期、三期建设。

康县旅游示范园项目成功地推动了当地的经济发展，改善了当地居民的生活质量。中建三局对乡村振兴战略的积极响应，为其赢得了良好的社会声誉，更是其履行社会责任的实力担当。

**案例来源**：李子栋．中建三局：扶贫路上不缺席 乡村振兴不余力［EB/OL］．(2020-11-12)

**案例分析题**：

1. 分析中建三局在康县旅游示范园项目中的举措有哪些值得推广与借鉴之处？
2. 建筑企业应如何将自身的可持续发展融入国家整体发展？

思 考 与 练 习 题

1. 企业的概念是什么？企业管理的概念及其性质是什么？
2. 简述企业管理的基本观念。
3. 建筑业在国民经济中的地位和作用是什么？
4. 建筑企业的概念是什么？类型有哪些？
5. 建筑产品及其生产的特点有哪些？
6. 建筑企业管理的内容及其特点有哪些？
7. 系统的概念是什么？企业系统的构成要素有哪些？建筑企业素质的概念和内容是什么？如何提高建筑企业素质？
8. 建筑企业资质序列有哪些？这些序列的资质等级各是如何划分的？

# 2 建筑企业组织管理

### 本章要点及学习目标

1. 建筑企业组织结构的基本形式。
2. 建筑企业项目组织形式。
3. 影响企业组织结构的权变因素。
4. 未来组织结构发展方向。

### 引导案例

#### 中建五局的组织变革之路

2002 年中建五局亏损严重面临严重经营挑战，但从 2003 年 20 亿元的年经营规模，到 2018 年合同额超 2000 亿元，历经十几年时间，中建五局蓬勃发展，其组织结构的变革举足轻重。其间，中建五局进行了 20 次资源整合，包括 9 次专业化重组、11 次区域化整合，2018 年中建五局的分公司只保留了中建五局三公司，其他的实体单位以区域结构和专业业务进行划分。其整合具体举措包括：

(1) 中建五局的区域化整合

2003 年前，中建五局曾资金紧缺，举步维艰。该企业适时从战略高度对区域经营重新认识，提出了区域经营"四个转变"的总体思路，即：变"游击战"为"阵地战"，实现本土化经营；变"盲目作战"为"打有准备之仗"，实行理性化经营；变"单兵作战"为"团队作战"，实现集团化经营；变"刮金式"经营为"贴金式"经营，实现品牌化经营。这些区域化经营的转变，有效解决了"同城竞争"和"同质竞争"问题，为中建五局成功打造五大战略市场、三大重要市场和一个海外市场的"5＋3＋1"市场格局。

(2) 中建五局的专业化重组

针对综合性的、业务类型丰富的号码公司整合成专业化公司非常困难，中建五局充分考虑企业现阶段的管理能力，发现由于公司总部所能管理的下属子企业数量有限，综合性与专业化的改造同步进行会导致管理幅度和资源配置出问题，进而使新成立的专业公司业务发展受限。因此中建五局采取先整合再补缺的方式，即先进行综合性整合，再成立专业性的补缺，很好地契合了公司现阶段的整合思路。

中建五局在发展瓶颈期，审时度势，制定有效的发展的战略目标，结合自身的技术和规模特点，按照"区域化经营、专业化发展、精细化管理"的"三化"方针，通过组织结构变革，最终形成了局总部—子（分）公司—项目部三级扁平化集约型组织结构，局总部的集团调控能力得到显著提升。

**案例来源：**龚炜. 区域化的整合之道［EB/OL］.（2014-10-22）

## 2.1 建筑企业组织结构基本形式

建筑企业组织结构的基本形式是管理组织的各个要素相互联结的框架的形式。建筑企业组织结构是多种多样的，现将不同的管理组织结构形式及特点分述如下：

### 2.1.1 直线型组织结构

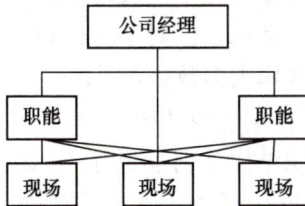

直线型组织结构是从古代军队移植而来，在管理权和所有权完全一致的早期企业一般运用这种形式，如图2-1所示。其特点是：组织中各种职务按垂直系统直线排列，各级主管人员对所属下级拥有直接的领导职权，组织中每一个人只能向一个直接上级报告，组织中不设专门的职能机构，至多有几名助手协助最高层管理者工作。

这种组织结构优点是：结构比较简单、权力集中、权责分明、命令统一、沟通简捷、决策迅速、比较容易维护纪律和秩序；其缺点是在组织规模较大的情况下，由于所有的管理职能都集中由一人承担，往往会因为个人的知识及能力有限而难以深入、细致、周到地考虑所有管理问题，因此管理就比较简单粗放，有时会顾此失彼，产生失误；此外，组织中的成员只注意上情下达和下情上传，每个部门只关心本部门工作，因而部门间的横向联系与协调比较差，难以在组织内部培养出全能型、熟悉组织情况的管理者。这种组织结构一般只适用于那些产品单一，生产技术简单，无须按职能实行专业化管理的小型企业，或者是现场的作业管理。

### 2.1.2 职能型组织结构

职能型组织结构最早是由泰罗提出的，如图2-2所示。其特点是：采用专业分工的管理者，代替直线型组织中的全能型管理者。组织内除直线主管外还相应地设立一些组织机构，分担某些职能管理的业务。这些职能机构有权在自己的业务范围内，向下级单位下达命令和指示，因此下级直线主管除了接受上级直线主管的领导外，还必须接受上级各职能机构在其专业领域的领导和指示。

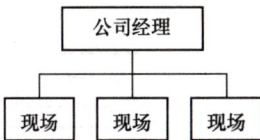

图 2-1 直线型组织结构图　　图 2-2 职能型组织结构图

这种组织结构的优点是能够充分发挥职能机构的专业管理作用，适应现代组织技术比较复杂和管理分工较细的特点，因而有可能发挥专家的作用，减轻上层主管人员的负担。但其缺点也比较明显，即妨碍了组织中必要的集中领导和统一指挥，形成了多头领导；各部门容易过分强调本部门的重要性而忽视与其他部门的配合、忽视组织的整体目标；不利于明确划分直线人员和职能科室的职责权限，容易造成管理的混乱；加大了最高主管监督协调整个组织的要求。因此，在实践中这种管理组织结构并未得到推广应用。这种组织形式适用于任务复杂的社会管理组织和生产技术复杂、各项管理需要具有专门知识的企业管理组织。

### 2.1.3 直线职能型结构

直线职能型组织结构是对职能型组织结构的改进，是以直线型组织为基础，在各级直线主管之下，设置相应的职能部门，即设置了两套系统：一套是按命令统一原则组织的指挥系统，另一套是按专业化原则组织的管理职能系统。其特点是：直线部门和人员在自己的职责范围内有决定权，对其所属下级的工作进行指挥和命令，并负全部责任，而职能部门和人员仅是直线主管的参谋，只能对下级机构提供建议和业务指导，没有指挥和命令的权力，如图 2-3 所示（以工厂为例）。

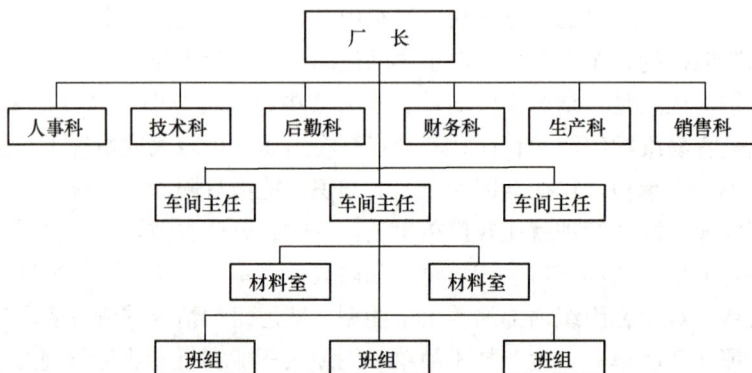

图 2-3    直线职能型组织结构图

可见，这种组织形式综合了直线型和职能型组织结构的优点，既保证了集中统一指挥，又能发挥各种专家业务管理的作用，其职能高度集中、职责清楚、秩序井然、工作效率高，整个组织有较高的稳定性。缺点是下级部门主动性和积极性的发挥受到限制；各部门自成体系，不重视信息的横向沟通，工作容易重复；当职能参谋部门和直线部门之间目标不一致时，容易产生矛盾，致使上层主管的协调工作量增大；整个组织系统的适应性较差，缺乏弹性，对新情况不能及时做出反应；还会增加管理费用。这种组织结构形式对中、小型组织比较适用，但对于规模较大、决策时需要考虑较多因素的组织，则不太适用。在目前仍被我国大多数企业采用。

### 2.1.4 事业部制组织结构

事业部制组织结构首创于 19 世纪 20 年代，最初是由美国通用汽车公司副总经理斯隆创立，又称"斯隆模型"。它是在产品部门化基础上建立起来的。这种类型结构的特点是组织按地区或所经营的各种产品和事业来划分部门，各事业部独立核算，自计盈亏的一种分权管理组织结构。同时，事关大政方针、长远

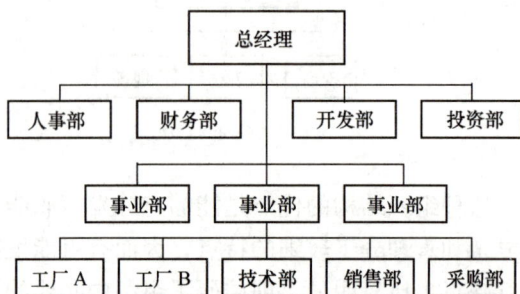

图 2-4    事业部制组织结构图

目标以及一些全局性问题的重大决策集中在总部，以保证企业的统一性。这种组织结构形

式最突出的特点是"集中决策，分散经营"，这是在组织领导方式上由集权制向分权制转化的一种改革，如图2-4所示。

这种组织结构形式的主要优点是适应性和稳定性强，有利于组织的最高管理者摆脱日常事务而专心致力于组织的战略决策和长期规划，有利于调动各事业部的积极性和主动性，并且有利于公司对各事业部的绩效进行考评。它的缺点是，由于机构重复，造成了管理人员浪费；由于各个事业部独立经营，各事业部之间要进行人员互换就比较困难，相互支援较差；各事业部主管人员考虑问题往往从本部门出发，各事业部间独立的经济利益会引起相互间激烈的竞争，可能发生内耗；由于分权容易造成忽视整个组织的利益、协调较困难的情况，也可能出现架空领导的现象，从而减弱对事业部的控制。这种组织结构形式适用于产品多样化和从事多元化经营的组织，也适用于面临市场环境复杂多变或所处地理位置分散的大型企业和巨型企业。

### 2.1.5 矩阵型组织结构

这是一种将职能划分的部门同产品、服务或工程项目划分的部门结合起来的组织形式，如图2-5所示。在这种组织中，每个成员既要接受垂直部门的领导，又要在执行某项任务时接受项目负责人的指挥。可以说，矩阵结构是对统一指挥原则的一种有意识的违背。

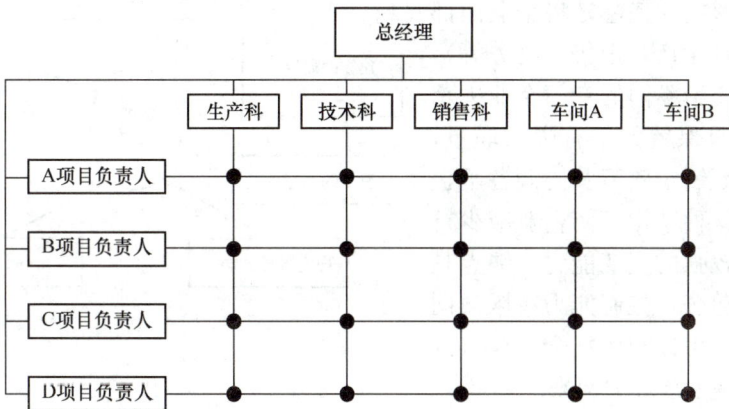

图 2-5 矩阵型组织结构图

这种结构的主要优点是灵活性和适应性较强，有利于加强各职能部门之间的协作和配合，并且有利于开发新技术、新产品和激发组织成员的创造性。其主要缺点是组织结构稳定性较差，双重职权关系容易引起冲突，同时还可能导致项目经理过多、机构臃肿的弊端。这种组织结构主要适用于科研、设计、规划项目等创新性较强的工作或者单位。

### 2.1.6 多维立体型组织结构

这种组织结构是矩阵型组织结构形式和事业部制组织结构形式的综合发展。这种结构形式由三方面的管理系统组成：第一，按产品（项目或服务）划分的部门（事业部），是产品利润中心；第二，按职能如市场研究、生产、技术、质量管理等划分的专业参谋机构，是职能利润中心；第三，按地区划分的管理机构，是地区利润中心。在这种组织结构形式下，每一系统都不能单独做出决策，而必须由三方代表，通过共同协调才能采取行动。因此，多维立体型组织结构能够促使每个部门都能从整个组织的全局来考虑问题，从

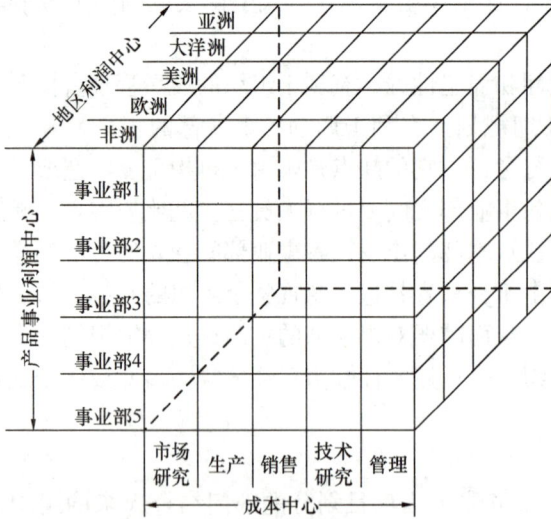

图 2-6　多维立体型组织结构

而减少产品、职能、地区各部门之间的矛盾。即使三者之间有摩擦，也比较容易统一和协调。这种类型的组织结构形式最适用于跨国公司或规模巨大的跨地区公司，如图 2-6 所示。

### 2.1.7　网络型组织结构

网络型组织，是利用现代信息技术手段而建立和发展起来的一种新型组织结构，如图 2-7 所示。现代信息技术使企业与外界的联系加强了，利用这一有利条件，企业可以重新考虑自身机构的边界，不断缩小内部生产经营活动的范围，相应地扩大与外部单位之间的分工协作。这就产生了一种基于契约关系的新型组织结构形式，即网络型组织。

这种组织形式的特色是将企业内部各项工作（包括生产、销售、财务等），通过承包合同交给不同的专门企业去承担，而总公司只保留数量有限的职员，它的主要工作是制定政策及协调各承包公司的关系。这种结构可使企业减少行政开支，具有较强的应变能力。缺点是总公司对各承包公司控制能力有限。网络型结构使企业可以利用社会上现有的资源使自己快速发展壮大起来。

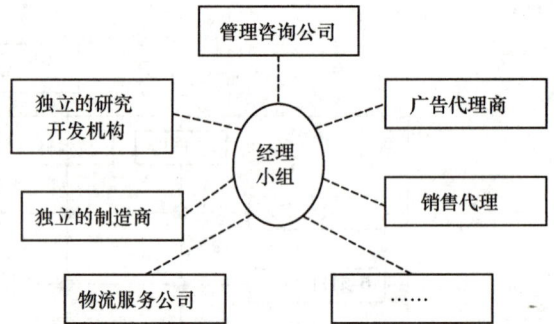

图 2-7　网络型组织结构图

## 2.2　建筑企业的项目组织

### 2.2.1　项目组织的概念

项目组织是为完成项目而建立的组织，一般也称为项目班子、项目管理班子、项目组等。一些大中型项目，如建筑施工项目的项目组织在我国称为项目经理部，由于项目管理工作量很大，因此，项目组织专门履行管理功能，具体的技术工作由他人或其他组织承担。项目组织的具体职责、组织结构、人员构成和人数配备等会因项目性质、复杂程度、规模大小和持续时间长短等有所不同。

项目组织可以是另外一个组织的下属单位或机构，也可以是单独的一个组织。例如某企业的新产品开发项目组织是一个隶属于该企业的组织。而某水电站项目组则是水电开发有限责任公司，本身是一个法人企业，负责该水电站的资金筹集、建设、建成投产后的经营、偿还贷款和水库上游地区的开发管理。项目组织的一般职责是项目规划、组织、指挥、协调和控制。项目组织要对项目的范围、费用、时间、质量、采购、风险、人力资源和沟通等多方面进行管理。

### 2.2.2 项目管理组织机构设置原则

（1）目的性原则

项目组织机构设置的根本目的，是为了产生组织功能实现项目目标。从这一根本目的出发，就应因目标设事，因事设岗，因职责定权力。

（2）精干高效原则

大多数项目组织是一个临时性组织，项目结束后就要解散，因此，项目组织应精干高效，应着眼于使用和学习锻炼相结合，以提高人员素质。

（3）项目组织与企业组织一体化原则

项目组织往往是企业组织的有机组成部分，企业是它的母体，项目组织是由企业组建的，项目管理人员来自企业，项目组织解体后，其人员仍回企业，所以项目的组织形式与企业的组织形式密切相关。

### 2.2.3 项目组织结构的类型

项目组织结构类型有许多，常见的有工作队式、部门控制式、项目型、矩阵型和事业部型。

（1）工作队式项目组织

工作队式项目组织由项目经理在企业内抽调职能部门的人员组成管理机构，如图 2-8 所示（虚线框内为项目组织机构）。项目管理班子成员在项目工作过程中，由项目经理领导，原单位领导只负责业务指导，不能干预其工作或调回人员；项目结束后机构撤销，所有人员仍回原在部门的特征，适用于大型项目，工期要求紧，要求多工种、多部门密切配合的项目。它具有能发挥各方面专家的特长和作用；各专业人才集中办公，减少了推诿和等待时间，办事效率高，解决问题快；项目经理权力集中，受干扰少，决策及时，指挥灵便；不打乱企业的原有结构等优点。但也存在各类人员来自不同部门，具有不同的专业背景，配合不熟悉等问题；各类人员在同一时期内所担负的管理工作任务可能有很大差别，很容易产生忙闲不均；成员离开原单位，需要重新适应环境。

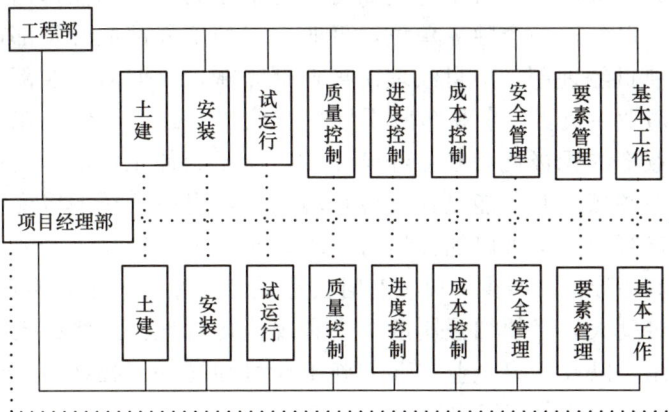

图 2-8 工作队式项目组织

（2）部门控制式项目组织

部门控制式项目组织具有按职能原则建立项目组织，把项目委托给某一职能部门，由职能部门主管负责，在本单位选人组成项目组织的特征，如图2-9所示。一般适用于小型的，专业性较强，不需涉及众多部门的项目。其优点是人事关系容易协调；从接受任务到组织运转，启动时间短；职能专一，关系简单。但同时也存在不适应大项目需要的缺点。

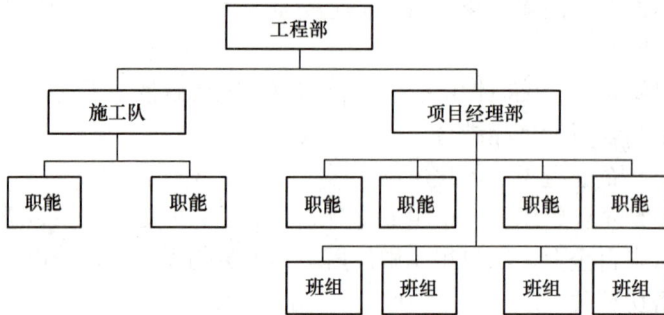

图 2-9　部门控制式项目组织

（3）项目型项目组织

项目型项目组织的特征是企业中所有人都是按项目划分，几乎不存在职能部门。在项目型组织里，每个项目就如同一个微型公司那样运作，完成每个项目目标所需的所有资源完全分配给这个项目，专门为这个项目服务，专职的项目经理对项目组拥有完全的项目权力和行政权力。其优点是项目型组织的设置能迅速有效地对项目目标和客户的需要做出反应，而不足之处在于资源不能共享，成本高，项目组织之间缺乏信息交流，不利于精简机构。所以，项目型组织结构适用于同时进行多个项目，但不生产标准产品的企业。常见于一些涉及大型项目的公司，如建筑业、航空航天业等。

（4）事业部型项目组织

事业部型项目组织的特征是企业下设事业部，事业部的划分要求可以按照地区划分，可以按照建设工程的类型划分，例如按照建设公路、建筑等类型划分，同时可以按照经营范围划分，事业部相对于企业而言，是企业的一个职能部门，但对外享有相对独立经营权，可以看作一个独立单位，事业部中的工程部或开发部，或对外工程公司的海外部下设项目经理部，项目经理由事业部委派，一般对事业部负责，经特殊授权时，也可直接对业主负责，事业部型项目组织见图2-10。其优点在于该组织形式能充分调动发挥事业部的积极性和独立经营作用，便于延伸企业的经营职能，有利于开拓企业的经营业务领域，并且能迅速适应环境变化，提高公司的应变能力，既可以加强公司的经营战略管理，又可以加强项目管理，而不足之处在于企业对项目经理部的约束力减弱，协调指导机会减少，以致有时会造成企业结构松散，事业部的独立性强，企业的综合协调难度大，必须加强制度约束和规范化管理。主要在大型经营型企业承包施工项目时采用，以及远离企业本部的施工项目和海外工程项目，适宜在一个地区有长期市场或有多种专业化施工力量的企业采用。

（5）矩阵型项目组织

矩阵型组织具有项目组织与职能部门同时存在，既发挥职能部门的纵向优势，又发

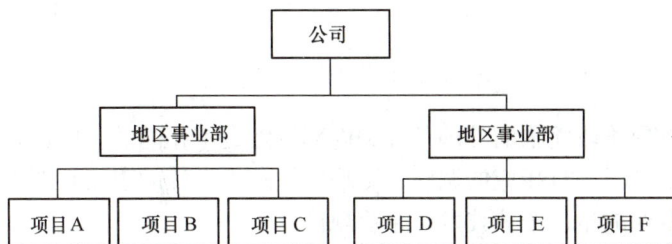

图 2-10 事业部型项目组织

挥项目组织的横向优势；专业职能部门是永久性的，项目组织是临时性的，示意图见图 2-11。职能部门负责人对参与项目组织的人员有组织调配和业务指导的责任。项目经理将参与项目组织的职能人员在横向上有效地组织在一起。项目经理对项目的结果负责，而职能经理则负责为项目的成功提供所需资源，它适用于同时承担多个项目的企业，其优点是能将职能与任务很好结合在一起，既可满足对专业技术的要求，又可满足对每一项目任务快速反应的要求，同时充分利用人力及物力资源并促进学习、交流知识。同时，它存在双重领导；各项目间、项目与职能部门间容易发生矛盾；项目组成员不易管理等缺点。

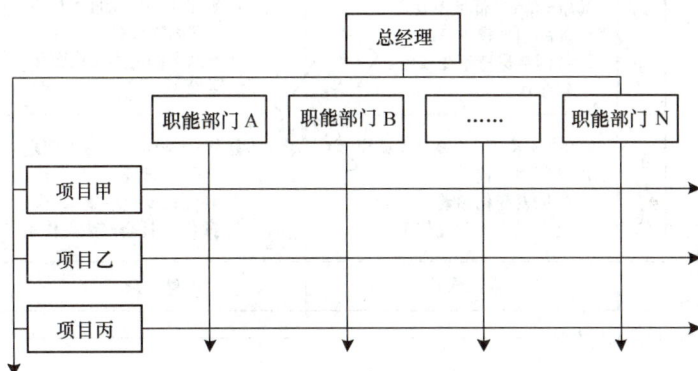

图 2-11 矩阵型项目组织

### 2.2.4 项目组织结构的设计与选择

前面介绍的是项目组织经常采用的几种组织结构形式，除了这几种常见的组织结构之外，还可能存在其他组织结构形式。通过前面的介绍，大家可以看出，每一种组织结构形式都有其优点、缺点和适用条件，没有一种是万能的、最好的组织结构形式。对不同的项目，应根据项目具体目标、任务条件、项目环境等因素进行分析、比较，设计或选择最合适的组织结构形式。一般来说，部门控制式的组织结构适用于项目规模小、专业面窄、以技术为重点的项目；如果一个组织经常有多个类似的、大型的、重要的、复杂的项目，应采用项目式的组织结构；如果一个组织经常有多个内容差别较大、技术复杂、要求利用多个职能部门资源时，比较适合选择矩阵式组织结构。如果要完成一个大型的、重要的、复杂的要求利用多个职能部门资源的项目则可采用工作队式。

# 2.3　组织结构设计的权变因素

企业在不同发展阶段面临的外部条件和内部特点是不相同的。因此，企业的组织结构应根据不同的发展阶段进行相应的调整。影响组织结构设计的主要权变因素有以下四个方面：企业环境、企业战略、企业技术、企业规模。

### 2.3.1　组织结构与企业环境

1. 环境的不确定性及其分类

所谓环境的不确定性是指企业能够确切了解并适应环境因素的程度。它包括环境的复杂性和环境的稳定性两项指标。环境的复杂性反映了影响企业运营的外部环境状况。影响企业的外部因素较多，且各因素间相互影响，则此环境较复杂，反之环境则简单。环境的稳定性反映了环境因素在时间上的变化状况。环境因素在较长时间内没有较大变化，则此环境是稳定的，反之则是不稳定的。

依据环境的复杂性和简单性这两项指标，可以把企业环境的不确定性划分为四种类型，如图 2-12 所示。

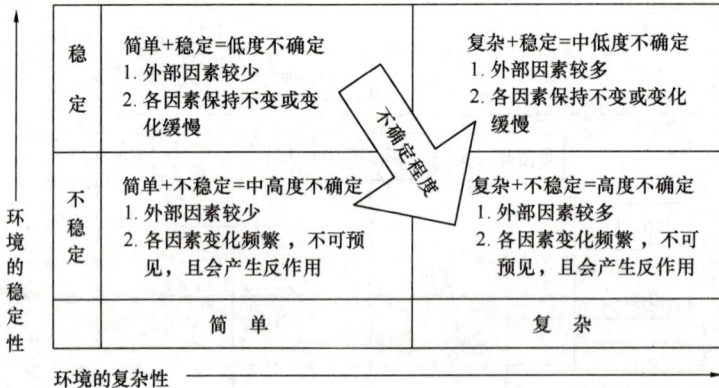

图 2-12　环境不确定的分类

（1）低度不确定。在"简单＋稳定"象限中，环境的不确定程度很低，企业对环境的预测和适应比较容易。啤酒瓶、氧气瓶等包装容器生产企业以及煤炭、矿石开采企业都归属于这一类。

（2）中低度不确定。在"复杂＋稳定"象限中，由于影响企业的外部因素增加，环境的不确定程度有所提高。但是这些因素变化缓慢，因而预测并适应环境还不是很困难的。生产人民基本生活所需食品的企业就归属于这一类。

（3）中高度不确定。在"简单＋不稳定"象限中，影响企业的外部因素虽然不多，但这些因素变化迅速，且难以预测，环境的不确定程度进一步提高。企业为适应环境而采取的行动常会引起环境因素的反作用。西方的快餐食品企业便可归属于这一类。

（4）高度不确定。在"复杂＋不稳定"象限中，环境不确定性达到最高程度。企业的外部因素错综复杂，而且这些因素很不稳定，变幻莫测，因而风险性很大。电子计算机制造企业、家用电器企业以及时装生产企业都可归属于这一类。

2. 组织结构设计的对策

随着环境不确定程度的不断提高,企业组织结构的设计通常采取以下几项对策来适应环境的各种不确定状态。

(1) 增加企业的职能部门和职位数目,以加强企业的对外联系职能

由于企业的外部环境因素复杂多变,企业对外联系方面的工作量将相应增加。增加必要的职能部门和工作岗位,将有助于企业同外部环境的主要因素之间保持联系与协调。通过企业及时调整计划和活动,达到企业生产经营更好适应环境的目的。

对外联系部门的任务,具体包括以下三个方面:

1) 收集、整理和分发外部环境变化的有关信息。如收集市场需求、竞争者的信息以及整理出变化的趋势;了解收集有关原材料供应、生产设备制造以及劳动力培训等方面的信息,并且将这些信息通过有关渠道分发给其他部门。

2) 代表企业向外部环境输出信息,以加强外界对企业的认识。如将企业的产品、服务信息介绍给市场和用户;将企业的良好形象和发展规划介绍给上级主管部门和社会各界等。

3) 降低环境不确定性对企业内部生产的冲击和干扰作用。如实行滚动计划和备用计划的方法来缓冲外界的影响因素;根据市场需求研究开发新产品并做好生产前的准备,使生产部门能有计划地、顺利地调整产品结构等。

(2) 加强企业管理中的协调和综合职能

当外部环境处于复杂而迅速变化的状态,企业的各个部门必须进一步专业化,才能更好对付环境的不确定性。企业通常采取的措施是配备专门的综合管理人员。这些综合管理人员包括:联络员、项目经理、企管办人员、综合计划员等。

(3) 增加组织结构的柔性

柔性结构在复杂多变的环境中显示出较好的适应性,可以对外部环境的变化做出灵活而有效的反应。企业通常采取的措施是优化组织结构,降低管理层次,增加部门间的协作效率;加强部门间的横向沟通与协作,让员工更好地理解其他部门的工作,提高整体组织效率。

(4) 强化计划职能和对外部环境的预测

通过计划和预测工作可以使企业早做准备,从而削弱外部环境变化的不利影响。

根据上述对策,可将环境的不确定性类型和组织结构对策对应起来,归纳出组织结构和环境的权变框图,如图 2-13 所示。

### 2.3.2 组织结构与企业战略

最早对结构与战略关系进行研究的是阿尔弗雷德·D·钱德勒。他在其开拓性巨著《战略与结构:工业企业的历史篇章》中提出了一种存在 4 个明显不同的连续阶段的战略和结构理论,并得出一个被广为引用的结论:"战略决定结构,结构紧随战略"。战略的实施要靠组织来保证,如果战略发生了一些变化,那么企业组织结构势必要做出一些调整。组织结构有多种类型,比如前文提到的直线型、职能型、事业部型、矩阵型等,这里给出不同战略类型对组织结构有何特殊要求。

1. 战略类型对组织结构的要求

一般来说,实施低成本战略的企业需要找到保证成本效益的经营方法,其重点放在成本控制上,要求机械的控制系统,工作责任清晰,详细地说明对预算和支出的责任,可以

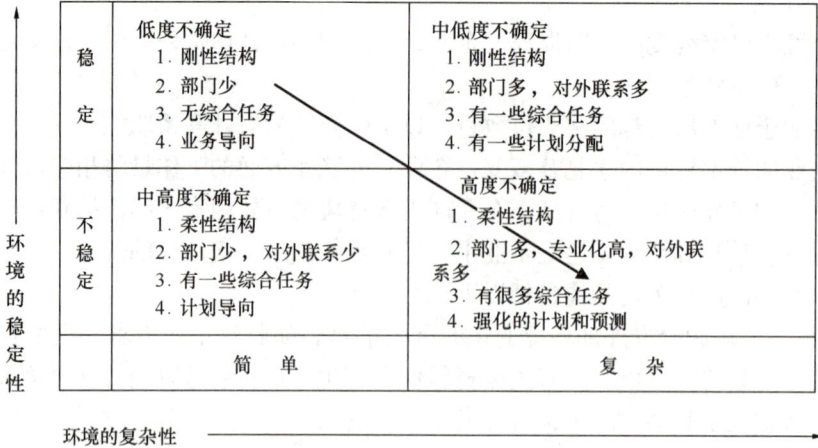

图 2-13　结构与环境的权变框图

选用较为机械的职能型结构（决策权力相对集中），突出成本控制。

采用差异化战略的企业需要根据创造力，要对各种问题和机会做出快速的反应，组织要求其结构更系统化，实行松散的控制，在非集中的结构内鼓励创造性，但不同职能之间需要有良好的协作，可以选用有机型的职能型结构（决策权力比较分散），促进产品创新和技术创新。如果企业同时实行低成本和差异化的战略，就要选择介于机械和有机之间的组织结构，比如利用矩阵型结构。对于一个多元化经营的企业，根据其多元化战略的不同类型，也要求不同组织结构与其相适应。对采用完全不相关多元化的企业来说，不同的经营单位之间可能只要求财务上的协调，那么在企业总部需要保留的职能中也许只有财务、审计等是必需的。对采用相关多元化战略的企业来说，在企业总部可能需要战略规划、财务、研究开发、人力资源等职能。而对于采用纵向一体化战略的企业来说，由于企业内部各经营单位互为供应商和客户，所以在企业总部可能需要更多以实现企业内部的协调，解决因缺乏市场而带来的绩效难以评价等的职能问题。

2. 组织结构与多元化战略的匹配

实行集中发展战略的企业，一般可选用职能型的组织结构，例如实行多元化战略，在初期可沿用职能型组织结构，但随着企业的发展，最终会改为事业部制组织结构，而多元化战略又可分为相关多元化、不相关多元化和组合战略，所以会有三种不同的情况。

企业执行相关多元化战略，可以选用合作式的事业部型结构，特点是企业要采取计划、协调、激励等多种手段来促进各事业部之间的合作，发挥来自有形的相互关系的竞争优势。

如果企业执行不相关多元化战略，则可选用竞争式的事业部型结构，特点是强调各事业部都要创造优秀业绩，为争取企业总部多分配一些资源而竞争。当然，企业也应设法发挥来自事业部间相互关系的优势。

如果企业执行既相关多元化、又不相关多元化的组合战略，则可选用战略经营单位（SBU）式的事业部型结构，特点是将事业部组合成若干 SBU，一个 SBU 的事业部是相关的，但各 SBU 之间则大多是不相关的。这样，企业的层次就多了一级，即在企业总部与事业部之间增加了 SBU 一级，SBU 可称为超事业（Group）。现将上述总结于表 2-1。

经营战略与组织结构的对应关系　　　　　　　　　　　　　表 2-1

| 经营战略 | 组织结构 |
|---|---|
| 低成本战略 | 机械型的职能型组织结构 |
| 差异化战略 | 有机型的职能型组织结构 |
| 低成本、差异化战略 | 矩阵型组织结构 |
| 相关多元化战略 | 合作式的事业部型组织结构 |
| 不相关多元化战略 | 竞争式的事业部型结构 |
| 既相关又不相关多元化战略 | SBU 式的事业部型组织结构 |

### 2.3.3　组织结构与企业技术

企业技术，是企业把原材料加工成产品并销售出去的过程中，有关的知识、工具和技艺。它不仅包括企业的机器、厂房，还包括职工的知识、技能以及生产工艺和管理业务方法等。企业技术对组织结构的影响涉及整个企业和企业内部不同部门两个层面的影响。

随着科学技术的不断发展和社会的不断进步，信息技术得到快速发展，网络技术、通信技术以及电子计算机的应用与我们的日常生活息息相关，建筑行业如今又迎来大数据时代，信息化时代，随着计算机技术及信息技术的不断成熟和发展，BIM 技术和装配式建筑技术得到广泛应用。因此信息技术作为衡量企业现代化水平的重要因素，也会对企业组织结构产生影响。在这种背景下，一方面企业会衍生出许多新部门，依靠信息技术搜集外部环境数据及风险因素为企业战略的决断提供依据，同时也改变企业内部的组织管理模式，要求管理形式符合所处环境的要求。另一方面，应用的信息技术企业获取各种数据更为方便，数据更为透明，共享更为便利，使得企业内部组织精简，管理成本降低，管理质量和效率提升，导致组织规模的缩小。

1. 企业级技术对组织结构的影响

企业级技术对组织结构的影响研究最早源于英国工业社会学家琼・伍德沃德（Joan Woodward）。他将企业归并为单件小批量生产、大批量生产和连续生产三种基本技术类型，并对工业生产技术同组织结构的关系进行了影响研究，见表 2-2。

企业级技术同组织结构的相互关系　　　　　　　　　　　　表 2-2

| 组织结构特征 | 技术类型 | | |
|---|---|---|---|
| | 单件小批量生产 | 大批量生产 | 连续生产 |
| 管理层次数目 | 3 | 4 | 6 |
| 高层领导的管理幅度 | 4 | 7 | 10 |
| 基层领导的管理幅度 | 23 | 48 | 15 |
| 基本工人同辅助工人的比例 | 9：1 | 4：1 | 1：1 |
| 大学毕业的管理人员所占比重 | 低 | 中等 | 高 |
| 经理人员同全体职员的比例 | 低 | 中等 | 高 |
| 技术工人的数量 | 高 | 低 | 高 |
| 规范化的程序 | 少 | 多 | 少 |
| 集权程度 | 低 | 高 | 低 |
| 口头沟通的数量 | 高 | 低 | 高 |
| 书面沟通的数量 | 低 | 高 | 低 |
| 整体结构类型 | 柔性的 | 刚性的 | 柔性的 |

（1）随着技术类型从单件小批量生产到连续生产的推移，管理层次的数目、经理人员同全体职员的比例、大学毕业的管理人员所占比重等明显增加。表明复杂的技术需要强化管理。

（2）高层领导者的管理幅度随着技术复杂程度的提高而呈现增大的趋势。这是由于技术复杂程度的提高，引起专业分工的进一步细化和部门的增加，则同一领导者的管理幅度也将增加。

（3）基本工人同辅助工人的比例随着技术复杂程度的提高而逐步降低，技术工人的比重则逐步增大。这表明复杂的技术装备和生产工艺需要更多的辅助工人来维修和保养设备。这些辅助工人是由更高技术等级的工人组成。

（4）组织结构呈现两头柔性，中间刚性的现象，大批量生产对组织结构的规范化程度、集权程度、基层领导的管理幅度以及沟通方式等要求较高。而单件小批量生产和连续生产则要求较多的灵活性和适应性。

2. 部门级技术对组织结构的影响

（1）部门级技术的类型模式

企业中的各个部门具有不同的技术特点，大体可以划分为两个方面，即任务的多样性和工作活动的可分解性。任务的多样性是反映该部门工作中发生未曾预料事件的频率。工作中如果经常遇到例外事件，则这种工作的多样性就强。工作活动的可分解性是指生产或工作活动可以分解为具体的工作阶段和步骤，其具体形式可以是工艺规程、工作指令、工作手册、工作标准等。

依据部门技术多样性与可分解性的高低，可将企业的各类部门技术划分为四种类型，如图 2-14 所示。

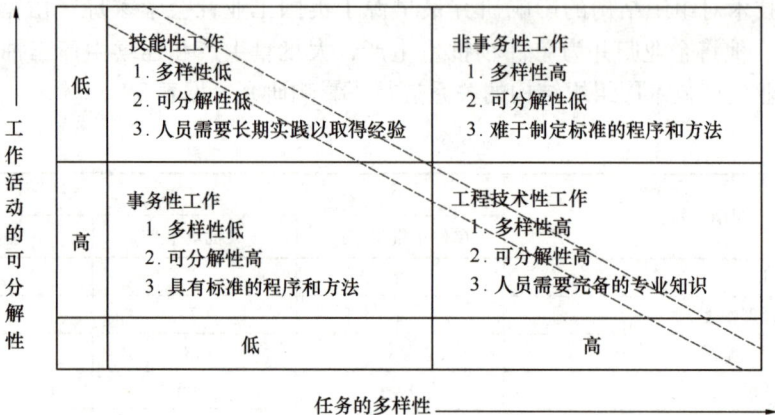

图 2-14　部门级技术类型模式及特点

一个部门中往往不是单纯只存在上述某一种技术类型。判定一个部门所属的技术类型，应以该部门大多数或关键性工作所属的技术类型来决定。在实践中，多样性与可分解性存在着相关关系。因此可将各部门工作简单地划分为两类，图 2-14 中用两条虚线代表对角线，一类是事务性较强的工作，位于对角线的左下方；另一类是非事务性较强的工作，位于对角线的右上方。采用这样一种简化的分类方法，可以对部门技术进行快速而有效的分析。

（2）不同部门技术类型对组织结构的影响

不同部门的技术特点对组织结构的影响不同，主要表现在规范化程度、人员的专业素质、管理幅度、集权程度、沟通类型与方式、控制方法、目标重点以及组织结构类型八个方面。具体各部门类型同组织结构特征的影响情况见表2-3。

各部门类型同组织结构特征的影响情况　　　　　　　　　　　　　　　　表 2-3

| 组织结构特征 | 部门技术类型 | | | |
| --- | --- | --- | --- | --- |
| | 事务性工作 | 技能性工作 | 工程技术性工作 | 非事务性工作 |
| 规范化程度 | 高 | 适中 | 适中 | 低 |
| 人员的专业素质 | 稍需专业训练和经验 | 需要工作经验 | 需要正规专业教育 | 需要专业教育和工作经验 |
| 管理幅度 | 大 | 适中偏大 | 适中 | 小 |
| 集权程度 | 高 | 适中 | 适中 | 低 |
| 沟通类型与方式 | 纵向书面沟通 | 横向和纵向沟通 | 书面及口头沟通 | 横向的口头沟通 |
| 控制方法 | 规章、预算、报表 | 训练、会议 | 报表、会议 | 明确权责目标、会议 |
| 目标重点 | 数量、效率 | 质量 | 可靠性、效率 | 质量 |
| 组织结构类型 | 刚性 | 偏柔性 | 偏柔性 | 柔性 |

### 2.3.4 组织结构与企业规模

不同规模的企业在组织结构上具有明显的差别。企业规模通常采用职工人数、企业生产能力（年产量）、年销售额以及企业投资额等指标进行衡量。但在组织设计工作中，主要采用职工人数这一指标。

大型企业同小型企业相比，其组织结构特征在结构的复杂性、决策分权化程度、正规化程度以及人员结构等方面存在显著差别，见表2-4。

不同企业规模对组织结构的影响　　　　　　　　　　　　　　　　表 2-4

| 结构要素 | 小型企业 | 大型企业 |
| --- | --- | --- |
| 管理层次的数目（纵向复杂性） | 少 | 多 |
| 部门和职务的数量（横向复杂性） | 少 | 多 |
| 分权程度 | 低 | 高 |
| 技术和职能的专业化 | 低 | 高 |
| 正规化程度 | 低 | 高 |
| 书面沟通和文件数量 | 少 | 多 |
| 专业人员比率 | 小 | 大 |
| 文书、办事人员比率 | 小 | 大 |
| 中高层行政领导人员比率 | 大 | 小 |

（1）结构的复杂性。不论从纵向和横向的结构复杂性都能看出，大型企业比小型企业具有更多的生产部门和管理部门。

（2）决策分权化程度。企业的规模小，则决策权一般集中在企业的最高层。当企业规模扩大时，则原来由企业最高层做出的决策，其中一部分将由较低层次担任。因此，中小型企业宜采用职能制，大型企业则多采用事业部制及子公司制。

（3）正规化程度。又称制度化或规范化，反映企业拥有各种正式颁布的规章制度和书面文件的状况。通常情况下大型企业的正规化程度总是高于小型企业。

（4）人员结构。企业规模不同，企业人员的构成状况也有所不同。这主要表现在专业人员的比率和中高层行政领导人员的比率两个方面。

## 2.4 建筑企业组织结构的未来发展方向

随着信息化、网络化、全球化的日益发展，企业内外部信息共享、人才共用已成为主要特征，同时在当今信息网络快速发展的知识经济时代，组织在企业发展中究竟以何种形态出现，怎样使组织有效地应对日益复杂动荡的环境，这些在现有的组织结构理论中，仅为企业提供的是一般性的思想、原则和参照性的模式，对解决实际的组织变革问题还远不够。因此，创建合理的企业组织结构，优化企业的组织系统，不仅成为管理创新、管理科学的任务，而且是企业实施有效管理，发挥组织职能的前提。全球范围跨国经济的发展和企业集团的壮大，已初步形成了一种跨地区、跨部门、跨行业、跨职能的具有高度柔性化的机动团队化组织，柔性已成为组织在不确定环境中求得生存和发展的一个不可缺少的因素。

柔性化组织所隐含的管理理念主要表现为：组织边界网络化、管理层级扁平化、组织结构柔性化和组织环境全球化。柔性化组织最显著的优点是灵活便捷，富有弹性，因为这种结构可以充分利用企业的内外部资源，增强组织对市场变化与竞争的反应能力，有利于组织较好地实现集权与分权、稳定性与变革性的统一。除此之外，还可以大大降低成本，促进企业人力资源的开发，并推动企业组织结构向扁平化发展。

### 2.4.1 扁平化组织

1. 扁平化组织的含义

传统的层级制组织结构模式是按照亚当·斯密的劳动分工理论将全部经营活动和生产过程分解为若干经营阶段和若干道工序的管理思想建立起来的，组织层次繁多、机构臃肿、人浮于事，面对激烈市场竞争的应变能力就越弱。因此，减少管理层次、扩大管理跨度、使组织结构扁平化是当今企业组织结构变革的一大趋势。

结构的扁平化是对层级制组织类型的进一步发展，即是指为适应竞争的特点，在信息技术的基础上，着眼于减少层级，改善沟通，促使管理层次的减少和管理跨度的扩大，组织结构形态由标准的金字塔型向扁平模式转化的过程。

2. 扁平化管理的优势

扁平化管理的自身特性决定了在组织中实施扁平化管理会带来这样的优势：

（1）由于管理层次少，信息的传递快，从而可以使高层较快地发现信息所反映的问题，并及时采取相应的应对措施；

（2）管理链条的缩短，使管理信息在传递过程中失真的可能性降低；

（3）由于管理跨度宽，高层管理人员由于能力、时间所限，不会对下属层管理人员控制过多过严，有利于下属主动性和创造性的发挥；

（4）由于少了管理的层次，优化了组织结构，强化了内部管控，降低了管理成本，提高了管理效率和企业的核心竞争力。

总之，扁平化组织结构一方面增强了组织的灵活度，快速的决策意味着更高的员工满意度；一方面更能激励员工，员工热衷参与，发挥他们的创新积极性；另一方面，上层管理费用减少了，团队将取代管理工作。组织从纵向到横向的发展，表明组织由注重职能转向了注重流程。

3. 实现扁平化组织的途径

扁平化意味着撤除了一些检查或重复的工作职位，可以给员工较多的现场处置权，从而缩短上下级之间的距离。按照德鲁克的构想，扁平化的结果便是组织中不增加价值的层级的减少。德鲁克提出了两条途径：一是损耗。当某一职位由于退休、死亡、辞职等因素空缺出来的时候，不要立刻填补它，让它空缺一段时间，看看会出现什么结果。除非人们都发现效率因此而受损，纷纷要求填补这一职位，否则就废除它；二是以工作扩大取代晋升。作为奖励的晋升往往会导致层级膨胀。满足年轻管理人员职业成就动机的唯一途径是使工作变得更加重要，更具有挑战性、要求更高，越来越多地通过不同岗位之间的水平调动，而非晋升来对管理人员的高效工作给予肯定和奖赏。

### 2.4.2 无边界组织

1. 无边界组织的含义

无边界组织，并不是指组织之间没有边界，而是指要颠覆旧有的科层制的管理模式，将僵化、低效的组织结构转变为灵活、高效的组织结构。在今天的环境中要最有效地运营，就必须保持灵活性和非结构化，无边界组织力图取缔指挥链，保持合适的管理跨度，以授权的团队取代部门。企业当中组织主要有以下四种边界，即：垂直边界、水平边界、外部边界和地理边界。其中垂直边界是指组织内纵向的层级之间的边界，水平边界是指组织分工带来的组织内横向部门的边界，外部边界是指组织内部与外部环境之间的边界，存在于企业与消费者、政府以及供应链上下游各主体之间。地理边界是指客观的地域差异所导致的边界，其本质属于水平边界，是水平边界的一种特殊形式，存在于不同的市场主体之间。管理界认为无边界组织也就是一种有机组织。有机组织被置于一个更大的有机组织之中，就像动物细胞核与细胞体、动物细胞与动物器官组织、动物器官组织与动物体之间的关系一样，彼此之间的关系不能僵化，如果这种关系僵化，将直接导致动物肌体组织的死亡和动物本身的死亡。

2. 无边界组织的特征

就纵向关系而言，各个层次及各种头衔人员之间的界限已经打破，垂直上下之间的界限不再僵硬难破，而变得具有弹性和可渗透性，从而有助于更快、更好地决策和行动，也有利于组织方便地从各层次人员那里获得知识信息和创新灵感。

就横向关系而言，各职能部门不再有自己独立的山头，部门间的相互渗透，有关领地管辖的争执，被探讨怎样才能最大限度地满足客户需求所替代。

就企业与外部供应商、客户的关系而言，已由通过谈判、争吵、高压技巧、封锁信息，甚至相互拼斗方式的生意人之间——"我们"与"他们"的关系，转化为一种共创、共享、互利、双赢的价值链关系，彼此之间成为一个战壕里的战友。高效的创新方式一经发现，就可以很快被引入整个产品或服务企业联合价值链中来，为大家所共享。直接无偿投资支持供应商和经销商，也开始成为一种高效的经营方式。企业联盟不仅是一种战略，而且成为一种价值观念。

地点、文化和市场的边界也开始被打破。源于强调国民自尊心、文化差异、市场特殊性的观念，往往将创新和效益的观念孤立起来，并导致总部与工厂、销售市场之间的分离和矛盾，这已不再适应全球化统一市场的企业经营和发展，人才、资金、材料供给已全面向本地化方向发展推进，将跨国企业定义为某国某地的企业已不再有任何意义，而是在何处经营，在何处纳税，也就是何处的"公民"。

### 2.4.3  虚拟组织

虚拟组织作为一种新型的组织形式，是信息化和通信技术发展的产物，是随着经济全球化的变化兴起和发展起来的，在现如今的知识经济时代，经济活动的数字化、网络化，一方面使空间变小，世界成为"地球村"；另一方面又使空间扩大，种种虚拟现实出现，虚拟组织应运而生。

#### 1. 虚拟组织的含义

虚拟组织是指两个以上的独立的实体，为迅速向市场提供产品和服务、在特定时间内结成的动态联盟。它不具有法人资格，也没有固定的组织层次和内部命令系统，而是一种开放的组织结构，因此可以在拥有充分信息的条件下，从众多的组织中通过竞争招标或自由选择等方式精选出合作伙伴，迅速形成各专业领域中的独特优势，实现对外部资源整合利用，从而以强大的结构成本优势和机动性，完成单个企业难以承担的市场功能，如产品开发、生产和销售。

虚拟组织中的成员可以遍布在世界各地，彼此也许并不存在产权上的联系，不同于一般的跨国公司，相互之间的合作关系是动态的，完全突破了以内部组织制度为基础的传统的管理方法。相对于传统组织而言，虚拟组织是一种新型的组织形态，其核心是通过应用现代信息技术，通过对现有组织管理工具的革新，进而影响和改变组织的管理结构、管理方式和管理理念，使组织实体性机构与网络虚拟性管理方式有机结合，最终构建出适合数字化信息时代发展所需要的新型组织形态。

网络的发展推动了虚拟组织的发展。其实，网络本身也是虚拟组织的一种形式，它是系列预先认证合格的合作伙伴，同时，作为辅助工具，网络又推动了各个领域中合作的开展和众多虚拟组织的形成。

#### 2. 虚拟企业的特征

虚拟组织的关键特征大致表现在以下几个方面：

（1）虚拟组织具有较大的适应性，在内部组织结构、规章制度等方面具有灵活性

虚拟组织是一个以机会为基础的各种核心能力的统一体，这些核心能力分散在许多实际组织中，它被用来使各种类型的组织部分或全部结合起来以抓住机会。当机会消失后，虚拟组织就解散。

（2）虚拟组织共享各成员的核心能力

虚拟组织是通过整合各成员的资源、技术、顾客市场机会而形成的。它的价值就在于能够整合各成员的核心能力和资源，从而降低时间、费用和风险，提高服务能力。

（3）虚拟组织中的成员必须以相互信任的方式行动

合作是虚拟组织存在的基础。由于虚拟组织突破了以内部组织制度为基础的传统的管

理方法，各个成员为了获取一个共同的市场机会结合在一起，他们在合作中必须彼此信任，当信任成为分享成功的必要条件时，就会在各成员中形成一种强烈的依赖关系。否则，这些成员无法取得成功，顾客们也不会同他们开展业务合作。

3. 虚拟组织应用的价值

随着信息技术的发展、竞争的加剧和全球化市场的形成，没有一家企业可以单枪匹马地面对全球竞争。因此，由常规组织过渡到虚拟组织阶段是必然的，虚拟组织日益成为公司竞争战略"武器库"中的核心工具。这种组织形式有着强大的生命力和适应性，它可以使企业准确有效地把握住稍纵即逝的市场机会。

虚拟组织的存在和发展依赖于它所具有的优势，它具有传统组织不具备的独特优势，具体体现在人才、信息、效率三个方面。

（1）人才聚集优势。虚拟组织能够动态地聚集和利用来自世界各地的人才资源，虚拟组织的成员能够实现时间上的并行，空间上的分布，这样有利于专业人才的集思广益，形成科学决策，也有利于减少关键人才的流失。

（2）信息占有优势。随着现如今科技信息技术、网络技术的迅猛发展，虚拟组织动态性、分布性、合作性的本质特征，决定了虚拟组织的成功运作离不开信息共享。共享的数据库在虚拟组织中非常常见是因为实现信息共享才能实现高效协作。虚拟组织在信息占有方面是有相对优势的，这样有利于组织目标更快更优的实现。

（3）效率提升优势。虚拟组织利用群聊、语音邮件、电子邮件、电子会议等技术实现沟通和协调，注重整合资源优势，通过动态合作关系来实现对组织环境的反应，在很大程度上为信息沟通和交流提供了便利，同时缩短了时间，有效防止了信息滞留以及信息失真等现象的发生，从而有利于组织成员及时作出相对正确的决策，有利于提高组织的效率。

### 2.4.4 学习型组织

1. 学习型组织的概念及意义

学习型组织，是指通过培养弥漫于整个组织的学习氛围，充分发挥员工的创造性思维能力而建立起来的一种有机的、柔性的、扁平化的。符合人性的、能持续发展的组织。随着建筑企业经营机制改革的不断深化，在经济转型时期，面对企业求生存、求盈利的压力和紧迫感的不断加剧，企业如今考虑更多的是如何通过增强自身实力或组建战略联盟而立于不败之地，职工是企业的立身之本。许多企业领导人都想着眼于通过提高企业职工素质来提高企业竞争力。传统观念认为，提高企业职工素质的有效办法是职工培训。其实，这只是一种比较片面的认识。培训是一种重要的方法，但仅仅通过培训是不能解决问题的，关键在于建立一个企业不断学习、不断树立价值追求目标、不断改进思维方式、提高思想认识水平的机制，将企业逐步改造、过渡为符合这种机制的组织的管理理论、经验与方法。创建学习型组织是一项重要的战略行动，无论对于单个的企业，还是建筑企业战略联盟，都具有非常重要的战略意义。

2. 学习型组织的五项修炼

学习型组织的理论是由美国学习理论专家彼得·圣吉提出的，他认为，在学习型组织的领域里，有五项新技术汇聚起来，使学习型组织演变成一项创新。虽然它们的发展是分开的，但都紧密相关，对学习型组织之建立，每一项都不可或缺。他称这五项学习型组织的技能为五项修炼，我们也可以把这五项修炼看作是学习型组织建立的五大原则。

（1）自我超越（Personal Mastery）。为了促进组织学习，高层管理人员必须允许组织中的每一个人进行自我超越。管理者必须赋予员工权力，允许他们根据自己的想法进行试验、创造和研究。

（2）改善心智模式（Improving Mental Models）。作为促进自我超越的一部分，组织必须鼓励员工发展和使用复杂心智模式——一种可以激励员工寻找新的、更好的完成任务的方式的复杂思维方式。通过这一模式的使用，能够加深员工对于其特定工作活动的理解。圣吉认为，管理者必须鼓励员工形成一种实验和冒险的偏好。

（3）建立共同愿景（Building Shared Vision）。管理者必须强调建立共同愿景的重要性。所谓共同愿景，是指所有组织成员用来考虑的共同的心智模式。

（4）团体学习（Team Learning）。管理者必须尽其所能激发组织的创造性。圣吉认为，在不断壮大的组织学习中，团队学习（发生于集体或团队中的学习）比个人学习更为重要。

（5）系统思考（Systems Thinking）。管理者必须鼓励系统思考，圣吉强调，为了建立一个学习型组织，管理者必须认识到学习过程中各层级之间的相互影响。

3. 建筑企业创建学习型组织的条件

（1）建立创新理念

1）观念创新

思想是行动的先导，观念上的滞后是学习型企业难以建立的最大障碍，只有不断扭转以前落后的学习观念，才能加快学习型企业的形成和发展，才能增强企业的竞争实力，使企业在未来的竞争中处于有利的地位。同时，个体的学习观念也要更新。在知识经济时代，每一个个体只有终身学习才能有效汲取有用的知识和信息，才能在激烈的竞争中占有优势，个体学习的危机意识、主动意识的培养和形成是实现个体成功的必要条件。

2）组织创新

要进行必要的组织机构的调整，企业的培训机构是企业的组织核心，但企业培训机构的最重要任务不是向员工传授、灌输知识，而是培养员工学习的兴趣、学习的动力，更重要的是学会学习的能力。尊重、鼓励中下层组织的学习能力和创新能力，进行组织结构调整，发挥培训机构的积极作用是建立学习型企业的重要条件。

3）制度创新

即要建立健全企业的学习制度，学习制度是学习型企业建立的根本性和全局性的问题，建立健全学习制度，使学习制度与考核评价制度、工资福利制度、人事组织制度有效衔接，形成科学的学习激励机制。

4）领导创新

企业领导对学习型企业的创建起着最为关键的作用。企业领导的引导和激励作用具有巨大的影响，企业领导要起到负责培养、教育下级，评判、监督实施，率先垂范以及创造发展条件等重要作用。

（2）创建学习型战略联盟

当前，由于建筑市场竞争的白热化，总体上我国建筑企业规模不大，市场竞争缺乏层次。为了进一步增强实力，强强联合，向战略伙伴学习其优点，取长补短，建立学习型战略联盟是重要途径。把介于企业和市场之间的联盟创建为学习型组织，对于提升企业战略联盟的竞争实力和合作质量具有深远的意义。

4. 建筑企业创建学习型组织的措施

（1）企业每一个职工、每一个部门、每一个单位，都要有一个学习的近期计划和远期规划。学习型组织拥有三个层次的含义，即建立学习型组织就要从个人的学习、组织的学习和平等精神这三个层次出发，学习型组织的细胞是个人学习，学习型组织的关键是团队学习，学习型组织的核心思想是行为学习。

（2）个人的学习方面的措施

促进个人学习，必须建立员工理性思考和系统思考的思考方式。理性思考有两个基础：一是自我意识，二是自控能力。员工自我意识的真正迸发，是理性的前提。系统思考的方式之一是进行适当的工作轮训，工作轮训的意义并不是要让每位员工都成为多面手，最终的意义在于让员工了解每一道工序对于企业都是至关重要的，可以让员工的眼光不仅仅局限于自己的岗位，使他能从全局看不同工作的不同作用，工作轮训是培养系统思考方式非常重要的组成部分。

（3）组织的学习方面

通过组织学习，可以使组织具有明显高于其他企业的竞争能力、经营实力和技术实力，促进组织学习，可以采取如下措施：

1）建立目标管理体制。这个目标也就是共同愿景，即要建立共同愿景，给企业设置一个努力要达到的目标，企业每一个部门、每个单位都有其各自明确的、经过努力可以达到的奋斗目标。

2）建立企业信息管理系统。企业信息管理系统可以使企业管理柔性化、扁平化，明显提高管理效率，加快信息的传递速度，提高企业领导掌握企业实际状态和变化的准确性和速度，保证企业领导决策质量。

3）建立双向沟通机制。将双向机制纳入企业的组织管理体制，作为企业日常管理工作的一部分，使企业职工和管理者，包括企业的最高管理者有直接的信息传递和反馈渠道，对于职工反映的信息和提案必须给予充分重视和积极回应。

4）规范化与自由。企业必须要有学习的规范，即相应的规章制度，将学习制度化和规范化。同时职工也有学习的自由，这也是发挥职工学习主动性和积极性、结合职工个人兴趣和爱好的非常重要的方面。

# 本 章 小 结

本章主要介绍了建筑企业组织结构、建筑企业项目管理组织形式、组织结构权变因素以及未来组织结构的发展趋势四部分内容。

在建筑企业的基本组织结构中介绍了直线型结构、职能型结构、直线职能型结构、事业部制结构、矩阵型结构、多维立体型结构和网络型结构，介绍了各自的优缺点和特点。建筑企业典型的项目组织形式主要有 6 个，即工作队式、部门控制式、项目型、矩阵型和事业部型，根据六种项目组织形式的优缺点给出各自不同的适用范围。分析影响企业组织结构设计的四个影响因素，各因素是如何影响组织结构设计，最后本章给出了建筑企业组织结构的未来朝着何种方向发展，即向着柔性化组织发展。

**案例分析一**

## 国内领先建筑企业组织结构：中建八局

中建八局是国内最具竞争力的建筑企业之一，其组织结构分为局总部管理和公司管理两个层次，从二级单位设置来看，呈现明显的集团化（直营分公司＋子公司）发展特征。中建八局组织结构设计和调整紧密结合公司战略布局和业务发展需求，为提升企业决策的前瞻性、系统性和科学化水平，2021年中建八局成立了战略研究院，2020年海外业务部和上海中建海外公司独立运营，构建"分工合理、职责清晰、协同有力"的海外业务管控体系。不断优化重点二级单位总部布局，强化区域经营战略，提高区域市场竞争力。中建八局为发展高端房建、基础设施、地产开发、投资运营、创新业务"五大业务板块"，除号码子公司、分支结构外，还设立了相应的专业化子公司，例如在创新业务方面，设立中建八局环保科技有限公司和中建八局科创产业发展公司两家专业化子公司。其组织结构如图2-15所示。该组织结构呈现明显的经营、生产、科技等关键职能条线的特征。

（1）从经营线来看，建立了三级市场营销体系，并建立区域营销机制。总部市场部和二级单位市场管理部门以职能管理为主，发挥监督、指导作用，而区域分公司市场部则以市场拓展为主。同时，通过建立区域准入协调机制，限制区域结构设置数量，减少集团内部竞争，增强公司区域化竞争优势。投资方面，设立专业化公司，实施"投资＋运营"一体化发展。中建八局将投资作为公司转型升级发展的重要驱动力，总部投资管理部明确目标任务，安排部署重点工作，号码公司负责落实本公司的投资业务，同时设立专业化公司，从事城市综合开发业务，增强运营能力，进而形成投资、建造、运营的业务协同。

（2）生产线方面，总部呈现大履约管理模式，各级单位设置相关部门承接工作。总部工程管理部职能广泛，涵盖了从工程开工到过程实施，直至完成交工保修等项目全过程的管理。总部商务管理部牵头组织协调"低成本运营战略"，号码子公司、分支结构等设置相应的商务管理部承接总部工作要求。各级安全生产监督管理相关部门负责安全生产和环境管理。采购管理方面形成四级采购管理体系，各层级职能定位清晰。总部采购管理部负责采购资源管理平台的开发和建立统一的供应商评价机制；二级单位采购管理部门严格落实局标准化手册要求；三级单位承担主体采购任务；项目部是使用主体。总部海外事业部负责整体海外业务的管理，其他局属单位在总部的统筹管理下，结合自身发展，拓展海外业务。

（3）科技线方面，科技研发组织体系完善，重视自主研发和科研合作。总部工程研究院和科技部负责提升科技支撑建设的整体协调。号码子公司、分支结构等成立技术中心和科技部，并协调专业科研结构有序开展不同层次的研发工作。为支撑科技发展，加强信息化建设，推动公司数字化转型，总部负责信息化建设的总体规划，二级单位成立专门的信息化管理部门，负责本部信息化系统的建设和推广，是数字化转型的重要推动力。

**案例来源：**朱莉. 国内领先建筑企业组织机构研究——中建八局［EB/OL］.（2022-07-26）

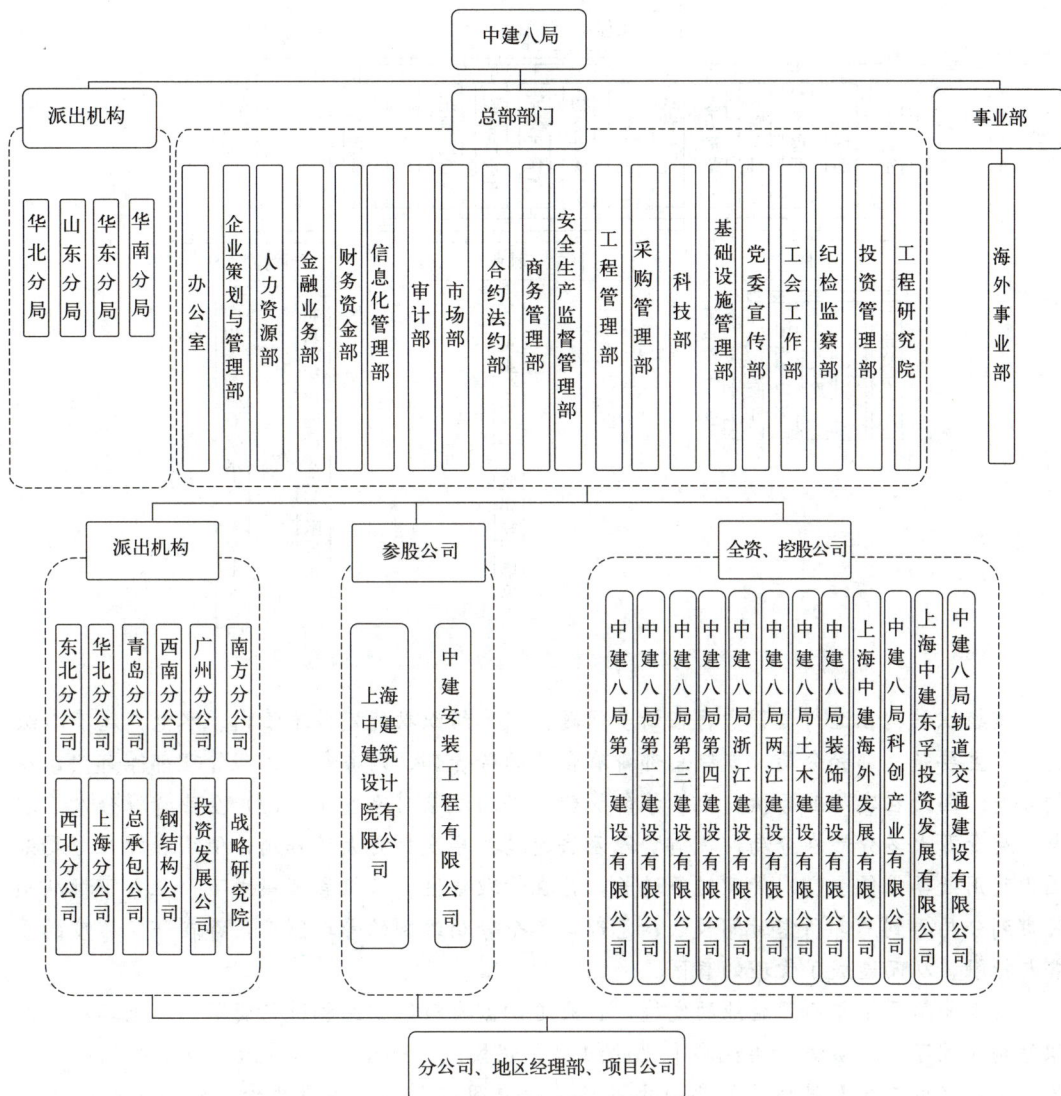

图 2-15　中建八局组织结构图

**案例分析题:**

1. 举例说明中建八局组织结构中的职能条线是如何落实其集团化的战略布局的?

2. 你认为中建八局的组织结构哪些方面还可以优化?

## 案例分析二

### 中国水电二局组织结构变革

中国水电建设第二工程局实施企业战略转型以来,适时将企业组织结构扁平化,为企业战略落地实施提供了基本保障。水电二局变革前的组织结构为三级管理三级核算,如图 2-16 所示。

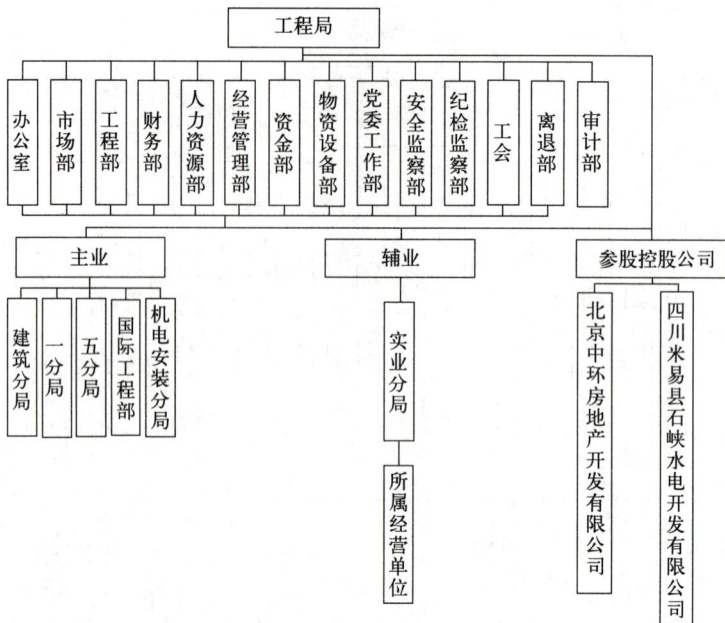

**图 2-16   变革前水电二局有限公司组织结构图**

该组织结构在运行过程中存在诸多问题：（1）组织功能定位不清晰。水电二局有二级总部，主要是总部和分局，二级总部都有自己的劳资部、财务部、工程管理部等部门，结构重叠。因此在实际业务执行上，推卸管理责任的现象时有发生。（2）企业资源分散。水电二局资源大多分散在分局，优质资源无法通过共享发挥更大的作用，使得资源在全局范围内利用效率很低。（3）管理链条过长，存在管理盲区。三级管理模式下，业务审批从项目部到分局再到总部所需时间较长，总部与各个分局编制的管理制度，存在一定程度的重叠与抵触，从而造成了管理的盲区。

以上矛盾严重阻碍了企业的发展，企业迫切需要对组织结构进行变革。水电二局对组织结构压缩了管理层级，实施扁平化的组织管理模式。如图 2-17 所示，组织结构整体分为三层：水电二局有限公司领导为决策层，由中国水利水电建设股份有限公司聘任或委派；水电二局有限公司总部各职能部、各区域管理部为管理层，由企业领导班子聘任；各项目经理部及其他经营单位为执行层，由企业任命或聘任。同时采用二级管理二级核算模式，水电二局为一级核算层，各项目经理部和其他经营单位为一级核算层。调整后的组织结构，重点考虑总部的能力，致力打造一个强有力的总部管控体系。

水电二局明确了各部门职责，针对每个岗位设计了岗位职责和要求，通过全员竞聘，确保有能力的员工到合适的岗位，从而实现企业的战略目标。同时大力推行量化授权体系，避免了各级职责的重叠。水电二局的扁平化组织结构配合制度建设明显增强了总部的管控能力，显著提高了资源利用效率和员工的满意度。

**案例来源**：钟晓颜. 漫漫转型路之二：重塑企业组织结构［EB/OL］.（2014-06-17）

**案例分析题：**

1. 水电二局变革前后的组织结构主要区别是什么？

2. 水电二局组织结构变革的动因及依据是什么？

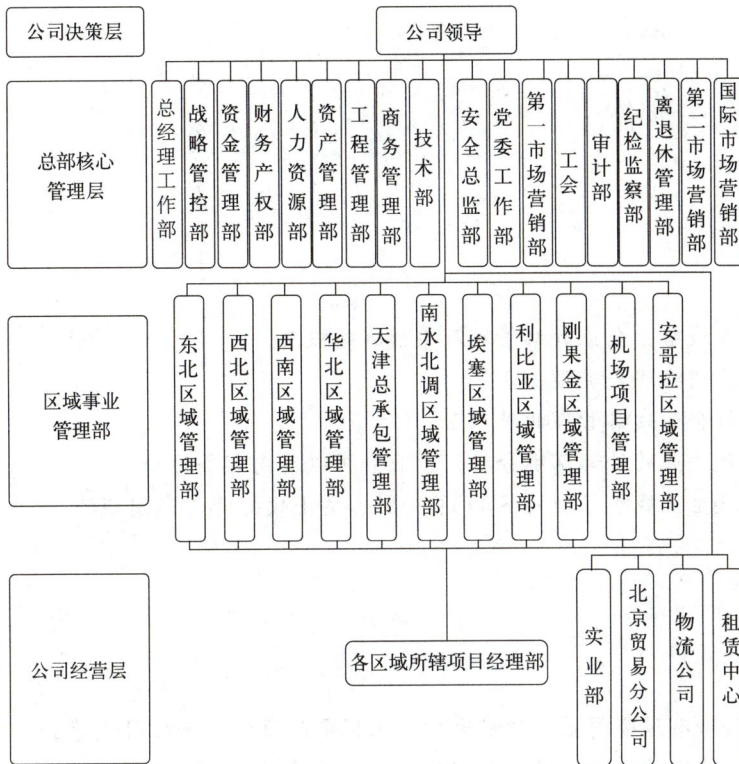

图 2-17　变革后的水电二局有限公司组织结构图

## 思 考 与 练 习 题

1. 建筑企业组织结构的类型有哪些？各有何特点？
2. 什么是项目组织？建筑企业项目组织的类型有哪些？各有何特点？
3. 简述组织结构与企业环境的关系？
4. 简述组织结构与企业战略的关系？
5. 简述企业技术对组织结构的影响？
6. 简述组织结构与企业规模的关系？
7. 扁平式组织结构有什么特征，对企业发展有何促进作用？
8. 什么是扁平化组织？有何特点？如何实现扁平化组织？
9. 什么是学习型组织？建筑企业如何创建学习型组织？

# 3 建筑企业战略管理

**本章要点及学习目标**

1. 掌握企业战略、企业战略管理及柔性战略概念。
2. 熟悉企业战略联合类型。
3. 熟悉建筑企业战略管理的过程。
4. 熟悉建筑企业的外部环境分析，行业分析以及内部条件分析。
5. 掌握建筑企业战略管理的 SWOT 分析、波士顿矩阵与通用矩阵。

**引导案例**

## 中国中铁的多元化发展战略

中国中铁股份有限公司是全球最大建筑工程承包商之一，公司主营业务包括基础设施建设、勘察设计与咨询、工程设备与零部件、房地产开发以及其他业务，收入结构稳定。其中：基础设施建设一直是公司的核心业务，整体经营稳健。公司基础设施收入主要包括铁路、公路、市政及其他三个板块。铁路业务营业收入占比呈下降趋势，公路业务占比稳中有升，市政及其他业务随着国内城市群、城镇化的建设发展迅猛，营业收入占比快速提升，逐渐成为公司基础设施建设板块的核心。勘察设计与咨询业务历年盈利水平较高。工程设备与零部件业务占营业收入的比例在 2‰~3‰。房地产开发业务营业收入占比逐年提高。

除此之外，公司还发展了装备制造业务产品，主要涵盖道岔、隧道施工设备、桥梁建筑钢结构、工程施工机械、轨道交通电气化器材以及装配式建筑品部件等。2022 年，该业务营业收入达到 258.38 亿元，同比增加 8.42‰，占公司总营业收入比例约 2.2‰。装备制造板块，公司旗下已将三家子公司分拆上市，分别是：①中铁工业：我国铁路基建装备领域产品最全的企业。②高铁电气：铁路电气化产品龙头，产品布局广泛且拥有强大的研发能力，是行业内的领军企业，多项产品达到国际领先水平。③中铁装配：中国中铁旗下唯一的高科技创新型装配式建筑业务平台，拥有装配式建筑全套产品体系，是国内领先的装配式建筑部品部件供应商和集成商。

在当今复杂多变的经济环境中，中国中铁的多元化发展战略无疑为其最大限度占有市场起到举足轻重的作用。

**案例来源：** 王彬鹏. 中国中铁：铁路建设领军者"多元布局＋激励计划"助力高质量发展 [EB/OL]. (2023-04-21)

# 3.1　建筑企业战略概述

## 3.1.1　企业战略概念及特征

### 1. 企业战略概念

"战略"一词原来是军事学上的一个术语，是与"战术"一词相对而言的。其本意是基于对战争全局的分析、判断而做出的筹划和指导，后来演变成泛指重大的、全局性的、左右胜败的谋划。把战略一词引入经营学领域，形成企业战略这一概念，产生于20世纪60年代的西方国家。把战略与企业经营活动结合起来的代表人物是美国的管理学者安德鲁斯（K·Andreus）、钱德勒（A·D·Chandler）和安索夫（H·I·Arsolf）等人。可以说，20世纪60年代企业战略理论的基本框架基本形成了。因此，战略的本质可以概括为：运用系统论等整体思维方法，帮助企业在一定时期内和一定条件下，获取并确认局部或整体的竞争性成长优势的全过程。战略就是管理，战略渗透并指引着现代市场经济条件下企业经营管理的全过程。

企业战略是企业面对激烈变化，严峻挑战的经营环境，为求得长期生存和不断发展而进行的总体性谋划。它是企业战略思想的集中体现，是企业经营范围的科学规定；同时，企业战略又是制订各种计划的基础。更具体地讲，企业战略是在符合保证实现企业使命的条件下，在充分利用环境中存在的各种机会和创造新机会的基础上，确定企业同环境的关系，规定企业从事的经营范围、成长方向和竞争对策，合理地调整企业结构和分配企业的全部资源，从而使企业获得某种竞争优势。

### 2. 企业战略具有以下特点：

（1）全局性及复杂性。企业战略指导企业全局发展方向，从全局来为企业制订战略，任何举措都具有全局性。企业的战略必须考虑企业全局发展过程中的各方面因素，包括外部因素和内部因素。任何一项战略制订，都是要考虑企业的全局性和复杂性。

（2）未来性及风险性。企业战略以企业的长期生存和发展为出发点，需要采取预判的措施应对未来的变化。因此，在外部环境复杂多变的情况下，更是要考虑多种可能性和不确定因素，并做好应对风险的计划。

（3）系统性及层次性。企业战略管理的主体是高层管理人员，但它的制订和实施又涉及企业活动的各个方面，需要企业各个层面、全体员工的参与和支持。因此，它具有很强的系统性和层次性。战略管理的制订和执行，需要在企业不同层次保持高度协调和一致，并相互支持与配合形成合力才能达到理想效果。

（4）竞争性及合作性。企业战略的目的是克服来自环境及竞争对手等各方面的压力、冲击、威胁和困难，从而赢得市场竞争的主动权。只是企业拥有的资源能力毕竟有限，在发展过程中不可避免要与外部，有时候甚至是竞争对手合作，来实现共赢和发展。

（5）稳定性及动态性。战略是需要长期执行的，在此基础上，其具有一定的稳定性。但是，战略规划也不是一成不变的，在企业发展的过程中，需针对自身情况和外部环境的变化调整战略管理策略，不断地完善和优化企业战略，从而推动企业战略目标的实现。

### 3.1.2　建筑企业战略类型

发展型战略是企业为了在原有基础上扩大范围、增强实力或为了进入新领域所采用的战略。其前提条件或有较大的资源投入；或外部环境发生或将要发生明显变化；或内部条件具有可利用外部机会的发展优势。从行业发展趋势和自身情况出发，统筹规划，循序渐进，分类指导，大胆实践多元化是实施可持续发展的重要对策。通过此战略促进企业全面、健康、快速、协调以及可持续发展。

发展战略型包括集中战略、一体化战略、多元化经营战略等多种形式。

（1）集中战略也称集中生产单一产品或服务战略，是企业以快于过去的增长速度来增加销售额、利润额或市场占有率。执行这一战略的前提是将自己的经营业务集中在某一个确定的行业、产品或服务领域而获得发展的态势。如建筑企业根据市场环境和企业自身条件的分析，将本企业的人力、物力、财力、研发等资源集中于某类建筑工程产品或某种服务领域，以取得相对的竞争优势，占领一部分稳固的市场。

（2）一体化战略是建筑企业在目前经营范围的基础上进行横向或纵向的扩展。采用这一战略的优势有三方面：一是将关键的生产过程或阶段纳入本企业，可减少风险或增加获利的可能性，如建筑企业通过后向一体化可以使企业摆脱建筑原材料供应商的压力，减少供应商利用市场机会而给企业造成原材料供应的不稳定性等；二是加强了成本和质量的控制；三是发展规模经济和降低费用等。

（3）多元化战略是企业同时提供两类或两类以上的产品或服务，是与集中战略相反的战略。企业合理的多元化发展，特别是集中多元化的发展，可以充分挖掘企业的核心资源和核心能力，发展更多的业务，为企业提供更广泛的利润源泉。企业可以利用研发能力的相似性、原材料的共同性、施工生产技术及工艺等方面的关联性，充分发挥技术、资本等作用，取得良好的经济效益和社会效益。

实施多元化发展战略同时也能分散企业的经营风险，提高企业的应变能力，加之由于技术进步的影响，导致一批以新材料、新技术、新工艺为特征的新兴产业出现，这既为建筑企业向新的产业领域发展提供了机会，也为建筑企业实行多元化经营提供了丰富的物质基础。企业可以通过多元化发展战略，进入高增长、高收益、高附加值的新兴产业，以减轻日益严重的建筑市场的竞争压力。

多元化战略的实施也同样存在着风险，特别是当企业贸然采取不相关多元化战略时，这种风险很可能会增大到危及企业生存的境地。多元化战略实施所可能产生的风险主要是：资源的分散配置，企业的资源是有限的，如果分散使用，就有可能无法在各个经营领域中获得普遍的竞争优势，从而败给各个竞争对手；运营费用增加，企业在进入另一个或多个产业领域时，必然要增加运营费用，企业是否有足够的费用投资来维持费用的增加？是否会对企业的正常运营造成巨大的冲击？此外产业选择的错误及缺乏必要的人才资源等都是造成多元化经营的风险。

以上所述发展型战略的形成可通过企业联合的途径实现，以建筑企业为例，企业战略联合的类型基本有四种形态，如图3-1所示。以工程项目为对象，企业战略联合的类型如图3-2所示。

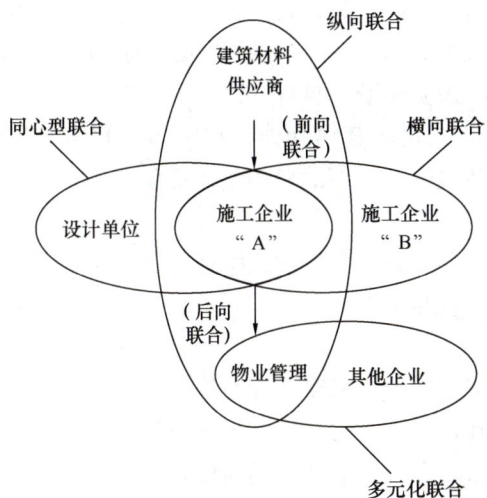

图 3-1　基于建筑企业——企业战略联合的类型　　图 3-2　基于工程项目——企业战略联合的类型

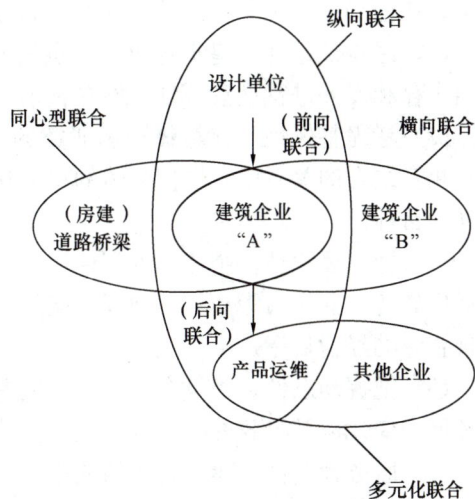

## 3.2　建筑企业战略管理概述

### 3.2.1　企业战略管理概念及其特征

1. 企业战略管理概念

安索夫在其 1976 年出版的《从战略规划到战略管理》一书中最初提出企业战略管理一词。他认为：企业的战略管理是指企业的日常业务决策同长期的计划决策相结合而形成的一系列经营管理业务。

战略管理专家斯坦纳在其 1982 年出版的《企业政策与战略》一书中则认为，企业战略管理是确定企业使命，根据企业外部环境和内部经营要素确定企业目标、保证目标的正确落实并使企业使命最终得以实现的一个动态过程。

企业战略管理的关键词不是战略而是动态的管理，它是一种崭新的管理思想、理念和方式。指导企业全部活动的是企业战略，全部管理活动的重点是制定战略和实施战略。而制定战略和实施战略的关键在于对企业外部环境的变化进行分析，对企业内部条件和素质进行审核，并以此为前提确定企业的战略目标，使企业的外部环境、内部条件和企业目标三者之间达到动态平衡。企业战略管理的任务，就在于通过企业形势分析、战略制定、战略实施和战略控制等管理工作，在保持这种动态平衡的条件下，最终实现企业的战略目标。

综上所述，企业战略管理是指对企业活动实行的总体性管理，是企业制定战略、实施战略、控制战略等一系列的管理活动，其核心问题是使企业的自身条件和环境相适应，以求得企业的生存和发展。

2. 企业战略管理特征

由于企业战略管理是一种循环复始、不断发展的全过程总体性的管理。因此，企业战略管理的主要特征表现在以下几方面：

（1）着眼全局性。以企业全局为对象，根据企业的总体发展的需要而规定企业的总体行动。从全局去实现对局部的指导，使局部得到满意的结果，最终使全局目标得以实现。

（2）注重长远性。建筑企业在制定战略时要着眼于未来，对较长时期内（5年以上）如何生存和发展进行通盘筹划，站在长远的高度来实现既定目标。

（3）考虑整体性。把整体作为研究的对象，立足于整体功能，从整体和局部相互依赖、相互结合的关系中，把握整体的特征和运动规律，发挥战略的整体优化效应，以达到预期的目标。

（4）把握风险性。企业的外部环境和市场机会都具有一定的风险性。建筑企业要想办法适应环境，变压力为动力，把握可能的机会，避开可能的风险，寻求合理的行为方式去实现企业的经营目标。

（5）把握动态性。建筑企业在既定发展战略、愿景和战略目标前提下，根据企业内外部环境的变化以及自身的战略资源与能力的提升，对原有的战略进行动态管理。

（6）服务社会性。建筑企业的战略虽有自己的直接目的性和倾向性，但其是社会整体发展战略的重要组成部分，所以它既要体现管理者和员工的利益，同时还要服从社会共同且长远的利益，要正确处理社会、企业和个人三者的利益关系。

### 3.2.2　建筑企业战略管理过程

建筑企业战略管理是一个过程，是一个计划实施和评估的过程。

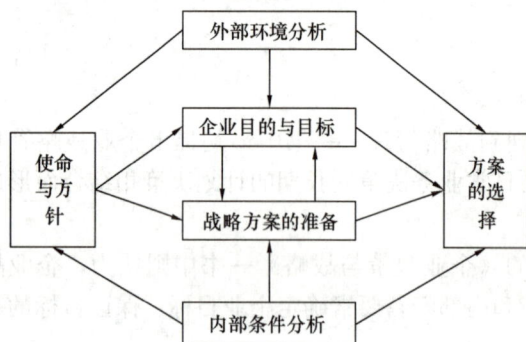

图 3-3　战略制定的过程模式

1. 战略制定过程

战略的制定是建筑企业战略管理的核心与关键问题，战略制定的具体过程如图 3-3 所示。

（1）企业使命的确定

建筑企业使命是企业管理者所确定的建筑企业发展的总方向、总目的、总特征和总指导思想。对于建筑企业而言，通过确定自身的使命，可以明确企业的整体定位，从而增强员工的自信心，明确企业的长期发展方向，突出主干方向，加强核心能力的建设和创新，使企业的"共同愿望"得到发展，增强全体员工的使命认同感。

（2）企业目的和目标的确定

目的是建筑企业根据自己的使命，在某方面要达到的宏观结果。目标是建筑企业为了实现该目的，在未来一段明确的时间内要达到的具体结果。只有明确了企业的目的和目标，才可以增强企业的凝聚力和向心力，同时对于决策制定过程以及备选方案的选择也有帮助。

（3）战略方案的准备与选择

企业战略方案的准备，是指要列出一系列可行的战略方案从而进行进一步的选择。选择方法主要包括两种方法：

1）组织方法。一般由企业最高层负责，在充分搜集信息，听取各方面意见的基础上，按民主集中制的原则进行。

2）SWOT 分析法。该方法是制定企业战略最基本的思路与方法。要对内外部环境充分分析、内外部因素匹配，从而制定企业可行的备选方案。该方法就是对企业所面临的机会和威胁、优势和劣势进行综合分析。S 代表优势，W 代表劣势，O 代表机会，T 代表企业外部的威胁。建筑企业应该抓住外部机会，发挥企业的自身优势，获取最佳绩效；回避外部威胁，克服自身劣势，将影响减到最小。

企业战略方案的选择：在选择战略方案时必须综合考虑建筑企业的外部环境、内部能力和企业方向，使三者达到动态平衡。在决定采用何种战略时，会受到譬如个人直觉、经验、关系、有关背景和情感等非理性因素的影响。包括以下几个方面：

1）企业以往或目前所采用的战略。

2）企业对外部环境的依赖程度。

3）企业决策者对风险的态度。

4）企业文化的影响。

5）企业中层管理人员和职能部门人员的影响等。

2. 战略实施过程

（1）一般战略实施有五种类型：指令型、转化型、合作型、文化型和增长型，见表 3-1。

五种战略实施模型　　　　　　　　　　表 3-1

| 模型 | 企业总经理所研究的战略问题 | 总经理的角色 |
| --- | --- | --- |
| 指令型 | 如何制定出最适合的战略 | 理性行为者 |
| 转化型 | 战略已考虑成熟，如何实施 | 设计者 |
| 合作型 | 如何能使高层管理人员从一开始就对战略承担自己的责任 | 协调者 |
| 文化型 | 如何使整个企业都保证战略的实施 | 指导者 |
| 增长型 | 如何激励管理人员去执行完美的战略 | 批判者 |

1）指令型。指令型模式具有极为正式的集中指导的倾向。该模式在战略中较易实施。缺点是将决策者和执行者分开，容易产生执行者缺乏动力和创造精神的现象。

2）转化型。该模式由指令型模式转化而来，十分重视运用组织结构、激励手段和控制系统来促进战略的实施。缺点是过分强调组织体系和结构，有可能失去战略灵活性。该模式适合于环境确定性较大的企业。

3）合作型。该模式将范围扩大到企业最高管理集体，调动高层管理人员的积极性和创造性，提高了战略实施成功的可行性。缺点是可能会降低战略的经济合理性。该模式适合于复杂而缺乏稳定型环境的企业。

4）文化型。该模式将参与模式扩大到整个企业最低层次。该模式局限性是企业职工需要较高素质，要消耗较多的人力和时间。

5）增长型。该模式是自下而上产生的。关键在于激励管理人员的创造性来制定完善战略。对总经理有很高的要求，要能正确评判下层的各种建议。

（2）战略实施的步骤

战略实施中最重要的两项工作为战略方案的分解和组织机构的调节。

1）分解战略方案

实施战略，必须将战略方案进行分解，令每个员工明确自己在战略中的地位、任务和职责。分解战略方案主要包括空间分解（分解给各个职能部、项目经理部，再逐层分解到个人）、时间分解（将长期目标分解成一个个短期目标，以便实施和检查）和综合协调。

2）调整组织机构

组织机构和管理体系是连接战略方案和各个实施部门、岗位和个人的纽带，是实现战略目标的基础。其必须适应战略任务的需要，随战略任务的变化而调整。

3. 战略控制过程

建筑企业的战略控制是把战略执行过程中所产生的实际效果与预定的目标和评价标准进行比较，评价工作业绩，发现偏差，采取措施，以达到预期的战略目标。一般包括以下几个步骤：

（1）确定目标

在战略方案执行以前要明确且具体指出企业的战略总目标和阶段目标，此目标分解给下属各职能部门、施工项目经理部，使其具有一个确定的奋斗方向，从而确定一个阶段的分目标。

此外，总部必须向各级管理者和员工宣布某些抽象目标，以便各级管理人员执行任务时不忘经营宗旨等，从而能使局部战略和全局战略相协调。

（2）确定衡量工作成果的标准

衡量标准或评价标准是工作成果的规范，是从一个完整的战略方案中选择出的对工作成员进行计量的一些关键点，用来确定企业各级是否达到战略目标。评价标准应包括定性的标准和定量的标准。

（3）建立报告和通信等控制系统

报告和通信等控制系统是建筑企业进行控制的中枢神经，是收集信息并发布信息所必需的。对于一个大型总承包企业尤为重要。若没有一个报告和通信系统，企业不可能获得进行分析和决策所需要的充足而及时的信息。

（4）审查结果

建筑企业要对收集到的信息资料与既定的企业评价标准和企业战略目标进行比较和评审，找出实际活动成效与评价标准的差距及其产生的原因。需要正确选择控制方法和控制机制，并在适当的时间、地点来进行。

（5）纠正偏差

审查结果若达不到期望水平，企业则应采取纠正措施。纠正措施应根据问题的性质和产生的原因而定。责令问题所在部门改变实施活动、行为或调整评价标准，企业目标及该部门的分目标。

### 3.2.3　建筑企业柔性战略管理

1. 柔性战略的概念

柔性战略，是指企业为更有效地实现企业目标，在动态的环境下，主动适应变化、利用变化和制造变化以提高自身竞争能力而制定的一组可选择的行动规则及相应方案。继承了战略能力理论和战略柔性的一些观点。

柔性战略强调了三个方面的内容：

（1）强调战略的博弈性而不是战略的计划性。由于企业面临的环境越来越不稳定，那么依靠增强预见性的战略计划是不可能获得竞争主动权的。因此，强调企业在可行的选择中采取行动的规则，是保证企业有效运行的基础。

（2）强调直接利用变化和主动制造变化来提高竞争力，而不仅仅是适应环境变化。通过预测环境和竞争对手的变化趋势，主动利用和制造变化，创设新环境和新规则，引导消费者和竞争者行为，并从中确立自己的竞争优势，是柔性战略的一个显著特点。

（3）不仅强调企业家的创新而且强调员工与组织的整体创新。柔性战略是充分发挥人的灵活性以适应环境的战略。它强调企业的累积性学习，强调企业组织的协调能力、整合能力和灵活性。

2. 柔性战略的特征

（1）长远性。柔性战略从企业长期效益的角度出发，根据企业的长期发展战略和企业发展目标，指导企业的生产经营计划。因此，企业柔性战略立足于企业长远发展。

（2）全局性。柔性战略以企业发展全局为作业对象，不仅将企业内部所有活动考虑在内，还将企业的外部环境综合起来，对象上更具有全局性。

（3）外向性。柔性战略需要企业密切地关注市场的变化及竞争对手的发展现状和战略变化等，据此去调整企业战略，这样的战略更具有强烈的市场导向性，也更具外向性。

3. 柔性战略的主要内容

柔性战略主要包括以下几个方面：

（1）文化柔性。定义企业使命是企业战略的首要任务，它要在一定的企业文化氛围中实现，如价值观、理念和组织的和谐性等。柔性战略的目的是提高企业组织对不断变化的内在和外部环境的主动适应能力。因此，企业使命和企业文化既要有其一致稳定性，又要能不断激励创新。所以，文化柔性包括两方面的内容：拥有核心信仰和构建企业未来景象。

（2）资源柔性。资源是指企业在整个经营过程中（如开发、生产、营销）能利用或可能被利用的各种有形或无形的资源的总称，它可能是自身拥有的，也可能是来自外部。资源柔性除了资源应具有多样性、可选择性和适用性，而且还指那些潜在资源，即现在不是企业资源，但通过采取一些行动会使之成为企业资源的可利用性。因此，强调资源的柔性不仅要保持和增加现有资源的柔性，而且要与企业能力相结合，挖掘新的资源和增强现有资源的价值，使企业发展出一系列独特的具有竞争力的资源，并将其配置到战略中去。

（3）能力柔性。柔性战略制定和实施的一个基本点就是企业能力的分析。这里的能力是有效使用资源、协调资源流程的各个过程的力量，企业能在探索、创新、协调各方面体现适应性、开拓性和竞争性是能力柔性效果的反映。另外，能力的发挥程度与资源的支持密切相关。因此，能力柔性不仅包括自身构成要素的整体协调，而且涉及资源——能力的相互促动。

（4）组织柔性。企业要在变化迅速的市场中求得发展，必须建立一种柔性的组织。为了与柔性战略协调一致，组织柔性有两层含义：一是有效的组织结构取决于企业自身的特点和外部环境的变化状况。柔性的组织要能适应组织内部的要求（如结构的弹性和组织成员的应变性等），而且能善于吸收组织外部的变化（如竞争状况、技术变化及社会变革等）

带来的冲击；二是组织内部的管理制度、模式及沟通方式要具有适应变化的灵活性，它要求企业有管理创新的能力。

（5）生产柔性。在柔性战略中，生产柔性主要是要求生产系统具有柔性。

生产系统的目标可分为两类：一类产生于市场需要，它与生产系统对顾客服务达到的水平有关；另一类目标与资源生产率有关，与成本的关系密切。对于与市场相关的目标，可引入可靠性的概念，就是如果市场对品种规划、产品质量、交货期的要求发生变化，高可靠性的生产系统应当适应这种变化，生产系统的柔性是达到可靠地服务生产这一目标的手段。

（6）决策柔性。管理的关键是决策，柔性战略的实施首先体现在决策柔性上。战略与环境的互适是柔性战略的研究主线，决策柔性与环境不确定性密切相关。

（7）供应链柔性。供应链管理把供货商、子供货商、生产制造商和客户等联系起来，庞大的供应链网络系统存在如价格波动、信息传递误差、现代企业灵敏的生产方式等不确定性。采购过程的不确定性主要表现为原物料价格的波动、供给量的波动、交货期的不稳定、原材料的品种变化、新产品所需特质原材料的提供、供应商的变动等方面。供应链柔性是企业采购过程原料价格、数量和供应商结构的适应性与可调整性。现代供应链管理强调与供应商建立长期稳定的合作关系，以合作来应对采购过程中的不确定性，这实际上是提高供应链柔性的一种途径。企业与供应商通过共同分享信息，通过合作和协商来协调相互的行为，不仅可以缩减库存成本、减少供应中的不稳定因素，还可以缩短新产品开发的过程，使各方共同获益。

4. 柔性战略实施条件

（1）柔性战略的成功实施，需要根据环境的变化和目标的具体要求对资源和能力做出相应的调整，企业资源和能力的交互作用影响柔性战略的形成。企业的柔性系统通过对资源和能力重新划分，展现了战略形成和战略目标实现的可行路径，同时，也为选择适用有效的战略措施提供了更广阔合理的可行区域和选择标准。

（2）柔性战略的成功实施，需要重视企业中"人"这一重要因素对企业的影响。因此，在复杂并动态多变的非均衡环境中，企业柔性系统需要有具备管理变革能力的"人"，通过这种"人"对组织资源的整合、设计和配置以及对系统的管理控制，提高企业的文化价值观和创新意识，整合企业资源，形成高效的、不断变化的柔性组织。

（3）柔性战略的成功实施，需要企业认识到环境的重要性并关注环境的变化，并保持对环境中变化因素的敏感性，在环境变化时做出及时应对。环境的变化会给市场中的企业带来威胁或者机会，因此，企业要结合自身柔性系统，根据所处环境，通过对企业资源和能力的整合，形成与变化环境的互动，扩展战略实施空间，进而主动制造变化，形成核心竞争优势，实现战略目标。

## 3.3　建筑企业战略形势分析

建筑企业战略形势分析包括建筑企业外部宏观环境分析、建筑企业所处的行业分析和企业自身条件的分析。

### 3.3.1 建筑企业的外部宏观环境分析

建筑企业外部的宏观环境分析可分为政治、经济、社会、技术四个方面，简称 PEST（Political，Economic，Social，Technological）。企业在制定战略前应对以上四个方面进行认真分析。而企业外部宏观环境分析的意义，是确认和评价经济、社会、政治、技术宏观因素对企业战略目标和战略选择的影响。

1. 政治环境

政治环境包括国家的政治制度、权力机构、颁布的方针政策、政治团体和政治事件等因素。建筑企业政治环境分析的内容主要包括保护消费者、保护环境、调整产业结构、引导投资方向的产业政策。政治因素对建筑企业的行为的影响是比较复杂的。有些政府的行为对企业的活动有限制性作用；但也有些是对企业有着指导作用和积极的影响。对于国内建筑企业来说，对房地产市场泡沫、股市的涨跌以及政府部门出台的宏观调控政策和措施都要时刻关注并深入了解。

2. 经济环境

经济环境是指构成企业生存和发展的国际贸易、金融行情、国家经济政策和地区经济状况。经济环境分析的内容包括国家经济政策、国家财政收支状况、国内生产总值、人均 GDP 变动情况、当地地区经济发展目标、产业结构、分配结构、建筑相关行业能源、原材料价格变化情况分析。建筑企业要充分考虑经济的增长率、税收水平、失业率、利率、信贷投放、政府补助等经济影响因素。一般说来，在宏观经济发展良好的情况下，市场扩大，需求增加，企业发展机会就多，建筑等行业都会有较大的发展；反之，在宏观经济发展停滞或倒退的情况下，企业的发展机会减少。

3. 社会环境

社会环境主要是指所处的社会结构、社会风俗和习惯、信仰和价值观念、行为规范、生活方式、文化传统、人口规模与地理分布等因素的形成和变动。改革开放后，人们的价值观变化非常大，对建筑企业的影响也很大。人们对生活质量要求不断提高，对住房及社会基础设施和福利设施的要求也随之提高。同时，买方和卖方的关系也在不断变化，"为用户服务"是每个经营者必须牢记的宗旨。建筑市场的建立，促使建筑企业的经营观进行适当调整。

4. 技术环境

技术环境是指企业所处环境中的科技要素及该要素直接相关的各种社会现象的集合，包括社会科技水平、社会科技力量、国家科技体制、国家科技政策和科技立法等基本要素。在我国提倡创新和信息化发展的今天，科技发展日新月异，给企业既带来了机会，也带来了威胁。企业的发展离不开科技，更离不开科技环境。在科技发展大潮的浪尖上冲击向前，这是企业发展战略的重要任务之一。

### 3.3.2 建筑企业所处的行业分析

建筑企业的行业分析是企业对所处的中观环境分析。其主要内容是分析建筑行业中的企业竞争格局以及本行业和其他行业的联系。建筑行业的结构及竞争性决定着建筑行业的竞争原则和建筑企业可能采取的战略。因此，行业分析是建筑企业制定战略的最主要的基础性工作。

按照迈克尔·波特（M·E·Porter）的观点，一个行业的竞争，远不止在原有竞争

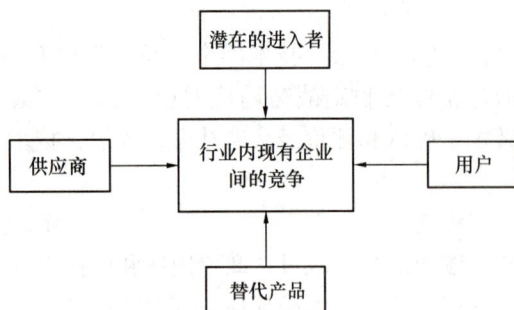

图 3-4　基本竞争力模型

对手中进行，而是存在着五种基本的竞争力量，它们是：潜在的行业新进入者、替代产品的威胁、供应商讨价还价能力、用户讨价还价能力以及现有竞争者之间的竞争（图 3-4）。

这五种基本竞争力量的状况及其综合强度，决定着行业的竞争激烈程度，从而决定着企业获利的最终潜力。

1. 行业潜在进入者的威胁

这种威胁主要是由于潜在进入者加入建筑行业，会带来生产能力的扩大，带来对市场占有率的要求，必将引起建筑行业现有企业的激烈竞争，使建筑产品的价格下降并加剧在建筑原材料、人才等资源方面的争夺而导致成本增加。

潜在进入者的威胁状况取决于建筑行业的进入障碍和原有企业的反击程度。建筑行业基本是属于劳动密集型行业，其行业的进入门槛较低，这也是目前建筑行业竞争日趋激烈的主要原因之一。

2. 行业内现有企业之间的竞争

行业内现有企业之间的竞争采用的主要手段是价格竞争、广告竞争、加强服务保修竞争及企业形象竞争等。竞争的产生是由于一个或多个竞争者感受到了竞争的压力或看到了改善其地位的机会。建筑企业可以通过了解分析行业内竞争对手的现有竞争者数量、规模以及扩张能力，各个竞争对手的经营策略、经营方式、经营水平、创新能力、广告宣传、信誉状况、售后服务、应变能力等，确定行业内现有竞争者威胁程度。

3. 用户的讨价还价能力

在建筑市场属于买方市场的条件下，业主往往压价发包工程，同时还要求高质量的施工和优质的服务，其结果是使得建筑行业内的竞争者们相互竞争、博弈，导致行业利润下降。因此，建筑企业必须了解、分析顾客的状况，预测市场规模的演变，充分了解顾客需求的内容、趋势及特点，顾客的规模结构、消费心理、习惯及层次，应用产品、价格、销售渠道及促销手段等营销组合来满足用户的要求；同时要借助国家法律、法规的力量、政府监督的力量，以维护企业的合法权益。

4. 供应商的讨价还价能力

建筑行业的供应商主要指钢铁、水泥、玻璃等建材供应商。供应商是维持企业正常经营所需的各种生产要素的源泉。主要通过提高生产要素价格与降低生产要素单位价值质量来影响下游企业的盈利能力和产品竞争力。供应商议价能力的影响因素主要有供应商所在行业的市场地位，其提供的生产要素的种类及可替代性，以及该生产要素占最终产品成本的比例，对产品生产过程的重要程度以及对产品质量的影响程度。

5. 替代品的威胁

替代品是指那些与本行业的产品有相同或者类似功能的其他产品。如钢结构建筑和绿色建筑对混凝土结构建筑、木结构建筑等传统建筑的取代。互有替代产品生产厂商之间的竞争行为对企业竞争战略的影响主要有两个方面。第一，现有企业产品价格以及获利潜力的提高，将由于存在着能被用户方便接受的替代品而受到限制；第二，由于替代品生产者加入竞争，使得现有企业必须提高产品质量、性能或降低成本来降低售价，或使其产品具有特色。

### 3.3.3 建筑企业的内部条件分析

所谓内部条件分析，是指在一定的外部环境下，分析本企业所具备的内部条件及自身竞争实力，重点找出相对于竞争对手的优势和劣势，目的是制定出能够发挥企业优势、避免企业劣势的战略。企业内部环境分析主要从两个方面进行，即企业资源分析和企业能力分析。

1. 建筑企业资源分析

建筑企业资源指建筑企业实际所拥有的或控制的，能够对建筑产品的生产或服务提供支持的所有生产要素。由于建筑企业涉及的工作都需要长期、大量利用建筑企业各类资源。因此，对其进行分析和研究是非常重要的。

（1）建筑企业有形资源分析

有形资源主要包括实物资源、财务资源和组织资源。实物资源是建筑企业生产力水平的重要体现，随着设备装备水平的提高，生产力水平也会提高，从而扩大建筑企业经营范围，它是建筑企业生产和经营的基础条件；财务资源是衡量企业竞争地位和对投资者是否有吸引力的主要因素，资金实力强、规模大的企业有机会承包技术含量高的大型工程项目，从而促进企业发展；组织资源可通过组织效能表现，有效的组织资源为建筑企业实施人力资源战略提供了保证。

（2）建筑企业无形资源分析

无形资源包括技术资源、文化资源、信息资源和社会资源四个部分。技术资源是建筑企业实施成本领先、差异化、集中化、技术创新等战略的基础；良好的文化氛围是建筑企业实施品牌战略的首要条件；信息资源是保证提高企业的应变能力，及时获得供求信息的高新技术信息的重要条件；社会资源是建筑企业与其他部门、企业联系的基础条件，对于企业进行市场开拓、扩大经营起着非常重要的作用。

（3）建筑企业人力资源分析

人力资源包括企业所拥有人才的智慧、经验、知识和能力，反映了企业的知识结构、技能和决策能力。建筑企业只有拥有优秀的人力资源，才能从根本上建立竞争优势，并有效地实施各种经营战略。

2. 建筑企业能力分析

能力是资源实现价值的手段，不同种类的资源都对应着不同的企业能力，因此，对复杂的建筑企业能力进行细分，有利于对其形成全面的认识，主要包括以下几个方面：

（1）企业经营能力分析

企业经营能力影响着企业的组织能力、创新能力、资源利用率和经营效果，反映了企业整个经营机制是否充满生机与活力。经营管理能力包括高层管理者的能力、企业战略管理水平和组织管理完善程度。通过对这三个指标的定性分析，就可得到企业经营管理能力的综合评价结果，从而决定企业战略、组织结构等的合理性。

（2）生产能力分析

生产能力是建筑企业的一项关键能力。它直接体现了建筑产品的质量、成本、技术和服务等，形成业主对企业能力最直观的感受，是企业取得竞争优势的重要源泉。它包括目标管理能力、技术装备水平和施工工艺与流程的先进程度。通过对这三项能力的分析，可判断其是否形成了有竞争性的生产能力。

（3）财务管理能力分析

建筑企业的财务分析一般分为建筑企业财务管理水平分析和建筑企业财务状况分析两个方面。建筑企业财务管理水平分析是根据建筑企业的战略要求，保证有效的资金来源、资金使用和资金控制，决定资金筹措的方法和资金分配；建筑企业财务状况分析是判断建筑企业的实力和增强对投资者吸引力的最好办法。对于有效地制定建筑企业战略具有十分重要的意义。

（4）技术研发能力分析

建筑企业的研究与开发包括新产品、新工艺、新技术及新材料等方面的研究与开发，其主要目的是提高工程质量或改进施工工艺以降低成本。分析建筑企业的研究与开发状况需要解决如下问题：企业是否有足够的研究与开发设施，研究开发人员的能力如何，现有的施工生产技术是否具有竞争力，研究开发部门与企业的市场部门、施工生产部门是否能够有效沟通，是否建立了有效的管理信息系统，研究开发的经费投入为多少，研究开发的成本是否合理等。

（5）人才引进与培育能力分析

有专业技能或管理能力的人力资源，对企业的生产、经营与发展具有决定性的作用。人力资源的核心问题就是引进人才，提高劳动者的素质。建筑企业要想在市场竞争中取得优势，必须重视人才的引进和培养能力。

（6）质量管理能力分析

截至目前，我国建筑业的管理大多处于粗放式的管理状态，部分项目技术含量高，而且工期紧，质量管理有时流于形式，同时很多中小型的建筑企业没有完善的质量管理制度。建筑企业应对企业目前的质量管理进行系统化体系构建，开始建立并一步步健全有关薪酬、物流、劳务等方面的精细化管理。

## 3.4  建筑企业战略管理的分析方法

### 3.4.1  SWOT 分析方法

SWOT 分析法就是对企业外部环境中存在的机会与威胁和企业内部能力的优劣进行综合分析，据此对备选的战略方案做出系统的评价，最终选择出最佳的竞争战略。SWOT 中的 S 是指企业内部的优势；W 是指企业内部的劣势；O 是指企业外部环境中的机会；T 是指企业外部环境中的威胁。

SWOT 分析的具体做法是：根据企业的总体目标和总体战略要求，列出对企业发展有重大影响的内部及外部环境因素，确定标准、进行评价，判断什么是企业内部的优势及劣势，什么是外部的机会和威胁。

相对于竞争对手而言，企业内部的优势和劣势可以表现在资金、技术、设备、产品、市场、管理和职工素质等方面。判断企业内部的优势和劣势有两项标准：一是单项标准，如市场占有率低则表示企业在市场上存在一定的问题，处于市场的劣势；二是综合标准，即对影响企业的一些重要因素根据其重要程度进行加权打分综合评价，以此判断企业内部的关键因素对企业的影响程度。

企业外部的机会是指环境中对企业发展有利的因素。如政府支持、高新技术的应用、良好的供应和销售关系等。企业外部的威胁是指环境中对企业发展不利的因素，如新的竞争对手的出现、市场增长率减缓、供应商和购买者的讨价还价能力的增强、技术老化等影响企业目前竞争地位或未来竞争地位的主要因素。

根据上述分析，可基本判断企业应采取的经营或发展战略方式，如图 3-5 所示。

图 3-5　基本竞争力模型

注：SWOT 分析法为企业提供了四种可供选择的战略：增长型战略（SO）、扭转型战略（WO）、防御型战略（WT）和多种经营型战略（ST）。

### 3.4.2　波士顿矩阵

波士顿矩阵又称四象限分析法，由美国波士顿咨询集团设计发明，它是一种广泛应用于规划企业产品业务的组合分析方法，其基本原理如图 3-6 所示。

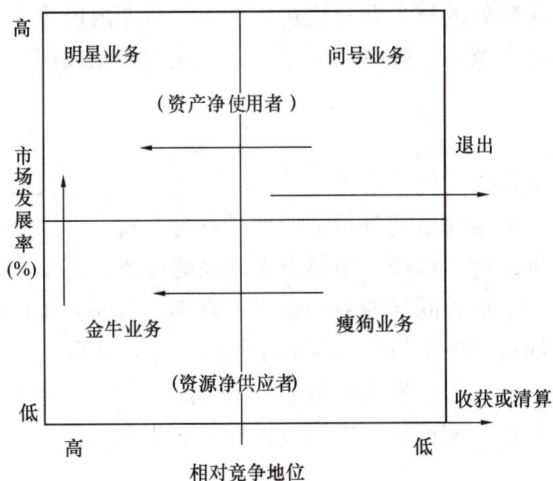

图 3-6　波士顿矩阵

进行波士顿矩阵分析时，首先需要对企业各项业务的市场发展率和相对竞争地位进行分析测定，找出各项业务对资源（主要是现金）的需要量。这里的市场发展率一般可用一段时期内某一特定行业的市场中某种产品的目标销售增长率表示，也可用最近两年内市场销售额或销售量的增长率表示。市场发展率反映企业业务组合中各项业务在市场上受消费者欢迎的程度。对所有处于该市场的企业来说，市场发展率是相同的。相对竞争地位反映企业的各项业务在各自市场上的竞争能力，可由企业某项业务的市场占有率表示，也可用某项业务的市场份额与其在市场上最主要竞争对手的市场份额之比得出。由此可见，不同企业的同一项业务在波士顿矩阵中位置的差别，基本上是由各企业的相对竞争地位的差别引起的。

确定了各项业务的市场发展率和相对竞争地位后，便可以将企业各项业务归入矩阵的四个象限中，使企业现有的产品组合一目了然。

由于发展率和竞争地位各自可以分为高、低两部分，因此，波士顿矩阵将企业的业务划分为 4 类，分别处于矩阵的 4 个区域中：

（1）高发展、高竞争力区域

处于高增长率、高市场占有象限中的产品群被称为"明星业务"，即市场发展迅速。企业市场占有率高的业务，是企业业务组合中具有最佳长期发展机会和获利多的业务。但是，明星业务一般比较年轻，目前的销售量可能并不大，但市场已明显地表现出未来的发展潜力，它们需要大量的投资，用以扩大经济规模，维持并扩大其在发展的市场中的主导地位，而它们所需的投资量一般超过其自身的积累能力，因此在短期内它们将成为企业资源的优先使用者。对这类业务，企业需要做的主要工作是扩大它们的市场占有率。

（2）低发展、高竞争力区域

处于低增长率、高市场占有象限内的产品群在国内外习惯上被称为"金牛业务"，又称厚利产品，它们所在的市场已进入成熟阶段，因而发展速度较低，但企业在市场上的占有率较高。金牛业务强劲的市场地位和较低的追加投资需要，是企业目前的摇钱树。企业对实力不同的金牛业务会采取不同的态度：较弱的金牛业务，即市场发展已到尽头，或企业的市场地位在逐渐衰退的金牛业务，企业会使用收获性的榨油政策，在较短的时间内尽量多地获取收益，最终退出该项业务；对于金牛业务中市场表现仍然较强的业务，企业往往会采取在较长时期内维持现有市场地位的策略，有效地利用它们提供的过剩资源发展其他区域的成长性业务。

（3）低发展、低竞争力区域

处于低增长、低市场占有区域中的业务被称为"瘦狗业务"，也称衰退类产品，指所处市场已经饱和，因而竞争激烈，平均利润率很低的经营内容。绝大部分企业会采取收获策略使之退出经营或进行清算，但管理得比较好的瘦狗业务也可以在一段时期内成为企业可靠的资源供应者。管理重点可以是缩小业务范围、强调高质量，进行成本控制或削减广告开支等。

（4）高发展、低竞争力区域

处于高增长、低市场占有区域的业务被称为"问号业务"，"问号业务"的市场发展率较高，所以有可能成为受市场欢迎的业务，但是问号业务目前的市场占有率较低，因此获利能力不明确，现金创造力较低，负债比例较高。然而，市场发展率高的业务获得市场份额的可能性比市场发展率低的业务要高，为了扩大问号业务的市场占有率，需要大规模资金投入。从整个企业看，找出那些通过追加资源的支持便能提高市场占有率，从而发展成明星业务的问号业务具有重要意义。如果经过分析，发现问号业务不可能进一步发展成为明星业务，企业就有必要退出这些产业，重新分配资源，以形成更有效的业务组合。

### 3.4.3 通用矩阵

通用矩阵是美国通用电气公司对波士顿发展矩阵经过调整后进行业务组合分析时采取的方法。通用矩阵克服了波士顿矩阵的一些局限性，使用多项要素对业务优势及吸引力进行评价，并将业务的分类扩大到9类。

在使用通用矩阵时，需要先将企业的每个业务按多项战略要素在坐标轴上定位。这里的战略要素可以分为两大类：第一类是业务竞争优势要素，即对形成企业某项业务优势起作用的方面，如市场占有率、利润率、竞争力、对市场及用户的了解、竞争地位、技术及管理等；第二类是产业吸引力要素，即能影响产业吸引力的各个方面，如市场发展率、产业规模及获利能力、竞争强度、季节性和周期性、规模经济、技术、社会、环境、法律等因素。企业中某一业务在矩阵中的位置，将根据以上两类因素的综合得分在坐标轴上定出。

在确定产业吸引力时，首先要决定对产业吸引力有影响的一些因素，并根据每项因素的重要程度决定其权数，根据对这些要素未来理想状况的预测进行分等（如从0～1分等），然后将各项要素的权数分别乘以相应的等级便可得到各要素的得分，将全部要素得分相加，就可以算出某项业务的产业吸引力得分，见表 3-2。

产业吸引力计算表　　　　　　　　　　　　　　表 3-2

| 产业吸引要素 | 权数（％） | 等级 | 得分 |
|---|---|---|---|
| 市场规模 | 20 | 0.5 | 10 |
| 预计市场发展 | 35 | 1.0 | 35 |
| 技术要求 | 15 | 0.5 | 7.5 |
| 集中程度（只有少数竞争者） | 30 | — | 0 |
| 政治和法规不严厉 | — | — | |
| 合计 | 100 | | 52.5 |

评价业务竞争优势亦需经过同样的过程，其结构见表 3-3。

业务竞争优势统计表　　　　　　　　　　　　　表 3-3

| 业务竞争优势要素 | 权数（％） | 等级 | 得分 |
|---|---|---|---|
| 相对市场规模（市场占有量） | 20 | 0.5 | 10 |
| 生产能力 | 10 | 1.0 | 10 |
| 效率 | 10 | 1.0 | 10 |
| 定点 | 20 | — | 0 |
| 技术能力 | 20 | 0.5 | 10 |
| 营销：销售组织 | 15 | 1.0 | 15 |
| 促销优势 | 5 | — | 0 |
| 合计 | 100 | | 55 |

采用通用矩阵法时，某项因素是否作为战略评价要素，以及该项要素的权重和等级等，基本上是由企业管理部门决定的。在依次计算出企业各项业务竞争优势和产业吸引力得分后，便可根据得分在矩阵上找到该项业务的相应位置，从而得出企业各项业务之间的关系，如图 3-7 所示。

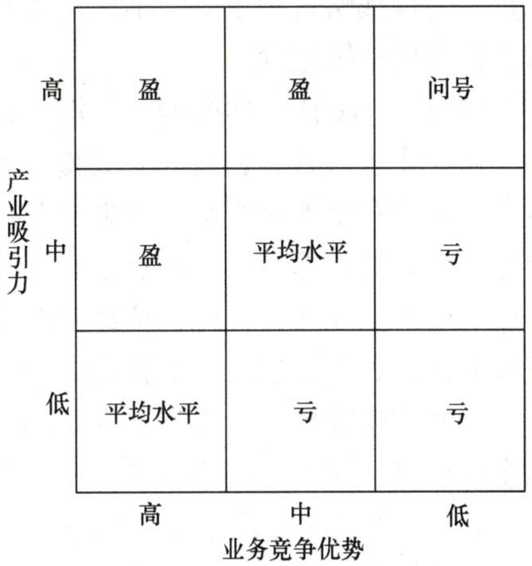

企业各项业务在矩阵中定位后，便可以在下面三种基本战略中进行选择：

1）继续投资，促使其发展（对盈利业务）；

2）有选择地投资，以取得利润（对能够提高业务竞争优势的问号业务和处于平均水平的业务）；

3）收回资源，或退出经营（对亏损业务）。

图 3-7　通用矩阵

通用矩阵对资源的分配与波士顿矩阵相似。例如：通用矩阵中定为投资发展业务，处理方法与波士顿矩阵中的明星业务相同，资源的分配以促使其发展为原则；定为收获（收回资源）或退出的业务类，采取的战略与波士顿矩阵中的"瘦狗"类业务相同，即退出用在这些业务上的资源，投入其他业务单位；定为选择或挣钱类业务的管理类似于波士顿矩阵中对金牛业务的管理（尽量多收入，以供全公司使用），或问号业务的管理（选择决定是继续投资，还是退出）。

虽然通用矩阵与波士顿矩阵对各种业务类的战略大致相同，但它在以下三方面对波士顿矩阵有较大的改进：

1）通用矩阵对企业业务分类的用词不含贬义，因此，容易被管理人员所接受。

2）矩阵中坐标轴截距同时考虑了好几种因素的综合作用，因而更能反映企业的优势和劣势。同时要求战略人员必须进行多项指标评价。

3）通用矩阵对业务的分类比波士顿矩阵法更细些，因此，更接近实际。

# 本 章 小 结

本章主要介绍了企业战略、企业战略管理相关内容、企业战略形势分析以及企业战略管理分析方法。

企业战略是企业面对激烈变化，严峻挑战的经营环境，为求得长期生存和不断发展而进行的总体性谋划。企业战略具有全局性及复杂性、未来性及风险性、系统性及层次性、竞争性及合作性、稳定性及动态性的特点。联合的类型基本有四种形态：横向联合、纵向联合、同心型联合和多元化联合。

企业战略管理是指对企业活动实行的总体性管理，是企业制定战略、实施战略、控制战略等一系列的管理活动。企业战略管理的主要特征表现在着眼全局性、注重长远性、考虑整体性、把握风险性、动态性和服务社会性六个方面。柔性战略，是指企业为更有效地实现企业目标，在动态的环境下，主动适应变化、利用变化和制造变化以提高自身竞争能力而制定的一组可选择的行动规则及相应方案。柔性战略具有长远性、全局性、外向性的特点。柔性战略管理主要包括文化柔性、资源柔性、能力柔性、组织柔性、生产柔性、决策柔性及供应链柔性。

通过PEST法，即政治、经济、社会、技术等四个方面对外部宏观环境进行分析；通过潜在行业进入者、替代产品威胁、供应商讨价还价能力、用户讨价还价能力以及现有竞争者之间的竞争五种基本竞争力量对行业环境进行分析；从建筑企业资源、能力两方面分析建筑企业的内部条件，建筑企业资源分析包括有形资源分析、无形资源分析、人力资源分析，建筑企业能力分析包括经营能力分析、生产能力分析、财务管理能力分析、技术研发能力分析、人才引进与培育能力分析和质量管理能力分析。

企业战略管理的分析方法有SWOT分析法、波士顿矩阵和通用矩阵。SWOT分析法为企业提供了四种可供选择的战略：增长型战略（SO）、扭转型战略（WO）、防御型战略（WT）和多种经营型战略（ST）。波士顿矩阵将企业业务划分为4类，分别处于矩阵的4个区域中：高发展、高竞争力区域，低发展、高竞争力区域，低发展、低竞争力区域，高发展、低竞争力区域。通用矩阵与波士顿矩阵对各种业务类的战略大致相同，有较大改进。

**案例分析一**

## 上海建工的数字化转型战略

在国家提出加快推动智能建造与建筑工业化协同发展的大背景下，全面向数字化转型已成为建筑企业的核心战略。建筑企业向数字化转型的关键，不仅仅需要有持续的技术开发与应用，还要注重以下三个方面：

（1）数字化转型要重构管理流程

建筑企业数字化转型的核心，是通过数字化技术来统一管控标准，打通各种数据互联互通接口，对获取的基础数据进行大数据分析和利用，从而优化流程、提高效率。从纵向看，需要从顶层设计打破数据围墙，实现集团公司与子公司、工程公司、项目部的各类数据的流动；从横向看，需要打造统一基于BIM的建筑全生命周期服务平台。

上海建工自2018年开始系统推进"信息化工程"以来，在集团层面形成了"四个一"的建设格局：一朵云（云数据中心）、一对抓手（全面预算管理系统和项目管理平台）、一套技术标准（主数据管理系统、ESB企业服务总线、统一身份认证）、一系列功能性平台（投资管理、业财税一体化管理、核算管理、人力资源管理、电商等）。在项目层面形成了以BIM模型为数据载体的精益建造协同管理平台，涵盖进度、质量、安全、技术、商务等，让数据共享到业主和总包、专业分包、监理机构，极大提升了管理效率。

（2）数字化转型要创新业务模式

企业数字化转型的关键来自业务需求。一方面是满足业务需求，根据需求寻找技术成本与数据分析价值最佳结合点，满足工程建造需要；另一方面是创造业务需求，为业主提供附加值服务，与业主共创经济和社会价值。

例如，针对医院建筑专业机电系统繁多、运维难度大的现状，根据上海市东方医院需求，上海建工自主研发了国内首个基于BIM的智慧运维系统，实现在线报修服务管理，在医院智慧运维领域进行了富有成效的探索，目前这套系统已为多家医院提供运维服务。

针对上海音乐厅文物建筑保护需求，上海建工在一年的修缮中，自主研发了国内首个基于5G＋BIM的历史建筑全生命周期数字孪生平台，对这座建于1930年的音乐厅进行了实景逆向建模，为历史建筑健康安全监测、智慧运维管理等提供整体解决方案，在行业内尚属首次，拓展了文物和历史建筑保护等城市更新业务的发展空间。

（3）数字化转型要革新企业文化

要坚定培养数字化创新型复合人才。建筑业数字化转型发展的潜力巨大，能够将建筑设计施工运维与数字化技术相结合的创新型复合人才缺口很大，培养跨界人才迫在眉睫。目前，上海建工通过引进建筑信息技术、工业软件设计等多个相关领域的高端人才，安排在项目一线开展工程数字化技术研究与实践，并不断探索多种培养机制，提升专业技术与项目现场场景应用相结合能力。

要坚定培育建筑服务商文化。数字化转型为提升建筑产品服务指明了方向，谁的服务价值高、服务能力强，谁才能具有竞争力。因此，培育服务文化尤为重要。上海建工近年来积极从"工程承包商"向"建造服务商"转型，积极培育以服务创造新市场、以服务为客户创造最大价值、以服务提升品牌高度的服务商文化。在国家会展中心（上海）等建筑运维市场中，开发数字化的设施设备智慧运维服务平台，在西湖大学等重大工程、在上海桃浦603地块土壤修复等环境工程新业务市场中，打造数字化的智慧工地，在新的市场空间中，获得了新发展。

随着物联网、大数据和人工智能等技术的进一步发展，上海建工的数字化转型将更加深入。因此，建筑企业应把握这些新兴领域的机遇，积极拥抱技术变革，持续推动产值增长和竞争力提升。

**案例来源：**国脉数据资产. 建筑业坚持数字化转型战略 在突破中实现新成长〔EB/OL〕.（2020-12-24）.

**案例分析题：**

1. 举例说明上海建工数字化转型理念中，可体现出哪些战略类型？
2. 对上海建工的数字化转型战略实施进行 SWOT 分析。

## 案例分析二

### 中南控股集团的纵向一体化战略

中南控股集团拥有房地产业、建设产业、土木工程产业、工业产业等产业板块，下辖江苏中南建设集团股份有限公司、中南房地产业有限公司、南通建筑工程总承包有限公司等30多个子公司，形成了以长三角经济圈为中心，以环渤海经济圈和珠三角经济圈为两翼的经营网络，业务遍及京、津、沪等11省20多市，并延伸拓展至美国、澳大利亚、日本等境外市场。

中南控股集团纵向一体化战略演进历程：

（1）包清工起步：摸着石头过河

1988年1月，国务院在北京召开全国住房制度改革工作会议，市场化改革春风吹满神州大地。起初，由20多人组成的施工队承接了胜利油田计算机中心厂房的"包清工"项目。由于公司管理不完善，公司发展犹如"摸着石头过河"，因此，公司改变经营管理模式，积极开拓市场。1996年11月，在南通市注册成立了中南建筑工程有限公司，就这样，经过9年多的摸索，公司以承包房地产建设项目的经营方向越来越清晰。

（2）并购南通建筑工程总承包公司：站稳脚跟

2001年，中国房地产市场开始全面升温。公司多年专注于建筑工程总承包，在机会来临时，立即收购南通建筑工程总承包公司，组建南通建筑工程总承包有限公司，由此获得国家房屋建筑工程施工总承包一级资质和特级资质、建筑装修装饰一级资质、起重设备安装一级资质、机电设备安装一级资质、地基基础与钢结构工程二级资质的大型企业，被国家外经贸部批准为境外工程承包和派遣劳务输出的许可企业。

与此同时，我国房地产业仍很不规范，专业的安装工程、装饰工程公司缺乏严重制约着公司的发展。于是，2003年公司投资成立南通市中南建工设备安装有限公司，下设北京、上海、济南等七个分公司，公司经营范围包括建筑暖通、电气、给水排水、消防、弱电设备安装。2004年，收购金丰环球装饰工程（天津）有限公司，取得建筑装饰装修工程施工、建筑幕墙工程施工、建筑装饰设计和建筑幕墙四个顶级资质，形成以装饰、幕墙、加工基地、装潢设计四大业务为主体专业发展。

通过并购与投资组建等途径，南通建筑工程总承包有限公司已发展成为具有房屋建设工程、安装工程、装饰工程"三大板块"的战略格局。

（3）挺进房地产开发：质的跨越

在房地产建筑市场站稳脚跟后，企业业务快速增长，企业立即研究转型问题，整合房地产开发资源。通过精心准备，凭借实力和信誉，2005年公司成功获得南通中央商务区与体育会展中心整体打包特大项目，总建筑面积约250万平方米。由此，中南控股集团顺利挺进房地产大盘开发市场，实现集团发展中的质的跨越。2007年5月，中南房地产产业集团正式成立。

（4）进军预制构件与物业经营：新的探索

1998年以来，中国房地产市场规模取得了巨大的发展，在此背景下，公司积极进军预制构件业务领域。2007年5月，成立南通中锦钢结构有限公司，生产各类钢构件（轻钢、重钢）与钢结构施工安装服务等内容。2008年10月，集团下属的南通建筑工程总承包有限公司出资3000万元，与澳大利亚康诺克公司合作，成立南通市康民全预制构件有限公司，引进澳方新型混凝土全预制装配技术（NPC），以推进集团住宅产业化进程。2009年底收购淄博金城钢结构工程公司，进一步充实了钢结构设计、制作、销售、安装为一体的综合业务体系。

在积极进入房地产业链上游的预制构件业务等领域外，中南控股集团还积极介入下游的房地产运营业务，设立了江苏中南物业管理有限公司等，专注致力于中南房地产产业项目的全过程物业管理。

随着市场竞争的加剧和全球化的发展，纵向一体化战略已成为企业持续发展和提升竞争优势的关键。通过一体化战略，企业可以更好地整合内外部资源，实现产业协同效应，提高经营效率和市场占有率。

**案例来源**：胡金星．中南控股集团的纵向一体化战略［DB/OL］．中国专业学位案例库，（2014-08-27）

**案例分析题：**

1. 从中南控股集团的发展历程对其外部环境、内部条件及企业目标进行战略分析。
2. 试画出中南控股集团纵向一体化战略示意图。

## 思 考 与 练 习 题

1. 企业战略管理的概念与特征是什么？
2. 简述企业战略联合的类型。
3. 简述建筑企业战略实施步骤。
4. 简述柔性战略内容。
5. 企业如何进行战略形势分析？
6. 简述SWOT方法的基本内容。
7. 简述波士顿矩阵分析法的基本原理。
8. 简述通用矩阵分析法的应用条件。

# 4  建筑企业文化

**本章要点及学习目标**

1. 企业文化的内涵、特点。
2. 建筑企业文化的内涵及其特殊性。
3. 建筑企业文化建设的基本思路和具体措施。
4. 建筑企业精神和企业形象的含义、作用。
5. 企业形象策划内容、步骤及CI发挥的作用。

**引导案例**

## 中建四局珠海公司：以文化建设激活企业发展

曾经的中建四局六公司深圳分公司在改革开放时代挺进深圳，筑造了深圳第二高楼京基100在内的大量典范工程，但由于企业缺乏应有活力，导致企业发展止步不前。在中建四局的统一协调下，深圳分公司并入珠海公司，成为珠海公司的下属子公司。为了使深圳分公司尽快融入珠海公司，珠海公司以文化建设为抓手，对深圳分公司进行企业文化的推进与渗透。

（1）文化建设第一步：深入摸底，找准病灶

合并后，珠海公司主要负责人立即入驻深圳分公司，与深圳分公司各级人员开展一对一谈话，并且迅速对接各业务部门，摸排业务的开展情况，梳理出深圳分公司存在的主要问题，例如：应收账款居高不下、现金流断裂、管理费用高、人员繁冗、企业管理涣散等。珠海公司主要负责人认识到，如果要从根本上扭转深圳分公司的势头，则必须注入新的企业文化以洗涤其精神，使其融入珠海公司的大发展中。

（2）文化建设第二步：分层推进，扎实开展

1）在制度方面：首先，珠海公司负责人通过优化人员结构及合理分流人员，减少了项目杂工费用的分摊扯皮现象，还对机关部门进行调整，厘清了部门职责，消除了人浮于事的现象。其次，珠海公司负责人重新梳理了财务管理制度，完善并补充了对招待费、差旅费、办公费的管理制度，建立了招待备案制度，改进了资金支付制度，确保现金流正常。最后，珠海公司负责人严格执行招投标管理，采取多家报价、综合考评、择优入围的方式组织招标投标工作，建立合格分包商名录，对劳务分包单位进行考核打分，将不合格的分包商列入黑名单。

2）在管理方面：珠海公司负责人专注于推进项目策划及实施管理，重点关注项目策划书和实施计划书的编制，通过召开推进会进行跟踪检查，确保问题得到及时整改。在工

期管理方面，从商务合约、内控计划、工期预警机制等着手，确保进度节点可控。在质量管理方面，每月对项目进行质量专项检查，设立保修服务部门。在安全管理方面，落实各部门和岗位的安全生产责任，开展项目隐患排查整治工作。

此外，珠海公司的"中建信条·铁军文化"和"中建信条·筑福文化"在深圳分公司得到了宣扬和融入。深圳分公司逐渐形成了每天早会诵读铁军口号的习惯，珠海公司负责人还将这样的精神融入施工生产中，促使公司员工在行动与精神上协同发展。珠海公司正是通过摸底找准病灶，对症下药将已有的企业文化层层推进并融到深圳分公司，使得深圳分公司重新迸发出新的生命与活力。

**案例来源**：佚名 . 中建四局：以文化内核涵养企业发展［EB/OL］.（2018-10-31）［2024-1-17］.

# 4.1 企业文化概述

## 4.1.1 企业文化内涵、特点

1. 企业文化理念的兴起

企业文化理念的兴起是从日本经济的崛起和美国人的反思开始的。近一百年来，美国一直是西方世界企业管理的表率，从泰勒的"科学管理"到行为科学与管理科学理论的发展，给美国带来了滚滚的财源。然而，20 世纪 70 年代的挫折使这个经济巨人蓦然惊醒：有一种更为先进的管理模式使日本人在激烈的竞争和危机中安然无恙并获得先机，而且在许多领域已赶上和超过了美国。

为什么这个陆地面积狭小、资源匮乏的国家在短短的几十年时间内，从一个经济基础几乎为零的国家一跃成为世界经济大国。带着这个问题，几十位美国经济学家、心理学家、文化学家、管理学家前往日本考察。考察表明，美国经济增长速度低于日本的原因不在于科学技术不发达，也不是物力、财力的匮乏，而是日本企业的管理更为先进。专家们发现，美国倾向于企业结构、战略计划、规章制度等硬件方面的管理，而忽视了对人性的重视和对人的本质的深刻理解，因而阻碍了人的主观能动性的充分发挥，阻碍了企业活力的提升。他们认为管理的差异缘于文化的差异。正是由于日本企业内部的这种特别的企业文化，在推动日本经济的崛起。

1981 年，美国哈佛大学教授特雷斯·迪尔和管理顾问阿伦·肯尼迪合著的《企业文化——企业生存的习俗和礼仪》一书的问世，标志着企业文化理论的诞生。他们通过研究发现，成功而杰出的大企业都具有明确的经营哲学，员工有共同的价值观念，有共同遵守并不见诸文字的行为规范，并有各种来渲染和强化这些文化内容的礼仪和习俗。每个企业都有自己的文化，它潜移默化地对企业时时事事起着重要的作用，从企业的决策、人事的升迁，到员工的行为举止和衣着爱好等都存在企业文化的影响，成功的企业必定有繁荣的企业文化，因此它是企业制胜的法宝。作为一种先进的管理理论和新的管理观念，企业文化所追求的是一种"以人为中心"的较高层次的管理。

可以这样说，企业文化的兴起在很大程度上改变了过去的管理行为，成为一场波及全球、影响深远的管理革命。自从 20 世纪 80 年代企业文化这个概念传入中国以来，关于企业文化的研究不断深入，尽管人们对企业文化的定义分歧很大，但是，重视企业文化建设，让企业"文化"起来，已经成为企业界的基本共识。

2. 企业文化的内涵

文化是人类行为模式、艺术、宗教信仰、群体企业和其他一切人类生产活动、思维活动的本质特征。文化是有差异的，不同的民族有不同的文化模式，不同企业群体也有自己不同的文化模式。企业作为一个独立的经济实体企业，既具有经济性质，又具有文化性质。企业文化，或称组织文化（Corporate Culture 或 Organizational Culture），是一个组织由其价值观、信念、仪式、符号、处事方式等组成的其特有的文化形象，简单而言，就是企业在日常运行中所表现出的各方各面。随着现代工业文明的发展，企业在一定的民族文化传统中内涵逐步丰富，形成了具有企业特征的基本信念、文化观念、企业精神、企业产品、价值观念、道德规范、规章制度、生活方式、人文环境以及与此相适应的思维方式和行为方式。因此企业文化实际上是指企业的共同观念系统，它是一种存在于企业之中的共同理解。在每一个企业中，有各种不断发展着的价值观、仪式、规章、习惯等，这些观念一旦为全体员工所接受，就变成了企业的共同观念，成为企业文化的一部分。而企业文化一旦形成，就会在很大程度上对管理者的思维和决策施加影响。它是一种渗透在企业一切活动之中的东西，是企业的灵魂所在，是推动企业发展的不竭动力。它包含着非常丰富的内容，其核心是企业的精神和价值观。这里的价值观不是泛指企业管理中的各种文化现象，而是企业或企业中的员工在从事经营活动中所秉持的价值观念。

那么，如何来描述一个企业的文化呢？到目前为止，尚没有一种确定的衡量企业文化的方法。例如，我们可以通过对一个企业在以下几方面所达到的程度的分析来描述其企业文化：

（1）控制的程度。规章制度的多少，或用于监督和控制员工行为的指导原则的多少。

（2）导向性。企业建立明确的目标和业绩要求的程度。

（3）管理者与员工之间的关系。管理者给下属以清楚的沟通、帮助和支持的程度。

（4）对员工的基本看法。信任员工或不信任员工，或予以员工责任、自由和独立的程度。

（5）对风险的容忍度。鼓励员工开拓、创新和承担风险的程度。

（6）纷争容忍度。允许员工自由发表不同意见和公开批评的程度。

（7）沟通的模式。企业信息传递是否受正式的权力线的限制。

（8）协作意识。鼓励企业员工的团队协作工作的程度。

（9）整体意识。员工把企业作为一个整体而不是把他们特定的工作小群体作为整体的程度。

（10）奖励的指向。奖励基于员工的业绩而不是感觉、好恶的程度。

根据对一个企业以上十方面的描述，就可以大致勾画出该企业的企业文化。

还可以根据企业文化的"三个层次"进行描述，企业文化的三个层次包括表面层的物质文化，称为企业的"硬文化"，也就是通常所说的厂容、厂貌、机械设备，产品造型、外观、质量等；中间层次的制度文化，包括领导体制、人际关系以及各项规章制度和纪律等；核心层的精神文化，称为"企业软文化"，包括各种行为规范、价值观念、企业的群体意识、职工素质和优良传统等，是企业文化的核心，被称为企业精神。

除此之外特伦斯·E·迪尔、艾伦·A·肯尼迪提出的企业文化五要素也可以反映一个企业的文化，现将五个要素分述如下：

（1）企业环境。企业的性质、企业的经营方向、外部环境、企业的社会形象、与外界的联系等方面。它往往决定企业的行为。

（2）价值观。企业内成员对某个事件或某种行为好与坏、善与恶、正确与错误、是否值得仿效的一致认识。价值观是企业文化的核心，统一的价值观使企业内成员在判断自己行为时具有统一的标准，并以此来决定自己的行为。

（3）英雄人物。企业文化的核心人物或企业文化的人格化，其作用在于作为一种活的样板，给企业中其他员工提供可供学习的榜样，对企业文化的形成和强化起着极为重要的作用。

（4）文化仪式。企业内的各种表彰、奖励活动、聚会以及文娱活动等，它可以把企业中发生的某些事情戏剧化和形象化，来生动地宣传和体现本企业的价值观，使人们通过这些生动活泼的活动来领会企业文化的内涵，使企业文化"寓教于乐"之中。

（5）文化网络。非正式的信息传递渠道，主要是传播文化信息。它是由某种非正式的组织和人群所组成，它所传递出的信息往往能反映出职工的愿望和心态。

以上所说的只是表述企业文化的几种方法，描述企业文化的角度还有很多，例如从企业哲学、企业目标、民主意识、道德观念、规章制度、团体意识等方面来描述。

3. 企业文化的特点

（1）整体性

企业文化是一种综合、立体、全方位的文化。它以企业作为整体，反映企业内部各个子系统之间的内在联系。以整体的力量支配每个员工的行为方式和追求的目标，形成整体的信念和企业形象。

（2）内聚性

企业文化在企业管理过程中起着"黏合剂"的作用，企业通过各种形式的文化活动，把团结友爱、合作互助、奋发进取的价值观念逐步渗透到广大员工的工作和交往之中，把内部分散的力量凝聚到完成企业经营目标上来，形成一致的巨大的合力。

（3）稳定性

企业文化的形成总是与企业的发展相联系的，是一个长期渐进的过程。企业一旦形成具有自身特点的文化以后，就必然相对稳定地存在，不会轻易消失，不会因为企业领导人的更换、组织制度、经营策略和产品方向的改变而发生大的变化。

（4）创新性

创新既是时代的呼唤，又是企业文化自身的内在要求。企业文化的稳定性不意味着墨守成规，一成不变，优秀的企业文化往往在继承中创新，随着企业环境和国内外市场的变化而改革发展，敢于吸收外来的企业文化实践和研究成果，引导大家追求卓越，追求成效，追求创新。

（5）人本性

企业文化重视员工的主体性，要求员工把企业的发展与个人的发展联系起来。它强调人的理想、道德、价值观、行为规范等在企业管理中起核心作用。在生产经营管理过程中，尊重人、关心人、信任人，使全体员工互相尊重，团结奋进，积极参与企业管理，推动企业发展。大量调查研究表明，对员工的尊重、信任，能够提高员工的积极性，激发员工的创新精神。当企业领导者不尊重、不信任员工，将他们视为无关紧要的人员时，他们会按无关紧要人员的要求给你回报；但当企业领导者把他们看作核心人员时，他们便会更自尊、自强，以核心人员的要求，尽最大的努力实现企业的愿景，为企业做出优异的成绩。

（6）独特性

企业文化具有鲜明的个性和特色，具有相对独立性，每个企业都有其独特的文化积淀，这是由企业的生产经营管理特色、企业传统、企业目标、企业员工素质以及内外环境不同所决定的。每家企业都有自己独特发展历程，不同发展历程所造就的企业文化存在明显的差异性，同时不同的管理者的价值观、道德观也会不同程度影响企业文化。

（7）相融性

企业文化的相融性体现在它与企业环境的协调和适应性方面。企业文化反映了时代精神，它必然要与企业的经济环境、政治环境、文化环境以及社区环境相融合，反映时代背景，顺应历史潮流。例如如今全社会倡导低碳环保绿色的生活和生产方式，逐渐淘汰或者关停一些高耗能、污染大的企业，在这种背景下，企业必须积极转型升级，使企业文化与政策环境、时代背景相融合，否则企业必然面临淘汰。

### 4.1.2　建筑企业文化的内涵

建筑企业面对日趋激烈的市场竞争，要求得生存，保持优势，就必须以文化为依托，促进传统文化的转轨变型，重构新的文化结构，提高企业的科学管理层次，使企业在其文化意识与文化行为的相互促进中得以发展壮大。

1. 建筑企业文化的定义

建筑企业文化是指在一定的历史条件下，建筑企业及其员工在生产经营和变革的实践中逐渐形成的共同思想、作风、价值观念和行为准则，是一种具有建筑企业个性和特色的信念和行为方式，它包括价值观、行为规范、道德、习惯习俗、规章制度和精神风貌等。建筑企业文化是一个多元、动态、综合的概念，它贯穿建筑企业内外部因素之中，贯穿于建筑企业生产经营活动的全过程。

2. 建筑企业文化的内容

建筑企业文化建设的内容等同于建筑企业文化的内容，建筑企业文化建设的内容是十分广泛的，涵盖了组织文化建设、精神文化建设、制度文化建设、行为文化建设、物质文化建设、廉洁文化建设以及和谐文化建设。

组织文化建设内容主要包括成立项目文化建设推进协调机构，明确项目文化建设的具体负责人员，在每一个项目中开展全员企业文化和项目文化建设。

精神文化建设中要明确建设管理目标及项目文化建设目标，注意传承企业的核心价值体系，形成项目精神文化系统，积极培育团队精神，形成项目凝聚力。

制度文化建设内容要结合企业规章制度，制订本项目管理制度，编制项目管理手册和作业程序文件，建立规范的岗位责任制，制订项目精细化管理和标准化管理制度办法。

行为文化建设包括定期组织开展员工岗位技能培训，培育并践行安全文化、质量文化、效益文化，项目文明施工，作业文明规范，倡导文明风尚，工作行为规范，生活方式健康等内容。

物质文化建设方面要积极开展品牌宣传、新闻宣传和形象宣传，做到项目现场布局科学，设置合理，文体活动设施满足员工需求，项目安全、质量、进度、效益、环保等各项指标良好。

廉洁文化建设内容包括建设并践行廉洁文化理念，开展廉洁从业和反腐倡廉教育，注重项目管理人员行为廉洁和项目全体人员行为廉洁。

和谐文化建设包括与政府、监理、业主、设计、供应商等单位关系融洽，与社会公众、新闻媒体关系融洽，维护员工的政治、文化、经济和社会权益，与协作单位关系融洽，农民工管理规范有序，开展企地共建，加强环境保护，履行社会责任等内容。

### 4.1.3 建筑企业文化的特殊性

与其他企业文化相比，建筑企业文化具有更为典型的特殊性特征，具体来说，现阶段建筑企业文化建设现状主要表现在以下几个方面：

首先，建筑工程行业从其根本上讲属于劳动密集型的企业，工地施工期间需要许多不同的工种、不同职能的人员相互协作，共同参与，紧密合作才能顺利完成工程项目，同时建筑企业要想实现正常运营，就必须同时做好全面分析工程项目的外部环境、市场需求和项目招投标、合同制定、项目验收与质量检测等一系列工作，需要很多时间，并且时间跨度相对较大，正是因为这些特点导致企业文化建设难度变大、工作量变多。

其次，建筑企业施工现场分布较为分散，相邻现场距离很远，有时分布在同一区域，有时分布在不同区域，体现出离散性、跨区域性的特征，随之而来的是工作人员的分散，管理难度大，对企业文化建设提出了更高的要求，建筑企业文化必须做到兼收并蓄与博采众长，使企业文化建设充满生命力与活力，不断完善与推进企业文化的建设进程，加速建筑企业现代化发展进程。

再次，大多数建筑施工现场给人留下的印象之一是条件艰苦，同时施工现场也会出现各种各样的突发事件，因此建筑企业在全面建设企业文化时，要坚持多样性、创新性与适应性原则，让企业文化具有普遍适用性，尽可能解决各种施工问题，保障施工项目顺利完工。

最后，建筑工程种类繁多，每个工程项目都有其独特的施工要求、质量要求、设计要求，为了切实提高建筑企业的市场占有率，建筑企业要将树立品牌形象作为企业文化建设的重要内容，大幅度提升建筑企业文化的高效性与针对性。

近年来，建筑市场竞争一直异常激烈，企业文化建设，特别是为外界树立的企业形象在企业竞争中起着很大的作用。一个建筑企业能艰苦奋斗，吃苦耐劳，科学管理，勇攀高峰，在不利的环境下建设出用户满意的优质工程，就能受到建设单位的好评，就能把企业文化的精神财富转化成物质财富。

建筑企业的文明施工是企业文化的直接体现，通过文明施工，带动、促进和完善企业整体管理，改善生产环境和生产秩序，培养企业尊重科学、遵守纪律、团结协作的大生产意识，从而促进企业的精神文明建设。企业对施工现场各要素所处状态不断地进行以整理、整顿、清扫、清洁和提高素养为内容的"5S"现场管理制度，以及通过合理定制，实现人与物、人与场所、物与场所、物与物之间的最佳结合，是企业群体意识与制度化管理的有机结合，使施工现场秩序化、标准化、规范化，其结果是高度的文明带来高度的效率与效益。

在管理实践中，各建筑企业也都在策划和树立企业形象，把企业优秀的工作作风作为企业精神提出来成为企业共同一致的行为准则。如某建筑公司具有个性的"团结、自强、创优、争先"的企业精神；某建筑公司以"一流质量、一流速度、一流服务、一流职工队伍"为奋斗目标和质量第一的企业宗旨，反映了该企业"求实创新、精益求精"的企业精神。这些都反映了建筑企业文化建设的崭新风貌。

## 4.2　建筑企业文化建设

### 4.2.1　企业文化建设的原则、目标和层次

1. 企业文化建设的原则

企业文化建设应该做到简单、清晰、实用、适用、有效的基本要求，企业文化建设涉及企业内外部各要素、各环节，贯穿企业生存发展的始终。因此，企业文化建设必须兼顾空间上的全局性与时间上的长期性。

（1）全局性原则

企业组织是社会组织与经济组织的有机统一，企业文化建设也必须具有兼顾内外的全局视野以促进二者的统一。

1）外部性

从外部性来看，企业是根植于社会系统并与社会系统中的子系统相互渗透、相互交换、相互影响的社会组织。任何企业文化都会受到独特的民族文化、历史文化的影响和制约，都不能脱离社会文化而孤立地存在。因此，中国当代企业文化建设必须根植于特定的中国社会文化母体，在借鉴国外成功企业文化理论与实践的同时，整合中国传统文化资源，不断发掘我国社会文化传统的内在价值，构建契合中国当代社会发展构想的企业文化。

2）内部性

从内部性来看，企业文化建设是企业发展战略的重要组成部分。企业文化建设不是孤立的部门行为或项目行为，而应该是紧紧围绕企业发展战略和终极价值目标，各部门成员共同参与的一种企业行为。企业文化建设必须兼顾企业内部各部门在价值目标、思想观念、行为准则上的协同统一。企业文化是企业各部门成员长期实践过程中逐渐形成的，由全体成员认同、内化并共享的价值理念和行为规范。因此，企业文化的建设也必须紧密结合企业内部的各个方面，全面考虑企业内部各部门在思想上、行为上的协同性，绝不能与企业其他方面的发展割裂开来。

（2）长期性原则

企业文化建设是一个长期持续的过程。企业文化本身是具有稳定性的，而企业文化建设则不仅是企业理念的提出，物质文化载体的展示，更重要的在于企业文化内化于心，外化于行，而这需要企业文化长期持续的构建，决不能凭空想象，更不可能一蹴而就。企业文化建设应贯穿企业生存发展的始终。企业的生存发展通常会呈现成长期、高峰期、衰退期和低谷期四个时期的循环往复。因此，企业文化建设也必须遵循长期性的原则，在四个时期应当有不同的企业文化建设重点。例如，当企业处于成长期、高峰期这种上升时期时，应尽可能地构建延长企业成长期和高峰期的文化理念；同时，应具有忧患意识，提前为可能到来的衰退期做好文化微调的准备。当企业处于衰退期、低谷期这种下滑时期时，

则需依据客观变化，进行适当的调整甚至企业文化的变革。

除此之外还要遵循以人为本的原则，坚持继承发扬、突出特色的原则，坚持循序渐进、创新发展的原则，坚持精神文化与制度行为文化相结合的原则，坚持全员参与的原则。因此，不论是从企业文化根植的社会文化土壤、自身内部结构的横截面，还是从企业生存发展的纵向历程来看，企业文化建设必须遵循全局性与长期性的基本原则。

2. 企业文化建设的目标

企业文化建设目的的不同，会直接导致企业在进行文化建设时，调动的人财物等资源、文化建设深度、文化建设成效都会存在显著差别。企业文化建设的目的，随着中国企业对文化认知的逐步深入，也在逐步发生着变化。比如我国 20 世纪刚盛行企业文化热的时候，建立企业的 CIS 系统成了很多企业文化建设的首要目的。这种根深蒂固的观念，导致现在很多人一提到企业文化还会想到就是做企业的 CIS 系统。21 世纪初，企业对企业文化的需求已经超越了 CIS 能满足的范围，于是企业文化理念体系的建设与宣贯成为文化建设的主要目的。但这时候很多企业又走了很多弯路，例如，过分追求文化理念的描述形式，为了让自己的文化更具有"文化气息"，将中国很多古典文化强行嫁接到企业文化上，造成了"泛文化"现象的泛滥。而且这一趋势也直接导致了员工不能简单清晰地理解本企业的文化内涵，企业文化"两张皮"的现象非常突出。

最近这几年，企业对文化的认识更加务实，于是企业文化建设与企业的日常经营管理开始逐步结合，最终中国的企业对文化的需求开始逐步步入正轨。因此通过对中国企业文化的演变历程的回顾，我们不难看出，企业文化建设必须与企业的日常经营管理活动相结合，才会发挥企业文化的诸多功能。因此企业文化建设的目的，也就渐渐归结到以下目的：通过企业文化建设，逐渐清晰企业的价值倡导，规范企业的管理行为与员工的工作行为，最终提升企业的经营管理绩效。

3. 企业文化建设的层次

企业文化的建设并不是一成不变的、单一的，而是有层次的。企业文化的层次性大致体现在两个方面，即内在的层次和外在的层次。内在层次取决于企业内部员工的需求，决定了企业文化建设的多层次性；而外在层次主要取决于企业的发展，决定了企业文化的递进性。

（1）内在的需求

员工在企业文化的建设中起到"感应器"的作用，他们的工作往往在第一现场、最前线，他们能够直观地反映企业运行状况，反映企业是否病态发展，他们的经历和经验是企业文化建设的珍贵源泉，与此同时，他们也是企业文化的践行者。因此企业文化的建设必须考虑员工的需求。

马斯洛的金字塔理论将人的需求划分成 5 个层次，自上至下依次是自我实现需求、尊重需求、社交需求、安全需求和生理需求。马斯洛的层次理论将人的需求进行分割，并提出"只有满足了低层最基本的需求才会有高层需求"的理论。在企业文化的建设当中要充分考虑员工各层次的需求。这就决定企业文化不能是单一的，而必须是多层次的、复合的。

（2）外在的需求

企业文化的外在需求是指企业的发展。前文提到的马斯洛的金字塔理论可以看出"只有满足了低层最基本的需求才会有高层需求"。但是需求的各个层面并不是固定不变的,各层需求会随着企业发展进行整体的移动。在生产实践中,人的需求是同时存在的,并且循环前进的。从宏观观察,文化建设的外在层面是企业的发展。

在企业发展的初期,员工的生理需求、安全需求直至自我实现的需求都是同时存在的,顺序也是相对固定的,但是其层次相对较低。例如对工资待遇的要求较低、企业内部结构较为简单、只求能够在竞争中生存。随着生产实践活动的积累,企业得到了发展,此时员工的需求从生理需求至自我实现的需求都会得到提高,其顺序仍然遵循马斯洛的需求理论——从提高工资薪酬到更好的保险福利,再到自我教育、自我提升,直至企业的社会责任感等。企业的发展需要合适的企业文化作为助力器,企业在不断向前发展,企业文化必须不断上升、循序变化。

### 4.2.2　企业文化建设的步骤

企业文化的建设可以分为以下三个阶段进行:

(1) 全面启动推进阶段

在第一阶段的工作中,完善和健全各项规章制度是关键,例如建立健全企业文化建设的组织保障机制、工作指导机制和考核评价机制,普及企业文化知识,开展企业核心文化理念提炼工作,开展部门文化建设,开展视觉识别系统建设,健全和完善制度文化体系,加强激励机制建设,加强节约文化建设。

在这一阶段的工作中,必须完成企业核心文化理念提炼工作,完成公司视觉识别系统的设计和宣传工作,初步实现制度"硬"管理与文化"软"管理的有机结合,逐步建立以人文关怀为基础的管理体系,着力塑造节约、学习、创新、和谐的企业形象,营造公司上下理解包容、和谐统一的文化氛围。

(2) 深化完善阶段

着重在重点领域进一步深化完善企业文化体系建设,狠抓核心价值理念的培育和转化,全面普及企业文化理念,深入开展制度文化体系梳理和完善工作,全面推广企业视觉识别系统,深化部门文化建设,持续开展节约、学习、创新、和谐型企业建设。要做到实现企业文化理念深入人心,部门文化日趋完善和成熟,员工的人文和职业素养普遍增强,企业形象明显提升,组织效能得以提高,通过企业文化建设成果的制度化,初步形成与核心价值理念有机融合的管理和运营机制,逐步实现从经验管理、制度管理到文化管理模式的过渡。

(3) 巩固提高阶段

全面持续地开展企业文化体系建设,对企业文化建设工作进行全面分析评价、总结成果并巩固成绩,建立企业文化管理长效运行机制,持续完善与公司发展战略相适应、具有丰富内涵的企业文化管理体系。使企业建立科学合理的企业文化体系,提出企业文化建设战略规划,企业凝聚力和员工创造力明显提升,管理效率显著提高,经济效益稳步增长,公司核心竞争力和品牌影响力明显增强,公司阶段性战略发展目标得以实现。

### 4.2.3　企业文化建设的途径和方法

突飞猛进的现代化社会,企业要想更上一层楼,思想、精神和社会三者之间的有机结合,要处理好,才会把企业文化建设做好。

(1) 加强班组文化建设

结合工作实际,加强系统文化、场队文化、班组文化建设,不断深化拓展核心理念内涵。加强对《职工行为规范》执行情况督导检查，及时纠正违规行为，引导全员文明生产、文明工作、文明服务。

（2）企业文化实施与考核

建立企业文化管理体系根本目的是让企业的所有员工认同，并落实实施，在工作中能够以实际行为表现出来。所以，企业文化管理体系，更重要的是体系建设后的具体实施及考核。实施和考核企业文化，一般需要遵循先宣贯、再培训、后执行、最后考核的流程。

（3）挖掘、发挥工会在企业文化建设中的作用

工会对于企业文化建设有着重要的作用，而工会参与文化建设的途径是多方面的，其优势是显而易见的。首先，工会要把企业文化建设纳入其整体工作中，有计划、有步骤地开展管理，参与企业文化建设，并将其视为工会的一项重要工作内容；其次，要善于发现和总结职工中的先进经验，并以此不断丰富企业文化内涵；最后，切实抓好民主管理。企业职工参与企业管理的有效形式是民主管理，只有实施切实有效的民主管理方式，才能增强员工的主人翁意识，为职工提供发挥其聪明才智的条件和机会，逐步形成各尽所能、各展其才的良好氛围。

（4）打造企业文化的亮点

企业文化不只是一种精神文化也是一种物质文化。建筑企业同样也是如此，要打造属于自己的特色，例如，中建集团以"拓展幸福空间"为己任，秉承"品质保障，价值创造"的核心价值理念，以及"诚信、创新、超越、共赢"的企业精神。这些因素帮助中建集团成为世界最大的工程承包商，代表中国房建领域的最高水平。因此企业要提高整体素质，内增凝聚力，外增竞争力，实现企业发展战略，企业文化的作用就非常之突出。这就要求从某种意义上来说，企业文化的重要性甚至并不局限于企业自身，也是对社会具有深远影响的大事。企业文化是实现企业可持续发展目标的有力保证。企业文化建设的根本目的，就是用文化力激活生产力，增强凝聚力、执行力和创造力，进而提升企业核心竞争力。"人类因梦想而伟大，企业因文化而繁荣"。一个成功的企业，必须致力于企业文化的建设，千方百计地提高企业核心竞争力，如此才能在激烈的市场竞争中占有一席之地，才能实现全面、快速、可持续发展。

（5）企业文化的升级与发展

企业自身随着社会环境的不断变化而发展，企业文化亦随之进行调整、升级。企业文化不能一成不变，它需要随企业内外环境的变化而变化。在不同的企业发展时期，不同的企业发展策略、不同的企业员工群体、不同的企业产品结构，都需要不同的企业文化与之相适应。

### 4.2.4 我国建筑企业文化建设的基本思路及具体措施

1. 建筑企业文化建设的基本思路

企业文化不是自然而然地形成和发展起来的，企业文化的形成要靠塑造，企业文化的发展重在建设。根据企业文化形成和发展的一般规律，从当代中国建筑企业的实际情况出发，建筑企业文化建设必须抓好以下几个环节：

（1）研究、分析

世界上许多国家在建筑企业管理上都有不少能为我们所借鉴的内容和经验，我国建筑

企业贵在推进企业改革，从我国建筑企业的实际出发，作进一步深层的研究和思考，为建筑企业文化构建打下牢固的实践基础。

一般地说，建筑企业文化建设研究和分析阶段应注意以下几点：

1）了解企业的内外环境，把握企业文化建设主体的基本情况。

2）分析建筑企业的弱势，如市场行为不规范、存在严重的混乱状况以及改革不到位等阻碍企业文化建设健康发展的现实问题。

3）研究建筑行业的优势，如我国对外承包市场将扩大，关税壁垒的减少将使我国对外承包工程成本降低，国外先进技术、管理和施工模式的引进等给我国建筑业带来了发展机遇。

4）开展实证分析，如传统观念、传统心理、传统行为方式、传统习俗与现代化进程关系的实证分析等。

企业文化是一种动态的文化，它随着企业的发展、社会环境的变化、时代的变迁而不断发展变化，企业文化建设必须坚持发展的观点和实证的方法去研究和设计。而且，每个企业又都有自己的个性，没有也不可能有一种放之四海而皆准的企业文化模式，建筑企业文化建设一定要突出自己的个性，创造自己的特色。

（2）选择、定位

企业文化建设的规划应具有针对性、实效性和可操作性，应考虑建筑企业的属性、行业特性、历史特点。

从企业文化的阐释中可以看到，在建筑企业文化的层面中，核心价值理念是最主要的，它决定着建筑企业文化的基本形态，因为它不随具体业务范围的变化而变化，它可以统配于各个子公司和各属地公司，是企业赖以生存的精神源泉。而操作层面的文化却因各自的业务范围不同而有所不同，也因各个时期的各种政策环境不同而有所不同。操作层面的文化是随企业的生长不断调整和积累的，具体地讲，就是要着力于培育技术文化、质量文化和信用文化。

1）技术文化。作为一种特殊的意识形态，对建筑企业的发展起着重大作用。不同技术与产品之间的竞争不仅是工程成本等经济因素的竞争，而且是科技含量的竞争，只有采用新技术、新材料，降低成本，提高质量，才能在市场上具有竞争力，但更重要的是形成技术创新的全员意识，这样技术本身就被赋予了生命力，进而形成建筑企业的技术文化。技术的存在是有时间局限性的，一项技术不可能永远处于领先地位，但是积极的技术文化却能长久地使企业走在同行的前列。技术文化是思想、意识、价值观念等在技术进步活动中集中统一的体现。技术文化决定企业技术进步机制，并使其有效运行。同时，技术文化是决定企业的技术和管理特色的决定性因素，因而，企业发展还必须高度重视人本思想，突出人的价值，注重提高员工的科技意识和科学文化素质，形成有利于发挥人的积极性的技术氛围，促使员工在企业科技进步中更好地发挥作用。

2）质量文化。也是一个企业在长期的质量管理过程中形成的具有本企业特色的管理思想和精神理念。主要指质量方针、质量哲学、质量管理风格，包括价值标准、管理制度、行为准则、道德规范、文化传统、质量激励和质量精神、质量形象等。质量文化是一种渗透在质量经营活动中的文化，包含着施工过程中对建筑产品的质量追求，也包含企业质量教育培训，是建筑企业文化重要的方面。作为一个建筑企业，要在市场中站稳脚跟，靠的就是质量，要以抓质量效益作为企业发展的根本，把质量意识作为企业文化建设中的一个重要内容，突出质量就是突出文化的竞争力功能，塑造良好的企业形象，为企业不断开拓市场奠定基础。

3）信用文化。是指关于信用的意识、理念、评价、体系、规则、机制等方面的文化积累。市场经济是法治经济，更是信用经济，信用是企业的生命线。随着中国加入WTO，逐步与国际接轨，制度的国际化、规范化是市场发展的必然，从长远发展来看，建筑企业必须形成信用文化。首先，必须形成全体员工的诚信度；其次，必须建立信用管理机制，以良好的信用来获取市场的通行证。

当然，由于企业所处的环境不同，企业的目标定位不同，企业文化的构建方式也会不同，建筑企业文化建设需要立足企业自身的实际，准确把握自己目前的境况及今后的发展目标，明确企业将是什么企业和企业应该成为什么企业，从而确定具有个性的企业理念，确定企业的文化类型，以培育企业精神、增强企业凝聚力为核心，以面向市场、优化经营理念和员工思想行为方式为着力点，大力营造生产优质产品、造就优秀人才的环境和氛围，塑造员工和企业的良好形象，才能把员工凝聚到企业目标的旗帜下，贯穿于企业经营的各个环节中，形成一种共同的定向目标，形成合力，提高企业的市场竞争力。

2. 建筑企业文化建设的具体措施

（1）不同企业文化的整合吸收

1）重视观念整合

由于经济增长方式的转变，经济发展结构性调整等原因，许多企业的改制、合并和重组，控股、参股和新建企业数量不断增加，新企业中混合了各行各业，各个地区的新员工带来的不同理念和价值观。整合不同的观念进而形成的企业文化有助于实现目标的竞争文化，在此过程中必须强调开放和包容，达到凝聚士气、团结协作的作用。

2）注重与内部机制建设结合

首先，建筑企业在企业文化的建设中，切勿逆水行舟，要顺应大势，在已经形成的文化格局中，尽可能地体现大多数员工的认知，要有包容性，但对企业文化建设产生负面影响的，尽可能地纠正、改进，如果无法改进，直接摒弃；其次加强引导，企业文化体现的是管理者的意志，但现实是员工不一定与管理者想法一致，出现分歧，员工一时无法理解和执行的工作，必须积极地引导，让员工接受了解；最后注重机制转变给企业文化带来的影响，企业的改制或改革给企业带来新鲜血液，使企业焕发出新活力，需要注意的是改制不仅是机制的改变，也是人的思想转变，特别是改制后的企业一旦上市，对企业的影响是长久的。

（2）以人为本，注重人才，加强项目期的人本管理

建筑企业是以工程项目为运营中心的，员工作为直接参与建设的劳动者，对工程项目的质量和进度等都起着至关重要的作用，企业能否通过工程项目展现企业的良好形象也全赖于此。建筑企业人力资源变化大，大部分员工来自农村，所以企业文化在员工中的推广绝非易事，光靠理论上的灌输和说教也肯定不会奏效，要想形成群体功能，必须采取动态管理。这就要求企业采取更为人性化的管理手段，把以人为本的思想作为工程建设项目的根本指导思想从硬性管理转为柔性管理。

重视培养，通过培训员工发现人才，"产出"人才，采取适当的激励措施，让员工产

生工作的责任感、荣誉感和进取精神，做好员工的引导工作，分析员工的心理和行为特点，引导员工积极参与企业文化的建设，平时加大思想教育的力度，唯有企业整体的素质提高了，企业文化的层次才能提高。同时建筑企业要在施工现场营造个性化的、与时俱进的文化氛围，不仅可以感染一线员工，从而提高员工的素质，而且创建的绿色文明工地，展示企业现场管理水平，提升企业外在形象。

（3）企业文化的全球化

工程项目是建筑企业管理的基础，市场竞争的前沿，生产一线的指挥中枢，经济效益的源头和企业形象的窗口，因此建筑企业的企业文化建设是以工程项目部为主要阵地，坚持不懈抓基层、打基础，特别是一些涉及境外项目的大型建筑企业，由于有涉外事务，地域文化差别很大，所以具有包容性的全球化特点显得尤为重要，这里讲的包容性不仅仅是针对企业内部员工，更多的是针对本单位企业文化与当地文化的融合。企业文化体现友爱因素，企业在"走出去"承接境外项目时，构建文化共同体。而企业为不同员工所共同搭建的精神家园正是文化共同体的最好基石。

（4）制定明确细致的企业制度

一个大型的建筑企业一定要有明确细致的企业制度。当然，这不同于国家的法律，建筑企业制度的作用应当侧重于规范员工在工作时的具体操作和工程项目的各种具体指标，建筑施工的过程本来就是烦琐复杂的，配料合理、施工科学更是工程项目建设的准则，没有科学严格的操作规程和技术指标，优质的工程便无从谈起。目前，建筑企业都比较注重技术上的创新，认为技术就是生命，技术就是生产力，但在具体工作中却多把技术创新的任务交给了一些实验室里的技术人员。这对一些中小型的建筑企业是很不实际的，一来需要很大的投入，二来创造出来的成果不一定能应用于工程实践中。而在工程项目建设中不断摸爬滚打的员工凭着长期积累的经验，加上工作中的不断实践，则很有可能在技术上拥有自己独特有效的实现方式，更有可能创造出新的施工方法。但是，他们的这些非常有价值的贡献却很难被领导、被企业所发现和重视，随着人员的流动也很容易散失。而企业可以通过相应的奖惩制度进一步鼓励员工进行创新，更可以将员工们宝贵的经验建档保存起来，以供参考和学习。这样，一种比学习、争创新的精神便在员工之中形成了。

（5）树诚信意识，创名牌工程，建立良好企业形象

企业形象是企业文化的外在表现，也是外界评价企业文化建设情况的标准，而工地长期以来给人脏乱差的印象，所以建筑企业更应注重通过打造绿色文明工地，来不断提升企业形象。通过加强质量、安全和进度管理，铸造精品工程，创优夺杯，在行业确立企业品牌，从而扩大企业的知名度，树立良好的企业形象，提高企业市场竞争实力，为企业的快速发展创造良好的条件。良好的企业形象是企业多方面、长期努力的结果，除了广告、公关、赞助等形式，建筑企业更应注重通过企业自身的不断提高来提升企业形象。首先应当做到的就是诚信，这是良好企业形象最基本的要求，具体到建筑企业，便是对合同的严格履行、对质量的严格保证、对员工工资及福利待遇的严格保障。而作为企业的工作中心，工程项目自然成为企业对外宣传的窗口，以前，建筑企业往往只注重于项目的质量和工期，并没有充分利用这些质量过硬、技术先进的项目来宣传企业，没有把工程项目做成品牌，注入文化。在商品品牌化的今天，建筑企业更应在保证工程质量的同时，通过各种方式进行宣传，创造企业的样板工程、名牌工程，从而扩大企业的知名度和认知度，建立良

好的企业形象，为企业的良性发展创造条件。

（6）学习型企业是企业文化建设原动力

建筑市场变幻莫测，为准确把握市场发展动向与发展趋势，企业文化建设要更加注重学习环境的构建，提高职工不断学习与不断进步的意识，既减少建筑企业推行与建设企业文化的阻力，又能为企业发展提供更为坚实与充沛的支持。首先，建筑企业要开辟学习室、学习网站，满足不同岗位职工的学习需求，充实职工知识储备，增强职工整体素质。其次，企业可尝试举办多种形式的技能竞赛活动，并将竞赛结果作为职工评比的重要依据，在建筑企业形成良性竞争氛围，实现企业与职工的共同进步。

（7）重视企业精神的培养

企业精神的培养是企业文化建设的重中之重，是有效解决建筑企业与职工内部矛盾、统一建筑企业精神追求的重要手段，也是建设企业文化的最高追求。为建设更为卓越、优秀的企业文化，建筑企业一方面要借助企业工会、党团组织力量，通过开展安全知识讲座、职业素质考核、搜集企业标语等形式，宣扬企业精神，丰富职工生活；另一方面，还要定期举办座谈会了解职工的思想变化、生活与工作困难，有针对性地开展职工思想政治教育与职业素质教育，全面提高职工的综合道德素养，增强职工克服困难的能力，使企业职工始终保持最佳工作状态，让企业精神真正内化为职工的实践行为。

企业文化建设要体现新意，在企业不同的发展阶段，企业文化应有不同的内容和不同的风格，面对变化的市场竞争，要建立与之相适应的经营观念和文化氛围，企业文化要在不断更新的过程中再塑和优化、发展和创新。

## 4.3　建筑企业精神和企业形象

### 4.3.1　建筑企业精神

1. 企业精神的含义

企业精神是现代意识与企业个性相结合的一种群体意识。每个企业都有各具特色的企业精神，它往往以简洁而富有哲理的语言形式加以概括，通常通过厂歌、厂训、厂规、厂徽等形式形象地表达出来。一般来说，企业精神是企业全体或多数员工共同一致、彼此共鸣的内心态度、意志状况和思想境界，表现为企业共有的行为规范和精神风貌。同时企业发展进步离不开作为企业精神支柱的人的意识，离不开企业职工以苦为荣、艰苦创业、无私奉献的优秀品格和崇高的精神境界的支撑作用，而这正是企业精神的具体表现。它可以激发企业员工的积极性，增强企业的活力。企业精神作为企业内部员工群体心理定式的主导意识，是企业经营宗旨、价值准则、管理信条的集中体现，它构成企业文化的基石。一般来说，企业精神主要包括三个方面：一是对社会、国家、民族作出贡献的理想追求；二是企业的价值观；三是企业群体的信念。企业精神源于企业生产经营的实践之中。随着这种实践的发展，企业逐渐提炼出带有经典意义的指导企业运作的哲学思想，成为企业家倡导并以决策和组织实施等手段所强化的主导意识。企业精神集中反映了企业家的事业追求、主攻方向以及调动员工积极性的基本指导思想。企业家常常以各种形式在企业组织过程中得到全方位强有力的贯彻。于是，企业精神又常常成为调节系统功能的精神动力。

企业文化现象在企业诞生的同时就开始存在了，而企业精神作为企业有意识地培养的一种职工群体意识，是对企业的全部观念意识、风俗习惯、行为方式等积极因素进行总结和倡导的结果，它是企业文化发展到一定阶段的产物。企业精神的成熟度，是企业文化发展状况的标尺。

我们可以举出几个企业精神的实例，如：中国交建的"交融天下，建者无疆"；中国中铁的"勇于跨越，追求卓越"；中国铁建股份有限公司的"不畏艰险，勇攀高峰，领先行业，创誉中外"。这些企业精神都反映了企业员工健康向上的精神，具有凝聚力、号召力和鲜明的个性。

2. 企业精神的形成

企业精神有其自身形成、发展的规律，它是在企业生产经营活动的基础上，经过内部孕育、外部影响、长期实践、反复锤炼而成的。

企业精神的形成，首先要在企业内部经历一个不自觉的孕育过程。在生产实践的初始阶段，企业精神还处在比较零碎的、不系统的感性状态。随着实践的发展，人们的认识不断提高，经过集中、概括、升华，用语言表达出来，就成为理性观念。当这种观念形态的东西被广大群众认同并用以自觉指导和规范自己的行为的时候，就成为一种自觉的群体意识。

企业精神的形成离不开外部环境的影响，任何事物的发展，都有它的内部原因和外部条件，在企业精神的发展形成过程中，外部环境起到相当大的作用。实践证明，企业精神往往是在企业环境发生明显变化的情况下产生的，甚至是企业最困难的时刻确立的，企业最困难的时刻也是最好体现企业精神的时刻，也正是在这一时刻，可以充分体现企业精神作为企业的"灵魂"而发挥出的巨大作用。

3. 企业精神的培育

企业精神的培育是一项综合性的系统工程，需要广泛倡导精心培育，反复锤炼；需要系统规划，长期作战，点滴做起。一般来说，简单地宣布，或者人为地赋予一个企业的"企业精神"是容易做到的，但这不是来源于企业成员的自觉意识，没有生命力，不能成为企业发展的内在动力，因而算不上真正的企业精神。真正的企业精神，渗透在企业的各个肌体，成为企业每一个成员的价值观的组成内容。而这要做大量的艰苦的工作方能实现。

（1）灌输教育

任何一个企业培育企业精神都离不开教育。企业精神作为先进的群体意识，不可能自发形成，不会在企业实践中自然而然地产生，只能靠灌输教育。这种教育不是一朝一夕的功夫，而是一种长期的灌输；不是一人一事的个别教育，而是整体上升到理想、信念等世界观的高度的教育。

（2）实践锤炼

实践是锤炼企业精神的大熔炉。只有实践，才能体验到树立社会主义企业精神的意义和作用，才能变成职工的意识和行动，不断丰富发展和升华。因此，实践锤炼是培养企业精神的一种基本方法。

1）在生产经营实践中锤炼

要把企业精神落实到生产经营的每一个环节、每一项具体工作中去，而每个环节，每项具体工作的工作成绩，又折射出企业精神培养的状况。许多事实说明，在生产经营实践中锤炼企业精神，既能保证生产任务的完成，又能提高职工的觉悟，锻炼职工的意志，使职工队伍始终保持蓬勃向上、奋发有为的进取精神和爱国家、爱集体的主人翁责任感。

2）在企业管理实践中锤炼

可以把企业精神放到管理中锤炼，比如在管理思想方面，从培养企业精神出发，对全体职工广泛进行观念更新教育，使之树立适应现代管理的各种新观念。在管理基础工作方面，用企业精神建立起独具特色的标准化管理体系；编制和完善各类定额，建立健全管理信息系统，切实抓好班组建设等。

3）在劳动竞赛实践中锤炼

劳动竞赛，既是群众性的生产运动，又是群众性的自我教育运动；既是劳动、智慧的竞赛，又是风格、道德的竞赛，它是树立企业精神的推动力量。

（3）树立榜样

有意识地树立榜样，可以使企业精神形象化、具体化，使职工在无形中感到有形；使员工有学习、追赶的目标，从而增强企业精神的可信性、感召力。可以利用人们"从众"的心理状态，造成一种人人学先进、赶先进的形势，使企业精神在互相学习中深化，在互相竞赛中升华。

（4）环境渗透

要有意识地通过改善和调适环境，增加对员工的渗透力，培育企业精神。疏通党、政、工、团各种宣传渠道，充分利用广播、电视、厂报、板报、画廊等各种宣传工具，采取多种宣传手段，反复宣传自己的企业精神和体现企业精神的先进典型，造成一种良好的宏观气氛和浓厚热烈的舆论环境，使员工群众每天都能看到、听到本企业精神的目标要求，都知道本企业精神的实质内容，都感到自己生活在一个火热的集体之中，都在为实现企业的目标勤奋工作，从而不断地使企业精神深入人脑，振奋人心，真正成为员工的追求。

（5）活动熏陶

把已经形成的企业文体娱乐工作体系，包括配套的活动场地和丰富的活动内容等，做到经常化和制度化。通过寓教于学，寓教于乐，寓教于帮，向员工渗透企业精神。总之，通过各种活动向员工融注企业精神，是培育企业精神的重要方法。

（6）形象塑造

这是把企业精神物化为外形的一种方法。企业精神是无形的，形象塑造可以把抽象的企业精神具体化和形象化，有利于增强员工的参与意识，把他们广泛地吸引到企业精神建设中来，同时又受到企业精神的熏陶。一是形象体现。集中表现为制作司旗、司徽、司服，谱写司歌。二是形象激励。把企业精神用模型、图像、演唱等方式加以表现，可以使员工产生真实感，激励他们为实现目标而拼搏。

（7）制度保证

企业制定的各项制度和规定，包括领导制度、经营制度、劳动制度、分配制度、奖惩条例，都应充分体现企业精神。

建立良好健康向上的企业精神，使思想政治工作具有更丰富的内容，促进其进一步科学化和被群众所接受。企业精神的培育，是思想政治工作的创新，为企业思想政治工作开辟了新的广阔的天地。但是，无论采取什么样的途径和方法，它的直接对象都是人，最终的目的都是启发人的自省，使其自觉地释放潜在的能量。因此，必须尊重人、理解人、关心人，着眼于人的积极性、主动性、创造性的发挥。

### 4.3.2　建筑企业形象

1. 企业形象的含义

企业形象是指人们通过企业的各种标志，而建立起来的对企业的总体印象，是企业文化建设的核心。企业形象是企业精神文化的一种外在表现形式，它是社会公众与企业接触交往过程中所感受到的总体印象。这种印象是通过人体的感官传递获得的。它是企业文化对外界公众的直接表现，是直观可感的。如公众对企业产品质量的认可，对企业行为的评价，都反映出公众对企业的具体感受，从而在心中留下优或劣的印象。优秀的企业形象是企业长期努力的结果，恶劣的企业形象则易得而不易改。

企业形象体现在产品形象、媒介形象、组织形象、标识形象、人员形象、文化形象、环境形象、社区形象等方面。建筑企业从开始施工到最终所交付的产品，本身就是企业形象很好的表现，可以直观地感受到质量、工期等；许多大中型建筑企业制作自己的形象片、业绩片，在短片中既很好地树立了自己的企业形象，又宣传自己的企业形象和实力，同时设计自己的专属 Logo，并应用在每个工地，同时要求工地必须做到安全文明施工，在所在区域塑造树立良好形象，同样也有通过制度要求公司员工统一工装加强企业形象建设的；一些建筑企业会组织进行社会公益活动，例如出动自有的施工机械帮忙铲除道路积雪，恢复道路交通，既回馈了社会，又宣传了企业。

企业外部建筑环境是企业形象在公共场合的视觉再现，是一种公开化、有特色的群体设计和标志着企业面貌特征系统。在设计上借助企业周围的环境，突出和强调企业识别标志，并贯彻于周围环境当中，充分体现企业形象统一的标准化、正规化和企业形象的坚定性，以便使观者在眼花缭乱的都市中获得好感。主要包括：建筑造型、旗帜、门面、招牌、公共标识牌、路标指示牌、广告塔等。

就企业的内部建筑环境而言，主要是指企业的办公室、销售厅、会议室、休息室等内部环境形象。企业内部设计装潢时把企业识别标志贯穿于企业室内环境之中，从根本上塑造、渲染、传播企业识别形象，并充分体现企业形象的统一性。主要包括：企业内部各部门标示、企业形象牌、吊旗、吊牌、POP 广告、货架标牌等。

企业形象可以通过美誉度和知名度两个指标来表现。对企业形象好与差的评价，是通过对下列一些因素的评价而形成的：

（1）产品

包括质量、造价、工期、售后服务等方面。质量高，价格合理，按时交工，售后服务良好，那么企业形象就好。

（2）企业内部工作

主要包括企业管理方式，企业创新活动，企业财务状况，文明施工情况等。效益好的企业，因员工收入高而受人羡慕，而亏损企业常因财务纠纷而破坏企业形象。重大事故会使公众感到管理混乱，刑事犯罪活动会导致企业较高的知名度和较低的美誉度。

（3）企业领导

主要指董事长、总经理等领导在社会上的影响，包括公众宣传方面的知名度和领导个人的工作作风及品德素质。

（4）政府职能部门

主要指建设管理部门、质量监督部门及工商、金融部门对企业的评价，而这些部门提供给社会和用户的企业形象信息是举足轻重的。

（5）用户和消费者

用户和消费者对产品的质量的反映以及售后服务情况，回访保修情况，及时处理质量问题的情况，是对企业形象的直接评述，一些新房漏雨、墙皮脱落、下水不畅等情况的发生是对企业形象的直接损害。

（6）社会

主要包括是否文明施工，是否困民扰民，是否损害环境等。一些企业常通过建设位于城市中心地段的大型公共建筑，试图在社会公众中建立自己的企业形象和知名度，那么它同时也应该把文明施工和公众利益时时放在重要的位置上，不能只让用户对质量满意而对文明施工不满意，可以说公众和社会是企业将来的客户。

2. 企业形象的作用

企业形象是企业文化建设的重要内容，它不仅对团结职工努力工作有重要心理作用，而且在企业的外部也能产生很大的社会心理效应。所以许多企业都十分重视企业形象的树立，通过开展树立优秀企业形象活动来推动企业文化的建设。

良好的企业形象是一种无形的财富，企业形象好，用户就信赖，投标中标的可能性就大。从企业外部来看，良好的形象使公众充分信赖企业，为改善企业经营提供更多的机会，有助于企业长期发展战略目标的实现，有助于企业发展壮大自身实力；从企业内部看，良好的企业形象可以使全体员工在工作中产生同企业同呼吸、共命运的价值观念，才能更好地留住人才，吸引人才，从而最大限度地调动了员工的积极性，保证企业旺盛的生命力。

3. 企业形象策划的内容、程序

（1）企业形象策划的内容

企业形象策划可分为两个层次，即总体企业形象战略的策划和具体塑造企业形象活动的策划。企业形象广告策划、CI操作技术等属于具体塑造企业形象活动的策划；而CI总体策划、企业名牌战略、企业公关战略等属于总体企业形象战略策划。

CI（Corporate Identity system）称为企业识别系统，是一种经营管理策略。CI一般分为三个方面，即企业的理念识别——MI（Mind Identity），MI可称为CI的"想法"；行为识别——BI（Behavior Identity），BI可称为CI的"做法"；视觉识别——VI（Visual Identity），VI可称为CI的"看法"。企业理念是指企业在长期生产经营过程中所形成的企业共同认可和遵守的价值准则和文化观念，以及由企业价值准则和文化观念决定的企业经营方向、经营思想和经营战略目标。企业行为识别是企业理念的行为表现，包括在理念指导下的企业员工对内和对外的各种行为，以及企业的各种生产经营行为。企业视觉识别是企业理念的视觉化，通过企业形象广告、标识、商标、品牌、产品包装、企业内部环境布局和厂容厂貌等媒体及方式向大众表现、传达企业理念。

CI总体策划主要通过CI的设计，设计的基本要素系统严格规定了标志图形标识、中英文字体形、标准色彩、企业象征图案及其组合形式，从根本上规范了企业的视觉基本要素，基本要素系统是企业形象的核心部分，包括企业名称、企业标志、企业标准字、标准色彩、象征图案、组合应用和企业标语口号等。通过CI的总体设计把标准统一的企业经营理念、行为规范和视觉形象，通过企业自身的或外界的媒体扩散出去，让社会大众或消费者对企业产生信赖、认同感和偏爱心理效应，达到提高企业知名度，最终占领和扩大市场的目的。通过独具特色的企业标志、色彩、音乐和口号，如企业的徽章、服装、旗帜、符号、图案、文字、报纸、广告和工程项目的名称、简介、纪念牌以及企业的歌曲、文体比赛、广播电视等，向社会展示企业自身与众不同的风格和形象。

（2）企业形象策划的程序

1）企业形象调查。通过调查，了解公众对企业的意见、态度和反映，对企业形象及其信誉做出自我反思与评价，寻找企业形象自我评价与公众评价的差距。根据这种形象差距通过再度形象策划后加以调整。调查的方法可以采用询问法、观察法、实验法等完成。

2）策划方案制定。详细确定人员分工、传播媒介、经费开支、工作途径、行动手段、效果检测以及运行结果等。为保证策划方案科学合理，可以采用诸如"德尔菲"法、"头脑风暴"法，每一个方案都可以做几个前提假设作为依据，使问题讨论更加深入，还可以考虑把问题本身分为若干小问题，或者是通过提类似的问题，使参加讨论的专家畅所欲言，避免思想受问题局限。

3）策划后的实施。策划后的实施重点要注意选择形象策划活动的媒介和活动方式的有效性，要根据策划工作的目标要求、公众对象、传播内容、经济条件选择媒介，根据活动方式的侧重性、功能性，选择宣传性策划、交际性策划、服务性策划、社会公益文化策划等方式，边实施边反馈。

4）反馈与评估。通过反馈与评估，客观评价策划工作的成败，通过定性定量评价、公众与市场的反映，对形象策划的媒介、活动方式进行必要的调整。

企业形象策划的过程是一个循环反复、不断调整的过程，市场在变，环境在变，企业状况在变。因此，企业形象策划的过程是不断优化的动态过程。

4. 完善企业形象的策略

完善企业形象必须从企业形象的现状出发，根据其美誉度和知名度高低所处的不同状态，以高美誉度、高知名度为目标，进行策略的计划调整。

（1）对美誉度和知名度都低的企业，其基本策略是：先提高美誉度，后提高知名度。从企业内部管理着手，狠抓产品质量，夺取几个优质工程金牌，再依靠新闻宣传及用户的舆论，从而打开工作局面。

（2）对高知名度、低美誉度的企业，基本策略是：首先弄清造成这一状况的历史，一种可能是本来默默无闻的企业因发生大的事故而导致企业出名；其次是企业本来有较高的美誉度和知名度，由于某些重大问题处理不当而使美誉度大大降低，这两种情况应区别对待。

第一种情况下，企业的中心工作应是降低其已享有的知名度，通过企业联合等方法，取长补短，共同发展，重新争取美誉度。

第二种情况下，企业的中心策略应该是坦诚地向公众交代事故发生的原因，以及改善这方面工作所采取的措施，以取得公众的谅解，恢复企业的美誉度。

（3）对高美誉度、低知名度的企业，企业的工作重点应是提高企业知名度，扩大宣传范围，增强宣传力度。如在在建工程上悬挂标语，在有影响的工程招标中中标，在报纸杂志上进行企业宣传等。

（4）对美誉度和知名度都高的企业，企业的工作重点是保持企业具有的美誉度和知名度。要给公众留下持久的良好印象，必须具有鲜明的企业个性，重视企业文化建设。

# 本 章 小 结

本章主要分为企业文化概述、建筑企业文化建设、建筑企业精神和企业形象三部分进行讲述。

在第一部分的概述中主要介绍企业文化的内涵，并且从 7 个方面对企业文化的特点进行概括，建筑企业的企业文化与一般生产制造企业的文化有相似之处，但建筑企业文化具有更为典型的特殊性特征，不能同一般生产制造企业的企业文化一概而论。

在建筑企业文化建设部分，给出了企业文化建设的原则、目标和层次，建设过程不能操之过急，这里给出了建设企业文化的基本思路、步骤、途径以及具体的措施，整个建设过程大致可以分为三个步骤进行：全面启动推进阶段，深化完善阶段，巩固提高阶段。在此过程中不断完善企业制度、整合员工观念、打造企业品牌、树立企业形象。

最后在建筑企业精神和企业形象部分，分述了什么是企业精神和企业形象，一个企业的精神和形象是通过什么途径体现出来的，从七个方面说明了企业精神如何培育及企业形象的作用，引入 CI 总体策划的三个方面介绍在企业形象塑造中的作用。

**案例分析一**

## 中建三局的"争先文化"体系发展历程

中建三局的"争先文化"，源于市场需求，成于进展实践，与中建三局辉煌历程相得益彰。中建三局秉承"筚路蓝缕、以启山林"的创业精神和"敢为人先、勇往直前"的首义精神，弘扬"敢闯敢干、开拓创新"的改革精神和"海纳百川、兼容并蓄"的开放精神，融通中华民族信义传统和西方管理契约精神，与时俱进、不断完善，形成了以"敢为天下先，永远争第一"为核心的争先文化。其争先文化的形成与发展，经历了五个阶段：

（1）初创阶段——孕育了争先文化

中建三局成立于我国建设的浪潮中，这一阶段，中建三局员工坚守信念，发扬自力更生、艰苦创业的传统，传承"勇立潮头、先声夺人、推陈出新"的首创精神，奠定了争先文化的发展源头。中建三局在十年间建成了多个重点工程，为我国工业化和国防事业发展做出了贡献。

（2）出征阶段——催生了争先文化

在这一阶段中，中建三局的"争先"成为开拓市场的导向，推动了争先文化的形成。20 世纪 80 年代，中建三局率先从湖北出征深圳，毅然放弃预期收益丰厚的港资工程，果敢角逐深圳国际贸易中心大厦并成功中标。在工程建设中培育出"团结、拼搏、争先"的"国贸精神"，成为争先文化的重要因子。中建三局明确提出"开拓争先，主攻高、大、新、尖工程"和"立足湖北、面向全国、发展特区、开拓海外"的经营方针，全面走向市场竞争大舞台。

（3）变革阶段——丰富了争先文化

争先文化在思想解放、市场开拓、技术创新等方面提供了精神动力，并不断丰富与发展，在实践中增添了"永远争第一，敢为天下先"的内涵。20世纪80年代，中建三局率先试点"鲁布革经验"，推行项目法施工，其"珠海经验"亦被国家建设部推广，并促进了中国建筑业的进步。中建三局通过变革推动了快速发展，获得了工程承包一级资质和房屋建筑工程施工总承包特级资质。

（4）跨越阶段——凝炼了争先文化

争先文化由原生态文化向自觉形态文化过渡，形成了完整的书面表述，构建出由核心理念、主体理念、支撑理念和执行理念组成的文化体系。中建三局的企业成员大力发展特色文化，为争先文化提供了源源不断的营养，为企业改革发展注入了动力。21世纪初起，中建三局率先实施国有独资企业董事会制度，发布全面管理体系文件，开启了持续跨越发展的新阶段，并承建了上海环球金融中心、香港环球贸易广场等多个标志性的高端项目。

（5）致远阶段——升华了争先文化

争先文化逐步与中建信条无缝衔接，共同构建了企业的使命、愿景、核心价值观、企业精神和企业品格。中建三局坚持"七个并重"、打造"世界一流"、实施"三个转型"、推进"六个全面"，形成了一套完整的文化体系。同时，中建三局不断丰富争先文化内涵，以争先文化为核心，为企业的高质量发展提供了精神动力。

**案例来源**：中建信条·争先文化［EB/OL］.［2024-1-17］.

**案例分析题**：

1. 你认为"争先文化体系"中最重要的内容是什么？
2. 你认为"争先文化体系"如何促进企业的高质量发展？

## 案例分析二

### 中铁五局的企业形象识别系统

中铁五局的企业形象识别系统（Corporate Identity System，CIS）包括理念识别、行为识别和视觉识别，中铁五局的形象识别系统可圈可点。

（1）中铁五局的理念识别系统

中铁五局以其卓越的施工能力和建筑设计水平在业内享有盛誉。"中国建造铁肩担当"为其企业使命；"全面建成中国中铁王牌工程局"为其企业愿景；"守正创新、行稳致远、向上向善、勇争一流"为企业的核心价值观。作为建设新中国第一条铁路的先锋，中铁五局坚守着开路先锋的使命。"勇于跨越，追求卓越"的企业精神，要求员工在面对困难和挑战时要有勇往直前、开拓进取的精神。在市场竞争激烈的环境下，中铁五局还要践行新的发展理念，构建新的发展格局，实现跨越式发展。

（2）中铁五局的行为识别系统

中铁五局的行为识别系统包括公民道德规范、日常行为和仪容仪表三个方面。公民道德规范是企业员工的基本准则，强调员工要爱国守法、明礼诚信、团结友善、勤俭自强、敬业奉献。不仅要求员工在工作中遵守，更要求员工在日常生活中，也要成为一名优秀的公民；日常行为则是指员工在工作中的行为规范，包括工作态度、行为规范、沟通协作等方面；另外，员工在工作中的整洁着装和端庄的形象也展示着中铁五局的形象和品牌。

（3）中铁五局的视觉识别系统

中铁五局的视觉识别系统沿用中国中铁的统一标志，其视觉冲击感极强。中国中铁的企业标志由英文简称"CREC"构成，采用象征科技和高远的蓝色为标准色。标志中经纬交织的地球背景展现了公司的全球视野和战略眼光。"工"字既像坚实的钢轨，承载着辉煌厚重的历史，又像擎天的建筑，昭示着蒸蒸日上的未来。这一标志不仅是中铁五局的象征，也是企业特点的集中表现，更是企业文化的核心。

**案例来源：**中国中铁五局集团有限公司［EB/OL］.［2024-1-17］.

**案例分析题：**

1. 你认为企业形象识别系统中的理念识别、行为识别与视觉识别，哪一个更重要？为什么？

2. 举例说明你熟悉的企业形象识别系统及其具体内容。

## 思 考 与 练 习 题

1. 什么是企业文化？有何特点及作用？

2. 什么是建筑企业文化？有何特殊性？

3. 简述建筑企业文化建设的思路与具体措施。

4. 企业进行文化建设时，有哪些途径？

5. 企业文化建设分几个层次？各层次包括什么内容？

6. 简述建筑企业精神的含义及其培育思路。

7. 什么是建筑企业形象？有何作用？

8. 简述建筑企业形象策划内容程序，CI 有何作用？

# 5 建筑企业人力资源管理

📚 **本章要点及学习目标**

1. 掌握人力资源管理概念、内容。
2. 了解人力资源开发定义及其战略。
3. 了解建筑企业人员招聘、录用、培训及考核。
4. 熟悉人员招聘的原则和程序。
5. 了解建筑企业人力资源的优化配置和能力开发。

📖 **引导案例**

## 甘肃一建集团的人才队伍建设

古人云：世有伯乐，然后有千里马。千里马常有，而伯乐不常有。善见人才、善培人才、善用人才是一个企业持续发展的重要保障，处于新市场环境中的建筑企业亦不例外。甘肃一建集团有限责任公司总资产 90.55 亿元，员工 1600 余人，集建筑施工、投资运营、房地产开发、设计咨询、工业制造等业务于一体的大型建筑全产业链服务商，被誉为电力建设领域"西北狼"和建筑行业"陇原娇子"。

对于建筑企业，从业人员及生产场所流动性强、工作环境艰苦、劳动强度大等问题相对其他行业来说较为突出，因此人才流失比较严重，高学历、高技能人才的缺失更为突出。

现阶段多数建筑企业主要缺乏具有施工现场综合管理能力、协调处理问题能力的项目经理，尤其是优秀项目经理。这类人才不仅需要有很强的计划与控制能力，还要有良好的专业技能和沟通协调能力，能够及时、稳妥处理现场发生的实际问题，坚守"建精品工程"之"初心"，为企业创造出效益。

甘肃一建集团满足人才发展需求的一系列人才队伍建设措施，可广为借鉴。

（1）建立健全人才培养机制。"三级梯次"是"金字塔"式人才培养的一种重要方式，可为企业发展做好人才储备，也可避免"拔苗助长"式培养和使用人才。该公司在"金字塔"式人才培养上的三个梯次为：导师带徒篇、优秀人才篇、后备干部篇。在实行"三级梯次"人才培养过程中，定期对进入各库的人才进行跟踪考察，全面掌握其成长情况。不断把下一梯次表现优秀的人才推荐到上一梯进行培养、提拔到更高一层的管理岗位。

（2）创新完善人才工作机制。探索建立完善有利于调动职工积极性、创造性的有效机制，激励人才奋发进取，最大限度地发挥他们的聪明才智，推动企业转型发展。如项目经理部管理人员工资分配办法、基层单位负责人绩效考核薪酬管理办法、集团公司机关管理人员绩效考核细则等。以有利于调动施工一线职工的积极性为考量点，从三个层面制定了企业发展成果倾向于一线职工的薪酬分配管理办法。

（3）加强人才建设保障服务。企业文化建设、后勤保障服务是带有"温度"的管理制度，相比于"待遇留人"，这种人文管理体系更能与人才之间产生共鸣，取得"感情留人"的效果。后勤标准化管理、青年职工公寓，在为人才提供舒适生活环境的同时，能让人才对企业产生"家"的感觉、"家"的依赖，以"根"文化留住了人才，更好地为企业发展贡献力量。

人才是实现企业长远发展的重要基石，人才队伍建设是解决企业转型发展难题的有力保障，因此，大力实施人才兴企战略，营造人才工作环境，创新人才工作机制，进一步建立健全人才培养机制，加大人才引进力度，方可为企业发展提供人才保障。

**案例来源**：于莉．浅谈建筑企业人才培养如何适应发展需求［J］．发展，2019（11）：75-76.

## 5.1　人力资源管理概述

### 5.1.1　人力资源管理的概念与内容

1. 人力资源管理的概念

人力资源管理发展至今，主要有过程揭示论、目的揭示论、现象揭示论与综合揭示论四种观点。过程揭示论，主要通过对人力资源管理过程及其内容的揭示来解释什么是人力资源管理；目的揭示论，主要通过对人力资源管理的目的与作用的揭示来解释什么是人力资源管理；现象揭示论，主要通过直接说明人力资源管理本身是什么来解释什么是人力资源管理；综合揭示论，主要通过对人力资源管理的过程、目的与现象多方面的说明，来解释什么是人力资源管理。人力资源是指在劳动生产过程中，可以直接投入的体力、智力、心力的总和及在此基础上形成的基本素质，包括知识、技能、经验、品行与态度。

当代的人力资源管理，已然超越人事管理的一种新思想与新观点。人力资源管理是从经济学的角度来指导和进行的人事管理活动，即人力资源管理，是在经济学与人本思想指导下，通过招聘、甄选、培训、绩效考评、合同管理与薪资报酬等管理形式对组织内外相关人力资源进行有效运用，满足组织当前及未来发展的需要，保证组织目标实现与成员发展的最大化。

在信息化快速发展的时代，面向结果的社会环境中，人力资源管理也呈现出新的模式，最为显著的便是大量的政府机构、国企、高校、私企都已经开始进入线上无纸化管理模式，每个单位内部都具有适合于自己开发和管理人才的线上系统。

2. 人力资源管理的内容

（1）人力资源规划

人力资源规划是人力资源开发与管理过程的初始环节，是人力资源开发与管理各项活动的起点。搞好人力资源规划，对于搞好人力资源整体管理，取得人力资源效益和组织多种效益，都具有重要作用。

HRP 是一项系统的战略工程，它以企业发展战略为指导，进行相对科学的预测，以全面核查现有人力资源分析企业内外部条件为基础，以预测组织对人员的未来供需为切入点，内容包括晋升规划、补充规划、培训开发规划、人员调配规划、工资规划等，基本涵盖了人力资源的各项管理工作，人力资源规划还通过人事政策的制定对人力资源管理活动产生持续和重要的影响。

（2）招聘与配置

人员招聘，是指组织为了实现生存和发展的需要，根据人力资源规划和工作分析提出的人员需求数量与素质要求，通过各种信息途径，寻找、吸引那些组织内部或外部的有相关素质能力、有兴趣到需要岗位任职的人员，通过科学的甄选从中选出胜任岗位的人员加以录用并合理配置的过程。招聘工作的目标，就是成功地选拔和录用组织所需的人才，实现所招人员与待聘岗位的有效匹配，以实现组织整体效益最优化。

人员配置指的是人与事的配置关系，目的是通过人与事的配合及人与人的协调，充分开发利用员工，实现组织目标。人员配置是否合理成为组织人力资源管理状态是否良好的标志之一。其目的是在人力资源的配置上，实现大材大用，小材小用，各尽所能，人尽其才。人员配置既是人力资源管理的起点，又是人力资源管理的终点，其最终目的就是要达到个人与岗位的有效匹配（即能岗匹配），提升组织的整体效能。人员配置效益的高低直接影响着企业其他资源的合理利用和整体配置效益，它是决定企业能否持续、稳定、快速发展的关键性因素。

（3）培训与开发

员工的培训，是指组织通过一定的措施和手段，补充和提高组织中员工的知识、技能，改善员工工作态度和胜任特质，激发员工自身潜在的创造力，促进员工实现自身价值，增强工作满意度与对组织的归属感和责任感，从而提高组织的工作效率，实现组织人力资本价值增值、预期社会经济效益。

员工的开发，是指为员工未来发展而开展的正规教育、在职实践、人际互动，以及个性和能力的测评等活动，以未来为导向，要求员工学习与当前从事的工作不直接相关的内容，关注个人和组织的发展、个人绩效与组织的提升，以及个人与组织的学习等。

职业生涯管理是从个人和组织两个方面对员工职业生涯设计和开发进行规划、促进和完善的过程。企业进行职业生涯管理主要是为了保护员工的长期兴趣，帮助员工挖掘自身的潜力，取得职业的成功，以此赢得员工对企业的忠诚，同时使企业获得发展所需的人才。

（4）绩效管理

绩效管理是指为了实现组织的目标，通过系统思考、持续沟通与改进，推动团队或个人有利于目标达成的行为，形成组织所期望的利益和产出的过程。绩效管理的三个关键词是：系统思考、持续沟通、持续改进。根据绩效管理的定义可以看出，绩效管理的根本目的是改善员工的工作绩效并最终提升组织的整体绩效。因此绝对不能把它简单地看成是一种对员工的控制手段，绩效管理不是在员工工作出现差错时对他们进行惩罚，而是在工作过程中帮助他们来改进绩效，因此绩效管理不仅看重绩效的实现结果，更看重绩效的实现过程。

（5）薪酬福利管理

现代企业已不再将薪酬与福利管理分成互不搭界的两项管理工作，而是成为一个有机的组成部分。两种手段互相配合，共同围绕企业目标运转。例如，一些工作适宜货币支付的，就采用货币支付的方式；反之就采用非货币，即福利支付的形式。对一些奖励性报酬，可以采取货币与福利并用的方式。

薪酬管理的核心是进行薪酬设计。薪酬的设计需要遵循按劳取酬、同工同酬、外部平衡和合理保障的原则，可以根据企业的实际情况及劳动力市场的状况，决定采用岗位工资制、技能工资制、绩效工资制、结构工资制等薪酬制度中的任何一种或几种类型。

福利管理是员工的间接报酬。一般包括健康保险、带薪假期或退休金等形式。这些奖励作为企业成员福利的一部分，奖给职工个人或者员工小组。福利管理是指对选择福利项目、确定福利标准、制定各种福利发放明细表等福利方面的管理工作。

（6）劳动关系管理

在现代企业中，企业与员工的劳动关系一般以劳动合同来确立。企业的劳动关系管理一般包括：规定用人标准和岗位责任；制作岗位说明书；负责劳动合同的订立；进行劳动合同履行情况的考评；规定劳动合同的管理制度；管理劳动档案；配合劳动行政部门和主管部门做好劳动合同的管理工作，如处理劳动纠纷等。劳动关系管理的另一重点是劳动保障管理，劳动保障管理主要有社会保障管理、劳动安全卫生管理及作业条件管理等几方面内容。

### 5.1.2 人力资源开发及其战略

1. 人力资源开发

（1）人力资源开发的定义

人力资源开发（Human Resource Development）这一学术术语被广泛接受是在20世纪80年代，而这一术语早在1967年就出现了。这一学术术语是由美国乔治·华盛顿大学的教师里奥纳德·那德勒提出来的，他认为HDR是"雇主所提供的有组织的学习经验，在某一特定时间内，产生组织绩效与个人成长的可能性。"

我国人力资源专家萧鸣政将人力资源开发定义为，开发者通过学习、教育、培训、管理、文化等有效方式为实现一定的经济目标与发展战略，对既定的人力资源进行利用、塑造、改造与发展的活动。在这里开发者可以是政府、学校、团体、协会、私有机构、公共组织等，也可以是企业雇主、主管、个人、被开发者等。

（2）人力资源开发的要素

任何一种人力资源开发活动，都有开发主体、开发客体、开发对象、开发方式、开发手段、开发目的、开发时间、开发计划等要素。

1）开发主体即从事开发活动的领导者、计划者与组织实施者。

2）开发客体即接受人力资源活动的组织或个人，是开发活动的承受者。

3）开发对象是指人力资源开发活动所指向的素质与能力，包括体质、品行、智力、技能、知识等其他心理素质。

4）开发手段是指人力资源开发活动中所采用的工具支持行为。

5）开发方式是指人力资源开发活动中对各种要素所表现的组织方式。

6）开发计划是指人力资源开发活动实施前的准备工作与实施过程的书面描述。

（3）人力资源开发的类型

人力资源开发的类型划分多种多样，从空间形式来看，有行为开发、素质开发、个体开发、群体开发、组织开发、区域开发、国家开发、国际开发等不同形式。

1）行为开发，即为改变某一种行为方式而进行的训练或激励活动。

2）素质开发，即为培养、提高与改进某一素质的教育、教学、培训、学习与管理的活动。

3）个体开发，是从个人既定的特点出发，对其人力资源进行合理使用，使其充分发挥，获得科学发展的活动。例如，因材施教、人尽其才、才尽其用等均体现了个体开发的思想。

4）群体开发，是指从既定的群体特点出发，采取优化组合、优势互补等人力资源配置手段进行结构上的调整，以实现群体人力资源结构的优化、功能的增强。

5）组织开发，即指在组织范围内所进行的一切人力资源开发活动，其主要手段是文化建设、组织建设、制度建设与管理活动。

6）区域开发，是为提高一定区域内人力资源数量、质量与功效而进行的活动。例如，中国西部人力资源开发、移民等活动。

7）国家开发，是指一个国家为提高其人力资源数量与功效而进行的活动。

8）国际开发，即指世界各国为全球经济发展有组织、有计划进行的人力资源开发活动。例如，联合国开发计划署进行的人力资源开发。

从时间形式上划分，人力资源开发有前期开发、使用期开发与后期开发。所谓前期开发是指人力资源形成期间与就业前的开发活动，包括家庭教育、学校教育、就业培训等；所谓后期开发，是指法定退休年龄后的人力资源开发活动。

从对象上划分，人力资源开发有品德开发、潜能开发、技能开发、知识开发、体能开发、能力开发、智力开发、人才开发、管理者开发、技术人员开发、普通职员开发等。

（4）人力资源开发的特点

人力资源开发，具有多方面的特点。

1）特定的目的性与效益中心性

无论哪一种类型的人力资源开发，都有其特定的目的。国际性人力资源开发的目的是保持各国人力资源对整个世界经济发展的持续促进作用。国家性人力资源开发的目的：一是实现充分就业；二是提高全民素质，提高国家竞争力。

人力资源开发特定的目的性最终都体现在为实现一定的经济目标与价值目标的服务性上，都是以经济效益、社会效益与政治效益获取为中心。综合效益最大化是人力资源开发追求的最终目的。

2）长远的战略性

培训是实现开发目标的一种手段，是人力资源开发的一种方式，但培训本身绝不是人力资源开发。人力资源开发是人力资源中长期规划实现的手段与途径。我们国家目前面临着知识经济到来与创新驱动的双重机遇与挑战，为了保证我国经济社会稳定与持续的发展，免受不良影响的冲击，我国必须制定切实可行的人力资源开发战略与规划并进行全方位的人力资源开发活动。

3）基础的存在性

任何开发都是建立在一定的对象基础上的，毫无基础的对象是无法进行开发的。人力资源开发也不例外。只有开发的客体或对象具有一定的数量或质量时，才有可能对它们进行有效的开发，这时的开发才有意义。

4）开发的系统性

人力资源本身就是一个系统，其中包括要素结构子系统、数量分布子系统、要素作用相互影响子系统、要素相互生存与发展子系统。因此人力资源系统的特点决定了人力资源的开发必须具有系统性，否则将事倍功半，甚至有劳无功。

5）主客的双重性

除个体自我开发外，任何人力资源开发都具有主客的双重性，这是人力资源开发区别于其他资源开发的重要特点之一。开发的主体是人或组织，开发的客体也是人或组织。人力资源开发的主客的双重性决定了人力资源开发活动的复杂性，因此开发主体要注意与开发客体沟通，在开发目的、开发计划与开发措施上达成一定的共识，不能进行强制性开发，要使开发客体在人力资源开发中积极配合，发挥其主观能动性，达到开发主体与客体的双赢。

6）开发的动态性

人力资源开发客体的主观能动性、开发过程中的长期性及开发活动的复杂性决定了人力资源开发的动态性。人力资源开发必须根据开发过程出现的各种不确定因素及其变化，不断调整开发的阶段性目标、内容与措施。由于人力资源具有可塑性，不进则退，所以人力资源开发还必须具有持续性与坚持性。

（5）人力资源开发的目标

人力资源开发的目标：一是通过开发活动提高人的才能；二是通过开发活动增强人的活力或积极性。

1）提高人的才能

才能是认识和改造世界的能力，它构成了人力资源的主要内容。

2）增强人的活力

通过开发来增强人在工作中的活力，才能充分、合理地利用人力资源，提高人力资源的利用率。

3）人力资源开发双重目标的关系

提高人的才能是人力资源开发的基础。人的才能高低，决定人力资源存量的多寡；增强人的活力是人力资源开发的关键。有才能而没有活力，这种才能没有任何现实意义；有了活力就会自我开发潜力，提高才能。

（6）人力资源开发的内容

人力资源开发的内容主要包括自我开发、职业开发、管理开发和组织开发（培训、职业生涯开发）这四个部分。在知识经济时代，知识管理、人力资本管理是否属于人力资源开发的范畴，学术界还没有定论，所以我们并不将这两种新的管理活动纳入人力资源开发中进行详细讨论。

1）自我开发

人力资源的能动性决定了人力资源开发的主体核心是被开发者自我。外在主体的开发通过内在主体的开发才能发挥效用。实际上，自我开发是建构人力资源开发系统的出发点与目标点。自我开发是被开发者向开发目标努力的过程，也是被开发者自我学习与自我发展的过程。

2）职业开发

所谓职业开发是指通过职业活动本身提高与培养员工人力资源的开发形式。就目前组织内部的活动来看，职业开发主要包括工作设计、工作专业化、工作轮换化、工作扩大化、工作平等化等。

3）管理开发

所谓管理开发，就是指通过管理活动来开发人力资源，把人力资源开发的思想、原则与目的渗透到日常的管理活动之中，通过管理活动进行人力资源管理开发，是一种非常重要而且有效的方式与途径。

人力资源管理本身就可以成为一个开发过程。我们知道组织中的人力资源管理过程包括人力规划、人员招聘、人员配置、人员培训、人员激励、人员考评、人员报酬、人员关系协调、人员流动等。

4）组织开发

组织开发，在这里不是指对组织本身的开发，而是指通过组织这个中介对组织中的成员进行开发的一种形式与活动。具体地说，是通过创设或控制一定的组织因素、组织行为进行组织内人力资源管理的活动与形式。组织不是开发的目标而只是开发的手段。例如，通过组织文化改变员工的态度、价值观及信念，以适应组织内各种变化，包括组织设计、组织重组与变革带来的变化与影响。

组织中对人力资源开发具有重大作用的因素包括组织性质、组织结构、组织文化、组织领导、组织动机、组织发展阶段。

2. 人力资源开发战略

（1）人力资源开发战略定义

人力资源开发战略是一项组织制订的长期计划，通过培训实现企业开发、组织开发等多种形式，旨在优化员工的技能、绩效和职业发展，以满足组织的战略目标和员工的职业需求。这一战略涵盖了一系列程序，以确保组织的人力资源能够适应不断变化的环境，并为组织的成功和持续发展做出积极的贡献。

（2）人力资源开发战略特点

1）前瞻性。人力资源开发战略通常是长期导向的，它们不仅考虑当前的员工需求和组织目标，还关注其未来的发展和成长。这种长期性有助于组织建立稳固的人力资源体系，以应对未来的挑战。

2）协同性。人力资源开发战略与组织的总体战略在目标上保持高度统一，它们应该紧密结合，以确保人力资源开发活动能够支持组织的战略目标。

3）差异性。人力资源开发战略通常考虑员工的个性化需求和差异化发展路径。不同的员工可能需要不同类型的培训和发展机会，以充分发挥他们的潜力。

4）动态性。人力资源开发战略需要定期评估和反馈机制，随时根据环境及组织战略的变化做出响应。

人力资源开发战略的范畴早已超过传统的人力资源开发，成为渗透到组织各层次、职能领域、决定组织发展方向、促进组织可持续发展的开发过程。

（3）人力资源开发战略的作用

1）有助于增强组织竞争力：组织竞争力的主要来源是自身的资源和能力，一流的员工队伍是组织取得竞争优势的关键因素之一。人力资源开发战略可以帮助组织吸引和保留高素质的员工，从而增强竞争力。

2）有助于提高个人绩效与组织绩效：通过培训和发展计划，人力资源开发战略可以帮助员工提高知识和能力，从而提高他们的绩效。这有助于提高工作质量和效率，减少错误和事故，从而提高个人绩效与组织绩效。

3）有助于组织的可持续发展：在农业经济时代，其关键要素是土地资源；在工业经济时代，其关键要素是资本资源；而在知识经济时代，其关键要素是人力资源。组织中的人力资源包括员工的个人知识水平、员工总体的知识结构与素质等。人力资源是组织可持续发展的基础。

### 5.1.3 人力资源开发与人力资源管理的异同比较

人力资源开发职能与传统的人力资源管理不同。

人力资源的潜能巨大，有关研究表明，员工经过一定的努力并适合目前岗位只要发挥40％左右的能量。换句话说，达到岗位工作要求后，组织的人力资源一般只发挥了40％的作用，而还有60％的潜力空间有待我们去开发。我们利用的只是员工现有的人力资源，而实际上员工在现有的人力资源基础上还可以再生出许多新的人力资源。因此维护现有的人力资源不是我们的目的，而开发未知的与新生的人力资源才是我们追求的目的。维护是有限的，开发是无限的，维护是保证组织对人力资源需求的基础，而开发是促进组织持续发展的根本。因此开发人力资源是人力资源管理永恒的任务。

人力资源开发比传统的人力资源管理职能更加关注变革，更加关注改善绩效，更加面向未来，具有战略性。从以下几个维度来辨析人力资源开发与人力资源管理的异同。

（1）理论角度，虽然两者在理论层面上侧重点不同，但在实际情况下两者有相互依存的关系。

（2）对象，人力资源管理和人力资源开发的对象都是人，但其侧重点不同。人力资源管理面对的是组织内的人；人力资源开发，面对的可以是全社会或全世界的人，对于不同阶段的人理论上都可以进行开发，如对退休人员的开发等。

（3）科学性质，从历史演进的角度看，人力资源管理是属于管理学的一门分支，人力资源开发则是一门综合性的边缘科学。

（4）研究内容，各种人力资源活动都是针对组织内的人力资源，性质上属于微观层面。反观人力资源开发，对当前人的潜能开发的结果，视作长期的投资回报，并不看重当前的效果，性质上属于宏观的层面。

（5）目的，人力资源管理的目的是充分发挥与维护组织内当前的人力资源，人力资源开发旨在提升人力资源的素质，不论是已知或未知的人力资源。

## 5.2 建筑企业人员招聘、录用、培训及考核

### 5.2.1 人员招聘

人员招聘是"获取"人力资源的一个重要手段，也是人力资源管理的一项基本工作。人员招聘工作，是企业人力资源管理的经常性工作，是指组织通过采用一切科学的方法去寻找、吸引那些有能力又有兴趣到组织来任职的人员，并从中选出适宜人员予以聘用的过程。

1.招聘原则

（1）公开、平等原则

把招聘的单位、招聘的种类、数量、要求的资格条件以及考试方法均向社会公开。这

样做不仅可以大范围地广招贤才，而且有助于形成公平竞争的氛围，使招聘单位最终招到德才兼备的优秀人才。

对待所有的应聘者应该一视同仁，不得人为地制造不平等条件。企业作为招聘单位就应努力为人才提供公平竞争的机会，不拘一格地吸纳各方面的优秀人才。

（2）全面考察原则

录用前的考核应兼顾德、才、能等诸方面因素。因为一个人的素质不仅取决于他的智力水平、专业技能，还与他的人格、思想等因素密切相关。我国公务员的考试内容就是根据全面考核人才的原则制定的，涉及职业倾向、个性倾向、认知能力等多方面的考察项目。

（3）量才原则

招聘录用时，必须做到"人尽其才""用其所长""职得其人"。认真考虑人才的专长，量才录用，量职录用。有的招聘单位盲目地要求高学历、高职称，不考虑拟招聘岗位的实际需求，结果花费了大量人力物力招聘来的，用不了多久就都"孔雀东南飞"了。要知道，招聘最终的目的是每一岗位上用人都是最合适、最经济，并能达到组织整体效益最优。

（4）先内后外原则

企业人事部门及用人部门在人才招聘中，应先从公司内部进行人才选聘，充分发掘和整合公司现有人力资源，予以岗位平调、晋升。在内部并无合适岗位的人才资源和需要补充新鲜血液时，进行对外招聘，为公司进行人才的选拔和储备。

（5）回避原则

德才兼备、唯才是举是公司用人的基本方针，因此对公司现有员工介绍的人员，公司将在充分考察的基础上予以选用，但与之有关联的相关人员在招聘过程中应主动予以回避，同时不能对招聘过程或人员施加压力影响招聘的客观性、公正性。

2. 招聘的程序

（1）制订招聘计划

首先必须根据本组织目前的人力资源分布情况及未来某时期内组织目标的变化，分析从何时起本组织将会出现人力资源的缺口，是数量上的缺口，还是层次上需要提升。这些缺口分布在哪些部门，数量分布如何，层次分布是怎样的。根据对未来情况的预测和对目前情况的调查来制订一个完整的招聘计划。拟定招聘的时间、地点、拟招聘人员的类型、数量、条件、具体职位的具体要求、任务以及应聘后的职务标准及薪资等。

（2）组建招聘小组

对许多企业，招聘工作是周期性或临时性的工作，因此，应该有专人来负责此项工作，在招聘时成立一个专门的临时招聘小组，该小组一般应由招聘单位的人事主管以及用人部门的相关人员组成。专业技术人员的招聘还必须包括有关专家，如果是招聘高级管理人才，一般还应有经济管理等相关方面的专家参加，以保证全面而科学地考察应聘人员的综合素质及专项素质。招聘工作开始前应对有关人员进行培训，使其掌握政策、标准，并明确职责分工，协同工作。

（3）确立招聘渠道，发布招聘信息

根据招聘人员的类别、层次以及数量，确定相应的招聘渠道。随着互联网＋的提出、信息化程度的加速和国家制定的《人力资源服务业发展行动计划》，招聘渠道的拓宽和招聘渠道专业性的细化，现在普遍使用的招聘方式有以下几类：

1）猎头渠道。适用于中高层管理人才和稀缺人才的招聘，保持长期使用3~5家合作的猎头公司，选择猎头公司时需从资质、地域、规模、口碑四个方面加以考察，优先选择后付费的猎头公司。

2）网络招聘。以网络渠道引才，做好日常招聘网站维护工作的同时，主动搜索招聘网站简历库中的简历，积极与潜在候选人沟通。

3）现场招聘。参加本市和附近城市的高层次人才现场招聘会，可以直观考察候选人，效率较高，可迅速淘汰不合适的人选，费用较猎头低些。

4）内部竞聘，内部推荐。内部竞聘有助于构建有效的职业信息交流平台，职位空缺信息对于员工职业生涯发展十分重要，越是重要的岗位越要将需求传播出去，参与竞争的人越多，选中合适的员工可能性越大。通过网络实时发布信息，让员工感受到公平与公正，可以吸引更多有意向的员工参与竞争，对形成学习型企业文化有积极的作用。

5）其他招聘渠道。技术研讨会、领英、网络论坛等。作为上面四个招聘渠道的补充，可适当考虑使用。

（4）甄别录用

一般的筛选录用过程是：根据招聘要求，审核应聘者的有关材料，根据从应聘材料中获得的初步信息安排各种测试，包括笔试、面试、心理测试等，最后经高级主管面试合格，办理录用手续。在一些高级人员的招聘过程中，往往还要进行总裁面试，并对应聘者进行个性特征、心理健康水平，以及管理能力等方面的测试。

（5）发放录取通知

在完成了录用审核之后，就可以发出正式的录用通知书。一般录用通知书的内容要包括四方面的信息：

1）职位信息，包括职位的名称、薪资、福利待遇、合同期限和试用期期限。

2）报到时间和需携带的证明材料，比如体检报告和身份证、学历证、离职证明等原件。

3）免责条款，如到期不来报到，该录用通知书则失效等。

4）回执，以候选人书面确认后，返回公司为准，未收到回执，该录用通知书可以不生效。

在发出录用通知书后，招聘负责人还需要跟踪候选人的状况，毁约的现象也时有发生，同时也帮助候选人解决一些问题，比如医院体检、离职证明如何开具等问题。

（6）考核及转正

在将新员工交给用人部门之后，要及时和部门负责人确认该新员工的试用期考核目标，并告知该员工。定期跟进，了解新员工融入团队适应工作的情况。应在试用期到期之前一段时间，至少要有一周，发起试用期考核，来确认是否能转正。对于不能转正的人员，应在试用期到期之前告知，并办理离职手续。

通过了试用期考核后，候选人就成为一名正式员工。建议能给转正员工发一份正式的通知，告知其转正后的待遇并鼓励其继续努力工作，也是给招聘负责人自己一个鼓励，终于完成了一个招聘工作。

（7）评估反馈

人员招聘入职以后，应对整个招聘工作进行检查、评估，以便及时总结经验，纠正不足。评估结果要形成文字材料，供下次参考。此外，在新录用人员试用一段时间后，要调查其工作绩效，将实际工作表现与招聘时对其能力所做的测试结果做比较，确定相关程度，以判断招聘过程中所使用的测试方法的信度和效度，为测试方法的选择和评价提供科学的依据。

### 5.2.2 用工制度

用工制度是企业为了解决生产对劳动力的需要而采取的招收、录用和使用劳动者的制度，它是企业劳动管理制度的主要组成部分。随着国家和建筑业用工制度的改革，建筑企业可以采取多种形式用工。

（1）正式员工

固定工、编制工逐步退出历史舞台，以合同形式确定的用工关系已经占据了社会用工模式的主流，建筑企业也不例外。这类以合同形式确立的用工模式，即企业正式员工。

（2）实习生

属于非正式雇佣的职工，通常以日薪计酬。聘用实习生目的为处理短期出现的额外工作并予以培养成为正式雇佣的职工。

（3）退休返聘

指退休人员在享受养老保险待遇之后被返聘，与用人单位形成用工关系，明确工作期间双方的权利和义务的行为。招录的退休返聘人员一般都是原单位的技术骨干，工作经验丰富，同时退休返聘人员一般均享有健全的保险福利，对薪资要求也不高，能够大大降低企业的用工成本。

（4）劳务派遣

劳务派遣是一种特别的用工方式，由劳务派遣公司和岗位提供公司之间签订商务合作协议，明确使用派遣员工的数量、提供的岗位和服务时间等条款。员工与派遣公司签订正式劳动合同，明确劳动关系。员工与劳务派遣公司、服务公司签订派遣岗位三方协议，明确工作岗位。劳务派遣的优势在于灵活用工，扩大招聘渠道，减少人力资源管理事务性工作，避免劳动纠纷对公司品牌形象的影响。

（5）服务外包

国家对派遣用工的管理越来越严格，从而催生了另一种用工模式——服务外包。服务外包的定义是将一些重要但是非核心的业务交给外面的企业来做。在建筑企业中经常将法务及管理工作外包（重复性、非涉密的事务）。

服务外包替代劳务派遣从而降低企业的用工风险，将成为大势所趋。

上述建筑企业的多元结构的用工制度，能够适应建筑施工和施工项目用工弹性和流动性的要求。同时，建筑企业的用工制度也决定了建筑企业人员招聘和录用工作的特殊性。

### 5.2.3 员工培训

企业内部员工培训是人力资源管理的重要环节，也是实现企业人才战略、提升公司核心竞争力的重要途径。企业从培训课程的建设、培训品牌的建设、培训制度的建设、培训讲师的建设等环节入手，深化培训管理，建立起成熟的培训体系来保障培训的有效实施并取得成果，以推动公司的不断发展。将每一个分公司、每一个职能部门，打造为不断学习、自我更新、自我完善、自我超越的学习型团队。

1. 培训的原则

（1）理论联系实际，学用一致

培训不同于基础教育，应当有明确的目的性，从实际工作需要出发，与职位特点紧密结合，与培训对象所需的知识与技能相结合，才能收到培训的实效。

（2）专业知识技能培训与组织文化培训兼顾

培训的内容还应与管理人员和工人标准相衔接。除了安排文化知识、专业知识、专业技能的培训内容外，还应安排理想、信念、价值观、道德观等方面的培训内容，而后者又常常与企业目标、企业哲学、企业精神、企业道德、企业制度等结合起来进行。

（3）全员培训和重点提高

全员培训就是有计划、有步骤地对在职的各级各类人员都进行培训，这是提高全员素质的必由之路。但全员并不等于平均使用力量，仍然要有重点，即重点培训技术、管理骨干，特别是培训中上层管理人员。

（4）严格考核和择优提拔

为使企业的培训有效果、有意义，达到为企业进行二次甄选人才的目的，企业可建立普通培训方式和品牌培训方式两种类型。对于普通培训，旨在提高企业人员自我工作水平和加强企业认同感，使员工不断进步，作为潜在晋升人才进行培养。而对于品牌培训，企业内部建立起针对中高层领导干部分级晋升、分级提拔的培训品牌，此类培训旨在从企业内部提拔具有领导能力和管理能力的人才，从此类品牌培训课程毕业的学员，一经毕业，便立刻晋升，委予与其能力相匹配的工作岗位，为公司做出更大的贡献和创造更大的价值。

2. 培训的形式

（1）按培训与工作的关系分类

按培训与工作的关系来划分，可分为在职培训和非在职培训。

在职培训即人员在实际的工作中得到培训，这种培训很经济，不需要另外添置场所、设备，有时也不需要专职的教员，而是利用现有的人力、物力来实施培训。同时，培训人员不脱离岗位，可以在不影响工作和生产的情况下进行。

非在职培训即在专门的培训场所接受训练。其形式很多，诸如与学校挂钩方式、委托代培方式，有条件的单位亦可自主举办各种培训学校及短训班。由于学员脱产学习，没有工作压力，时间集中，精力集中，其知识技能水平会提高很快，这种培训方式的缺点是需要资金、设备、专职教师、专门场所，成本较高。

为了克服两者缺点，集中两者优点，出现了另一种培训形式——半脱产培训。实践中也能取得较好的效果。

（2）按培训的组织形式分类

从培训的组织形式来划分，有正规学校、短训班、自学等形式。

正规学校包括高等院校、党校、管理干部学院等，承担企业人员正规化培训任务，这种形式一般费用较高，通常用于较高层次管理人员的培养。

与正规学校相比，短训班形式专业性强、灵活、内容有鲜明的针对性，可以使一批人同时受到培养，又费时不长，花费不大，易于组织，已被广泛采用。这种形式的培训特别适用于专业培训，在某一问题上集中深化，使受训者了解有关动态和最新发展，跟上技术进步、管理变革和政策环境、市场竞争态势的变化，回到工作岗位立即应用，见效较快。

自学是一种自我完善、提高的培训方式。其特点是组织简单、费用低、行之有效，特别是成人自学考试制度实行以来，自学成才的人数呈增加趋势。企业对有志于自学培训的人员应采取措施支持和鼓励。

（3）按培训目标分类

按培训的目的来划分，可分为文化补课、学历培训、岗位职务培训等形式。

文化补习和学历培训目的在于增加普通的文化科学知识，为以后的进一步提高奠定文化基础。

岗位职务培训是从工作的实际需要出发，围绕职位的特点而进行的针对性培训。这种培训旨在传授个人行使职位职责、推动工作方面的特别技能，侧重于专门技术知识的灌输。同时，这种培训还用来使人员在担任更高职务之前，能够充分了解和掌握未来职位的职责、权力、知识和技能等。这样，在担任较高职务时，就有可能尽快胜任工作，打开局面。

（4）按培训层次分类

按培训的层次划分，可分为高级、中级和初级培训。

培训工作应因人而异，分层次进行。一般而言，初级培训可侧重于一般性的知识和技术方法；中级培训可适当增加有关理论课程；高级培训则应侧重于学习新理论、新观念、新方法。培训的级别越高，所采用的组织形式就越趋小型化、短期化。例如，初期培训通常要借助正规学校、社会办学的方式实现，而高级培训则可采用短训班、研讨班，甚至出国考察培训等方式来实现。

3. 建筑企业职业培训的内容

（1）管理人员培训

1）岗位培训。是对一切从业人员，根据岗位或职务对其具备的全面素质的不同需要，按照不同的劳动规范，本着"干什么学什么，缺什么补什么"的原则进行的培训活动。它旨在提高职工做好本职工作的能力，使其成为合格的劳动者，并根据生产发展和技术进步的需要，不断提高其适应能力。包括对企业经理的培训，对项目经理的培训，对基层管理人员和土建、装饰、水暖、电气工程的培训及对其他岗位的业务、技术干部的培训。

2）继续教育。包括建立以"三总师"为主的技术、业务人员继续教育体系，采取按系统、分层次、多形式的方法，对具有中专以上学历的管理人员进行继续教育。

3）学历教育。主要是有计划选派部分管理人员到高等院校深造。培养企业高层次专门管理人才和技术人才，毕业后回本企业继续工作。

（2）工人培训

1）班组长培训。即按照国家建设行政主管部门制定的班组长岗位规范，对班组长进行培训，通过培训最终达到班组长100％持证上岗。

2）技术工人等级培训。按照建设部颁发的《工人技术等级标准》和劳动部颁发的有关工人技师评聘条例，开展中、高级工人应知应会考评和工人技师的评聘。

3）特种作业人员的培训。根据国家有关特种作业人员必须单独培训、持证上岗的规定，对企业从事电工、塔式起重机驾驶员等工种的特种作业人员进行培训，保证100％持证上岗。

4. 建筑企业培训的管理

企业领导及主管教育培训的职能部门要按照"加强领导、统一管理、分工负责、通力协作"的原则，长期坚持、认真做好培训工作，做到思想、计划、组织、措施四落实，使企业的职工培训制度化、正规化、常态化。

思想落实，即提高广大干部群众对职工教育培训工作的认识，使各级领导从思想上真正认识到职工教育培训的重要性，就像抓生产一样，认真抓好职工教育。

计划落实，就是根据企业的实际情况，制订职工教育的长远规划和近期具体实施计划，因地、因时、因人制宜地落实规划。按干部、技术人员、工人所从事的业务类型，分门别类地组织学习，进行岗位培训。

组织落实，即要有专门的机构和人员从事职工教育的领导和管理工作，建立能动的教育运行机制，从组织上保证职工教育工作有人抓、有人管。

措施落实，就是要有一定的物质条件，教育用房、实验设备、师资配备、经费来源等必须切实解决。

### 5.2.4 绩效考核

绩效考核是指企业在既定的战略目标下，运用特定的标准和指标，对员工过去的工作行为及取得的工作业绩进行评估，并运用评估的结果对员工将来的工作行为和工作业绩产生正面引导的过程和方法。绩效考核体系可以分为管理层考核和员工考核。管理层考核，一般一年一次，越高层周期越长，考核维度一般有十几项，例如：财务角度、客户与伙伴、组织与流程、成长能力、管理能力、个人品德等。员工的绩效考核就是通过科学的方法和客观的标准，对职工的思想、品德、工作能力、工作成绩、工作态度、业务水平以及身体状况等进行评价。

1. 绩效考核的作用

（1）绩效考核是企业聘用人员的依据

要实现一个组织的人与事的科学结合，必须"识事"和"知人"。岗位分析、岗位评价和岗位分类是"识事"的基本活动，考核则是"知人"的主要活动。只有"知人"才能"善任"，通过绩效考核，能够对每位员工的各方面情况进行评估，了解每个人的能力、专长和态度，从而能够将其安置在适合的职位上，达到人尽其才的目的。

（2）绩效考核是员工调动和升降职位的依据

绩效考核侧重于对员工的工作成果及工作过程进行考察，通过绩效考核，可以提供员工的工作信息，如工作成就、工作态度、知识和技能的运用程度等。根据这些信息，可以进行人员的晋升、降职、轮换、调动等人力资源管理工作。这对个人来说是扬长避短，对组织来说则是实现人力资源的优化再配置。如一个员工绩效优秀而且大有潜力时，可以给予晋升，既发挥其才能，又增强组织的竞争力；一个员工业绩不佳，可能是因为他的素质和能力同现在的职务或岗位不匹配，这就应当进行工作调动和重新安排，以发挥其长处，帮助其创造更佳业绩。

（3）绩效考核是员工培训的依据

培训开发是人力资源投资的重要方式，它可以使人力资源增值，是企业发展的一项战略性任务。绩效考核可以为企业对员工的全面教育培训提供科学依据，知道哪些员工需要培训，需要培训哪些内容，培训开发做到有的放矢，这样才能收到事半功倍的效果。绩效考核在此方面的作用是：一方面能发现员工的长处与不足，对他们的长处给予鼓励；另一方面也可以查出员工在知识、技能、思想和心理品质等方面的不足，使培训开发工作有针对性地进行。通过持续的绩效管理，促进培训开发工作的深入。

（4）绩效考核是确定薪酬和奖惩的依据

现代管理要求薪酬分配遵守公平与效率两大原则，这就必然要对每一个员工的劳动成果进行评定和计量，按劳付酬。绩效考核为报酬分配提供依据，进行薪资分配和薪资调整时，应当根据员工的绩效表现进行，运用考评结果，建立考核结果与薪酬奖励挂钩制度，使不同的绩效获取不同的待遇。合理的薪酬不仅是对员工劳动成果的公正认可，而且可以产生激励作用，形成进取的组织氛围。考核结果不与薪酬、奖励、提职、培训等挂钩，就等于一句空话，不仅起不到激励效果，反而会挫伤员工的工作积极性，影响工作业绩和效率。

（5）绩效考核有利于形成高效的工作气氛，使个人目标与组织目标相一致，并促进员工的发展

通过考核，经常对工作人员的工作表现和业绩进行检查，并及时反馈，要求上下级对考核标准和考核结果进行充分沟通，因此，考核有利于形成高效率的工作气氛，有助于组织成员之间信息的传递和感情的融合。这样的沟通，可以促进员工相互之间的了解和协作，使员工的个人目标同组织目标达到一致，建立共同愿望，增强组织的凝聚力和竞争力。绩效考核可以促进员工的潜力发挥，通过绩效考核，员工对自己的工作目标确定了效价，就会努力提高自己的期望值，比如学习新知识、新技能，以提高自己胜任工作的能力，取得理想的绩效，个人也就得到了进步。所以，绩效考核是促进员工发展的人力资本投资。

2. 绩效考核的内容

（1）工作成绩

重点考核工作的实际成果，不管其过程如何。工作成绩的考核，要以员工工作岗位的责任范围和工作要求为标准，相同职位的职工应以同一个标准考核。

（2）工作态度

重点考核员工在工作中的态度表现，如职业道德、工作责任心、工作的主动性和积极性等。

（3）工作能力

考核员工具备的能力。员工的工作能力由于受到岗位、环境或个人主观因素的影响，在过去的工作中不一定显示出来，要求通过考核去发现他们。

工作成绩、工作态度和工作能力是员工从事一定工作所表现出来的三个相互联系的要素。一个员工在岗位上工作，必须具备一定能力才可能干好，没有能力即便工作态度再好也不可能获得好的成绩。但是，一个具备了能力的员工，不一定就能获得优良的成绩，因为这里有一个工作态度问题，能力虽然高但不愿付出（即工作态度不好）也不可能取得成绩。所以，对于员工的考核必须从以上三个方面全面考核，缺一不可。

企业对员工绩效的考核是由企业工作特点决定的，它与公务员绩效考核的德、能、勤、绩考核提法上有很大不同，但内容有较大的一致性。

3. 绩效考核的方法

从不同的分析角度来看，绩效考核方法能列出 50 余种。但是比较系统的，适合目前大多数企业情况的绩效考核方法大致有四种：目标管理法（MBO）、360°反馈评价法、关键业绩指标（KPI）和平衡记分卡（BSC）。

建筑企业可以根据不同岗位和职责，选择适合自身的绩效考核方式和流程。对于管理层和高级职员，可以采用 360°反馈评价法进行绩效考核；对于技术人员和工人，可以采用关键业绩指标（KPI）等方式进行绩效考核。

（1）目标管理法（MBO）

目标管理法（Management by Objective）是管理大师彼得·杜拉克提出并倡导的一种科学优秀的管理模式。所谓目标管理就是指组织的最高层领导根据组织面临的形势和社会需要，制定出一定时期内组织经营活动所要达到的总目标，然后层层落实，要求下属各部门主管人员以至每个员工根据上级制定的目标和保证措施，形成一个目标体系，并把目标完成情况作为考核的依据。

目标管理的实施步骤及过程包括以下几个方面：首先，设定绩效目标，为每位被评估者设立所应达到的目标以及为达到这一结果所应采取的方式、方法；其次，制定被评估者达到目标的时间框架，通过对时间的有效约束，保证组织目标的实现；再次，将实际绩效水平与设定的绩效目标进行比较，查找工作实施过程中的优缺点，有助于决定对于培训的需求以及确定下一绩效评估周期的各级绩效指标；最后，制定新的绩效目标。

（2）360°反馈评价法

360°评价法也称全视角考核（Full-circle Appraisal）或多个考评者考核（Multi-rater Assessment）。这种方法的出发点就是从所有可能的渠道收集信息。它是一种从不同层面的人员中收集考评信息，从多个视角对员工进行综合绩效考评并提供反馈的方法，或者说是一种基于上级、同事、下级和客户（包括内部客户和外部客户）等信息资源的收集信息、评估绩效并提供反馈的方法。360°反馈与传统自上而下反馈的本质区别就是其信息来源的多样性，从而保证了反馈的准确性、客观性和全面性。

360°反馈评价体系的目的在于通过获得和使用高质量的反馈信息，支持与鼓励员工不断改进与提高自己的工作能力、工作行为和绩效，以使组织最终达到管理或发展的目的。这种评价模式较单一评价来源的评价方式更为公正、真实、客观、准确、可信。同时，通过这种评价方式，受测者可以客观正确地评价自我，了解自己在职业发展中存在的优势与不足，可以激励他们更有效地发挥自己的工作能力，赢得更多的发展机会；帮助管理者改进管理工作行为，提高管理效果，发现和解决组织成员之间的矛盾和冲突。而企业或组织则通过评价加强管理者与组织员工的双向交流，提高组织成员的参与性，创造良好的组织氛围，激发组织成员的创新性和工作主动性，帮助企业或组织进行团队建设，在客观分析和使用反馈信息的基础上，做出正确的评价与决策。

360°反馈作为一种人力资源开发与管理的方式确实有很多优点，但也存在着明显的不足，主要有：由于评价参照标准的不确定性，导致评价只关注一般特质，而不是特定工作行为；评价是以个体记忆为基础，不能真实反映被评者过去的工作行为；评价者不能观察到被评者的全部工作行为，易以偏概全；在实施 360°反馈过程中，如果培训和运作不当，可能会在组织内造成紧张气氛，影响组织成员的工作士气。而且实施 360°反馈评价时很容易遇到一些障碍，如文化震荡、专断、组织成员忠诚的消失、监督失效、裙带关系等。

（3）关键业绩指标（KPI）

关键业绩指标（Key Process Indication）是通过对组织内部流程的输入端、输出端的关键参数进行设置、取样、计算、分析，衡量流程绩效的一种目标式量化管理指标，是对公司及组织运作过程中实现战略的关键成功要素的提炼和归纳，是把企业的战略目标分解为可运作的远景目标和量化指标的有效工具，是企业绩效管理的基础。KPI 一般由财务、运营和组织三大类可量化的指标构成。KPI 可以使部门主管明确部门的主要责任，并以此为基础，明确部门人员的业绩衡量指标，使业绩考评建立在量化的基础之上。

确定关键绩效指标，要遵循 SMART 原则，即具体化、可度量、可实现、现实性以及时限性。在遵循 SMART 原则进行 KPI 设计应用过程中，由于对 SMART 原则的理解偏差可能导致指标过分细化、关键指标遗漏与"中庸"以及考核目标偏离和考核周期过短等问题。因此，企业在设计 KPI 时，应加强与基层员工的沟通与交流，并针对不同岗位设计不同的 KPI 组合，突出不同部门的 KPI 不同的特点和着重点；KPI 是自上而下分解的关键绩效指标，激励指标与控制指标的相结合，而不是绩效考核目标。总之，运用 KPI 方法进行公司关键量化指标的设立和分解，要遵循 SMART 原则，在对公司价值链进行分析的基础上，根据公司使命和愿景确定公司的关键成果领域；针对每一个关键成果领域制定流程级 KPI，对每一个流程级 KPI 设计下一层 KPI 直至岗位 KPI，从而保证公司战略的层层分解和层层落实；分析和构建指标之间的逻辑关系，并对指标进行属性测试，建立指标辞典。

（4）平衡记分卡（BSC）

平衡记分卡（Balanced Score Card）是将企业战略目标逐层分解转化为各种具体的相互平衡的绩效考核指标体系，并对这些指标的实现状况进行不同时段的考核，从而为战略目标的完成建立起可靠的执行基础的绩效管理体系。平衡记分卡包括以下六个要素：维度、战略目标、绩效指标、目标值、行动方案和具体任务，并且把对企业业绩的评价划分为四个部分：财务角度、客户、经营过程、学习与成长。

平衡记分卡反映了财务与非财务衡量方法之间的平衡，长期目标与短期目标之间的平衡，外部和内部的平衡，结果和过程的平衡，管理业绩和经营业绩的平衡等多个方面。所以能反映组织综合经营状况，使业绩评价趋于平衡和完善，利于组织长期发展。

BSC 的缺点：首先，BSC 的实施难度大，要求企业有明确的组织战略；高层管理者具备分解和沟通战略的能力和意愿；中高层管理者具有指标创新的能力和意愿。其次，BSC 的工作量极大。在对于战略的深刻理解外，还需要消耗大量精力和时间把它分解到部门，并找出恰当的指标。最后，BSC 不适用于个人。相比较于成本和收益，没有必要把平衡记分卡分解到个人层面。对于个人而言，要求绩效考核易于理解，易于操作，易于管理。而 BSC 并不具备这些特点，平衡记分卡作为企业的一种战略和绩效管理模式，它是欧美最先进企业的管理经验的高度概括和总结，但是它不可能解决现代企业绩效管理中遇到的所有问题。因此，在实际应用中应注意结合企业自身情况，设计出科学可行的平衡记分卡，并坚持做到全员参与和反复沟通，根据新情况、新问题及时进行修正和调整。

除以上考核方法外，企业常用的考核方法还有图尺度考核法（Graphic Rating Scale, GRS）、交替排序法（Alternative Ranking Method，ARM）、配对比较法（Paired Comparison Method，PCM）、强制分布法（Forced Distribution Method，FDM）、关键事件法（Critical Incident Method，CIM）、行为锚定等级考核法（Behaviorally Anchored Rating Scale，BARS）、叙述法等。

4. 绩效考核的影响因素与注意事项

影响绩效考核的因素有：考核者的判断；考核者与被考核者的关系；考核的标准和方法；组织条件；考核中常见的心理弊病；考核过程形式化；职工对考核体系缺乏理解；考核目的不明确等。

绩效考核的信度是指考评结果的一致性和稳定性。为了提高考核的信度，应注意：对考核者进行必要的培训，保证他们对考核内容理解一致和对考核标准的准确把握；采用全方位考核，对被考核者进行全面完整的评价；保持必要的考核次数和信息采集；在设计考核方案和考核方法时，尽量保证考核形式和程序的标准化以及考核标准的量化。

绩效考核的效度，是指考核获取的信息及结果与考核的工作绩效之间的相关程度。考核效度意味着必要信息的被忽略或无关信息被纳入。因此，在设计考核方案时，首先要做到考核维度的全面并使各维度的权重反映实际情况，然后用具体、明确、容易理解的词语和指标来定义它们的内容。此外，还要处理好被考核者可能存在的考核数据不全或缺项问题。

## 5.3　建筑企业人力资源的优化配置

### 5.3.1　企业人力资源的优化配置

人力资源配置就是指在具体的组织或企业中，为了提高工作效率、实现人力资源的最优化而实行的对组织或企业的人力资源进行科学、合理的配置，从而做到人尽其才、才尽其用、人事相宜，最大限度地发挥人力资源的作用。企业人力资源优化配置包括两个方面：①结构的优化，即配置的各种资源必须根据施工生产的需要有一个合理的结构；②总量投入的优化，即在结构合理的情况下，总量按需投入。因此，人力资源的优化配置应从结构和总量两个方面进行。

人力资源优化配置应该按照以下基本原则进行配置：①能级对应原则；②优势定位原则；③动态调节原则；④内部为主原则；⑤道德原则。

1. 项目经理部人员优化配置

项目经理部人员在项目施工现场的人力资源中处于核心地位，可以分为项目经理和其他管理人员。

项目经理是完成项目施工任务的最高责任者、组织者和管理者，是项目施工过程中责、权、利的主体，在整个工程项目施工活动中占有举足轻重的地位。因此，项目经理必须由公司总经理来聘任，以使其成为公司法人代表在工程项目上的全权委托代理人。

项目经理部其他管理人员配置的种类和总量规模，根据工程项目的规模、建筑特点、技术难度等因素来决定。从其所行使的职能来看，项目经理部应当配置能满足项目施工正常进行的预算、成本、合同、技术、施工、质量、安全、机械、物资、后勤等方面的管理人员。项目经理部人员的配备可采用责任矩阵图法。

责任分配矩阵是一种将项目所需完成的工作落实到项目有关部门或个人，并明确表示出他们在组织中的关系、责任和地位的一种工具。它将人员配备工作与项目工作分解结构相联系，明确表示出工作分解结构中的每个工作单元由谁负责、由谁参与，并表明了每个人或部门在整个项目中的地位。一般情况下，责任矩阵中纵向列出项目所需完成的工作单元，横向列出项目组织成员或部门名称，纵向和横向交叉处表示项目组织成员或部门在某个工作单元中的职责。

表示职责的符号有多种形式，常见的有字母、数字和几何图形。

某企业在制定的项目管理制度中，用矩阵图法确定了项目经理部各职能部门的主要职责，形成了责任分配矩阵（表 5-1）。

某项目经理部责任矩阵表                                            表 5-1

| WBS | 项目经理 | 总工程师 | 机电工程师 | 总经济师 | 工程处 | 技术质量处 | 安全处 | 合同处 | 资源处 | 经济处 |
|---|---|---|---|---|---|---|---|---|---|---|
| 项目管理规划 | △□ | ○ | ○ | ○ | ◇ | ◇ | ○ | ○ | ○ | ○ |
| 进度管理 | △ | □ | ○ | ○ | ◇ | ○ | ○ | ○ | ○ | ○ |
| 质量管理 | △ | □ | ○ | ○ | ○ | ◇ | ○ | ○ | ○ | ○ |
| 费用管理 | △ | ○ | ○ | □ | ○ | ○ | ○ | ○ | ○ | ◇ |
| 安全管理 | △ | □ | ○ | ○ | ○ | ○ | ◇ | ○ | ○ | ○ |
| 生产要素管理 | △ | □ | ○ | □ | ○ | ○ | ○ | ○ | ◇ | ○ |
| 现场管理 | △ | □ | ○ | ○ | ◇ | ○ | ○ | ○ | ○ | ○ |
| 合同管理 | △ | ○ | ○ | □ | ○ | ○ | ○ | ◇ | ○ | ○ |
| 组织协调 | △ | □ | ○ | ○ | ◇ | ◇ | ○ | ○ | ○ | ○ |

注：△——决策；□——主持；◇——主管；○——参与。

在整个工程项目的施工过程中，除特殊情况外，项目经理是固定不变的。由于实行项目经理负责制，项目经理必须自始至终负责项目施工的全过程活动，直至工程项目竣工，项目经理部解散。

由于在项目施工过程中施工工序和部位是在不断变化的，对项目施工管理和技术人员的需求也是不同的。项目经理部的其他人员可以实行动态配置。当某一项目某一阶段的施工任务结束以后，相应的人员可以动态地流动到其他项目上去，这项工作一般可由公司的人力资源部和工程部综合考虑全公司的在建项目进行统筹安排，对项目管理人员实行集权化管理，从而在全公司范围内进行动态优化配置。

2. 劳务人员的优化配置

劳动力的配置应根据承包项目的施工进度计划和工种需要数量进行。项目经理部根据计划与劳务合同，接收到劳务分包企业派遣的施工人员后，应根据工程的需要，或保持原建制不变，或重新进行组合。组合的形式有 3 种，即专业班组、混合班组或大包队。

当前我国建筑产业工人队伍仍存在无序流动性大、技能素质低、权益保障不到位等问题，制约建筑业持续健康发展。目前建筑工人实名制正在试点运行，建筑工人实名制的要求是，施工企业将实现通过全国建筑工人管理服务信息平台数据库，直接获取建筑工人的从业记录、培训情况、职业技能、工作水平等信息。全面取消劳务分包，总承包、专业承包企业必须采用自有工人施工，或分包给全资、控股、参股的自有专业作业企业施工，不得分包给其他专业作业企业或个人。

### 5.3.2　项目管理高效团队的建设与激励

1. 高效团队建设

高效团队应具备以下特点：明确的目标和共同的价值观；明晰的分工和精诚的协作；融洽的关系和畅达的沟通；高昂的士气和高效的生产力；很强的凝聚力。

项目管理团队建设的核心目标就是将项目成员有效地组织起来，创造出一种开放、自信、团结、协作的气氛，使项目成员有统一感，强烈希望为实现项目目标做出贡献。结合工程项目的一次性、综合性及任务复杂性等特点，建筑企业团队建设要做好以下几点：

（1）配备好团队成员

在高效团队建设中，首要任务是配置团队成员。团队建设并非要求每位成员都是顶尖精英，而是要确保每位成员适应整个团队的发展，并能够充分发挥其个人优势，特别在其专业领域。因此，在挑选团队成员时，通常可以将合适的团队成员分为三类：一是具备专业技术的成员，其专业领域应该互补而不重叠，这些成员是团队攻克难题的核心。二是决策管理者，他们具备全面了解整个团队的发展状况的能力，能够快速解决团队面临的问题，并引领团队前进。三是协调内外关系的成员，他们具备协调团队内部成员之间的合作关系的能力，同时能够适当地应对外部环境对团队的影响，为团队创造良好的发展空间。

（2）建立规章制度

"国有国法，家有家规"，这一原则同样适用于团队建设。为了实现期望的团队发展效果，必须建立适应团队特点的运行规章，用于管理团队成员、规范其行为，防止越界行为，加强团队协作。这些规章制度应反映团队的价值观和目标，鼓励成员积极行为，同时设定明确界限以防止潜在冲突和问题。通过建立适当的规章制度，团队可以更好地合作，提高效率，并成功实现共同目标。

（3）进行有效的冲突管理

在工作中，团队成员之间可能由于工作分工、性格等因素而产生摩擦和冲突，如果不妥善处理，可能加剧成员之间的矛盾，导致团队关系破裂，进而影响整个团队的绩效。团队领导者首先需要能够勇敢面对这些团队冲突，善用有益冲突，消除有害冲突对团队的不利影响。首先，必须正确理解冲突，明确区分有益和有害的冲突。其次，需要在合适的时机和方式下处理冲突，根据不同情况采用不同的处理方法，以减轻矛盾，促进团队协调，从而提升团队的绩效。

（4）提高凝聚力

团队的凝聚力是维持团队存在的重要条件，对于发挥团队的潜力具有至关重要的作用。凝聚力在团队中体现为成员坚定的立场、一致的行动，以及相互协助和互补的关系。团队的凝聚力受到外部环境因素的影响，同时也受团队内部因素的制约。团队领导者需要通过有效的内部管理方式、明确的团队规范以及有效的沟通途径来提高团队的凝聚力。当团队成员在共同的目标下共事，创造出良好的工作氛围时，将会激发内在的动力，从而提高团队的效率。

2. 高效团队激励

作为项目管理的主体，项目团队工作积极性的高低将在很大程度上影响项目的最终实施效果。在工程项目管理中，项目团队发挥着重要的作用，因此对项目团队进行有效的激励意义重大。为了提高工程项目管理水平，考虑到工程项目自身的特殊性，有必要将满足激励和目标激励引入工程项目的团队管理中。

（1）满足激励。工作满意度是员工态度的一个重要部分，指员工对工作中各种因素所持有的积极或消极情感的程度。当前的工程项目团队激励中主要实行"大锅饭"，所涉及的范围包括了项目的全体员工，没有突出技术人才，因而激励效果也不明显。由需要层次理论可知在项目团队中，项目经理要注意区分组织成员的层次和具体需求，分层次、分需求地进行激励。对注重物质层次需要的，在项目激励中可采用计件化工资、差异化工资等货币形式提高其工作积极性；对注重归属情感和尊严需要以及注重自我实现的，除了物质兑现外，应侧重的是情感投资和提供必要的晋职机遇。

（2）目标激励。根据洛克提出的目标设置理论，人有希望了解自己行为的结果和目的的认知倾向。与模糊的、没有挑战性的、无法实现也未被接受的目标相比，明确的、具有挑战性的、可以实现而且为人所接受的目标能够带来更高的绩效。在工程项目管理中，项目经理应把项目总任务转化为项目总目标，并根据具体情况进行总目标的分解和下达，责令下层管理者继续分解目标并下达给其下层工作者，如此层层下达项目目标，深入施工现场。同时在实施过程中不断给予反馈，确保项目各实施人员在追求目标全过程中都对目标实现程度有较清楚的认识，以便及时自我调整和控制。

# 本 章 小 结

本章介绍了建筑企业人力资源管理，包含人力资源管理概述，建筑企业人员招聘、录用、培训及考核与建筑企业人力资源的优化配置三个方面的内容。

人力资源概述中包含人力资源管理的概念与内容、人力资源开发及其战略、人力资源开发与人力资源管理的异同比较三个部分。人力资源管理的内容涵盖人力资源规划、招聘与配置、培训与开发、绩效管理、薪酬福利管理和劳动关系管理六个部分。人力资源开发则从人力资源开发的定义、人力资源开发的要素、人力资源开发的类型、人力资源开发的特点、人力资源开发的目标和人力资源开发的内容等六个方面进行了介绍。人力资源开发战略是最近几年提出来的新的概念，相较于人力资源开发，人力资源开发战略更加注重加强企业开发、组织开发的形式，促进员工与组织的共同成长，提高组织绩效，实现组织可持续发展。

建筑企业人员招聘、录用、培训及考核这一节中包含人员招聘、用工制度、员工培训及绩效考核四方面内容。招聘原则中先内后外原则、回避原则成为目前企业招聘员工过程注重的新的原则，恪守这两条原则可以帮助企业实现自身造血和防止企业内部拉帮结派。在招聘渠道中网络招聘和猎头渠道成为不可忽视的重要渠道。用工制度方面的改变，尤其是退休返聘和实习生制度，拓宽了企业的用工方式，实现了有经验的技术人员的回归和下一梯队人才的培养。建筑企业人力资源的优化配置包含企业人力资源的优化配置和项目管理高效团队的建设与激励两个方面。人力资源优化配置应该按照以下基本原则进行配置：能级对应原则；优势定位原则；动态调节原则；内部为主原则；道德原则。

**案例分析一**

## 某工程项目人力资源配置优化分析

某房屋建筑工程建筑面积 12 万平方米，含室内照明、暖通、给水排水工程。分布在市区内三个不同区域，相距不超过 10km，各区域工程施工难度相当。本项目体量比较大，分三个区域施工，工程造价约 3.2 亿元人民币，具体人员配置见表 5-2。

项目人员配置表                                          表 5-2

| 岗位 | 人数 | 职能 |
|---|---|---|
| 项目领导层 | 3 | 项目管理及重大决策 |
| 各部门经理 | 2 | 管理各部门事务 |
| 施工员 | 25 | 对工人及建材与设备库存管理 |
| 采购员 | 6 | 建筑材料等所用物资采购 |
| 安全员 | 10 | 工地日常安全管理 |
| 材料员 | 6 | 材料管理、登记管理 |
| 质检员 | 12 | 项目质量检测把关 |

项目在管理层方面的人员配置，配备了 1 名项目总经理，1 名副经理，1 名项目总工程师，并且都具备职业资质，其中项目总工程师为项目外聘人员。项目总经理是一级执业资质经理，年龄 56 岁，是其中年纪最大的一位，其余均为二级资质。部门经理共设置两名，一个商务部门经理和一个工程部门经理。在项目执行过程中管理人员的结构安排是按照项目发起之初既定的结构保持不变的，人员搭配以项目经理的经验为主。所以当前项目中的人力资源管理存在一定问题：①项目领导层年龄结构偏大；②人员规模不足；③外聘管理人员协调性问题。

基于上述问题，该项目所属公司提出解决对策，包含：①建立科学的人力资源管理体系。在项目经理配置上，无论是资质搭配结构还是项目经理的数量上都要按照项目实际需求进行分配，在管理层组建上要做好管理权分配，按照岗位职责将管理权逐级下放。尤其是对于外聘管理人才要公平对待，实现岗位和权限统一，辅助项目顺利进行。②建立人力资源管理考核指标。人力资源部建立对应的考核指标，对于项目执行团队组建的质量进行考核，重点对人力资源部的人才招聘质量以及项目团队搭配效果建立考核标准。

**案例来源：**薛姝惠. 建筑工程项目人力资源优化配置分析［EB/OL］.

**案例分析题：**

1. 该项目的人力资源配置应如何适应该项目的实施特点？

2. 该项目中人力资源配置还有哪些措施？

**案例分析二**

## 中建五局之"都江堰三角法则"

中建五局曾经濒临破产倒闭，近年来扭亏脱困、浴火重生，其中一个重要原因是构建并实践了人力资源管理的"都江堰三角法则"体系。其内涵在于借鉴都江堰工程在治水上的智慧并得到启发：疏导是根本，团队永恒，人人皆可成才。

"都江堰三角法则"由外三角、内三角、核心圆组成（图5-1）。

外三角：人力资源管理的三条基本法则
内三角：组织能力建设的三个基本要素
核心圆：以人为本的核心思想

图 5-1　"都江堰三角法则"示意图

外三角："人人皆可成才"是人力资源管理的愿景，"团队永恒"是人力资源管理的使命，"疏导是根本"是人力资源管理的基本方法。

内三角：表达的是决定组织能力的三个基本要素，这三要素缺一不可，"目标"解决"为什么干""机制"解决"怎么样干""素质"解决"会不会干"。

核心圆：以人为中心，体现人是组织的核心资源、以人为本的核心思想。人性如同水性，有两个基本特征：一是不管人性如何，人都有一个共同的需求，就是追求幸福、美好的事物；二是人性是复杂的，不能简单以性本善或性本恶来假设人性。因此，中建五局对人的管理汲取了都江堰工程治水的智慧，一方面关注员工需求，尽量满足员工美好愿望；另一方面顺应人性规律管理人性，因势利导，扬善抑恶，使员工在企业能够各得其所、各就各位。

"都江堰三角法则"的外三角、内三角、核心圆相互关联，共同作用，缺一不可。内三角体现组织能力建设三要素；外三角体现人力资源管理的基本法则；核心圆中的"人"是内外三角的中心，体现以人为本的核心思想；内外三角的三条边一一对应，体现了组织能力建设与人力资源管理的相互融合，协调一致。

（1）"目标"对应"团队永恒"，解决的是"为什么干"的问题，有两层涵义：一是要建立中建五局共同的目标和价值观体系，并通过推动体系的"共知、共识、共行、共享"，使团队共同目标和价值观"固化在员工思想里，融化在员工血液里，落实在员工行动上"；二是打造高效团队，构建简单明朗、分工协作、求同存异的人际氛围，发挥员工的长处，调动员工积极性，让员工感觉到强烈的归属感和自信心。

（2）"机制"对应"疏导是根本"，解决的是"怎么样干"的问题。中建五局对人力资源疏导的目标是"人员能出能进、干部能上能下、收入能增能减"，致力于系统整合人力资源选、育、用、留各环节工作，将员工的行为导入到预定的轨道，并根据执行情况给予相应的激励和约束，从而激活人力资源，使五局这池春水有效流动起来，目标是效仿都江堰，实现企业的持续经营、基业长青。

（3）"素质"对应"人人皆可成才"，解决的是"会不会干"的问题。也包含两层意思：一是重视对员工的培养和开发，平淡无奇的石头能够成为都江堰的中流砥柱，关键在于建设者的雕琢和打磨，同样地，人才在于培养，在于历练；二是要致力于人力资源的优化配置组合，中国传统文化中有一句经典名言，即"金无足赤，人无完人"，人都是有缺点、有不足的，人才在于发现，在于用人所长，把合适的人放到合适的位置。

"都江堰三角法则"成为中建五局战略性人力资源管理实践的基本准则以来，经过多年的实践，取得了显著成效。主要表现为：①人力资源管理落后的局面完全改观，人事分配机制僵化、员工思想观念陈旧的局面完全扭转，实现了由人事管理向战略导向的现代人力资源管理体系转变；②人才队伍结构大大优化，呈现专业化、知识化、年轻化的趋势；③有效促进了中建五局在各方面的均衡发展，财务指标连续九年高速增长，经营结构、组织结构、队伍结构、市场布局、体制机制、企业文化、社会信誉等非财务因素也发生了重大的良性变化。"都江堰三角法则"的成功运用也彻底改变了中建五局的精神风貌、工作作风、价值标准、内部氛围，企业品牌知名度和吸引力大大增强，员工对企业的归属感、忠诚度、满意度都得到了大大的提高。

**案例来源**：中国建筑第五工程局．图中管窥——中建五局：凤凰涅槃映辉煌（二）［EB/OL］．（2013-03-21）

**案例分析题：**

1. 简述"都江堰三角法则"的具体内容。

2. 举例说明建筑企业人力资源管理的障碍，并试用"都江堰三角法则"解决之。

思 考 与 练 习 题

1. 简述人力资源管理的概念。

2. 简述人力资源管理的内容。

3. 简述人力资源开发与其战略概念。

4. 简述人力资源开发与人力资源管理的异同。

5. 简述建筑企业人员招聘的原则。

6. 简述建筑企业人员培训的原则。

7. 简述绩效考核的方法。

8. 怎样建设高效的项目管理团队？

# 6 建筑企业经营预测与决策

**本章要点及学习目标**

1. 市场调研的概念、程序及方法和建筑企业市场调研的内容。
2. 预测的概念、分类及基本程序。
3. 定性和定量预测的方法。
4. 决策的概念、特征、类型及基本程序。
5. 定性与定量决策方法。

**引导案例**

## 中建安装华西公司的"高精优强"战略决策

中建安装华西公司坚持以中建集团"专业化、高质量、不可或缺"的发展目标为牵引，推动调查研究与构建"发展质量高、核心专业精、转型升级优、企业实力强"的"高精优强"新发展格局相融合，助力实现高质量发展。

（1）锚定"首要任务"，战略引领强化谋篇布局

在新形势下，中建安装华西公司不断抢抓西部大开发的国家区域战略发展机遇，全面深耕西部市场。公司通过不断探索和攻坚克难，在企业改革发展中开拓进取，构建了机电安装、石化工业、城市更新、基础设施等业务板块，形成了区域差异化竞争优势，为公司发展开拓了新格局。以差异化工程总承包为发展总基调，持续拓展和完善业务结构，专注精细化机电安装；着力发展能源化工、城市更新；强化工业工程、水务环保。

（2）坚持"解剖麻雀"，精准把脉构建善治格局

中建安装华西公司聚焦"稳增长"，制订战略规划和企业运营两大调研主题，从制约"高精优强"新发展的主要矛盾入手，以"解剖麻雀"的科学方法，积极拓展中建集团顶层战略框架下的发展空间。

动态梳理了西安、成都、重庆三大核心市场的营销资源。公司树立了以阵地战（市场营销）为主、游击战（项目营销）为辅的营销工作思路，建立了"三个层级""四重境界"的工作标准和配套考核机制、营销信息的发布和认领机制以及重大项目领导挂帅机制，营造全员营销、人人营销的氛围。在"高精优强"战略指导下，公司实现了业务、区域和模式的突破，并在实践中总结形成了"BIM技术研发＋内部应用＋对外有偿服务"的BIM发展新模式。

**案例来源：**

[1] 佚名.华西公司：谋定快动加速跑，转型示范立潮头，助力构建"高精优强"新

发展格局｜建证四十年 奋进新征程［EB/OL］．(2022-06-12)

［2］人民日报客户端．中建安装：在构建"高精优强"新发展格局中塑强专业力量［EB/OL］．(2023-06-09)

# 6.1 建筑企业市场调研

## 6.1.1 市场调研的概念及程序

### 1. 市场调研的概念

市场调研是企业运用一定的技术、方法和手段，对影响市场变化及发展的因素条件等所进行的收集资料、掌握客观情况、提供市场信息，为企业进行经营预测、制定正确的经营方针和合理的经营决策提供可靠依据的一系列工作。

随着市场经济的发展，企业与市场的联系日益密切，对市场信息的需求日益增强，市场调研实际上是一项寻求市场与企业之间"共谐"的过程。它迫使企业重视市场信息，开展市场调研。

### 2. 市场调研的程序

市场调研既是经济工作，也是科学实验，具有较强的科学性。为了保证市场调研的准确性，必须遵循一定的科学程序进行。市场调研的科学程序是保证市场调研的质量，提高工作效率的重要手段。市场调研的一般程序如图 6-1 所示。当然，由于受到各种条件的限制，在具体程序上可能有所差别，也没有必要强求一致。

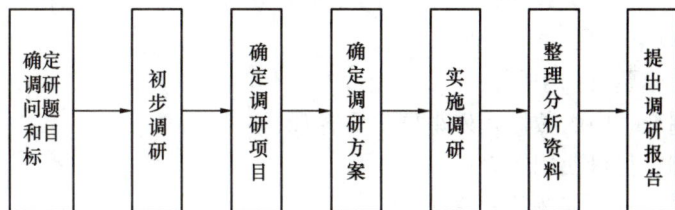

图 6-1 市场调研的程序

(1) 确定调研问题和目标

市场调研的第一步是确定调研问题。在这一过程中，调研人员应考虑的问题有：调研目的、有关的背景信息、所需信息以及他们能否为决策者所采用。界定问题还涉及同决策者进行沟通，访问专家，分析二手资料，定量调研等。只有准确地界定了问题，才能确定调研目标。调研目标就是调研所要达到的具体目的。为使调研目标明确、具体，必须考虑调研的目的、调研的内容、调研结果的用处以及调研结果的使用者等诸方面的问题。也就是说，在调研前，要确定为什么要进行调研，调研要了解什么问题，掌握市场信息资料对企业生产经营作用如何。

(2) 初步调研

调研人员首先要搜集企业内部和外部的有关情报资料，进行初步情况分析。企业的内部资料包括各种记录、历年的统计资料、生产销售的统计报表和财务决算报告等。企业外部资料包括政府公布的统计资料、研究机关的调查报告、有关刊物及年鉴等，进行初步情况分析的目的就是帮助调研人员验证调研目标的准确性或使调研目标具体化，属探索性调研。此阶段的资料不必过于详细，只需重点搜集对所要研究分析的问题有参考价值的资料。

（3）确定调研项目

经过初步调研，使所要调研的问题更加清楚明白，就可以确定调研的具体项目。确定调研项目应根据其所需资料和费用情况，考虑其可行性和经济性。

（4）确定调研方案

确定调研方案的目的是使调研有秩序有目的地进行，对大型市场调研是十分必要的。调研方案应明确需要收集哪些信息资料；资料的来源和收集方法；调查的具体方法与技术；评价方案设计的可行性及核算费用；数据的分析及处理方法；方案进一步实施的准备工作等。

（5）实施调研

根据所确定的调研方案，组织有关调研人员进行实际调研。

（6）整理分析资料

首先要检查和评定所搜集的资料。要审核资料的根据是否充分、推理是否严谨、阐述是否确切、观点是否成熟，以确保资料的真实性和准确性；其次将资料分类、统计计算，有系统地制成多种计算表、统计表、统计图，以便分析利用；最后运用调查所得资料数据和事实分析情况，得出结论，进而提出改进建议。

（7）提出调研报告

调研报告是对某件事情或某个问题调查研究之后，编写的书面报告。它是调研的最后成果，是用客观材料对所调研的问题，做出系统的分析说明，提出结论性的意见。编写调研报告时要遵循以下原则：

1）报告的内容要紧扣主题；

2）准确运用调查中的数据，列举事实要客观；

3）文字简练，尽量使用图表；

4）较好地提出解决问题的看法或建议。

调查报告应包括以下内容：

1）封面：写明题目、承办单位和日期；

2）序言：主要说明调查目的、过程与方法以及其他需要说明的问题；

3）主体：写出调研经过、情况分析、数据统计，做出适当结论，提出看法或意见；

4）附件：主要说明主体部分引用过的重要数据或资料，以及必要的统计图表和参考资料，以便为预测和决策提供详细的情报来源。

### 6.1.2　市场调研的方法

1. 方法种类

能否恰当地运用市场调研方法，关系到是否能够及时取得真实、完整的资料和数据，从而保证市场调研工作的质量。市场调研的方法很多，最常用的调研方法有以下几种：

（1）观察法

观察法（Observation）是研究人员根据研究目的，有目的、有计划地运用自己的感觉器官或借助科学观察工具（如照相机、录像机等）直接搜集当时正在发生的、处在自然状态下的市场现象有关资料的方法。照片和视频可以给研究人员提供大量的有效信息，但是此方法由于调查人员只能观察表面现象，不能探知现象之后的原因和态度动机，需较长时间才能发现某些规律性，故适用范围有限。

（2）焦点小组研究法

焦点小组（Focus group）是指研究人员结合所要调查问题的相关特征，精心挑选6～10人，将他们召集起来详细讨论各种话题，在讨论结束后支付一些报酬。经过专业训练的主持人根据研究人员提供的议程提出问题并探究参与者的看法，讨论过程通常会被全程记录下来。焦点小组研究法有助于揭示被调查者的动机和参与某些事情的原因并且对于探索性研究很有帮助，特别是当一系列的焦点小组揭示出一致的偏好和态度时。但是研究人员也必须注意研究结论不能以偏概全，少数人的偏好可能无法准确反映整个市场。

（3）调查法

研究人员通过调查研究（Survey research）来了解被调查者的偏好和满意度等。调查可以通过网络、电话和面对面进行，无论选用何种调查方式都要保证调查的简洁性，同时要为被调查者提供奖励来提高被调查者的积极性。

（4）行为研究法

行为研究（Behavioral research）是研究人员通过利用被调查者在不同地点进行消费所留下的数据来研究被调查者的消费偏好和消费心理，从而更好地帮助企业进行产品市场定位以及形成营销决策。

（5）实验调查法

实验调查（Experimental survey）是在给定条件下，通过实验进行对比，对市场营销中某些变量之间的因果关系及其发展变化过程加以观察分析的一种市场调查方法。实验调查法有其特殊作用，若要了解企业某项经营措施的效果，一般只有通过此法方能达到目的。实验调查法的优点是可以通过实验取得资料，实验结果具有一定的客观性和实用性，调查表可有控制地分析某些市场容量之间的相互影响。缺点是市场变化的非科学性影响实验的效果，进行市场实验需要的时间长、成本高、实施困难。目前，此法在我国一般只限于新产品的试销、展销、试用等。

2. 市场调研的工具

调研人员在收集原始数据时，可以选择调查问卷、定性测量等方法。

（1）调查问卷

问卷（Questionnaire）由一组向受访者提出的问题构成。问题的形式、措辞和顺序都会影响受访者的回答，所以对问卷进行测试和调整是必要的。问卷主要分为封闭式和开放式两个类型。封闭式问题给定了所有可能的答案，更容易统计受访者的回答并进行解释。开放式问题允许受访者用自己的语言来回答，开放式问题在探索性研究中特别有用，有助于研究者深入了解人们的想法。

（2）定性测量

1）词语联想（Word association）。询问被调查者当他们听到一个品牌的名字时，脑海中会出现什么词语，以确定品牌联想的可能范围。

2）投影技法（Projection techniques）。所谓投影技法是一种无结构的非直接的询问形式，可以鼓励被调查者将他们对所关心问题的潜在动机、信仰、态度或感情投射出来。

在投影技法中，并不要求被调查者描述自己的行为，而是要他们解释其他人的行为。在解释他人的行为时，被调查者就间接地将他们自己的动机、信仰、态度或感情投影到了有关的情景之中。因此，通过分析被调查者对那些没有结构的、不明确而且模棱两可的"剧本"的反应，他们的态度也就被揭示出来了。剧情越模糊，被调查者就越多地投影他们的感情、需要、动机、态度和价值观，就像在心理咨询诊所中利用投影技法来分析患者的心理那样。和心理学中的分类一样，投影技法可分成联想技法、完成技法、结构技法和表现技法。

3）盒子外思考（Outside-the-box）。指创新性思考，突破原来框架的思考方式，这里侧重指市场调研活动中突破调研活动的传统因素考虑调研中的主要方面，通过实际观测获得最真实的数据和感受。

某品牌牛奶公司，为了确定人们在什么样的情况下喝牛奶的欲望最为强烈，以指导广告的策划和设计，公司找来公司员工，要求他们在一周内不喝任何牛奶，到了第七天，很多员工说他们看到猫食碗时最想喝牛奶。

于是公司设计了新一款的广告片，在背景音乐中播放的是"喵喵～～～"的猫叫声。事实证明该广告播出后收到了很好的效果。

市场调查可以为各个企业的竞争提供有效的战略方针，有利于企业的发展，开拓新的市场。要想做好市场调查就要从它的步骤做起，就像盖大楼，只有基底打牢固了有了好的基础才能够不会被大风吹倒。

4）阶梯法（Laddering）。这一方法由一系列特定的"为什么"问题构成，用于揭示消费者的动机和更深层的目标。例如，当问一个人为什么想买诺基亚手机时，他可能回答："它看上去坚固耐用"（属性）。再问："为什么手机坚固耐用很重要？"答："这表明诺基亚是值得信赖的"（功能利益）。再问："为什么值得信赖很重要？"答："因为这样我的同事或家人一定能找到我"（情感利益）。再问："为什么你的同事或家人能找到你很重要？"答："如果他们遇到困难，我可以帮助他们"（核心价值）。诺基亚这个品牌让这名受访者觉得自己是个可以随时帮助别人的好邻居。

3. 联系方式

调研人员必须决定如何联系被调查者：在线、面对面、通过邮件或电子邮件、通过电话。

（1）在线

互联网为调研提供了多种方法。公司可以在其网站上链接一份调查问卷，并奖励完成问卷的人，或在人们常访问的网站上放置链接广告，邀请人们回答问题，获得赢取奖品的机会。

调研人员还可以组织即时的被调查者样本组调查或线上虚拟的焦点小组访谈，或通过赞助聊天室、公告板或博客提出一些讨论问题。公司可以邀请客户进行头脑风暴，或者邀请公司网络社区中的粉丝对创意进行评分。然而，像其他调查一样，在线调查也需要根据正确的主题向正确的人提出正确的问题。

（2）面对面

面对面访谈是最通用的方法。采访者可以提出更多的问题，更好记录下对受访者的感受，进行更细微的观察。但是面对面访谈会受到访谈者偏见的影响，并且需要更多的计划和监督。

（3）邮件和电子邮件

通过邮件发送问卷是在受访者不愿意或不方便接受个人采访时可以选择的一种方法，同时也可以避免受访者的回答被采访者引导。邮件问卷要求问题简单且措辞清晰，但是邮件的回复率通常较低。

（4）电话

电话访谈可以让访谈者快速收集信息。当受访者对问题不理解时，采访者可以澄清问题，并对有可能提供额外价值的问题进行跟踪。值得注意的是，虽然电话访谈的回复率通常比邮件问卷高，但由于目前消费者对电话推销员越来越反感，电话访谈变得越来越困难。

### 6.1.3 建筑企业市场调研的内容

市场调研的内容比较广泛，既包括企业的外部环境，也要考虑企业内部环境，概括起来，建筑企业的市场调研主要包括如下内容：

（1）企业外部总体环境的调研

主要包括党和国家的路线、方针、政策以及颁布的统一的规章制度，各种法律、法规，国民经济的发展，文化科学技术的发展，自然情况的变化等。企业外部总体环境的调研对企业的战略、策略目标都有较大影响与制约作用，是十分重要的。

（2）市场供需情况调研

市场需求情况的调研主要包括当前和潜在的用户、各种建筑类型的需求量、用户的分布情况、各种用户对建筑产品的评价等。市场供应情况的调研主要包括各种建筑类型的可供量，建筑材料、构配件、建筑机械设备、劳务市场等的供应情况，社会生产发展水平及技术水平等。对市场的供需状况进行调研可使企业掌握建筑市场的需求情况及发展趋势，了解用户的心态，从而为企业的经营方针和长远规划提供依据。

（3）市场竞争状况调研

主要包括竞争对手的数量、分布情况及潜在竞争者的情况，竞争对手的工程质量、工期、服务态度及履约情况，各竞争对手企业状况及信誉等。市场竞争状况调研对于认识本企业在竞争中所处的地位，以便采取相应的竞争方法是十分有利的。

（4）对建筑市场参与单位的调研

主要包括对建筑设计院、建设单位主管部门、有关管理公司、咨询公司的调研。对建筑市场参与单位的调研，有利于企业和参与单位之间的协作和配合，以便为企业的市场经营战略提供更为详实的依据。

（5）工程项目情况调研

1）业主情况调研。包括业主的身份，业主的需求，业主的经济实力，业主的社会信誉等。

2）项目立项条件调研。主要调查分析项目当前所处的阶段以及办理了哪些审批手续。

3）项目资金来源调研。确定项目是哪一类投资项目，了解业主资金计划的落实情况，了解业主的资金实力与习惯的资金运作方式以及发生资金困难时的对策。

4）项目竞争对手情况调研。包括项目已有的竞争对手和可能参与的竞争对手，竞争对手的社会信誉、工程业绩、市场占有情况、投标方式等。

5）承包该工程项目的利弊分析。

# 6.2 建筑企业经营预测

### 6.2.1 预测的概念及分类

1. 预测的概念

预测是人们对未来不确定事件通过一定的科学方法和逻辑推理进行推断和预见的一种认识活动。它是人们对客观实践各种各样事物的未来发展变化的趋向以及对人类实践活动的结果，事先所作的分析和估计。人们研究未来，是为了探求客观事物未来的发展变化趋势和内在规律，以指导自己的行动，力求趋利避害，按客观规律办事，达到改造客观世界的目的。因此预测的要求就是把某一未来事件发生的不确定性极小化，尽量消除预测与实际的信差，以减少不确定性对人们的影响。我们所说的预测，绝不是凭空想象的猜测，而是根据过去和现在的客观实际资料，运用科学的方法，探求事物演变规律，从现在预计未来，从已知或有根据的假设推测未来的可能的趋向。

预测结果与实际发生的结果相吻合的程度，称为预测精度。预测精度是衡量预测方法是否适用于预测对象的一个重要指标。预测结果与实际情况的误差越大，精度就越低，因而通常用误差指标反映预测精度。

预测对象的许多因素往往受到外部各种因素变化的影响，带有随机性。同时，由于人们对未知事物的认识总有一定的局限性，或者由于掌握的资料不准确、不全面，或者对具有许多复杂因素的事件进行预测时，为了建立模型而简化了一些因素和条件，以致预测的结果往往不能表达事物发展的全体，因而预测结果总会与未知事物发生的实际情况存在一定的偏差。通过以上分析可知，对于预测精度的影响因素可以总结为以下几点：预测对象本身的随机性；资料、情报的准确和全面程度；预测方法选取的合理性；所建模型的正确性；预测者的素质；预测时间。预测精度是预测质量的体现，涉及预测过程各环节的工作质量、误差产生的原因和如何改进等方面的问题，因而是一个过程概念。

2. 预测的分类

根据划分依据的不同，市场预测可做如下分类（图 6-2）：

（1）按预测时间划分

1）短期预测。又称近期预测，一般指年度、季度或月度预测，有时还包括旬度预测。一般来讲，这种预测结果的准确性和可靠性都比较高。

市场预测
- 按预测时间分类
  - 短期预测
  - 中期预测
  - 长期预测
- 按预测范围分类
  - 宏观预测
  - 微观预测
- 按预测方法分类
  - 定性预测
  - 定量预测
  - 综合预测
- 按预测时态分类
  - 静态预测
  - 动态预测

图 6-2 市场预测分类

2）中期预测。又称战术预测，一般指 1 年以上，5 年以下时间长度的市场预测，是长期预测的具体化和短期预测的依据。中期预测由于时间较短，对预测期内的各种不确定因素考虑比较全面和准确，数据资料较齐全，预测的难度和精确性仅比短期预测稍差。

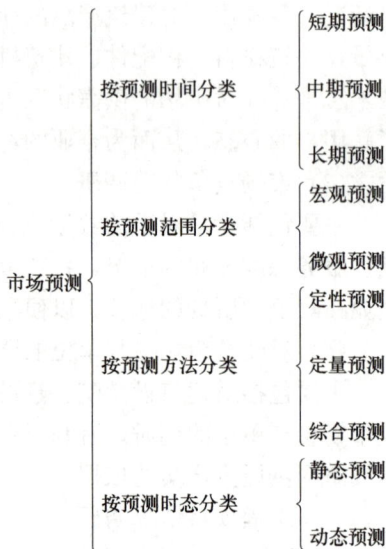

3）长期预测。又称远景预测或战略预测，一般指对预测对象在5年或更长时间区段的可能状况所作的推测和预计，是市场预测中时间最长的一类。由于不确定性因素多，且时间越长，不可控的因素越多，预测中难以全面把握和预计各种可能的变化因素。因此，预测结果和实际发生的结果之间的误差也较大，需要根据实际工作情况不断调整其预测结果。

预测结果的准确性和可靠性与预测期限有关。而预测期限的长短，要依据预测对象的内容、性质、特点和具体要求以及进行经营决策和制定战略的需要而定。为了使短期预测、中期预测和长期预测在时间上协调一致，弥补各自的不足，减少差异，可在预测体系中制定一个滚动式的预测方案，不断修正预测结果，以保持预测结果的科学性和完整性。

（2）按预测范围划分

1）宏观预测。即整个国民经济、一个地区或一个部门的预测。如固定资产投资方向预测、建筑产品的构成比例预测等。

2）微观预测。即一个企业、一个单位的发展情况预测。如对企业经济活动状态的估计、资源需求预测等。

（3）按预测方法划分

1）定性预测。又称直观判断预测，是指通过直观材料或判断的方法对事物的未来发展变化趋势进行分析。在实际工作中，由于各种因素影响，人们不可能掌握预测对象及其影响因素的统计资料，无法以定量的形式进行分析，只能凭借积累的经验、少量的数据和主观判断等，对事物的发展趋势和未来状态进行分析、假设、判断、推理、估计和评价。另一方面，有些实际问题本身就不便于或不能用定量方法进行描述，也必须进行定性推断。

定性预测的应用范围很广，如政治形势发展预测、国民经济发展预测、科技发展预测、产品发展预测、产品销售预测等，都可以用它进行。目前，我国许多企业就是应用定性预测方法进行预测的。当然，为了使预测结果准确明了，要尽可能地给出定量化的结果。常用的定性预测方法有个人判断法、专家意见法、德尔菲法、主观概率法和主观计分法等。

2）定量预测。定量预测是在充分占有大量、准确、系统的数据资料的基础上，根据实际经验和具体情况，建立合适的数学模型，通过分析和计算推断出事物在未来可能发生的结果（用数据表示）。定量预测仅仅是依据事物过去和现在的统计资料和情况，分析研究其发展变化规律，对未来进行预测的。但影响事物的因素是多方面的，由于诸多因素的变化不可预见，再加上有些因素无法用定量方式描述，建立数学模型时也不可能把所有的因素都考虑进去，因此，预测结果与实际是有误差的。故我们不能认为，定量预测的预测结果就能准确地反映事物的未来发展趋势。实际上，定量预测的结果常常要进行修正。常用的定量预测方法有移动平均法、指数平滑法和趋势预测法等。

3）综合预测。即综合采用两种或两种以上方法进行的预测。由于前面两种方法都有其局限性，为了克服其缺点，在预测时，常常把许多方法结合起来运用。综合预测可以是定性与定量综合，定性与定性综合，定量与定量综合。特别是把定性方法和定量方法结合运用，使之互相验证、互为补充，以提高预测的准确性。综合预测法，一方面可以对各种不同预测结果进行对比分析，找出并消除其中的不确定因素；另一方面，可以找出各相关事件相互影响的规律性，把它们结合起来进行分析，以提高预测结果的准确性。

（4）按预测时态划分

按预测的时态可将预测分为静态预测和动态预测。静态预测是指不包含时间变动因素，对事物在同一时期的因果关系进行预测。动态预测是指包含时间变动因素，根据事物发展的历史和现状，对其未来发展前景做出的预测。

### 6.2.2　经营预测的基本程序

为了保证预测工作的顺利进行，必须按预测工作的过程加强组织工作，以利于各环节工作的相互协调，进而取得成效。经营预测的基本程序，如图 6-3 所示。

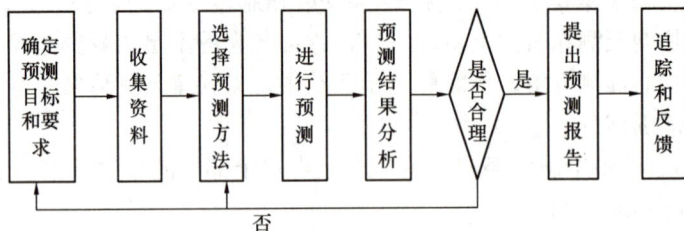

图 6-3　经营预测的基本程序

**1. 确定预测目标和要求**

企业进行预测，首先要确定预测的对象和目的，并要求具体、准确、清楚。是短期预测还是中长期预测，是需求预测还是销售预测，是对一种产品或几种产品的社会需求量进行预测，或是对某一地区某一特定时间某种产品的销售量进行预测，或是预测市场占有率等，这些都必须非常具体地确定下来。确定预测目标和要求是预测全部工作的关键，对以下各步起到指导作用。预测目标和要求应尽量详细具体，操作时才能具体实施。

**2. 收集资料**

预测资料的数量和质量直接关系到预测结果的精确度。因此，在收集资料时，一方面要考虑资料的准确性，另一方面还要考虑资料的相关性。对收集到的资料还要加工整理，整理资料要尽量做到数字资料和文字资料相结合，宏观资料和微观资料相结合，动态资料和静态资料相结合，使资料发挥更大的作用。

**3. 选择预测方法**

选择预测方法是整个预测工作的核心。各种预测方法都有其不同的原理、特点和适用性，要根据预测目标和资料占有情况综合分析。预测方法的选择标准有预测期的长短，信息资料的多少，历史数据的类型，预测费用，预测结果和精度要求，以及预测方法的实用性等。

**4. 进行预测**

利用现有的资料和选定的预测方法进行预测。由于客观经济现象错综复杂，在预测时尽量同时采用几种预测方法，进行比较和验证，这样可以减少预测失误，提高预测的准确性。

**5. 预测结果分析**

对预测结果进行分析，检查是否达到预期目标，预测误差是否在允许的范围之内，预测结果是否合理等。如果得出否定的结论，则需重新确定预测目标或选择其他预测方法，再次进行预测。预测结果产生一定的误差是必然的，因此，这就需要一方面分析预测模型中所没有考虑到的因素，把它加到预测结果中去进行修正，另一方面还要根据自己的经验、推理、知识去判断预测结果是否合理并进行修正。有时在原来的模型不能如实地反映客观事物发展时，还需重新进行追踪预测。

6. 提出预测报告

预测结论得以确认后，便可以提出预测报告，供决策者参阅，预测报告中至少应包括预测结论及建议等。

7. 追踪和反馈

提出预测报告后，还要追踪预测报告的结论及建议是否被采纳，实际效果如何等，对追踪的结果进行反馈，以便在下一次预测时，纠正偏差，改进预测方法。

### 6.2.3 建筑企业预测的内容

建筑企业生产经营预测要为建筑企业确定生产经营目标、制定发展规划和经营决策提供依据，根据这一要求，它的内容包括以下几个方面：

1. 建筑产品市场预测

随着经济体制改革的进一步深化，建筑企业的发展不仅面临着挑战，也面临着种种机遇，建筑企业与市场的联系更加密切，建筑市场预测的作用和意义也就越来越显著。建筑市场预测一般包括：

（1）建筑产品的方向和需求量预测。如国家、部门、地方投资的方向，自筹资金投资的方向；新建性质的建筑产品、建筑维修、加固、建筑劳务以及技术服务等方面需求量的预测。

（2）建筑产品的类型和构成预测。如对生产性建筑产品与非生产性建筑产品、工业建筑产品和民用建筑产品各占比重如何，以及工业化生产方式建筑产品与传统方式生产建筑产品所占比重的发展预测。

（3）建筑产品的功能预测。如对建筑产品的质量要求、功能要求、配套性要求等的预测。

2. 资源预测

资源预测主要指建筑企业对所需原材料、人力、设备、资金等的需求数量、供应来源、配套情况、满足程度和供应条件等的预测，还包括对未来建筑材料发展趋势的预测。它是建筑企业制订生产经营计划、材料物资采购供应计划和确定合理库存的依据。

3. 生产能力预测

建筑企业生产能力通常是通过劳动生产率来衡量的，所以企业生产能力预测主要是针对企业人员和机械设备的需求变化情况进行估计的。它为建筑企业制订人员配备和培养计划、技术改造及自身基本建设计划、机械设备配备计划提供依据。

4. 技术发展预测

建筑企业技术发展预测包括施工工艺、企业适用技术和技术改造方向的预测等，它是建筑企业制订技术改造规划、科研和新工艺新技术试验计划及新技术工人培训计划的依据，如对住宅产业化和新型建筑业化的发展所带来的技术创新和管理创新等的预测。

5. 多种经营方向预测

建筑企业多种经营方向预测包括企业多种经营产品的市场需求量，所需资源、能源及其来源的预测等。它是建筑企业多种经营业务规划和组织的依据。

6. 利润、成本预测

利润、成本预测是指对建筑企业和本行业不同类型建筑产品的利润和成本的变化范围及趋势的估计。它是建筑企业确定经营目标、经营策略，制订利润计划并组织实施的依据。

### 6.2.4 经营预测的方法

1. 定性预测方法及应用

随着科学技术的发展，社会现象日益复杂，市场情况瞬息万变，企业在进行经营预测时，有许多问题无法定量化，或难以获得充足的数据资料作为依据，也有许多问题定量化所花费的代价是昂贵的，对于此类情况，只能依靠人的主观经验和综合分析能力，对未来事物的发展状况做出判断。这就要应用定性预测方法。下面介绍几种常用的定性预测方法。

（1）个人判断法

个人判断法是凭借个人的知识、经验和综合分析能力，对预测对象未来发展变化趋势做出的推断。这种方法简便易行，能迅速得到预测结果，但有一定的片面性，且易受当时环境、气氛的影响。实践中常和其他预测方法结合使用。

（2）专家意见法

专家意见法是在国内外广泛使用的一种预测方法。它是根据市场预测的目的和要求，向一组经过挑选的有关专家提供一定的背景资料，通过会议的形式对预测对象及其前景进行评价，在综合专家分析判断的基础上，对市场趋势做出量的推断。专家意见法一般用于以下几种情况：没有历史资料或历史资料不完备；难以进行定量的分析；需要进行定性分析的预测。

1）专家的选择。专家意见法效果的好坏，在很大程度上取决于专家选择是否得当。选择专家要注意以下要点：

①专家要具有代表性。专家应来自与预测项目有关的各个方面，互相之间最好互不相识，有较好的代表性。

②专家要具有丰富的知识和经验。专家还应具有较高的学历，较长的相关工作经历和经验，良好的思维能力，良好的个人表达能力。

③专家要具有一定的市场调研与预测方面的知识和经验。

④专家的人数要适当。经验表明，人数控制在 15 人以内比较恰当。

2）专家意见法预测步骤

①预测组织者根据预测的目的和要求，拟定意见咨询表。

②选定若干个熟悉预测对象的专家组成一个预测小组。

③召集小组成员开会，在会上向各成员发放意见咨询表，说明预测的要求，并尽可能提供有关参考资料。

④小组成员根据预测要求，凭个人经验和分析判断能力，提出各自的预测方案，并说明其理由。

⑤预测组织者计算有关人员的预测方案的方案期望值。

⑥将参与预测的有关人员分类，计算各类综合期望值。

⑦确定最终的预测值。

专家意见法的优点是由专家做出的判断和估计具有更高的准确性，同时，这种方法本身可以使与会专家能畅所欲言，充分讨论，集思广益，从而提高预测的准确性。但是，这种方法也同样存在受专家个性和心理因素或其他专家的意见的影响或左右，同时受参加人数和讨论时间的限制，会影响预测的科学性和准确性。

（3）德尔菲法

又称专家意见征询法，是 20 世纪 40 年代末开始被广泛使用的一种函询预测方法。德尔菲法是把所要预测的问题和必要的背景资料，用信函的方式寄给各位专家，分别征求他们的意见，得到答复后，把各种意见经过综合、整理和反馈，让专家们再次做出判断，如此反复多次，直到预测的问题得到较为满意的结果。从运用实践看，大致要进行四轮。

运用德尔菲法的预测要点：

1）调查前的准备工作

①确定预测题目。即预测的对象，明确预测所要研究和解决的问题。

②根据题目确定调查内容。

③制作调查表。即把所要预测的问题按次序排列在表格中，以供专家回答。调查表中语句要表达准确清楚，便于回答；问题数量宜少而精，回答方式简便，并留有空白以供专家说明自己的意见和观点；企业不能把自己的意见表露出来，以免影响专家的观点。

④专家的选择。所选专家应对所预测的问题熟悉了解，并具有较强的分析判断和预测能力，专业知识和工作经验丰富。

2）调查预测

首先把调查表寄给各位专家，要求他们独立回答调查表中的问题。企业对答案进行综合整理，汇总形成第二轮调查表；在第二轮调查中，把第一轮调查汇总的调查表再寄给每位专家，并提供有关的预测参考资料，以供专家们提出新的判断；再把意见进行整理，汇总成新的调查表，再反馈给每位专家，要求每位专家在提出自己的意见时，说明自己意见的理由或论证。在前三轮调查的基础上，每位专家对各种预测意见做出最后的评价，并提出他最后的预测意见及预测依据，如此多次反复。

3）德尔菲法的特点

①匿名性。参加预测的专家在整个预测过程中彼此互不通气，以"背靠背"的方式接受咨询。即预测是以匿名方式进行的。其目的在于尽可能减少各种因素对专家的影响，使他们畅所欲言。同时，这种匿名方式使专家们在整个应答过程中可以随时改变意见，重新进行预测，也不致损害自己的威望。从而可使各种意见得到比较充分的讨论和发挥。

②反馈性。德尔菲法并不是靠个人意见的发挥来进行预测，而是通过大量的反馈信息，沟通专家们的意见交流和影响。第一轮预测结果收回后，经预测机构的整理、统计和分类，将应答情况的统计资料反馈给各位专家，如此反复，直到全过程完结。专家们从反馈回的各种资料中进行分析、选择，可参加其中有价值的意见，深入联想，反复比较，有利于提出较好的预测意见。

③统计性。德尔菲法不是简单地收集专家的意见，而是要经过一系列的统计分析和处理，最后得到一个定量的预测结果。

（4）定性预测结论的形成

通过主观预测得到的结果大部分都是定性的，为了便于比较，我们有时要进行整理、加工，最后用定量的数据表示出来预测的结果。

1）主观概率法。该方法是预测者对预测事件发生的概率做出主观估计，然后计算它的平均值，以此作为预测事件的结论的一种方法。

**【例 6-1】** 某企业拟开发某类商品房，根据市场销售的历史和现状，对该类商品房市场需求可能出现的自然状态及概率估计，见表 6-1。

主观概率统计表　　　　　　　　　　　　　　　　表 6-1

| 自然状态 | 预测者 | | | | | 平均值 |
|---|---|---|---|---|---|---|
| | A | B | C | D | E | |
| 需求量高 | 0.6 | 0.4 | 0.5 | 0.7 | 0.4 | 0.52 |
| 需求量一般 | 0.2 | 0.3 | 0.2 | 0.2 | 0.5 | 0.28 |
| 需求量低 | 0.2 | 0.3 | 0.3 | 0.1 | 0.1 | 0.20 |

根据表 6-1 中数据，计算其平均值，得到需求量高的概率为 0.52，需求量一般的概率为 0.28，需求量低的概率为 0.20。

当持各种意见的专家人数不同或专家们的实际经验和知识不同时，可对于不同概率给予不同的权数，用加权平均法求其预测值。

2）主观记分法。事先予以不同的事件或方案不同的计分标准，由调查者根据自己对事件的估计，按标准评定得出分值，这种方法叫主观记分法。对分数的整理和比较有许多方法，常用的有平均值法、加权平均法、比重系数法等。

（5）经济寿命周期分析预测法

各种经济活动中，任何一项新技术或一种产品都有其自身的自然寿命和经济寿命。所谓经济寿命是指一项新技术或一种产品从诞生之日起，一直到被淘汰之日止的这段历史全过程，此过程大体可分为试销（萌芽）期、畅销（成长）期、饱和（成熟）期和滞销（衰退）期四个阶段，如图 6-4 所示。

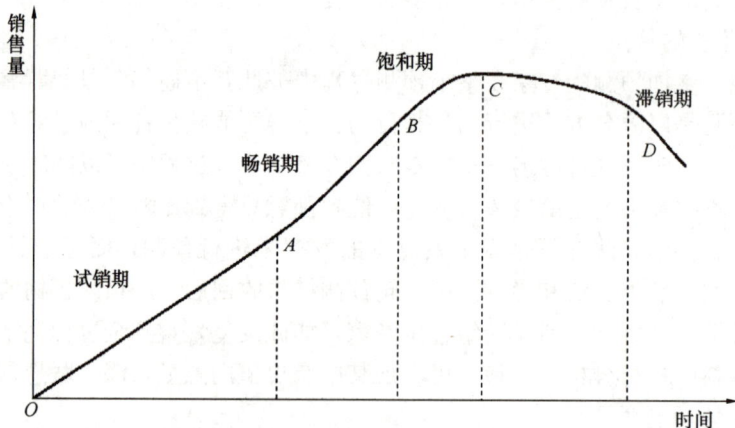

图 6-4　经济寿命周期曲线

OA 段称为试销期（萌芽阶段）；AB 段称为畅销期（成长阶段）；BD 段称为饱和期（成熟阶段），C 点是该类产品或该项技术发展的高峰点，同时又是发展到衰退的转折点；D 以后的阶段称为滞销期（衰退阶段），D 点称为临界时间点，D 点以后该类产品或该项技术便进入淘汰状态。

经济寿命周期分析预测法是根据对某种产品或某项技术市场供需情况变化的详细调

查，由经济寿命周期的一般规律来预测其销售量（或销售额）的一种专门方法。

经济寿命周期分析预测一般要从以下四个方面进行：

第一，调查产品或技术目前处于产品"寿命周期"的哪一个阶段。不同阶段的市场对产品或技术的需求是不相同的，因此产生的经济效益也是不同的。

第二，调查消费者的情况。摸清消费者的经济情况，选择供应者的标准，个人的爱好、风俗、习惯和购买力的变化以及对商品或技术的要求等因素对建筑企业生产经营状况所产生的影响。

第三，调查市场上竞争对手的情况。充分了解同行业中同类产品或同类技术的销售、创新等方面所采取的改进措施对销售的影响。同时还要掌握本企业产品的竞争能力，即市场占有率、技术装备率等情况。

第四，调查国内外和本地区经济发展的趋势。研究各方面因素的变动对产品销售或技术创新可能产生的影响，如政治因素、经济因素等。

最后将上述四个方面的调查分析资料进行综合、整理、加工、计算，就可以对产品或技术需求等状况做出预测。

2. 定量预测方法及应用

定量预测法又叫统计预测法，就是根据一定数据，运用数学模型来确定各变量之间的数量关系，根据数学计算和分析的结果来预测市场的未来。定量预测法中目前采用较多的基本方法为时间序列分析预测法和回归预测分析法。时间序列分析法又称作趋势预测法，是将历史资料和数据，按时间顺序排成一个序列，根据时间序列所反映的经济现象的发展过程、方向和趋势，将时间序列外推或延伸，以预测经济现象未来可能达到的水平。

（1）时间序列分析预测法

时间序列分析预测法有两个基本特点：其一，它承认在影响事物变动的基本因素未发生改变的情况下，其发展具有延续性。其二，承认事物发展的不规律性，所以采用各种方法对数据进行处理，消除不规律（偶然性）因素的干扰和影响。经济社会中的各种事物或现象的时间序列组成十分复杂，按它们作用的效果大致可分为长期趋势、季节性变化、循环变动和偶然性波动等，相应的预测方法也有许多，这里简要介绍几种常用的方法。

1）指数平滑法

指数平滑法是用指数加权的办法来进行移动平均的预测方法。它以本期实际值和本期预测值为基数，分别给这两种数以不同的权数，计算出指数平滑值。其计算公式为：

$$S_{t+1}=\alpha \cdot X_t+(1-\alpha) \cdot S_t \tag{6-1}$$

式中　$S_{t+1}$——第 $t+1$ 期的指数平滑值；

　　　$\alpha$——平滑系数（$0\leqslant\alpha\leqslant1$）；

　　　$X_t$——第 $t$ 期实际值；

　　　$S_t$——第 $t$ 期指数平滑值。

由式（6-1）可推得：

$$S_{t+1}=\alpha \cdot X_t+\alpha(1-\alpha) \cdot X_{t-1}+\alpha(1-\alpha)^2 \cdot X_{t-2}+\cdots$$

从上式可以看出，指数平滑法就是对不同时期的数据给予不同的权数，既强调了近期数据对预测值的作用，又未完全忽略远期数据的影响。

在实际中，平滑系数 $\alpha$ 由预测人员判断选定，通常可以选用几个 $\alpha$ 值做实验，经试验与调整，选取误差较小的 $\alpha$ 值用于预测。当找到较满意的 $\alpha$ 值后，若连续运用，还要定期校核。一般情况下，可参考下列数字：

①如果时间序列虽有不规则变动，但长期趋势接近某一稳定常数时，则取较小的 $\alpha$ 值（0.05～0.20）。

②如果时间序列中具有迅速且明显的变动趋势，则 $\alpha$ 值取较大值（0.4～0.8），使新近趋势强烈地反映在预测值中。

③如果时间序列变化较小，则 $\alpha$ 宜取较小值（0.1～0.4），使较早的观察值亦能充分反映于指数平滑值中。

又因为 $S_2 = \alpha \cdot X_1 + (1-\alpha) \cdot S_1$，$S_1$ 为一未知值，称为初始值。如何确定 $S_1$，可分为两种情况。当样本为大样本时，初始值以时间数列的首项替代；当样本为小样本时，初始值以时间数列的前几项求一简单平均数作为替代。

**【例6-2】** 某建筑公司的某年1到10月份的销售额见表6-2，应用指数平滑法，分别按 $\alpha = 0.3$ 和 $\alpha = 0.7$ 计算预测值，计算结果见表6-2。

**解：** 表6-2中的时间数列中已知数据为时间 $t$（月）和相对应的销售额 $X_t$（万元）。由于只有10个月的数据，属于小样本，初始值取前三项简单平均数。即：

$$S_1 = \frac{x_1 + x_2 + x_3}{3} = \frac{140 + 160 + 150}{3} = 150$$

当平滑系数 $\alpha = 0.3$ 时，根据式（6-1）可得二月份的预测值为：

$$S_{1+1} = 0.3 x_1 + (1-0.3) S_1 = 0.3 \times 140 + (1-0.3) \times 150 = 147$$

三月份的预测值为：

$$S_{2+1} = 0.3 x_2 + (1-0.3) S_2 = 0.3 \times 160 + (1-0.3) \times 147 = 150.9$$

以此类推，可得出其他月份的预测值。当 $\alpha = 0.7$ 时计算方法相同。计算结果见表6-2。

指数平滑计算表　　　　　　　　　　　　　　　　　　　　表6-2

| 月份 | 销售额 | $\alpha = 0.3$ | 偏差 | $\alpha = 0.7$ | 偏差 |
|---|---|---|---|---|---|
| 1 | 140 | 150.0 | 10.0 | 150.0 | 10.0 |
| 2 | 160 | 147.0 | 13.0 | 143.0 | 17.0 |
| 3 | 150 | 150.9 | 0.9 | 154.9 | 4.9 |
| 4 | 135 | 150.6 | 15.6 | 151.5 | 16.5 |
| 5 | 142 | 145.9 | 3.9 | 140.0 | 2.0 |
| 6 | 145 | 144.7 | 0.3 | 141.4 | 3.6 |
| 7 | 136 | 144.8 | 8.8 | 143.9 | 7.9 |
| 8 | 138 | 142.2 | 4.2 | 138.4 | 0.4 |
| 9 | 140 | 140.9 | 0.9 | 138.1 | 1.9 |
| 10 | 142 | 140.6 | 1.4 | 139.4 | 2.6 |
|  |  | 141.0 | 合计 59 | 141.2 | 合计 66.8 |

从表6-2中可以看出，当 $\alpha = 0.3$ 和 $\alpha = 0.7$ 时，计算出的各期预测值与实际值之差的绝对值之和分别为59和66.8。因此，当 $\alpha = 0.3$ 时其预测效果要优于 $\alpha = 0.7$ 时。在实际的操

作中，要再选取几个 $\alpha$ 值做实验，最终选取误差较小的 $\alpha$ 值用于预测。

2）趋势预测法

趋势预测法是以一个经济变量在一定时期内大致沿某一趋势呈线性或非线性变化为研究对象，预测事物未来发展趋势的方法。趋势预测法中最为基础的方法为线性趋势预测法。当经济变量在某一时间内近似呈线性趋势时，我们可把事件的序列数作为变量 $X$，把所研究经济变量在各个时期的数值作为变量 $Y$，则线性趋势预测模型为：

$$Y=a+bX \tag{6-2}$$

式中 $a$ 和 $b$ 为待定的系数。

利用最小二乘法，$a$ 和 $b$ 分别由下式确定：

$$b=\frac{N\sum x_iy_i-\sum x_i\sum y_i}{N\sum x_i^2-(\sum x_i)^2} \tag{6-3}$$

$$a=\frac{\sum y_i}{N}-b\frac{\sum x_i}{N} \tag{6-4}$$

式中 $N$——数据点数；

$x_i$ 和 $y_i$——实际数据点（$i=1, 2, \cdots, n$）。

根据时间序列的特点，我们可按照下述方法将时间序列数适当取值，使 $\sum x_i=0$，从而使计算简化。当周期数为奇数，我们可以以中间一期为原点，则 $x$ 的数列为$\cdots-3，-2$，

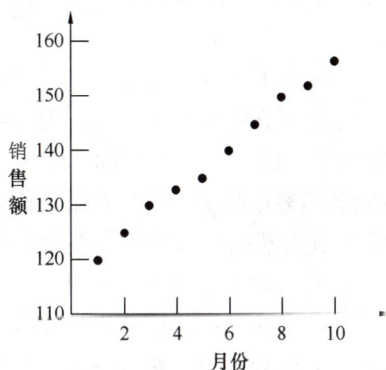

图 6-5　数据分布图

$-1，0，1，2，3，\cdots$。当周期数为偶数，我们可以以中间二期之间的点为原点，则 $x$ 的数列为$\cdots-5，-3$，$-1，1，3，5\cdots$。这样$\sum x_i=0$，由此上述计算公式简化为：

$$b=\frac{\sum x_iy_i}{\sum x_i^2} \tag{6-5}$$

$$a=\frac{\sum y_i}{N} \tag{6-6}$$

【例 6-3】某企业 1 至 10 月份的施工产值见表 6-3，试用趋势预测法预测 11 月份和 12 月份的可能施工产值。

**解：** 首先根据统计资料绘出数据分布图（图 6-5）。

从图 6-5 中可以看出数据点的分布呈线性趋势，建立预测模型：

$$Y=a+bX$$

列表计算结果见表 6-3：

线性趋势计算表　　　　　　　　　　　　　　表 6-3

| 月份 | $y_i$ | $x_i$ | $x_i^2$ | $x_iy_i$ |
|---|---|---|---|---|
| 1 | 120 | $-9$ | 81 | $-1080$ |
| 2 | 125 | $-7$ | 49 | $-875$ |
| 3 | 130 | $-5$ | 25 | $-650$ |
| 4 | 133 | $-3$ | 9 | $-399$ |

续表

| 月份 | $y_i$ | $x_i$ | $x_i^2$ | $x_iy_i$ |
|---|---|---|---|---|
| 5 | 135 | −1 | 1 | −135 |
| 6 | 140 | 1 | 1 | 140 |
| 7 | 146 | 3 | 9 | 438 |
| 8 | 150 | 5 | 25 | 750 |
| 9 | 152 | 7 | 49 | 1064 |
| 10 | 155 | 9 | 81 | 1395 |
| 合计 | 1386 | 0 | 330 | 648 |

则：

$$b=\frac{\sum x_iy_i}{\sum x_i^2}=\frac{648}{330}=1.96$$

$$a=\frac{\sum y_i}{N}=\frac{1386}{10}=138.6$$

将 $a$、$b$ 值代入预测模型：

$$Y=a+bX=138.6+1.96X$$

由于此处使用的是简化计算，当预测 11 月份的施工产值时，$X_i$ 值为 11。则将 $X_i=11$ 代入预测模型。11 月份预测值为：

$$Y=138.6+1.96X=138.6+1.96\times11=160.16$$

同样，当预测 12 月份的施工产值时，$X_i$ 值为 12。则将 $X_i=12$ 代入预测模型。12 月份预测值为：

$$Y=138.6+1.96X=138.6+1.96\times12=162.12$$

3）季节变动预测法。建筑企业生产经营管理中，常会出现季节性变动的现象，为了给经营决策提供正确的依据，一般采用季节变动预测法来预计这种季节性变动的规律。

季节变动预测法又称季节周期法、季节指数法、季节变动趋势预测法，它是以循环周期（1 年或更长时间）为跨越期求得移动平均值，并在移动平均值的基础上求得季节指数，然后以最后一个移动平均值、趋势增长值和季节指数为依据，对未来的发展趋势做出预测。

季节性变动比较复杂，它既包括趋势性变化，又包括季节性变化，可能还有偶然性变化等。季节性变动预测的目的是要分析季节变动因素对趋势发展的影响作用，并以此来预测未来趋势。

**【例 6-4】** 某企业第 1 年到第 4 年各月的盈利水平，见表 6-4，预测第五年该企业各月盈利水平。

**解：** 首先绘制数据点分布图（图略），确定变动性质。

某企业各月的盈利水平统计 表 6-4

| 年份 | 月 份 | | | | | | | | | | | | 合计 |
|---|---|---|---|---|---|---|---|---|---|---|---|---|---|
| | 1 | 2 | 3 | 4 | 5 | 6 | 7 | 8 | 9 | 10 | 11 | 12 | |
| 1 | 8 | 10 | 11 | 13 | 14 | 17 | 16 | 15 | 13 | 15 | 12 | 10 | 154 |
| 2 | 10 | 13 | 14 | 15 | 17 | 19 | 18 | 16 | 15 | 17 | 14 | 12 | 180 |
| 3 | 12 | 14 | 15 | 17 | 20 | 19 | 18 | 21 | 17 | 16 | 15 | 13 | 197 |

续表

| 年份 | 月 份 | | | | | | | | | | | | 合计 |
|---|---|---|---|---|---|---|---|---|---|---|---|---|---|
| | 1 | 2 | 3 | 4 | 5 | 6 | 7 | 8 | 9 | 10 | 11 | 12 | |
| 4 | 13 | 15 | 16 | 19 | 21 | 24 | 22 | 20 | 18 | 17 | 16 | 14 | 215 |
| 合计 | 43 | 52 | 56 | 64 | 72 | 79 | 74 | 72 | 63 | 65 | 57 | 49 | 746 |
| 月平均 | 10.75 | 13 | 14 | 16 | 18 | 19.75 | 18.5 | 18 | 15.75 | 16.25 | 14.25 | 12.25 | 186.5 |
| 季节系数（%） | 69.18 | 83.66 | 90.09 | 102.96 | 115.83 | 127.09 | 119.05 | 115.83 | 101.35 | 104.57 | 91.70 | 78.83 | |
| 预测值 | 13.64 | 16.49 | 17.76 | 20.29 | 22.83 | 25.05 | 23.46 | 22.83 | 19.98 | 20.61 | 18.07 | 15.54 | 236.5 |

根据表 6-4 的数据，可绘出图 6-6，该企业的盈利水平是以年为周期的季节性变动，并呈递增的总趋势。

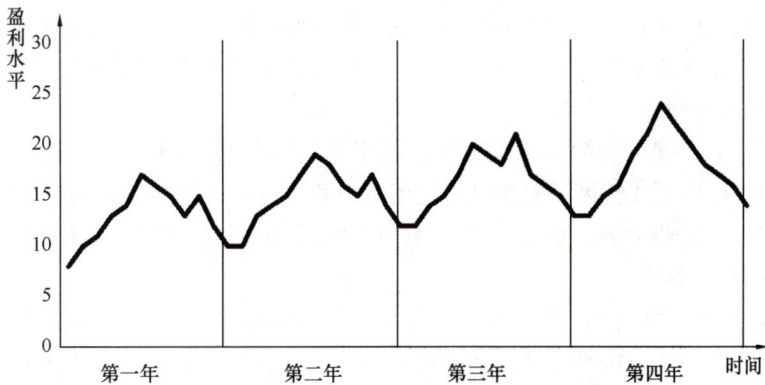

图 6-6 企业季度盈利水平

季节系数可由下式确定：季节系数＝月平均值/总平均值

月平均值的计算结果见表 6-4。

$$总平均值 = \frac{\sum_{i=1}^{12} 月平均值}{12} = \frac{186.5}{12} = 15.54$$

季节系数的计算结果见表 6-4。

长期趋势变动为线性趋势，其趋势预测模型为 $y = a + bx$。根据趋势直线方程求出各季度的趋势值，见表 6-5。

趋势预测计算表　　　　　　　　　　　　　表 6-5

| 年份 | 年次 | 季平均数 $y_i$ | $x^2$ | $xy_i$ |
|---|---|---|---|---|
| 1 | −3 | 154 | 9 | −462 |
| 2 | −1 | 180 | 1 | −180 |
| 3 | 1 | 197 | 1 | 197 |
| 4 | 3 | 215 | 9 | 645 |
| 合计 | 0 | 746 | 20 | 200 |

根据式(6-5)、式(6-6)求得：

$$a=\frac{\sum y_i}{N}=\frac{746}{4}=186.5$$

$$b=\frac{\sum x_i y_i}{\sum x_i^2}=\frac{200}{20}=10$$

则 $y=186.5+10x$

第五年相应的 $x=5$，故第五年的盈利水平为 $y=186.5+10\times5=236.5$

各月预测值由下式确定：

月预测值：年预测值/12×季节系数

计算结果列于表 6-4 的最后一行。

（2）回归分析预测法

所谓回归分析就是研究某一个随机变量（因变量）与其他一或几个变量（自变量）之间的数量变动关系，由回归分析求出的关系式通常称为回归模型。回归分析预测法就是从各种经济现象之间的相互关系出发，通过对与预测对象有联系的现象变动趋势分析，推算预测对象未来状态数量表现的一种预测法。

按自变量个数不同可分为一元回归和多元回归，依据回归模型是否线性，可分为线性回归和非线性回归，所谓线性回归模型就是指因变量和自变量之间的关系是直线型的。回归分析法一般适用于中长期预测。下面简单介绍线性回归预测法和非线性回归预测法。

1）线性回归预测法

①一元线性回归预测法，是对两个具有线性关系的经济变量，运用合适的参数估计方法，建立线性回归模型，根据自变量的变动来预测因变量平均发展趋势的方法。

很多社会经济现象之间都存在相关关系，因此，一元线性回归预测有很广泛的应用。进行一元线性回归预测时，必须选用合适的统计方法估计模型参数，并对模型及其参数进行统计检验。

【例 6-5】某建筑公司 7 年间逐年的竣工面积与获得的利润的统计资料见表 6-6，如预计第 8 年竣工面积将比上一年增长 8％，试用一元线性回归法预测第 8 年的利润水平。

**解：**首先绘制散点图（图略）。

设年利润总额 $y$，年竣工面积为 $x$，绘制散点图，由散点图可以看出两者呈线性关系，可以建立一元线性回归模型。

一元线性回归计算表　　　　　　　　　　　　　　　　表 6-6

| 年份 | 竣工面积 $x$ | 利润总额 $y_i$ | $x^2$ | $xy_i$ | $Y$ | $(Y-y_i)^2$ |
|------|------|------|------|------|------|------|
| 1 | 8.3 | 410 | 68.89 | 3403.0 | 419.5 | 90.25 |
| 2 | 8.9 | 446 | 79.21 | 3969.4 | 444.0 | 4.00 |
| 3 | 9.7 | 485 | 94.09 | 4704.5 | 476.7 | 68.89 |
| 4 | 10.8 | 530 | 116.64 | 5724.0 | 521.6 | 70.56 |
| 5 | 12.1 | 570 | 146.41 | 6897.0 | 574.8 | 23.04 |
| 6 | 13.4 | 620 | 179.56 | 8308.0 | 627.9 | 62.41 |
| 7 | 15.3 | 709 | 234.09 | 10847.7 | 705.5 | 12.25 |

建立一元线性回归方程为：$y=a+bx$

根据上表计算有关数据，并计算出回归系数估计值：

$$b=\frac{N\sum x_i y_i-\sum x_i \sum y_i}{N\sum x_i^2-(\sum x_i)^2}=\frac{7\times 43853.6-78.5\times 3770}{7\times 918.89-78.5^2}=40.86$$

$$a=\frac{\sum y_i}{N}-b\frac{\sum x_i}{N}=\frac{3770}{7}-\frac{40.86\times 78.5}{7}=80.36$$

所求回归预测方程为：$y=80.36+40.86x$

已知第 8 年竣工面积比第 7 年增长 8%，则第 8 年竣工面积为：$15.3\times 1.08=16.52$。即将 $x=16.52$ 代入回归方程，可算出第 8 年利润为：

$$y=80.36+40.86\times 16.52=755.37 \text{ 万元}$$

分析预测结果的置信区间，对一个自变量 $y$，$y$ 的实际发生值按正态分布的规律波动。假设波动的标准差为 $S$，其计算公式为：

$$S=\sqrt{\frac{\sum(y_{ai}-y_i)^2}{N-2}} \tag{6-7}$$

式中 $y_{ai}$——实际发生值；

$y_i$——按回归方程计算所得的预测值；

$N$——数据期数。

由正态分布理论可知，实际发生值取值范围在 $Y+S$ 之内的概率为 68.3%；在 $Y\pm 2S$ 之内的概率为 95.45%；在 $Y-3S$ 之内的概率为 99.73%。我们一般取 $Y\pm 2S$ 为置信区间。计算过程见表 6-6。

$$S=\sqrt{\frac{\sum(y_{ai}-y_i)^2}{N-2}}=\sqrt{\frac{331.4}{5}}=8.14$$

则概率为 95.45% 的置信区间为：

$$Y\pm 2S=755.37\pm 2\times 8.14=\begin{cases}771.65\\739.09\end{cases}$$

②多元线性回归预测法，在许多实际问题中，影响变量 $X$ 的因素经常不止一个。例如建筑企业的木材加工厂的木制品成本，不仅同直接的劳动量有关，而且同耗用木材量也有关。这就促使我们要考虑多元回归问题。由于多元线性回归的原理与一元回归基本相同，故不作理论上的较多推导，多元回归的计算比一元回归要复杂得多。多元回归是指包括两个或两个以上的自变量与一个因变量的变动分析。当变量之间存在线性关系时，称为多元线性回归分析。多元线性回归方程式为：

$$Y=a+b_1x_1+b_2x_2+\cdots+b_nx_n \tag{6-8}$$

式中 $Y$——因变量；

$x_1$，$x_2$，$\cdots$，$x_n$——自变量，即诸多因素；

$a$，$b_1$，$b_2$，$\cdots$，$b_n$——参数，即回归系数。

2）非线性回归预测法，在社会现实经济生活中，时有变量的关系并不是线性变化，而是数据呈曲线分布。此时一般采用非线性回归分析进行预测。非线性回归分析经常采用的一种方法，是进行变量变换，把许多拟合曲线问题变换为拟合直线问题来处理，即非线性问题变换为线性问题来处理。常见的非线性回归模型有以下几种：

①双曲线模型：$y_i = \beta_1 + \beta_2 \dfrac{1}{x_i} + u_i$

②多项式模型：$y_i = \beta_1 + \beta_2 x_i + \beta_3 x_i^2 + \cdots + \beta_n x_i^n + u_i$

③对数模型：$y_i = \beta_1 + \beta_2 \ln x_i + u_i$

④三角函数模型：$y_i = \beta_1 + \beta_2 \sin x_i + u_i$

⑤指数模型：$y_i = ab^{x_i} + u_i$，$y_i = e^{\beta_0 + \beta_1 x_{1i} + \beta_2 x_{2i} + u_i}$

⑥幂函数模型：$y_i = ax_i^b + u_i$

⑦修正指数增长曲线：$y_i = a + br^{x_i} + u_i$

⑧罗吉斯曲线：$y_i = \dfrac{e^{\beta_0 + \beta_1 x_i}}{1 + e^{\beta_0 + \beta_1 x_i}} + u_i$

根据非线性回归模型线性化的不同性质，上述模型一般可以分成三种类型。

第一类：直接换元型。这类非线性回归模型通过简单的变量换元可直接化为线性回归模型，由于这类模型的因变量没有变形，所以可以直接采用最小二乘法估计回归系数并进行检验和预测。

第二类：间接代换型。这类非线性回归模型经常通过对数变形代换间接地化为线性回归模型。由于这类模型在对数变形代换过程中改变了因变量的形态，使得变形后模型的最小二乘估计失去了原模型的残差平方和为最小的意义，从而估计不到原模型的最佳回归系数，可能造成回归模型与原数列之间的较大偏差。

第三类：非线性型。这类非线性回归模型属于不可线性化的非线性回归模型，第一类和第二类非线性回归模型相对于第三类，又称为可线性化的非线性回归模型。

## 6.3 建筑企业经营决策

### 6.3.1 决策的概念、特征及类型

#### 1. 决策的概念

决策是为了实现特定的目标，根据客观条件的可能性，在占有一定信息和经验的基础上，借用一定的工具、方法和技巧拟定并评估各种方案，从中选出合理方案的过程。简单地说，决策就是考虑和解决问题方案的行为和过程。

#### 2. 决策的特征

（1）决策活动是动态过程。它主要表现在两个方面：首先，决策活动包括从确定目标、方案比选、方案实施跟踪及方案修正的全过程。没有这一系列过程，决策就容易陷于主观、盲目，导致失误；其次，由于外部环境和内部条件随着时间的推移而发生变化，客观上要求决策随之而改变，做出适当的修改或调整，才能保证决策的正确。

（2）决策有明确的目的。决策的目的是实现企业的一定目标，或解决企业发展中某一问题。企业经营管理中每个时期都有它的目标，为实现企业的目标，要解决许许多多的问题，要想正确解决这些问题，使企业的经营有更好的经济效益，就必须进行科学的决策。没有目的就无从决策，决策就是通过解决某个问题来达到某个目标，无目标的决策是盲目

的决策。

（3）决策有若干的备选方案。决策的核心问题是如何进行多方案的选择，一个方案没有选择的余地，就谈不上谁优谁劣，也就失去了决策的意义。凡是要做决策，都必须有意识地拟定不同的实施方案，至少有两个备选方案，然后根据决策的标准选出较理想的方案。只有通过比较、鉴定，才能做出正确的决策。

（4）决策以可行方案为依据。决策所做的若干个备选方案应是可行的，只有这样决策方案才会切实可行。这种可行性应包括技术上可行、经济上可行和社会上可行等多项要求。

（5）决策有科学的标准和依据。决策要提倡用科学的数据说话，排除主观成见，但又要体现决策者的智慧、经验、胆识。这样才能做到大胆的开拓精神和实事求是精神的相互结合。

（6）决策选择结果应是较理想的方案。在实际工作中影响一项事物发展的因素十分复杂，有很多不确定因素，决策方案最优化是不切实际的。在有限时间内、有限条件下，不可能对所有因素都给予同样的考虑，因此，决策只能做到尽可能圆满，而不可能做到完美无缺。

（7）决策的主体是管理者。决策的主体既可以是单个的管理者，也可以是多个管理者组成的集体或小组。

3. 决策的类型

企业所要解决的问题是多方面的，根据所要解决问题的性质和内容，决策可以分成多种类型。企业管理者在进行决策时，应该先了解所要解决问题的特征，因为不同类型的决策，需要采用不同的决策方法。为了进行正确决策，必须对决策进行科学分类，采取不同的决策方法（表 6-7）。决策之间与组织间的关系如图 6-7 所示。

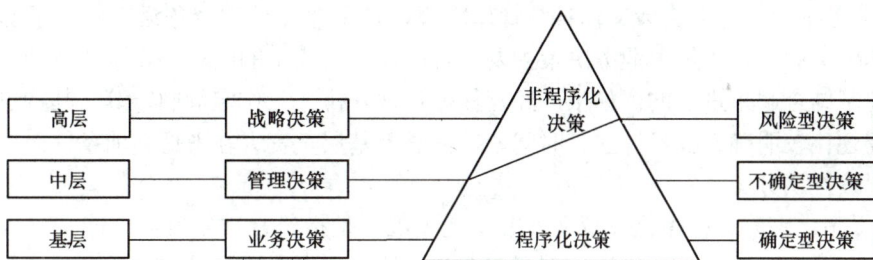

图 6-7　决策之间与组织间的关系

决策的类型　　　　　　　　　　　　　　　　　　表 6-7

| 决策分类标准 | 决策具体类型 | 决策分类标准 | 决策具体类型 |
|---|---|---|---|
| 按时间长短分类 | 中长期决策 | 按确定性程度分类 | 确定型决策 |
| | 短期决策 | | 不确定型决策 |
| 按重要程度分类 | 战略决策 | 按目标数量分类 | 风险型决策 |
| | 管理决策 | | 单目标决策 |
| | 业务决策 | | 多目标决策 |
| 按性质分类 | 程序化决策 | 按决策主体分类 | 个人决策 |
| | 非程序化决策 | | 集体决策 |
| 按应用的方法分类 | 定性决策 | 按决策的起点分类 | 初始决策 |
| | 定量决策 | | 追踪决策 |

（1）按时间长短分类

1）中长期决策。中长期决策是指在较长时期内，一般为 3～5 年，甚至更长时间才能实现目标的决策。它主要是确定与企业经营战略目标和发展方向有关的重大安排，如组织机构调整、投资方向与生产规模的选择、技术革新的发展方向、长远发展速度等。它属于战略性决策，往往与长期规划有关，并较多地注意企业的外部环境。这种决策一般需要一定数量的投资，具有实现时间长和风险较大的特点。

2）短期决策。短期决策是指一年以内，或季度，或月份内实现的决策。它是实现战略目标所采取的手段，比中长期决策更具体，考虑的时间也短一些，主要着眼于企业内部，通过生产要素的优化配置与动态管理实现战略目标。一般属于战术或业务决策。

（2）按重要程度分类

1）战略决策。战略决策是指直接关系到企业生存发展的全局性、较长期的问题的决策。如经营目标、产品结构、市场开拓等方面的决策。战略决策影响企业的全局，涉及范围广，时间长，对企业长远发展具有重要的意义。因此，这类决策一般由企业管理高层做出，是非常规性决策。战略决策又可分为总体战略决策和职能战略决策。

2）管理决策。管理决策又称战术决策，是以战略决策为指导，根据战略决策的要求，解决执行中的问题，结合企业内外条件，安排一定时期的任务，解决生产中存在的某些缺陷，进行企业内部的协调与控制，实现系统优化。如实施方案的选择、生产计划、销售计划、企业资源分配、企业经营业绩评估等。这类决策往往由企业中层管理人员采用定量方法进行系统分析。

3）业务决策。业务决策又称日常管理决策，是企业在日常业务活动中为了提高企业日常工作效率的一种决策。业务决策主要是解决作业任务中的问题，在企业管理中经常是与作业控制结合起来进行的。如生产经营任务日常安排、工作定额制定等。其特点是所要解决的问题比较明确、技术性强、时间紧，一般由基层负责人在考虑当前条件而做出的。

（3）按性质分类

1）程序化决策。程序化决策又称常规性决策，是指经常重复发生，能按已规定的程序、处理方法和标准进行的决策。多属于业务决策，如企业退货处理、企业规章制度执行等。主要适用于企业的例行性工作或经常反复出现的活动。由于这类问题是重复出现，因而可以规定出一定的程序，把决策过程标准化、程序化，企业一般按惯例和业务常规来进行处理。程序化决策帮助管理者特别是高层管理者，更好地处理日常事务，从而节省时间去处理更重要的问题。

2）非程序化决策。非程序化决策又称非常规性决策或一次性决策，是指没有常规可循，对不经常重复发生的业务工作和管理工作所做的决策。

由于非例行性的事件往往是变化大，影响因素多，错综复杂，突发性强，缺乏准确可靠的统计数据和资料，所要解决的问题不易确定，而且解决这类问题的经验也不足。如新产品开发、企业重组、风险投资决策等。因此不可能建立起一个固定的决策模式，常常要依靠决策者的知识、经验、信息和对未来发展的判断能力来做出。

（4）按应用的方法分类

1）定性决策。定性决策是不用或少用数据与模型，主要凭借决策者的经验和判断力在众多可行方案中寻找满意方案的过程。主要适用于缺乏数据或需迅速做出决定的场合。

2）定量决策。定量决策是借助于数据分析与量化模型进行决策的方法。主要适用于历史资料充足，易于数据分析和建立模型的场合。

（5）按确定性程度分类

1）确定型决策。确定型决策是指影响决策的因素或自然状态是明确的、肯定的，某一行动方案的结果也是确定的，因而只要比较各个不同方案的结果，就可以选择出最佳方案。

2）不确定型决策。不确定型决策是指某一行动方案可能出现几种结果，即多个自然状态，且各种自然状态的概率也不确定，企业是在完全不确定的情况下，只能靠决策者的经验做出主观概率判断的决策。

3）风险型决策。风险型决策又称随机型决策，是指可供选择的方案存在着两种以上的自然状态，即多种自然状态，究竟哪一种自然状态出现不能确定，决策者对未来的情况无法明确判断，但其出现的概率可知。在这类问题的决策中，企业决策人可以根据概率进行计算并做出决策，但无论采用何种方案都存在风险问题。

（6）按目标数量分类

1）单目标决策。单目标决策是指决策者所追求的目标只有一个。

2）多目标决策。多目标决策是指决策者所追求的目标是多个。在决策分析中，往往需要同时考虑多个目标。这些目标既有主次之分，又可能相互抵触，必须统筹兼顾。

（7）按决策主体分类

1）个人决策。个人决策是指单个人做出的决策。

2）集体决策。集体决策是指多个人一起做出的决策。相对于个人决策，集体决策有一些优点：

①能更大范围地汇总信息；

②能拟定更多的备选方案；

③能得到更多的认同；

④能更好地沟通；

⑤能做出更好的决策等。但集体决策也有一些缺点，如花费较多的时间、责任不明，或者个人由于真实或臆想的来自集体的压力，在认知或行动上不由自主地趋向于和其他人保持一致等。

（8）按决策的起点分类

1）初始决策。初始决策是零起点决策，是在有关活动尚未进行从而环境未受到影响的情况下进行的。

2）追踪决策。追踪决策是非零起点决策。随着初始决策的实施，组织环境发生变化，这种情况下所进行的决策就是追踪决策。

### 6.3.2 经营决策的基本程序

决策工作是一项动态的完整的过程，一般包括确定决策目标、方案设计、方案选择和执行方案四个阶段。其基本程序，如图 6-8 所示。

1. 确定决策目标

确定目标是决策程序的第一阶段，主要包括提出问题和确定目标两个环节。这一阶段的工作成效直接关系到整个决策的成败。

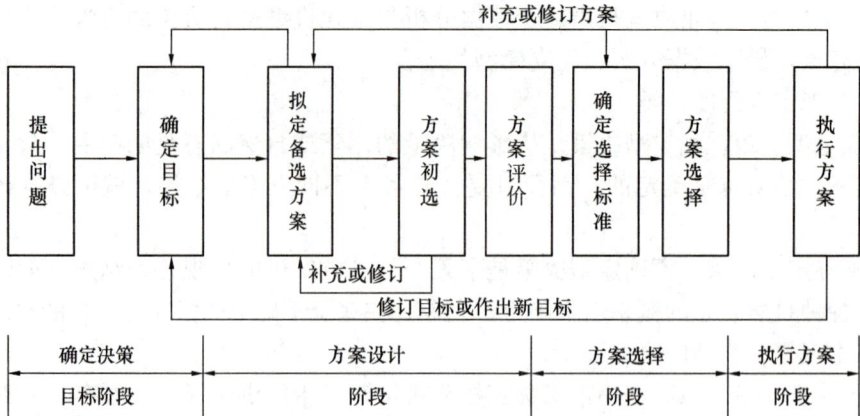

图 6-8　经营决策的基本程序

（1）提出问题

企业面临的经营问题主要有两个方面，一是指在企业经营管理中现存的问题。这种问题主要是企业在经营管理中实际达到的状况与应当或期望达到的状况之间的差异。二是指有关企业的发展问题。随着社会经济的发展，企业应发现企业经营现状与社会实际需要的差距，不断调整自己的经营方针与对策。首先应确定企业是否存在需要解决的问题，这是企业管理者敏锐的洞察力和高度的预见性的综合体现。第二步是确定问题究竟出在什么地方，透过现象发现问题的本质，找出原因，在此基础上开始决策过程。

（2）确定目标

确定决策目标是决策的前提。决策目标可分为两类：一是必须达到的，在资源使用上要明确最高限度，在此范围内尽可能放开；二是希望达到的，在取得成果上设立一个最低限度（边界条件）。

在确定决策目标时，要注意以下几个问题：

1）目标应建立在需要与可能的基础上。即企业经营管理是否真正需要的，而企业是否具备达到目标的条件。

2）目标应明确具体，并尽可能数量化。这主要是为了更好地衡量决策的实施效果。

3）约束条件要明确。对与实现目标相关的各种条件进行详细分析。

4）把握主要目标，在日常经营管理中，目标是多元的，而且相互之间存在矛盾。确定决策目标时，应取消没有条件实现的目标，放弃相互矛盾的目标，合并相似的次要目标，分清主次，让次要目标服从主要目标，以保证主要目标的实现。

2. 方案设计

（1）拟定备选方案

备选方案是指可供进一步选择用的可能方案，其数量和质量对于最后做出合理的选择有重大影响。企业应根据内外条件，拟定出众多的具备实施条件的可行方案。为保证备选方案的优良品质，防止遗漏，决策者必须拟定尽可能多的备选方案，注意方案的整体详尽性和相互排斥性。

（2）方案初选

方案初选主要是通过对一些比较重要的限定因素的分析，比较各备选方案实现的可能性和效果，淘汰掉那些对解决问题基本无用或用处很小的方案以及那些客观条件不允许的方案，减少可行方案的数目，以便进行更深入的分析和比较。

（3）方案评价

方案评价是对方案执行结果的估计。进行方案评价时，应忽略各方案的共同问题，而专注于不同因素的分析。对一些无形因素，可以用预测方法将其定量化，与有形因素一起考虑。

3. 方案选择

方案选择是决策的关键阶段。

（1）方案选择标准

标准是衡量方案优劣的尺度，对方案的取舍关系极大。一个具有共性的标准是价值标准。在单目标决策情况下，价值标准是十分明确的，而对于多目标决策的情况，价值标准只有当各个目标的重要性明确后才能确定。

（2）方案的选择

方案选择是在方案评价的基础上，按选择标准，进行执行方案的选择。进行方案选择时主要依据满意准则，即选择在目前情况下比较满意的适宜可行的方案。方案选定后，必须注意决策带来的影响，采取一些预防性措施或制订应变计划，以保证决策方案能按计划组织实施。

4. 执行方案

一旦做出决策，就要实施决策方案。执行已选择的决策方案，是将决策变为现实的关键。决策好坏要由实施的结果来判别。控制、监督和反馈对决策成败起决定性的作用。在实施中及时发现情况，及时反馈，查明原因，修正方案，进行有效控制，保证原定目标的实现。此外，在执行中还会发现新问题，从而需要做出新的决策后再付诸实施，这就开始了一个新的决策过程。

### 6.3.3 预测与决策的关系

预测是决策的基础，它直接服务于决策，是科学决策的前提条件。

预测的任务就是揭示事物发展趋势及其决定性因素，为决策者提供关于未来的可能性信息。决策是一种面向未来的活动，管理活动的成败，取决于决策是否符合事物的发展变化规律；而决策的科学与否，又在很大程度上取决于对未来的分析与判断是否正确，即预测所提供的信息是否准确。如果预测信息准确可靠，管理者就能根据组织目标的需要和事物发展的趋势、特点以及可能结果，确定正确的方法和手段，做出科学的决策。没有对于未来的科学预测，决策就不可能不是盲目的，科学的预测与科学的决策之间有一种必然的联系。另外，预测也是为科学决策而存在的，如果不是为了服务于决策，那么预测的存在就是没有意义的。预测本质上是一个信息处理的过程，进行预测不仅需要大量的原始信息，而且它的输出结果也是一种信息，一种关于未来的信息。人们通过对大量的原始信息进行筛选、比较、分析和论证，得出一种主观上认为比较符合客观规律性的信息，以辅助决策。不过，由于预测毕竟是对客观信息进行加工处理的一种主观行为，它与事物的客观规律总是会有一定的差距，并且对于不同的人而言，可能会有截然不同的信息输出结果，这是决策者们应引起注意的。

### 6.3.4 经营决策的方法

1. 经营决策的定性方法

定性决策是充分发挥人们智慧进行决策的一种方法。在定性决策时，决策者的理论水平、经验阅历、能力素质往往起决定作用，但现代经营管理日趋复杂，所需各种专门知识越来越多，一个人的知识、经验往往是有限的，因此，定性决策常依靠专家的智慧进行集体决策。集体决策由于集思广益，互相学习，取长补短，考虑问题既广泛又深入，使决策具有充分的根据，保证决策的有效性。定性决策多用于外部环境变化大，影响决策的随机因素多且错综复杂，多种因素难以用数量表示的综合性战略决策。定性决策方法常用的有专家意见法、德尔菲法、小组决策法等。

2. 经营决策的定量方法及应用

（1）确定型决策问题的分析方法

确定型决策问题具备如下四个条件：

1）存在决策者希望达到的一个明确目标；

2）只存在一个确定的自然状态；

3）存在决策者可以选择的两个或两个以上的行动方案；

4）不同的行动方案在确定状态下的益损值可以计算出来。

确定型决策的方法很多，如线性规划法、目标评分法、效益费用法等。人们对这类经营决策研究比较充分，常使用运筹学的各种分支方法及其他数学方法。

（2）不确定型决策问题的分析方法

不确定型决策问题的分析方法主要包括小中取大标准法、大中取大标准法、折中标准法、后悔值标准法等。

1）小中取大决策标准法。小中取大决策标准法又称悲观标准法。持这种标准的决策者，对客观环境总是抱悲观态度，万事总觉得不会如意，所以为了保险起见，总是从最不利处估计事情的结果，而从最坏的情况中选择最好的方案。采用这种决策标准，首先从每一方案中选择一个最小的收益值，然后选取最小的收益值中的最大值相应的方案为最优方案。

【例6-6】某预制厂要确定下一施工年度木地板的生产批量，木地板的需求量有多、中、少三种情况，可采取的生产方案有大、中、小批量三种，各生产方案可能获得的收益值可以相应地计算出来，见表6-8。

小中取大决策标准决策计算表 表6-8

| 收益值（万元）\\自然状态\\方案 | 木地板需求量 | | | 最小的收益值 |
|---|---|---|---|---|
| | 多 | 中 | 少 | |
| 大批量生产 | 30 | 24 | 18 | 18 |
| 中批量生产 | 25 | 22 | 20 | 20 |
| 小批量生产 | 23 | 23 | 23 | 23 |
| 各方案的最小收益值中的最大值 | | | | 23 |
| 最优方案 | | | | 小批量生产 |

2）大中取大决策标准法。大中取大决策标准法又称乐观标准法，持这种标准的决策者，对客观环境总是抱乐观态度，不放弃任何一个获得最好结果的机会。决策时，首先把每一方案在各种自然状态下的最大收益值求出来，再选取与最大收益值中的最大值相应的方案为最优方案。

例如，采用乐观标准，对如上问题进行决策，其计算过程，见表6-9。

大中取大决策标准决策计算表　　　　　表6-9

| 收益值（万元）　自然状态　方案 | 木地板需求量 | | | 最大的收益值 |
|---|---|---|---|---|
| | 多 | 中 | 少 | |
| 大批量生产 | 30 | 24 | 18 | 30 |
| 中批量生产 | 25 | 22 | 20 | 25 |
| 小批量生产 | 23 | 23 | 23 | 23 |
| 各方案的最大收益值中的最大值 | | | | 30 |
| 最优方案 | | | | 大批量生产 |

3）折中标准法。这一标准是以上两种标准的折中，决策时先确定介于0和1之间的乐观系数$\alpha$，再找到每个方案在各种自然状态下的最大收益值和最小收益值，则各个方案的折中收益值为：

$$折中收益值＝\alpha\times最大收益值＋(1-\alpha)\times最小收益值$$

最后比较各个方案的折中收益值的大小，则最优方案为折中收益值最大的方案。

例如，采用折中标准，令乐观系数$\alpha=0.7$，对如上问题进行决策，其计算过程，见表6-10。

折中标准决策计算表　　　　　表6-10

| 收益值（万元）　自然状态　方案 | 木地板需求量 | | | 最大收益值 | 最小收益值 | 折中收益值 |
|---|---|---|---|---|---|---|
| | 多 | 中 | 少 | | | |
| 大批量生产 | 30 | 24 | 18 | 30 | 18 | $0.7\times30+0.3\times18=26.4$ |
| 中批量生产 | 25 | 22 | 20 | 25 | 20 | $0.7\times25+0.3\times20=23.5$ |
| 小批量生产 | 23 | 23 | 23 | 23 | 23 | $0.7\times23+0.3\times23=23$ |
| 各方案的折中收益值中的最大值 | | | | | | 26.4 |
| 最优方案 | | | | | | 大批量生产 |

显然，乐观标准与悲观标准均是折中标准的特例。取$\alpha=1$是乐观的情况，而取$\alpha=0$则是悲观的情况。$\alpha$的值应根据具体情况取定，取值不同，可能会得到不同的决策结果。

4）"后悔值"标准法。后悔值是指某种自然状态下可能获得最大收益与采用某一方案所实际获得的收益的差值。即应当得到，但由于失去机会未能得到的那一部分收益。采用这种决策标准，需先找出每个方案的最大后悔值，再选取与最大后悔值中的最小值相应的方案为最优方案。

例如，采用"后悔值"标准，对如上问题进行决策，其计算过程见表6-11。

"后悔值"标准决策计算表　　　　　表 6-11

| 后悔值（万元）方案 ＼ 自然状态 | 地板需求量 | | | 最大的后悔值 |
|---|---|---|---|---|
| | 多 | 中 | 少 | |
| 大批量生产 | 30−30＝0 | 24−24＝0 | 23−18＝5 | 5 |
| 中批量生产 | 30−25＝5 | 24−22＝2 | 23−20＝3 | 5 |
| 小批量生产 | 30−23＝7 | 24−23＝1 | 23−23＝0 | 7 |
| 各方案的最大后悔值中的最小值 | | | | 5 |
| 最优方案 | | | | 大批量生产中批量生产 |

（3）风险型决策问题的分析方法

1）风险型决策条件及特点

① 存在着决策者希望达到的目标（利益最大或损失最小）；

② 存在着两个或两个以上的行动方案可供决策者选择；

③ 存在着两个或两个以上的不以决策者的主观意志为转移的自然状态；

④ 不同的行动方案在不同自然状态下的相应益损值（利益或损失）可以计算出来；

⑤ 各种自然状态出现的可能性（概率）决策者预先估计或计算出各自自然状态的概率，风险型决策的这一特点恰恰与不确定型决策相反，在不确定型决策中，各种自然状态出现的可能性（概率），决策者预先无法估计或计算出来。

2）风险型决策方法

风险型决策方法主要有最大可能法、期望值法、约当系数法、正态分布法和决策树法。以决策树法应用最为广泛。以下仅介绍决策树法。

决策树法是根据逻辑关系将决策问题绘制成一个树形图，按照由树梢到树根的顺序，逐步计算各节点的期望值，然后根据期望值准则进行风险型决策的方法。

它不仅可以解决单级决策问题，对于决策盈亏矩阵表不易表达的多级序贯决策问题，也不失为一种简单而有效的工具。

① 决策树的结构

决策树由结点、分支、概率估计和收益四个要素组成，按书写顺序从左向右横向展开。结点和分支有两类：决策结点、决策分支和机会结点、机会分支。决策结点通常采用方框表示，由此发源的分支各种行动方案，称为决策分支。决策分支上，应简要地说明行动方案的内容。机会结点通常用圆圈表示，由此发源的分支表示可能出现的自然状态，称为机会分支，机会分支上除要简要地注明自然状态的内容外，还必须标明它们各自的概率。决策树的末梢称为结束分支，在结束分支右端，应说明相应方案达到的结果，决策树的结构模型如图 6-9 所示。

应用决策树进行决策的程序是从右向左逐步后退，根据益损期望值分层进行决策。在机会结点，应计算出各分支的累计期望值。而决策结点，则要根据计算出来的各机会结点的期望值进行选优，并把选优值标注在结点上面，同时，在舍弃方案的分支上画上双截线。这样一直计算选优至第一个结点为止，就确定了最优行动方案。

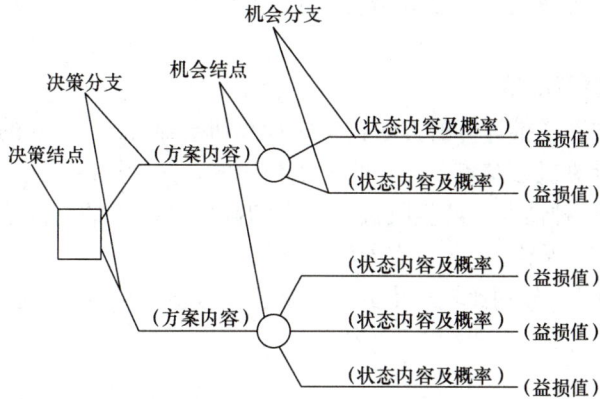

图 6-9 决策树结构模型

② 决策树实例

**【例 6-7】** 某建筑企业现有三项工程可供承包商选择，但由于其能力有限，只能参加一项工程的投标。对任何一项工程，企业都可以投以"高标"，也可以投以"低标"。"高标"的中标率为 0.4，"低标"的中标率为 0.6。若投标失败，其相应的损失如下：工程 A 为 2000 元，工程 B 为 4000 元，工程 C 为 8000 元。各项工程的预期利润及其概率已经估计出来，见表 6-12。假如该承包企业想参加投标，且其目标是追求最大的利润，应对哪项工程投哪种标为宜？

投标工程预期利润与概率估计　　　　　　　表 6-12

| 投标工程项目 | 标型 | 利润估计 | 概率 | 利润值（万元） | 标型 | 利润估计 | 概率 | 利润值（万元） |
|---|---|---|---|---|---|---|---|---|
| 工程 A | 高标 | 乐观 | 0.3 | 100 | 低标 | 乐观 | 0.2 | 80 |
| | | 期望 | 0.3 | 60 | | 期望 | 0.6 | 40 |
| | | 悲观 | 0.4 | 20 | | 悲观 | 0.2 | —20 |
| 工程 B | 高标 | 乐观 | 0.3 | 80 | 低标 | 乐观 | 0.4 | 60 |
| | | 期望 | 0.4 | 40 | | 期望 | 0.3 | 20 |
| | | 悲观 | 0.3 | —20 | | 悲观 | 0.3 | —40 |
| 工程 C | 高标 | 乐观 | 0.1 | 120 | 低标 | 乐观 | 0.2 | 80 |
| | | 期望 | 0.7 | 80 | | 期望 | 0.5 | 60 |
| | | 悲观 | 0.2 | 40 | | 悲观 | 0.3 | 10 |

**解：** 这是一个包含两级决策（对哪项工程投标，投哪种标）的风险型决策问题，故宜采用决策树法进行决策，其步骤如下：

A. 绘制决策树

在第一级决策点 1，包含有三种行动方案：投工程 A、投工程 B 和投工程 C，由此引出三个决策分支。第二级决策有三个决策点，每一决策点又含投高标与投低标两种行动方案，故决策分支数为 3×2＝6。相应于 6 个决策分支，有 6 个机会结点，每一结点又包含有中标与失标两种状态，故又引出 2×6＝12 条机会分支。在中标状态，利润的获取又有乐观、期望、悲观三种情况，故结束分支数目为 $3 \times 6 + 6 = 24$。决策树的构成如图 6-10 所示。

B. 利用决策树进行决策

按决策树自右向左逆推计算的方法，首先计算机会结点 11~16 的期望收益值，继续向前逆推，再继续计算机会结点 5~10 的期望利润值，其计算结果见图 6-10。在决策结点 2，比较高标与低标两种情况的期望收益值，可知高标情况下的利润值较高，故保留此分支，舍弃低标的分支。结点 3、4 也有同样的结果。

最后，在决策点 1，分别比较三个方案的期望利润值，可以确定应投工程 C、投高标，期望利润值为 29.92 万元。

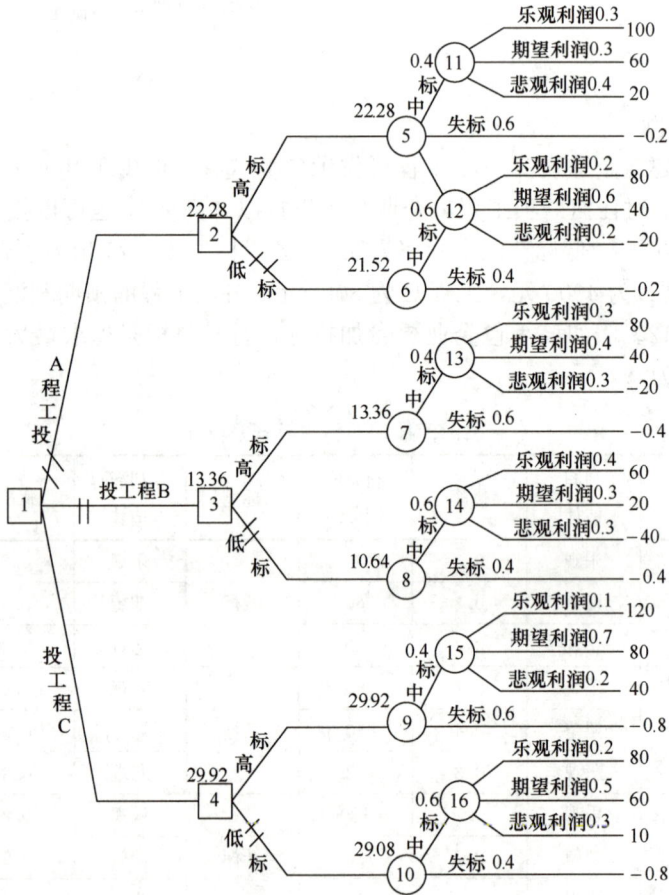

图 6-10 投标决策树构成

# 本 章 小 结

市场调研是企业运用一定的技术、方法和手段，对影响市场变化及发展的因素条件等所进行的收集资料、掌握客观情况、提供市场信息，为企业进行经营预测、制定正确的经营方针和合理的经营决策提供可靠依据的一系列工作。市场调研实际上是一项寻求市场与企业之间"共谐"的过程。市场调研的程序分为确定调研问题和目标、初步调研、确定调研项目、确定调研方案、实施调研、整理分析资料、提出调研报告七步。目前市场调研的方法分为观察法、焦点小组研究法、调查法、行为研究法和实验调查法五种。研究人员在进行调研时可选择调查问卷、定性测量等工具进行如词语联想、投影技法、盒子外思考和阶梯法等。建筑企业市场调研主要包括企业外部总体环境调研、市场需求调研、市场供应调研、市场竞争状况调研、对建筑市场参与单位的调研、工程项目情况调研这些内容。

预测是人们对未来不确定事件通过一定的科学方法和逻辑推理进行推断和预见的一种认识活动。根据划分依据的不同,市场预测可做不同的分类。按预测时间可分为短期预测、中期预测、长期预测;按预测范围可分为宏观预测、微观预测;按预测方法可分为定性预测、定量预测、综合预测;按预测时态可分为静态预测、动态预测。预测的基本程序分为确定预测目标和要求、收集资料、选择预测方法、进行预测、预测结果分析、提出预测报告、追踪与反馈七步。建筑企业预测主要包括建筑产品市场预测、资源预测、生产能力预测、技术发展预测、多种经营方向预测、利润、成本预测这些内容。而经营预测的方法分为定性预测方法和定量预测方法,定性预测方法主要分为个人判断法、专家意见法、德尔菲法、经济寿命周期分析预测法四种;定量预测方法主要分为指数平滑法、趋势预测法和季节变动预测法三种。

决策是为了实现特定的目标,根据客观条件的可能性,在占有一定信息和经验的基础上,借用一定的工具、方法和技巧拟定并评估各种方案,从中选出合理方案的过程。它的特征主要有决策活动是动态过程、决策有明确的目的、决策有若干的备选方案、决策以可行方案为依据、决策有科学的标准和依据、决策选择结果应是较理想的方案、决策的主体是管理者七点内容。决策可以按照重要程度、确定性程度、性质、决策主体等八种方式进行分类。决策的基本程序分为确定决策目标、方案设计、方案选择、执行方案四步。与经营预测一样,决策的方法也是分为定性方法和定量方法。定性决策方法常用的有专家意见法、德尔菲法、小组决策法等;定量决策方法针对不确定型问题分析时,包括小中取大决策标准法、大中取大决策标准法、折中标准法和"后悔值"标准法四种方法;针对风险型决策问题主要采用决策树法。

**案例分析一**

### 伍家岗长江大桥:一跨过江奏响"绿色和声"

伍家岗长江大桥于 2016 年被财政部列入全国第三批 PPP 示范项目。该项目由宜昌市住建局作为实施机构,中建三局负责投资建设运营,中铁大桥院负责勘察设计及桥梁健康监测,中建三局、中交二航局等单位负责具体施工。大桥选址位于中华鲟保护区的核心区,为了保护"水中大熊猫"中华鲟,该项目最终决策增加投资一亿元,建造"一跨过江"的悬索桥以减少对中华鲟的干扰。

(1)绿色环保,一跨过江让路"水中大熊猫"

宜昌伍家岗长江大桥的选址位于葛洲坝下游 15km,是长江中华鲟自然保护区缓冲区、中华鲟的洄游繁殖栖息地,也是江豚、胭脂鱼活动密集区。大桥初定的结构为三塔两跨钢箱梁悬索桥结构,该方案节省投资、造桥难度较小,但两个主桥墩要矗立江中,桥墩的涉水施工将对水质产生污染，施工中的灯光和噪声也会惊扰在水下洄游栖息的中华鲟。

为保护长江水质及珍稀生物多样性、充分实现绿色生态环保，宜昌城投、中建三局、中交二航局、中国 PPP 基金等大桥投资企业一致赞同更改设计方案。最终，该项目增加一亿元的投资，采用了主跨 1160m 悬索桥一跨过江的方案。该方案避免了在水中建桥墩，减少了对水质的影响，既保护了中华鲟等珍稀动物活动不受影响，也保证了长江航道通行。

此外，为降低对北岸生态环境的影响，项目建设团队充分利用山体地形，首次在软岩地区成功应用隧道锚技术，采用微爆破工艺，最大限度地保护了周边山体的完整性。在建设过程中，该项目先后投入环保资金 600 多万元用于修建泥浆沉淀池等设施，将污水分离为清水和泥土进行循环利用。

（2）创新驱动，桥梁造塔机代言"中国智造"

为了建造高度达 155m 的超高桥塔，该项目采用了全球首个整体式自适应智能顶升桥塔平台——"桥梁造塔机"。这项创新技术将智能顶升平台系统引入大型桥梁领域，实现了我国基础设施领域核心技术装备的新突破。智能综合监测系统能够提供荷载误差及高度误差预警，极大提升桥塔施工安全、质量与效率；在建设过程中，结合伍家岗长江大桥设计建设重难点，大桥现场指挥部组织各参建单位共同开展关键技术科技创新决策，实现关键建造技术 12 项创新，推进了我国悬索桥建造技术的进步，为中国桥梁建造技术发展"添砖加瓦"。

（3）服务民生，全产业链优势推动两岸同频发展

伍家岗长江大桥引入了智慧运营系统，实现了智能化的运营管理。在社会性方面，大桥的建成通车将经济发展迅猛的伍家岗与发展特色生态农业的地区连成一片，缩短了两岸行车时间，使市民出行更为便捷、货物运输更便利，促进了城市健康、可持续发展。在专业性与安全性方面，该项目在建成后全面应用智慧运营系统，搭建了涵盖监测和巡检系统、交通监测系统、结构预警与状态评估系统等在内的 7 大全方位信息管理系统，提高了桥梁的安全性、适用性和耐久性，让市民通行安心、放心。

**案例来源：**中工网．湖北第 36 座长江大桥实现人类与"水中大熊猫"和谐共生［EB/OL］．（2021-08-02）

**案例分析题：**

1. 伍家岗长江大桥"一跨过江"决策的优缺点是什么？
2. 分析伍家岗长江大桥项目中"一跨过江"决策的实际价值？

## 案例分析二

### 中国港湾走向非洲的战略决策

非洲以其丰富的资源、多样的民族和悠久的历史，吸引了世界各地的目光。中国港湾一直以工程项目规划设计建造见长，自 2011 年起该公司开始主动拓展海外投资业务，不断完善港口全产业链服务能力。中国港湾的传统港口业务基本集中在 EPC、DB 等利润率较低的业务模式，发展空间受限，面临着盈利能力不足的问题。中非在"一带一路"合作领域的成果丰硕，中国港湾在非洲经营总额近千亿美元，在深耕属地化、加快产业布局过

程中不断发力，推动了中非合作进一步走深。中国港湾走向非洲的战略决策始终坚守以下原则：

（1）充分了解。准确掌握当地的政治、社会局势，全面了解当地法律制度，充分调研当地的产业环境和发展需求，准确把握当地投资经营面临的风险挑战，打牢合作基础。

（2）相互尊重。尊重当地社会风俗和宗教文化，坚持以人为本，关注和增进当地人民福祉，承担社会责任，推动可持续发展，加强跨文化融合，传递正向价值。

（3）诚信为本。遵守当地法律法规，注重风险管理和法律合规，诚实守信地履行交易协议和商业承诺，避免潜在的法律和商业风险，赢得合作伙伴的信任与尊重。

（4）扎根属地。做到全球化思考、属地化行动，深度融入全球产业链、供应链，与各国合作伙伴精诚合作、互利共赢，从"业务国际化"向"公司国际化"升维。

（5）持续创新。不断创新商业模式，坚定绿色发展，开展以 BIM＋GIS 为基础的数智建设，坚持创新驱动企业高质量发展。

莱基港项目的成功，得益于中国港湾"走向非洲"战略决策的正确。莱基港是公司首个以投资、建设、运营一体化模式实施的境外港口项目，挑战重重，但逐个"攻破"。工程建设方面，公司通过 BIM 技术实现协同设计，确保设计进度的同时减少错漏碰缺，提高了设计质量；港口运营方面，公司根据项目特点搭建更为合理的运营架构，改善商业模式；融资方面，中国港湾提前与国内银行、保险机构探究融资方案，促成项目实现。莱基港项目是突破非洲业务瓶颈的体现。未来，中国港湾将继续深耕"一带一路"市场，坚持"平台公司＋产业引领"发展方向，全力打造国际一流的工程承包商、产业投资运营商、城市发展商和生态治理商。

**案例来源：**施工企业管理杂志社．非洲港口 04 ｜ 企业家视角：坚持创新驱动发展 借助莱基港实现海外业务升级［EB/OL］．（2023-10-14）

**案例分析题：**

1. 中国港湾"走向非洲"战略决策的依据是什么？
2. 举例说明企业应如何充分考虑决策条件以保证决策的正确性？

### 思 考 与 练 习 题

1. 简述建筑市场调研的内容、基本程序和常用方法。
2. 什么是预测？建筑企业为什么要进行经营预测？
3. 简述预测的基本程序。
4. 简述专家意见法和德尔菲法的优缺点。
5. 简述预测与决策的关系。
6. 某公司某年各月份某种材料的实际使用量见表 1，运用指数平滑法，分别按 $\alpha=0.2$、$\alpha=0.5$ 和 $\alpha=0.8$，计算预测值。

材料实际使用量一览表　　　　　　　　　　表 1

| 月　份 | 1 | 2 | 3 | 4 | 5 | 6 | 7 | 8 | 9 | 10 | 11 | 12 |
|---|---|---|---|---|---|---|---|---|---|---|---|---|
| 使用量 | 43 | 55 | 62 | 71 | 73 | 73 | 62 | 54 | 49 | 41 | 47 | 48 |

7. 某混凝土构件厂第 1 年到第 7 年的销售额见表 2，试预测第八年销售额。

**某构件厂第 1 年到第 7 年的销售额**　　　　　　　　　　表 2

| 年　序 | 1 | 2 | 3 | 4 | 5 | 6 | 7 |
|---|---|---|---|---|---|---|---|
| 销售额（万元） | 200 | 210 | 280 | 250 | 360 | 320 | 380 |

8. 什么是企业决策？企业决策具有哪些特征？

9. 简述企业决策的类型。

10. 简述决策的基本程序。

11. 某建筑企业需对其预制加工厂的发展做出决策，有三种可行方案：新建、扩建和改造原车间。市场有三种自然状态：高需求、中需求和低需求。各种需求情况的概率无法估计，但各种方案在以后五年内的收益或亏损估算见表 3。试选择最优方案。

**不同需求状况下各方案的损益值**　　　　　　　　　　表 3

|  | 高需求 | 中需求 | 低需求 |
|---|---|---|---|
| 新建 | 60 | 20 | −15 |
| 扩建 | 40 | 25 | 0 |
| 改建 | 25 | 15 | 10 |

12. 某建筑公司拟建一预制构件厂，有两个方案：一个方案是建大厂，需投资 300 万元，建成后如销路好每年可获利 100 万元，如销路差，每年要亏损 20 万元，该方案的使用期为 10 年；另一个方案是建小一厂，需投资 170 万元，建成后如销路好，每年可获利 40 万元，如销路差每年可获利 30 万元；若建小厂，则考虑在销路好的情况下三年以后再扩建，扩建投资 130 万元，可使用七年，每年盈利 85 万元。假设前 3 年销路好的概率是 0.7，销路差的概率是 0.3，后 7 年的销路情况完全取决于前 3 年，试用决策树法选择方案。

13. 某企业为了扩大预制构件的生产，拟建设新厂。据市场预测，产品销路好的概率为 0.7，销路差的概率为 0.3。有三种方案可供企业选择，试用决策树法决策哪种方案最好？

方案 1：新建大厂，需投资 300 万元。据初步估计，销路好时，每年可获利 100 万元；销路差时，每年亏损 20 万元。服务期为 10 年。

方案 2：新建小厂，需投资 140 万元。销路好时，每年可获利 40 万元；销路差时，每年仍可获利 30 万元。服务期为 10 年。

方案 3：先建小厂，三年后销路好时再扩建，需追加投资 200 万元，服务期为 7 年，估计每年获利 95 万元。

# 7　建筑企业计划管理

**本章要点及学习目标**

1. 掌握计划的概念和特点。
2. 掌握建筑企业计划体系。
3. 掌握中长期经营计划的概念及制订办法。
4. 熟悉年度经营计划的内容和编制过程。
5. 熟悉建筑企业计划的执行与控制。
6. 了解建筑企业主要计划指标。

**引导案例**

### 中国建筑第八工程局战略规划

"凡事预则立，不预则废"，任何事物的执行都离不开计划。中国建筑第八工程局（以下简称中建八局）作为中国最具竞争力的大型综合投资建设集团，以承建"高、大、特、新、急"工程著称于世，重点发展高端房建、基础设施、地产开发、投资运营和创新业务"五大业务板块"。为了企业能获得长足发展，中建八局根据中建股份2021—2025年发展规划的总体思路，结合自身的实际情况和发展要求，制订了企业发展规划。

公司愿景。在中建股份"成为最具国际竞争力的投资建设集团"愿景下，中建八局以"成为国内著名、国际知名的现代化投资建设集团"为愿景，发挥自身优势，传承光辉历史，在投资、建设领域，通过持续提升能力、质量、保障、品牌、创造力，为中国乃至全球经济发展贡献力量，成为深受社会各界尊敬的一流企业集团。

总计划目标。践行中建集团"一创五强"战略部署，以"六个一流"为战略目标，实现"十四五"期间再造一个质量效益型八局。到2025年，实现"8418"，其中合同额8000亿元，营业收入4000亿元，利润总额180亿元。到2025年，经营规模达到世界500强前150强，跨入上海市百强企业前6强，海外业务名列ENR全球国际工程承包商前40位，中国对外承包企业前6位，成为国内著名、国际知名的现代化投资建设集团。

计划实现路径。面向国内、国外两大市场，聚焦高端房建、基础设施、地产开发、综合投资、运营服务五大板块，实现投资、建造、运营一体化协同发展。在此基础上，积极探索科技转化、信息技术、金融服务等领域的创新业务，培育在创业板或主板上市的新型企业。

**案例来源：** 上海习睿管理.中国建筑第八工程局"十四五"战略规划.（2022-06-09）

# 7.1 计 划 概 述

### 7.1.1 计划的概念及特点

1. 计划的概念

计划是重要的管理职能之一，它是以经营决策作为基础，把决策所确定的目标进行数量化的表现，并把它们调整、汇总成一个体系，借以有效地把握未来，有效地使用各种资源，成为取得最佳经营成果的行动纲领。它是基于对客观实际的认识，确定某项活动在未来一定时期内应达到的目标，以及为实现目标所进行的一系列筹划活动的总称。

计划是企业管理活动的首要一环，是一切管理的"龙头"。可以这样说，没有计划，就根本谈不上管理，也就无法管理好企业。

2. 计划的基本特征

（1）可行性

计划是管理者进行指挥的依据，只有保证了计划的可行，才能够保证管理工作的有效进行。计划是在对组织内部与外部环境全面分析及论证基础上形成的，因此，计划对于指导有关组织部门和组织成员的行为具有一定的客观性和可行性。如果计划的目标定得过高，措施无力实施，这个计划就是空中楼阁；反过来说，计划的目标定得过低，措施方法都没有创见性，实现虽然很容易，并不能因此而取得有价值的成就，也不算是有可行性。

（2）目的性

任何组织或者个人制定的各种目标都是为了促使组织的总目标的实现和一定时期目标的实现。当然，在计划工作开始之前，这种目标可能还不十分具体。在计划过程的最初阶段，制定具体明确的目标是其首要任务，其后，所有工作都要围绕目标进行。目标是计划的全部内容的核心，实现目标是计划的出发点和归宿点，没有目标就不能称其为计划。

（3）明确性

计划应明确表达出组织的目标和任务，明确表达出实现目标所需的资源以及所采取的程序、方法和手段，明确表达出各级管理人员在执行计划过程中的权利和职责。

（4）首位性

计划是进行其他管理工作的前提，计划在前，行动在后。由于管理的组织、领导、控制等职能都是为了保证目标的实现，它们只有在计划工作确定了目标之后才能进行，所有计划工作在管理者的诸项职能中处于首要地位。计划工作和控制工作尤其密不可分。人们常常将这两项职能称为管理的一对孪生子，或称之为一枚硬币的两面。从一定意义上说，计划和控制是同一活动的两个方面，没有计划就谈不上控制，控制就是纠正偏离计划的偏差，以保持既定的方向。而离开了计划的控制也是毫无意义，人们如果不知道要到哪里去，当然也就无法知道自己是否正在走向要去的地方。

（5）普遍性

计划的普遍性表现在两个方面：首先，组织的任何管理活动都需要进行计划。计划涉及组织的各个层次、各个部门以至全体成员。其次，计划是所有管理者应有的功能。高层管理者不必要也不可能包揽组织内的全部计划工作，各层次的管理者都要根据其职责和权力制订相应的计划。也只有这样，才能充分调动各级管理人员的积极性，更好地贯彻执行计划。

（6）时效性

任何组织活动都必须有计划地进行，计划是组织一定时期内的行动方案，它的制订是以一定时间内各种现实情况为前提的。但是计划也不可能是一成不变的，随着时间和条件的变化，与目标有关的一些关键因素也会发生变化，从而使原计划失去效用。因此，计划具有很强的时效性，离开了一定的时间和环境条件，计划就失去了意义。管理者必须充分了解计划的时效性，根据各种因素的变化，及时对计划进行修改。

（7）效率性

计划工作要追求效率，计划工作的任务不仅要确保总目标的实现，而且要从众多方案中选择最优的资源配置方案，在实现总目标的过程中合理地利用资源和提高效率，可以用计划对组织目标的贡献来衡量一个计划的效率。计划工作的效率，是以实现企业的总目标和一定时期的目标所得到的利益，扣除制订和执行计划所耗费的费用，以及预计不到的损失之后的总额来测定的。应该特别注意的是，在衡量代价时，不仅用时间、货币或者生产等来衡量，而且还要用个人和集体的满意程度来衡量。实现目标有许多途径，我们必须从中选择尽可能好的方法，以最低的费用取得预期的成果，保持较高的效率，避免不必要的损失。计划工作强调协调、强调节约，其重大安排都经过经济和技术的可行性分析，只有按合理的代价来实现目标，这样的计划才是有效率的。

### 7.1.2 计划的分类

为了有效地、全面地指导企业的生产经营活动，保证企业生产经营活动在时间上、空间上的连续性和协调性，企业需要有不同性质和不同要求的多种形式的计划。

按计划时期不同，建筑企业计划可分为长期（五年以上）计划、中期（两年以上、五年以下）计划、短期（一年及一年以下）计划。

按计划对象不同，建筑企业计划可分为按企业（管理主体）编制的计划和按工程对象（管理客体）编制的计划。前一种计划，涉及企业同时承包的若干项工程任务，是多元计划；后一种计划就是工程施工组织设计，是一元计划。

按性质不同，建筑企业计划可分为经营计划（决策性计划）和作业计划（执行性计划）。经营计划是以提高经济效益为中心，在经营环境制约下，制定经营目标，规划企业的全部生产经营活动，实现经营决策目标。作业计划是经营计划的具体化。

以上各类计划相互联系、相互制约，互为依存、互为补充，构成了建筑企业的计划体系，如图 7-1 所示。

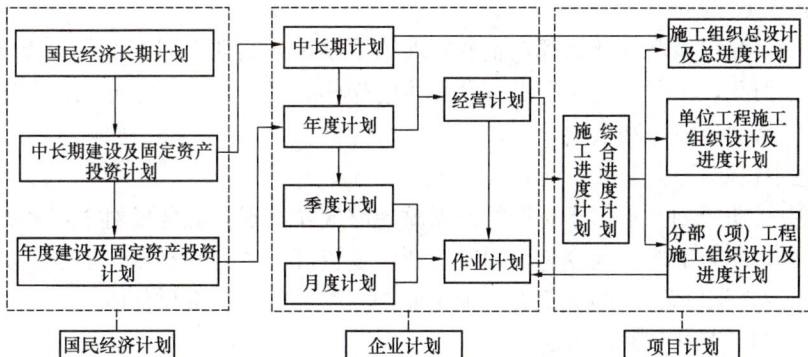

图 7-1　建筑企业计划体系

# 7.2 建筑企业计划体系、内容及制订办法

建筑企业的计划体系，应以经济效益为中心，坚持长期发展的战略目标和满足商品市场的需求，建立以经营合同计划为核心的生产经营计划体系。

在战略上要求把经营合同计划放在首要地位，不断提高市场决策和经营业务能力。在战术上应当加强工程施工组织计划管理，把施工组织设计作为计划体系和系统管理的重要内容和措施。把建筑企业从事"商品生产"的新观念，贯穿于计划编制和实施的全过程，使企业决策者到每个管理者和生产者牢固树立新的"市场计划"概念，建立新型的"生产经营计划"体系，实行系统管理。

## 7.2.1 中长期经营计划的概念及制订

1. 中长期经营计划的概念

建筑企业的中长期计划又称长远发展计划，如 3 年、5 年、10 年计划等。它是企业未来发展的蓝图，是企业编制短期计划的依据和指导企业生产活动的纲领性文件，也是计划管理的主体与中心任务。它涉及企业较长期内生产、技术、经济等经营管理各方面的重大问题，如企业经营方向、经营方针、策略、目标、市场开拓、技术进步规划和企业规模等主要技术经济指标的发展目标、实现步骤与途径、企业素质与职工教育、培训规划、职工工资和集体福利事业发展规划以及科研、基建、环保等总体规划和大中型项目任务安排等。

2. 中长期经营计划的制订

(1) 中长期经营计划制订的步骤

1) 分析市场环境

企业的中长期发展必须要与环境相匹配，因此要分析市场环境，进行市场调查与分析，了解市场需求、竞争状况等因素，从而制订出符合市场需求，具有竞争力的企业中长期发展战略。

2) 制订中长期计划

在分析市场与企业内部环境的基础上，制订中长期的目标、策略和计划。长期目标是指企业未来发展的大方向，如企业的主营业务、市场占有率、品牌影响力等。中长期策略是指企业如何实现中长期目标的路线图，是从战略上明确企业所选择的发展方向、适用的战略营销手段、推进包括技术、产品等方面的投入标准等。

3) 制定落实方案

中长期的目标、策略和计划都是企业发展的纲领，而实现它们离不开一套有效的运作体系和办法。因此，企业需要制订出一套具体的操作方案，明确任务分工、工作流程以及实现方式，以帮助企业顺利实现计划目标。

4) 实施中长期规划

制订出中长期规划并不等于企业的发展就能够成功实现，因此要对于规划方案进行定期调整与检查，不断适应市场变化。同时，要注重资源的整合和利用，加强人员的培训和技术的研发，不断提高企业的竞争力，为企业持续稳健的发展提供保障。

(2) 中长期经营计划制订方法

中长期经营计划制订方法：滚动计划法。由于中长期经营计划综合性强，随机因素

多，受到内外环境的制约，所以，多采用滚动计划法编制。

这种方法的特征是由近及远。近期做得细一些，具体一些；远期做得粗一些，概略一些，且每年（或定期）调整修改一次，将计划逐期向前推进，使企业的生产经营活动始终是以反映企业战略目标的经营计划为指导。例如，某建筑企业原已编制了一个 2023—2027 年的五年计划，到 2023 年底时根据当年计划的完成情况和企业内外环境，对原制订的五年计划进行必要的调整，在此基础上，编制出一个 2024—2028 年的五年计划。同样，到 2024 年底再编制出一个 2025—2029 年的五年计划。依此类推，滚动式计划的实施过程，如图 7-2 所示。

| 具体计划 | 较具体计划 | | 粗略计划 | |
|---|---|---|---|---|
| 2023 | 2024 | 2025 | 2026 | 2027 |

计划完成情况比较与分析

2023年实际完成

经营方针 环境变化 差异原因 计划调整与修改

| 具体计划 | 较具体计划 | | 粗略计划 | |
|---|---|---|---|---|
| 2024 | 2025 | 2026 | 2027 | 2028 |

图 7-2 滚动式计划示意图

采用滚动法编制计划的优点是：①计划前后期衔接紧密，能更好地反映企业生产经营活动的连续性。既可指导企业当前的生产经营活动，又可为未来发展做好各方面的准备工作。②能真正结合企业内外环境的变化，对计划适时调整，提高其准确性和指导性。③长期计划与短期计划之间，以及短期计划内部的年度与月度计划之间，可前后衔接，即使不平衡也可及时修订，使各种计划不至于相互脱节。

有时当建筑企业内外环境复杂、多变，致使计划的内容发生质的变化，如增加国外工程承包业务，承包工程的类型发生重大变化，资金严重短缺，主要工程投标或承包失败，社会政治、经济有较大变动等，那么滚动计划就无法实行，这时企业必须根据环境、条件的变化，重新修改或调整原有计划。

### 7.2.2 年度经营计划

年度经营计划是企业结合内外部环境，为达到企业预期年度经营目标而制订的企业的年度销售、生产、供应、财务、成本等计划构成的综合性计划。它是长期经营计划的具体化和实施方案。

1. 年度经营计划与中长期经营计划的联系

（1）年度经营计划是在计划年度内企业的综合经营计划，它是中长期经营计划的具体体现和实施的保障。由于其直接指导计划年度内企业各项经营活动，并且是评价企业在计划年度内生产经营业绩的基准。因此，企业必须科学合理地制订年度经营计划，并确保其全面、均衡、顺利地完成所制订的年度经营计划。

（2）从内容上看，中长期经营计划和年度经营计划表现为总体和部分的关系。中长期经营计划目标可以分解成每年度经营计划目标。对于一些数量性的指标，其分解比较简单；而对于一些质量性的指标，其分解相对困难。从制订方法看，年度经营计划更多地运用定量的办法，使所制订的计划真正具有操作性。

（3）因为中长期经营计划计划期较长，它所提出的某些要求或任务会因为形势和企业内部条件的变化而变得不切实际，在这种情况下，年度经营计划排除这些要求或任务，会使企业的生产经营活动避免盲目性，减少损失。

2. 年度经营计划内容

年度经营计划内容主要包括：年度经营目标计划；施工生产计划；销售计划；物资供应计划；技术改造和开发计划；劳动计划；产品成本计划；财务计划；质量计划；多种经营计划等。在企业年度经营计划中，年度经营目标计划是中心，其他各类计划都是围绕和为实现经营目标而设置的。它是企业年度经营计划的最重要的组成部分，在企业年度经营计划中起着龙头的作用，决定和指导着各类计划的编制。

年度经营目标计划的主要指标有：目标利润、竣工面积、建筑业总产值和增加值、税金、劳动生产率等。

在确定企业年度经营目标水平时，应注意以下几点：①国家、企业和职工个人三者之间的利益统一和平衡，当三者之间发生矛盾时，应以服从国家利益为主；②长期目标和短期目标之间的平衡，短期利益服从长远利益；③企业发展目标、经济性目标和技术开发目标之间的平衡；④经营目标和企业可利用资源之间的统一和平衡。

3. 年度经营计划的编制

（1）年度经营计划的编制依据

年度经营计划的编制，主要考虑以下外部环境和内部条件因素：

1）外部经营环境。包括国家的经济发展和行业发展现状及趋势；市场的预测，主要包括建筑产品现时和潜在需求等；竞争对手情况资料；原材料、能源、运输等保证情况；技术和产品更新趋势和发展速度。

2）企业内部经营条件。包括企业近期经营业绩和计划完成情况；企业生产能力情况；企业技术能力情况；企业职工构成变动情况；各类技术标准定额和有关核算资料等。

（2）年度经营计划编制程序

1）年度经营计划的编制按如下程序：①确定年度经营目标，编制年度经营目标计划，如目标利润、竣工面积、建筑业总产值和增加值、税金等；②编制年度施工生产计划，根据所确定的经营目标和所承担的施工生产任务来进行编制；③编制其他保证性计划，如质量计划、劳动计划、成本计划、财务计划等；④制定落实经营计划的方案及措施，主要包括：资金的筹措、目标责任制、经营策略和管理机制等方面措施。

2）计划的审核与评价：编制好的年度经营计划，需送交领导和有关部门审核和评价。一般企业应由职工代表大会行使审核权；股份制企业由股东代表大会进行审核。其审核和评价的内容主要有：计划指标是否先进、合理；计划的可行性；计划进度安排的合理性；计划在保证经济效益的同时是否兼顾了社会效益和环境效益等。

（3）年度经营计划的综合平衡

综合平衡法是编制计划的基本方法。年度经营计划的综合平衡包括以下几个方面：施工任务与劳动力的平衡、施工任务与机械设备能力的平衡、施工任务与物资供应的平衡、交竣工程量与生产任务之间的平衡等。

1) 施工任务与劳动力的平衡。经营计划的核心是目标利润，实现目标利润的前提是建筑企业施工任务的饱满，劳动力资源的充分利用，即工程量的确定必须与投入的人力资源相适应，才能保证建筑企业目标利润的顺利实现。

2) 施工任务与机械设备能力的平衡。施工任务的确定要与企业自身的机械设备能力相适应，尽管企业可以通过租赁的方式取得机械设备，但如果超越了自身的能力或者工作任务不饱满，不但完不成工作任务，反而会影响任务的及时完成。

3) 施工任务与物资供应的平衡。生产任务要与原材料、燃料、动力等物资供应相一致，才能实现它们之间的平衡。

4) 交竣工工程量与生产任务之间的平衡。经营计划要体现以销定产的原则，企业在工程量、工期、质量等方面必须满足合同中计划竣工工程的要求。

以上几个方面的平衡问题是相互联系、相互制约的，任何一方面的变动和调整都会影响到其他方面，因此综合平衡要逐项试算，反复调整。只有经过综合分析，才能较好地解决全面平衡问题。

## 7.3 计划的执行与控制

### 7.3.1 计划的执行

建筑企业计划的执行必须按照以下基本要求：

1. 全面完成计划规定的各项计划指标

计划指标是企业经营目标的具体化和数量化，计划本身就是组织和规定如何实现这些指标。因此，企业计划的贯彻应该是全面地而不是孤立地完成经营计划所规定的各项技术经济指标。

2. 保证均衡地执行经营计划

企业经济活动的基本要求之一，就是均衡稳定地发展。为此，不仅要在计划编制过程中注意协调和平衡；而且更要重视计划贯彻实施过程中的协调、平衡与稳定。也就是说，不仅要保证计划执行结果是全面的，而且要尽可能使企业生产经营活动的运行过程始终不偏离计划的轨道。要想达到这点，还必须要采取必要措施，对计划实施有效的控制。

3. 实行目标管理

（1）目标管理的由来

1954 年，美国管理学家彼得·德鲁克（Peter Drucker）在《管理的实践》中提出了"目标管理和自我控制"的理论，并对其原理作了全面的概括。他认为：企业的目的和任务必须化为具体的、各层次的目标，企业的各级主管必须通过这些目标，对下级进行领导和指导，以此达到企业的总体目标。

（2）目标管理的概念

经典管理理论对目标管理（Management By Objectives，MBO）的定义为：目标管理是以目标为导向，以人为中心，以成果为标准，而使组织和个人取得最佳业绩的现代管理方法。目标管理也称"成果管理"，俗称责任制。是指在企业个体职工的积极参与下，自上而下地确定工作目标，并在工作中实行"自我控制"，自下而上地保证目标实现的一种管理办法。目标管理是一种参与的、民主的、自我控制的管理方法，也是一种把个人需求和组织目标结合起来的管理方法。它调动了组织员工的主动性、创造性和积极性，将个人利益和组织利益紧密联系起来，因而能鼓舞士气，极大地激励组织人员为实现目标而努力，具有很好的激励功能。

（3）目标管理的目的

目标管理的目的是通过目标的激励来调动广大员工的积极性，从而保证实现总目标；其核心是明确和重视成果的评定，提倡个人能力的自我提高，其特征就是以"目标"作为各项管理活动的指南，并以实现目标的成果来评定其贡献大小。

（4）目标制定的原则和步骤

1）目标制定的原则

目标管理中的制定必须遵循如下原则：

① 整体性。制定目标时要符合国民经济发展的整体利益，以适应市场的需要为前提，使企业各部门、各环节和每个职工的目标与企业的总目标有机结合起来，协调一致，保证完整性。

② 激励性。企业所有目标的制定都应略高于现有水平和能力，这样才能保证目标的激励和鼓动作用。

③ 可行性。目标既要有激励性，有一定的高度，但也要注重可行性，防止高不可攀，这样才能增强职工达到目的的自信心。

④ 应变性。目标既要有稳定性，便于职工掌握和达到；又要有一定的灵活性，以适应企业经营环境的变化。

⑤ 针对性。制定目标时，要注意把生产经营活动中最关键问题和工作中的重点突出出来，加强目标的针对性。

2）目标制定的步骤

目标制定一般可分为以下几个步骤：

① 收集信息，调查研究，制定企业总目标。收集信息和调查研究是确保目标制定既先进又可靠的基础。调查工作和收集工作可从三个层次展开，首先要掌握国家指令性、指导性计划和企业长远发展，保证目标的整体利益符合性；然后要搞好市场调查，市场预测和经营环境的分析，保证目标可靠性和适应性；再者要运用上期情况、目前发展状况和近期计划的信息，保证目标的可行性和激励性。经过这样的详细调查研究之后，企业领导层可以反复酝酿，提出企业的总方针目标。要注意的是，在制定企业总目标时，一定要注意处理好局部和整体的关系、当前和长远利益的衔接问题，以及上下左右的综合平衡。目标各因素的关系，如图7-3所示。

② 确定目标的结构和内容。目标的结构一般由企业总目标、各部门各环节的分目标、班组个人的子目标及保证实施的措施等构成，使企业自上到下、自下到上形成一个较完整的目标体系网络。

目标的内容大体上有整体的社会目标和局部性的企业经营目标两部分。前者考虑国家计划、企业长远规划、中短期计划的要求，后者着重考虑企业经营的主客观条件、市场情报信息等要求。

目标体系的制定顺序自上而下按目标管理体系进行，将目标展开分解落实。

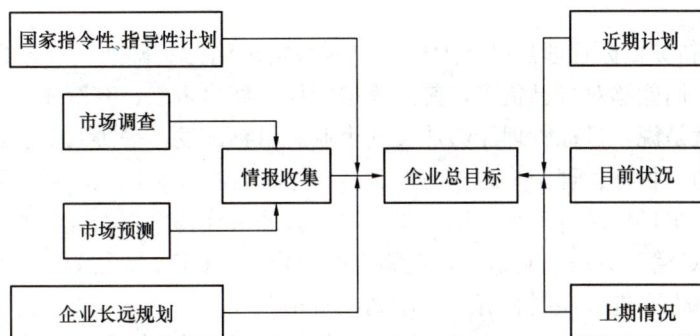

图 7-3 目标分解因素图

③ 目标的商定和展开。企业方针目标确定后可按顺序绘成进度图表，从最高层领导到各部门、各环节和每个职工，都规定具体指标要求和达标期限，通过这样的层层落实，使各部门职工都明确在实现企业目标中自己应干什么、怎么干、干到什么程度。同时目标展开后，下一级为保证上一级目标的实现，要找出本部门的问题，采取措施加以解决，尤其要为解决关键问题确定本部门的活动目标，从而层层保证目标实现。

企业方针目标展开后，要编制方针目标展开图，公布于众，以便于共同监督执行。

（5）施工企业如何来实施目标管理

建筑施工企业在目标管理的实践中必须重视目标管理的特点，整合企业的资源，建立符合企业需要的目标管理模式。

1）制定企业的总目标。目标制定前，要对企业现状和所处的市场及政策环境进行全面的调查、研究，并在此基础上考虑企业未来的发展。一般来说，建筑施工企业的总目标可以分为管理目标和经济目标两大类。管理目标主要针对工程项目管理制定，可以进一步细化为施工预算编审率、管理目标责任书签订率、管理风险抵押金收缴率、在建工程财务状况分析率、送审决算编报率、考核决算编审率、成本归集率、竣工决算办理率、财务结算办理率、考核审计率、目标责任奖赔兑现率、资金回收率、资金周转率、合同履约率、质量管理、安全生产及文明施工、工程技术管理等指标；经济目标则包括资产保值增值率和利润率等指标。

2）目标分解。总目标在企业的纵向行政管理层和横向职能部门之间进行层层分解便形成了企业的目标管理体系。如何进行目标分解，进而形成覆盖全企业各个层次各部门的目标体系是一个难点。首先，在纵向上可根据企业的总目标，结合各项目的具体情况制定出项目目标，再把项目目标分解形成项目员工的分目标；其次，在横向上以项目目标管理为主线，落实各职能部门的目标责任，确定他们在项目部经营活动中的义务与权利，让职能部门成为项目部职能管理的支持者与监督者。通过目标的纵向与横向的分解，形成企业完整的目标体系。

3）在目标体系的制定中，企业最高管理者应与项目经理——项目目标的第一责任人签订项目目标管理责任书。在项目目标管理责任书中应对成本、工期和质量三大目标进行量化处理形成指标体系，明确规定公司与项目经理的权利与义务。各部门各层次的目标应该始终以企业总目标为依据，上至总经理，下至施工一线人员，都必须有明确的目标。

4）自我控制。目标管理是以行为科学中的激励理论为基础产生的，它认为在目标明确的情况下，人们能够对自己负责，愿意承担责任、做出贡献、有所成就，所以能够实现自我管理。也就是说，目标管理能够从实现企业总目标出发，去协调企业各个组成部分乃至每个人的活动。目标管理是一种参与性、民主性、自我控制性比较强的管理制度，它把个人的需求和组织目标结合起来，用自我控制的管理来代替由别人统治的管理。在这一点上，海尔的 OEC 管理方法非常值得建筑施工企业借鉴。OEC 的含义是全方位地对每个人每一天所做的每件事进行控制和清理，做到"日清日毕，日清日高"。这样做的结果是从车间工人到集团总部的每一位员工都知道自己每天应干些什么，甚至可能自己考核自己的工作，领取自己应得的那份报酬。具体地说，OEC 管理模式意味着企业每天所有的事都有人管，所有的人都有管理、控制内容，并依据工作标准对各自控制的事项，按规定的计划执行，每日把实施结果与目标对照、总结、纠偏，达到对事物发展过程日日控制、事事控制的目的，确保目标完成。这一管理方法可以概括为五句话：总账不漏项，事事有人管，人人都管事，管事凭效果，管人凭考核。

5）流程管理。目标管理的各种理论都是基于"人性为善"的假设，它认为人是积极、主动要求工作的，人是渴望挑战和自我实现的。在这种假设前提下，目标管理主张授权，主张例外管理和自我控制，主张在设定目标之后，由员工自行负责计划、执行、控制和考核。但从目前建筑施工企业的从业人员素质来看，与"人性为善"假设是有一定距离的。特别是在作业层，人员素质和能力均无法满足目标管理对于人性的要求。但是目标管理作为一种行之有效的管理工具，我们不能因为自身的不足而放弃。因此应该寻找一种符合目前从业人员素质现状的管理模式，来配合目标管理的实施。流程管理便是这样一种很好的模式，它能够在目标管理的过程中进行系统回馈、修正以及风险评估，及时对出现的问题进行反映和纠正，尽量减少人为因素造成的过程偏差。基于建筑业工序清晰、重复性强、流水作业的生产特点，流程管理对于建筑施工企业尤为实用有效。

6）绩效考核。目标管理以目标的制定为起点，以目标完成情况的评估为终点。工作结果是评估目标完成情况的依据，是确定工作绩效的唯一依据。建筑施工企业目标管理绩效考核分为三个序列：项目经理部执行"包死基数、确保上交、盈利分成、欠收自补、责任追溯"的考核原则；专业分公司执行"目标管理、动态考核、强化协作、降低成本、提高效益"的考核原则；职能部门执行"目标管理、动态考核、强化服务、降低成本、工作创新"的考核原则。在这些原则之下，通过层层考核，责任落实到各级部门和个人。总经理依据项目目标管理责任书对项目经理进行考核，项目经理依据分目标对项目员工进行考核。职能部门的目标考核不仅要由主管领导进行，还要考虑项目经理对他们服务质量的评估。依据目标完成情况和取得的结果确定员工的绩效工资。有了明确的指标作为绩效考核标准，对员工工作成果的评价客观、合理，能充分调动员工的积极性，使每个员工都为实现自己的目标而努力工作，保证企业总目标的实现。

## 7.3.2 计划的控制

在计划实施过程中，必定会出现技术经济指标的偏差和管理工作上的失误。只有通过对计划实施活动的控制，才能消除或减少偏差，调整生产经营管理的不良状况。

1. 控制类型与要求

计划控制一般分为三种类型：反馈控制、过程控制和预先控制，如图 7-4 所示。反馈控制是针对生产经营活动的结果进行控制，即利用反馈原理，对计划执行情况进行检查、分析和核算，并与计划指标对比，及时发现和解决问题，保证计划按预定目标顺利完成。其关键在于保证信息通畅，做到上下情况及时沟通。过程控制是针对企业的生产经营活动本身进行控制。而预先控制是针对企业的生产经营活动的前提条件进行控制，如对施工班组实行限额领料。从控制效果来看，预先控制最佳，它是将问题消灭在设计和施工计划之中。过程控制次之。反馈控制是问题出现之后的控制，或多或少已经给企业带来了损失。

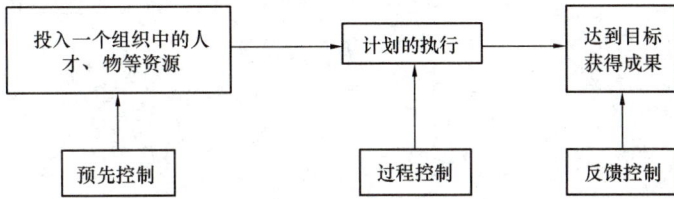

图 7-4　控制类型图

在现代管理中，特别强调人的"自我控制（或称人的主动控制）"，它是在一定条件下更有效的控制方法。"自我控制"的方法，是上述三类控制方法的综合应用，如图 7-5 所示。

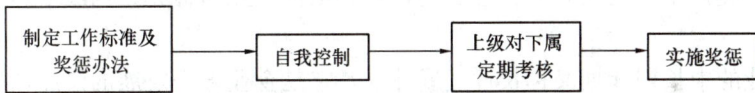

图 7-5　自我控制的程序

控制应具有系统性。计划实施的控制是对计划系统的综合控制，不只是某个环节、某个方面的控制，而是对企业各级的经营、生产、工程施工和返修服务等全过程的综合控制。工程进度、质量、消耗、安全、成本、材料、库存、资金运用等形成系统控制网络。各种控制应从实际出发，具有现实性、适应性、灵活性和经济性。

2. 计划控制的方法

计划控制的方法主要有计划文件、工程进度图表、工程控制图表及有关计划执行情况的信息。根据计划控制的内容不同，可采用日常检查、定期检查和专题检查三种形式。日常检查是经常性的检查。它主要是对施工进度的检查，通过日报表、旬报表、调度会、管理人员深入现场等形式和手段，获取计划实施情况的信息，并以工程形象进度表形式公布，促进工程施工进度；定期检查是按周、旬、月进行的检查。它检查的内容比较全面，并应进行较细致的分析，找出问题，提出解决问题的办法；专题检查是有针对性的检查。它是根据管理的实际需要对特殊或薄弱环节以及某些重大的问题进行的检查，通常以现场会的形式进行。

控制过程一般包括三个步骤：确定控制标准，根据这些标准衡量执行情况，纠正实际执行情况与计划标准的偏差，如图 7-6 所示。

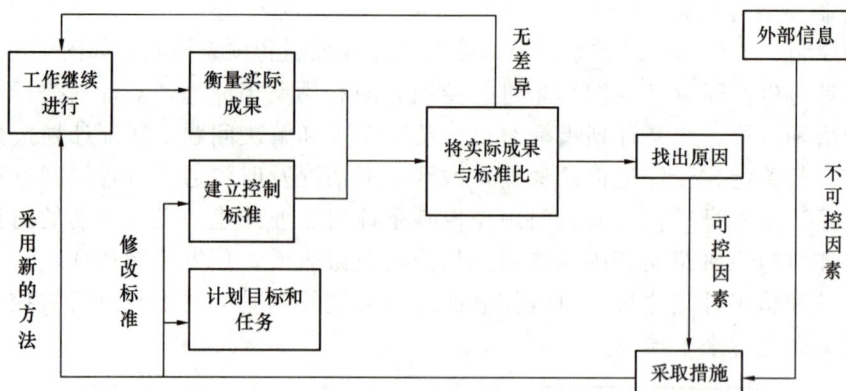

图 7-6　控制过程图

# 本　章　小　结

计划是基于对客观实际的认识，确定某项活动在未来一定时期内应达到的目标，以及为实现目标所进行的一系列筹划活动的总称。计划的特征为可行性、目的性、明确性、首位性、普遍性、时效性、效率性。计划又有不同的分类，按计划时期不同，建筑企业计划可分为长期（五年以上）计划、中期（两年以上、五年以下）计划、短期（一年及一年以下）计划。各类计划相互联系、相互制约，互为依存、互为补充，构成了建筑企业的计划体系。

建筑企业的中长期计划又称长远发展计划，它是企业未来发展的蓝图，是企业编制短期计划的依据和指导企业生产活动的纲领性文件，也是计划管理的主体与中心任务。由于中长期经营计划综合性强，随机因素多，受到内外环境的制约，所以，多采用滚动计划法编制。年度经营计划是由企业的年度销售、生产供应财务、成本等计划构成的综合性计划，它是长期经营计划的具体化和实施方案。年度经营计划的编制：①年度经营计划的编制，主要考虑以下外部环境和内部条件因素，即外部经营环境和企业内部经营条件；②年度经营计划编制程序：A. 确定年度经营目标；B. 编制年度施工生产计划；C. 编制其他保证性计划；D. 制定落实经营计划的方案及措施。

计划的执行主要为：①全面完成计划规定的各项计划指标；②保证均衡地执行经营计划；③实行目标管理。目标管理中的制定必须遵循如下原则：A. 整体性；B. 激励性；C. 可行性；D. 应变性；E. 针对性。目标制定一般可分为以下几个步骤：①收集信息，调查研究，制定企业总目标；②确定目标的结构和内容；③目标的商定和展开。

**案例分析一**

### 工程总承包管理模式下长沙希尔顿酒店项目施工进度计划管理

长沙希尔顿酒店项目采用 EPC 工程总承包管理模式，由中建三局担任总承包单位。该建筑的设计高度为 241m，包含 3 层地下结构和 51 层地上建筑，总建筑面积达到

144629m$^2$。这座综合体塔楼集酒店和办公功能于一体，采用钢框架-核心筒结构体系。不同于传统的施工总承包模式，EPC工程总承包管理模式下的进度计划管理贯穿工程全过程。

**1. 设计阶段，明确业主进度要求**

长沙希尔顿酒店工程中，中建三局承担着大量钢结构、幕墙和机电的深化设计工作，在设计阶段，中建三局就对如钢结构、机电管线的规格和数量等做了精确的统筹，根据构件安装要求，对未来在施工阶段所需的设备作出合理选择。例如，长沙希尔顿酒店工程钢结构在深化设计中，统计了所有钢构件的分段长度和分段重量，分段重量最大达到11.6t，因此选用了利用率最高的动臂塔吊JCD500做施工阶段吊装设备。

**2. 统筹安排物资采购计划**

物资采购是工程总承包管理模式的优势之一，物资管理工作是加快项目进度的重要环节，材料供应又是保证项目能否顺利进行的关键。中建三局根据总进度计划，与各分包综合协调，编制了精确的设备进场计划：塔楼核心筒混凝土结构施工完2层后开始安装液压爬模，核心筒施工完5层后安装2台动臂塔吊；核心筒完工5层后安装1号施工电梯。外框水平结构施工至11、25层分别安装2号、3号施工电梯。

**3. 成立工程总承包进度计划管理小组**

长沙希尔顿酒店是一个大型综合性建筑，涉及的专业非常广泛，参建单位众多。因各参建单位组织机构不同，管理模式迥异，在项目管理上容易造成沟通不畅，对内效率低下的被动局面。为了统筹和协调各分包商的进度计划工作，监督施工进度，中建三局成立了联合所有参建方的进度计划管理小组，小组办公室常设在中建三局技术部，组员涵盖各专业分包的工程、技术、商务、物资等职能部门代表人员，中建三局占小组绝对领导地位，由项目总工程师负责牵头，并建立定期会议机制。开工初期，小组共同分析施工流程，探讨专业作业搭接事宜，编制总进度计划。项目实施过程中，小组管理协调好各方之间的关系，对于全面按时实施合同、加快进度起着举足轻重的作用。

**4. 分析各专业施工工序，合理组织施工流程**

长沙希尔顿酒店工程塔楼结构工程大致工序可归纳为：核心筒混凝土结构施工→外框钢结构吊装→外框桁架板浇筑。外框钢结构工序又可进一步细分：钢梁预埋件安装→钢柱吊装→钢梁吊装→桁架楼承板安装，其间还会穿插有钢结构混凝土的施工。因此，厘清各工序搭接顺序，是中建三局编制总进度计划的重点。中建三局使用了网络图表示工序，清晰反映施工进度和各工序、施工项目之间的逻辑关系，可依据网络图分析确定各专业的搭接顺序。

长沙希尔顿酒店工程塔楼地上结构施工时，核心筒混凝土结构与钢结构协调同步进行，塔楼核心筒与外框结构采用"不等高同步攀升"组织施工，即标准层外框钢结构滞后于核心筒竖向结构4～6层，外框桁架板滞后于外框钢结构3～5层；各专业分包穿插插入顺序如下：机电管线二次预埋、砌体工程在塔楼主体结构施工完6层后插入，砌体施工至14层插入粗装修工程，粗装修工程施工至10层插入精装修施工，塔楼幕墙在外框钢结构施工至18层后插入。各专业分包应严格按照此计划施工，以保障各专业作业均可有序展开，在竖向空间不打架。

5. 制定工程成本管控计划

长沙希尔顿酒店工程在开工伊始，中建三局组织设计、采购、施工控制及专业负责人针对工程特点、难点编制施工组织设计，制定详细的施工图、设备及原材料采购、施工进度等计划，与分包单位协商编制了劳动力、机具等进场计划。其间还综合考虑了原材料及设备的市场价格走向趋势，与国内同行业相同或类似的装置的工程造价比较，工程施工过程中可预测的和不可预测的成本支出，施工过程中的难点及采取的特殊措施造成的成本支出等也都有考虑。

长沙希尔顿酒店项目的进度计划管理是集科学性、综合性、系统性、协调性于一体的工作，中建三局综合考虑不同阶段和多方因素，有针对性地编制总进度计划，做到施工有条不紊，合理顺畅。

**案例来源**：工程项目管理与建造师会员服务.2022年建设工程项目管理创新应用Ⅰ类成果展示：工程总承包管理模式下超高层建筑施工进度计划管理［EB/OL］.（2023-04-20）［2024-10-15］.https：//mp.weixin.qq.com/s/eh4zQxi89Urulm-MGMYWeQ.

**案例分析题：**

1. 中建三局如何对工程总承包管理模式下的项目实施目标管理？
2. 分析长沙希尔顿酒店项目目标顺利实施的计划管理有效措施？

**案例分析二**

**火神山医院项目进度计划管理**

1. 项目背景

2020年的春节，新型冠状病毒来势汹汹，为坚决遏制疫情蔓延，武汉市政府宣布将参照北京小汤山医院模式建设专门医院，加强对新冠病毒患者的救治。武汉火神山医院新建区规划用地面积约5万 $m^2$，总建筑面积3.39万 $m^2$，总床位数1000张，设有接诊室、负压病房楼、重症监护室、CT室、手术室、检验室、网络机房及救护车洗消间、垃圾焚烧炉、氧气站、吸引站、衣物消毒间等室外附属用房，开设重症监护病区、重症病区和普通病区。

2. 火神山医院项目工期目标

1月23日，武汉市城建局授意中建三局等单位，立即启动工程项目，并且下达军令状10天内必须完成，表7-1展示了火神山医院项目进度。

火神山医院项目进度　　　　　　　　　　　　　　　　表7-1

| 日期 | 进度 |
| --- | --- |
| 1月24日，除夕 | 上百台工程机械抵达现场,开始土地平整 |
| 1月25日,大年初一 | 火神山医院正式开工 |
| 1月26日,大年初二 | 防渗层施工全面展开,地下管网沟槽开挖,集装箱板房材料陆续进场 |
| 1月27日,大年初三 | 场地整平、碎石回填全部完成,首批箱式集装箱板房吊装搭建 |
| 1月28日,大年初四 | 1栋双层病房区钢结构初具规模 |

续表

| 日期 | 进度 |
|------|------|
| 1月29日,大年初五 | 300多个箱式板房骨架安装完成,开始同步进行机电管线作业 |
| 1月30日,大年初六 | HDPE膜铺设全面完成,同步进行污水处理间设备吊装 |
| 1月31日,大年初七 | 9成集装箱的拼装均已完成,活动板房骨架安装3000m² |
| 2月1日,大年初八 | 全面展开医疗配套设备安装 |
| 2月2日,大年初九 | 火神山医院工程完工 |

3. 火神山医院项目进度管理

基于疫情严峻性,武汉市火神山医院项目工期紧、任务重,该项目的建设采取了进度压缩的方法。

(1) 进度压缩方法一:快速跟进

快速跟进是一种进度压缩技术,将正常情况下按顺序进行的活动或阶段改为至少是部分并行开展。主要的特点就是交叉进行,简单说,就是边设计边施工。火神山医院项目中,武汉市城建局成立了建设指挥部,由中信建筑设计院设计,中建三局、武汉建工集团、武汉航发集团、汉阳市政集团4家单位参建。各项工作,查勘、规划、设计,到施工、调测、开通、优化交叉同时进行,例如:

设计交叉进行:基础图设计与水电设计同时进行。设计采购与施工交叉进行:基础施工与机电设备设计同时进行。土建施工与机电安装交叉进行:HDPE膜铺设全面完成、污水处理间设备吊装同步展开。机电安装与机电调试交叉进行:300多个箱式板房骨架、安装完成、机电管线作业同步展开。

(2) 进度压缩方法二:赶工

赶工就是通过增加资源,以最小的成本代价来压缩进度工期的一种技术。在火神山项目建设中,进度压缩方法体现在集中资源办大事,例如:设计院60余名在汉员工加班赶图,通宵开展设计工作,5小时内完成场地平整设计图,24小时内完成方案设计图,60小时内交付全部施工图。施工单位更是勇往直前,即便到了夜间,工地上也依旧灯火通明,各种工程机械依旧有序地施工:装载机、反铲挖掘机、汽车吊、柴油发电机、电焊机、切割机、模板、钢筋等。

对项目进行进度管理,保障火神山医院高效建造、保质完成。火神山医院项目于2020年1月24日开工建设,2月2日正式完工交付。

**案例来源:**

[1] 周鹏华,张金军,谢华等. 火神山医院施工策划与计划管理实践 [J]. 施工技术,2020,49 (12):25-29.

[2] 广州现代卓越. 火神山医院的进度压缩 [EB/OL]. (2020-02-05)

**案例分析题:**

1. 火神山医院工程进度计划编制的原则是什么?

2. 火神山医院工程进度控制中目标管理理念如何体现?

## 思 考 与 练 习 题

1. 简述计划的概念及特点。
2. 简述建筑企业计划体系的主要内容。
3. 简述建筑企业中长期经营计划的编制方法。
4. 简述什么是滚动式计划及其优点。
5. 简述年度经营计划的编制依据和程序。
6. 如何贯彻执行建筑企业经营计划?
7. 如何搞好计划执行中的控制工作?

# 8 建筑企业经营方式及投标

1. 了解建筑市场的概念、分类、特征及建筑市场经营的含义。
2. 掌握建筑企业常见的工程项目承包模式的基本概念、框架结构及其特点。
3. 解释招标投标的概念以及描述不同招标方式的特点。
4. 掌握招标投标的程序以及招投标过程中需要注意的问题。

引导案例

## 北京市大兴区新凤河流域综合治理 PPP 项目

新凤河位于大兴区北部，属北运河水系，凉水河主要支流，是大兴区主要的防洪排水、风景观赏河道。为加快大兴区"五位一体"建设，显著改善新凤河流域的生态环境，实现环境、经济及社会效益的有机结合，大兴区人民政府授权大兴区水务局实施"大兴区新凤河流域综合治理工程PPP项目"，并通过公开竞争选择北控水务集团作为该项目的社会资本方，以特许经营模式中的设计—建设—融资—运营—移交（DBFOT）模式交付该项目。该模式具体为由政府选择合适的社会资本与指定的政府出资人代表一起成立项目公司，并授予项目公司特许经营权，由其负责该项目的设计、建设、投融资、运营和维护，经营期满，项目设施无偿移交政府方。

该项目具体实施情况为：（1）大兴区政府授权大兴区水务局作为该项目的实施机构，并指定大兴区物资集团有限公司作为政府出资人代表，通过法定程序选择境内有经验、有实力的社会资本方。（2）大兴区物资集团有限公司与中标的社会资本（北控水务）签署《合资经营合同》，在大兴区成立项目公司（北京北控兴凤水环境治理有限公司），在项目公司中，大兴区物资集团占1%股份，北控水务占99%股份。（3）区水务局与项目公司签订《PPP项目合同》，授予项目公司特许经营期内的特许经营权，项目公司自行承担责任、风险和费用，并负责设计、投资、融资、建设、运营维护该项目，特许经营期满，项目设施无偿移交政府方。（4）项目公司根据《PPP项目合同》的规定提供新凤河流域综合治理服务，并通过政府购买服务费收回投资，获取合理回报。（5）特许经营期届满时，项目公司将该项目所有设施无偿、完好地移交给区水务局或其指定机构。该项目实施DB-FOT模式的结构图如图8-1所示。

该项目合作期20年，鉴于该项目的非经营性属性，所以项目的回报机制为基于绩效评价的政府付费方式。付费来源由基于工程可用性评价的可用性服务费和基于项目运营维护的运维绩效服务费两部分构成。可用性服务费以竣工决算审计报告投资为基数，核减政

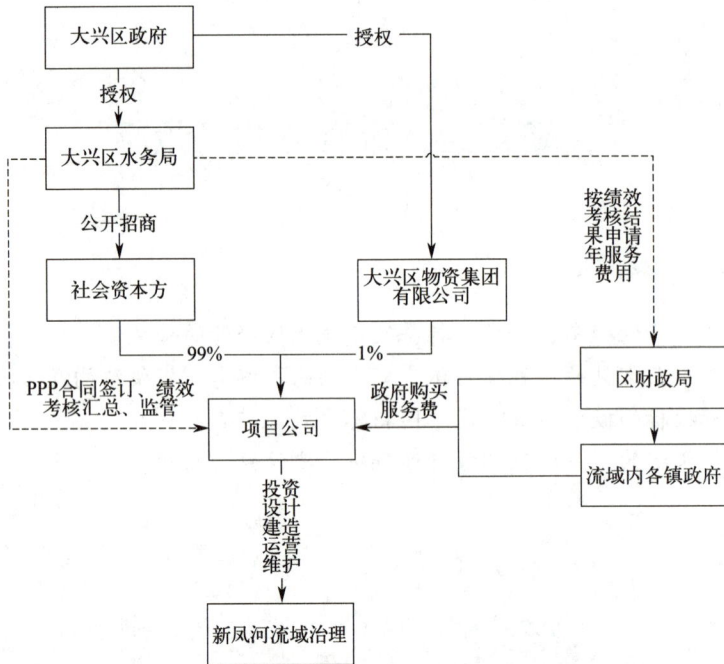

图 8-1 DBFOT 模式结构图

府补贴资金后按照中长期商业贷款基准利率计算，并在运营期按照实际运维绩效考核结果每年等额支付。运维绩效服务费以项目公司运维服务方案为基础，按照运维绩效服务费基数和项目实际运维绩效考核结果按季度进行支付。

通过三年治理，新凤河流域治理成效明显。全流域黑臭水体已消除，水环境质量大幅提升，现阶段新凤河水生态健康综合指数相比治理前提升了330%，社会效益彰显。该项目通过积极引入专业化的社会资本参与大兴区水环境建设，采用政府与社会资本合作的(PPP)模式，有效改变了传统模式下投资、设计、建设、运营主体分离的局面。从项目的全生命周期上实现了政府监管与项目管理的统一，同时切实降低项目全生命周期的成本并通过建立和落实基于项目绩效的考核付费机制，切实保障公共产品和服务质量得到改善，实现了项目的可持续发展。

**案例来源：** 中国城镇供水排水协会．绿色 PPP 项目典型案例①：北京市大兴区新凤河流域综合治理 PPP 项目 [EB/OL]．(2021-05-17)

# 8.1 建 筑 市 场

## 8.1.1 建筑市场的概念及特征

1. 建筑市场的概念

建筑市场是指以建筑产品为交换内容的市场。建筑市场又以建筑产品的生产过程为对象，形成特殊的交易形式、交易方式和相对独立的市场。

建筑市场由主体和客体构成。其中，主体包含业主、承包商、中介机构；客体指可供交换的商品和服务。

（1）主体

1）业主：业主是在建筑市场中发包建设任务，并最终得到投资成果的单位。行业内可以将业主称为建设单位或甲方、发包人。

2）承包商：承包商是具有承包工程建设任务营业资格，提供建筑产品，并取得一定报酬的建筑企业。在我国工程建设中承包商又称为乙方。

3）中介机构：中介机构是指相对独立、有专业能力、有行业资质的，提供智力型服务或代理并取得服务费用的中介组织。中介机构促进了建筑市场的发展和成熟。

（2）客体

客体是指可供交换的商品和服务。它既可以是中介机构提供的咨询报告、咨询意见或其他服务，也可以是施工企业提供的建筑物或者构筑物。

2. 建筑市场的分类

建筑市场存在于建筑产品的生产、流通、分配和消费的各个环节，反映着商品所有者之间的经济关系。不同阶段、不同领域的建筑市场有不同的形式和特点。因此，建筑市场的种类多种多样。

（1）按交易对象分为建筑商品市场、资金市场、劳动力市场、建筑材料市场、租赁市场、技术市场和服务市场等。

（2）按市场覆盖范围分为国际市场和国内市场。

（3）按有无固定交易场所分为有形市场和无形市场。

（4）按建筑商品的性质分为工业建设工程市场、民用建设工程市场、公用建设工程市场、市政工程市场、道路桥梁市场、装饰装修市场、设备安装市场等。

3. 建筑市场的特点

与一般市场相比，建筑市场具有许多特点，主要表现在以下几个方面：

（1）建筑市场多通过招标代理进行交易

随着我国经济的不断发展，经济体制建设的不断完善，招标代理机构在从事招标代理业务中的中介角色越来越重要，在建筑市场中的地位也越来越重要。招标代理机构在某种意义上改革了建筑市场的招标行为，提高了建筑市场招标的效率，促进了建筑市场快速健康地发展。

（2）在建筑市场中，交换关系的确立在产品生产之前

在一般市场中，总是先由生产者生产出产品，待商品（产品）进入市场后，根据其适应消费者需要的程度、生产者平均所消耗的劳动量即产品的价值量，以及市场中对该产品的供求关系等因素，由生产者和消费者完成商品的交换关系。但在建筑市场并不以具有实物形态的建筑产品作为交换对象，而是就拟建建筑产品的质量、标准、功能、价格、交货时间、付款方式和时间等内容，由需求者和生产者达成交易条件，从而确立双方之间的交换关系。经双方达成一致的这些交易条件，不仅规定了生产者今后的生产活动，同时也明确了需求者的权利和义务，对供求双方都是约束条件。

（3）与一般商品的交换相比，建筑产品的交换过程很长

众所周知，一般商品的交换基本上都是"一手交钱、一手交货"，交换是一次完成的，无所谓交换过程（交换条件的确立需要花费时间，有时要经历很长的过程）。但建筑产品的交换则不同，由于不是以具有实物形态的建筑产品作为交换对象，因而无法进行这种现

货交易。而且，由于建筑产品价值巨大，生产周期长，因而在确立交易条件时，生产者不可能接受先垫付资金进行生产、待交货后由需求者全额付款的结算方式；同样，需求者也不可能接受先支付全部工程价款、待工程完全建成后才由生产者向需求者交货的交易方式。

因此，建筑产品的交换基本上都是采用分期交货（中间产品或部分产品）、分期付款的方式，通常是按月度进行结算。这样，从货款支付和交货过程（即建筑产品实物形态形成的过程）来看，建筑产品的交换就表现为一个很长的过程。

（4）建筑市场具有显著的区域性特点

这一特点是由建筑产品的固定性所决定的。建筑产品的生产地点和消费地点是一致的，建筑市场中没有建筑产品的实物流通。对于建筑产品的生产者来说，他无权选择特定建筑产品的具体生产地点，但他可以选择自己的生产经营范围。由于大规模远距离的流动生产势必增加生产成本、降低竞争能力，因而建筑产品生产者的生产经营范围总有一个相对稳定和集中的地理区域。从建筑产品的需求方来看，他一旦选定了拟建建筑产品的建造地点，也就在一定程度上限制了对生产者的选择范围。这意味着，建筑产品生产者和需求者相互之间的选择都有一定的局限性，只能在一定范围内确定相互之间的交换关系，表现出明显的区域性。当然，建筑市场区域性并不是截然分割的，它是随着建筑市场供求关系的变化而变化的。

一般来说，建筑产品的规模越小，技术越简单，建筑市场的区域性越强，或者说区域范围越小；反之，建筑产品的规模越大、技术越复杂，建筑市场的区域性越弱，即区域范围越大。

（5）建筑市场中的风险较大

建筑市场与一般市场不同的是不仅对生产者有风险，而且对需求者也有风险。

从建筑产品生产者方面来看，建筑市场的风险主要表现在以下三个方面：

1）定价风险。由于建筑市场中的竞争主要表现为价格上的竞争，定价过高就意味着竞争失败，招揽不到生产任务；定价过低则可能导致亏本甚至企业破产。而建筑产品是先定价、后生产，这种预先确定的价格很难保证其合理性。

2）生产过程中的风险。建筑产品的生产周期长，在生产过程中会遇到许多干扰因素，如气候条件、地质条件、环境条件的变化等。这些干扰因素有些是可以预见的，但未必能预见到其发生的确切时间和严重程度。有些则是难以预见的，这些干扰因素不仅直接影响生产成本，而且会影响生产周期，甚至影响建筑产品的质量和功能。

3）需求者支付能力的风险。建筑产品的价值大，其生产过程中的干扰因素可能使生产成本和价格升高，从而超过需求者的支付能力；或因贷款条件变化而使需求者筹措资金发生困难，甚至有可能需求者一开始就不具备足够的支付能力。凡此种种，都有可能出现需求者对生产者已完成的阶段产品或部分产品拖延支付甚至中断支付的情况。这无疑将影响生产者资金周转，使生产者难以连续、有效、合理地组织生产。

建筑市场对需求者的风险主要是由"先确定交换关系，后进行产品生产"的特点所引起的，其主要表现在于：

1）价格与质量的矛盾。如上所述，建筑产品的需求者往往希望在产品功能和质量一定的条件下价格尽可能低。但是，这种"一定的"质量要求和标准其实并不确定，难以保证绝对严格和准确。这样，就有可能使需求者和生产者对最终产品的质量标准产生理解上的分歧，从而在既定的价格条件下达不到需求者预期的质量标准。另外，价格与价值毕竟有着内在的联系，当生产者以低于价值水平的价格接受建筑产品的订货生产之后，为了使自己有利可图或至少不亏本，就只能降低产品的价值量即降低质量标准。

2）价格与交货时间的矛盾。建筑产品的需求者往往对影响建筑产品生产周期的各种干扰因素估计不足，提出的交货日期有时很不现实，生产者为得到生产任务当然要接受这一条件，但却有相应的对策。例如，业主应承担的工作往往不能按时完成，从而成为生产者向需求者提出工期索赔和费用索赔的依据，使需求者陷入要么增加费用、要么延长工期的两难境地，甚至既增加费用又延长工期。又如，生产者有时并不担心不能按规定时间交货，因为由此而产生的生产者损失（如拖延工期罚款）可能小于需求者的损失，生产者因此而破产将使需求者产生更大的损失。一个未完成的建筑产品有时很难找到愿意续建的生产者，或要付出较高的代价，从而使需求者陷入"骑虎难下"的境地。

3）预付工程款的风险。由于建筑产品的价值巨大，生产者一般无力垫付巨额生产资金，故多由需求者先向生产者支付一笔工程款，以后随工程进展逐步扣回。这就可能使某些经营作风不正的生产者有机可乘，给需求者造成严重的经济损失。

建筑市场中需求者的风险有些是可以避免的，关键在于需求者对建筑生产的技术经济规律要有一个客观、正确的认识，不要片面追求低价格和短工期。另外，还要充分了解自己应完成的工作。

（6）建筑市场竞争较为激烈

建筑业生产要素的集中程度远远低于资金、技术密集型行业，不可能采用生产要素高度集中的生产方式，而是采用生产要素相对分散的生产方式，大型企业的市场占有率较低。因此，在建筑市场中，建筑产品生产者之间的竞争较为激烈。由于建筑产品的不可替代性，建筑产品的生产者往往无法自己制订产品计划和相应的生产计划，基本上是被动地适应需求者的要求。也就是说，在建筑市场中，需求者处于主导地位，甚至处于相对垄断地位，更加剧了建筑市场竞争的激烈程度，常常出现一个需求者面对几个、十几个，甚至几千个生产者竞争的局面。

### 8.1.2 建筑市场经营

1. 建筑市场经营的含义

建筑市场经营又称建筑市场营销，指建筑企业经营销售建筑商品和提供服务以满足业主（用户）需求的综合性生产经营活动。

建筑市场经营的主体是建筑企业和建设单位（用户）。建筑市场经营的最终目的，是达成建筑商品交换，满足用户需求，建筑企业获得利润。建筑市场经营是企业生产经营活动中极其重要的一环，只有经过市场经营才能与建设单位达成交易关系，获得工程施工承包权，即建筑商品销售权。

2. 建筑市场经营的内容

建筑企业进行市场经营，主要开展以下工作：

（1）建筑市场调查。有目的、有计划、系统地收集、整理和分析建筑市场的各类信息，为市场决策提供市场需求、竞争对手和市场环境等方面的资料。

（2）建筑工程投标。在获得市场需求信息后，通过编制标书及有关工作，利用合法竞争手段获取工程项目承包权。

（3）选择经营方式。建筑企业经营方式很多，建筑企业应根据工程项目特点和建设单位实际情况选择合适的经营方式。建筑企业经营方式是在建筑企业与建设单位达成交易时就应明确的内容。

（4）谈判与签订合同。建筑商品交易是一种期货交易，必须事先签订工程合同，明确双方的权利义务。签订合同的过程就是讨价还价的过程——谈判过程。

（5）索赔和中间结算。建筑产品形成过程中，因种种原因使工程项目出现变更。这些变更会影响价格和工期，这就需要甲乙双方通过协调达成一致意见，这种协调即索赔或签证。按合同规定，非一次性付款的工程项目，要办中间结算，完成部分交易。

（6）竣工结算。建设项目竣工验收后，甲乙双方完成交接，同时结算全部工程价款，建筑商品交易最终完成（实际完成应待保修期终结，双方脱离直接责任后）。

3. 建筑市场经营的特点

（1）市场供求关系出现长期的不平衡性

很多商品在市场上的供求关系都是供大于求，并降低了市场上的发展平衡性。我国的建筑施工企业在发展过程中，也出现了供大于求的发展现象，主要是由于在建筑施工企业中用工制度的转变，大量的基层员工开始加入工业生产。而且，建筑行业门槛低、工作量大，随着工作人员的不断增加，建筑施工企业生产能力过剩现象不断加重，从而降低了企业的发展利润。所以说，这种形式导致市场供求的不均衡性，给建筑施工企业的营销发展造成较大压力。

（2）建筑生产与营销的一体化

建筑生产的产品是一种不动产，与其他封闭性的商品生产具有较大差异。这种生产形式体现的是开放性与周期性发展，促进了生产与营销的一体化发展。市场营销发展不仅存在于项目实施之前，还存在于生产的全部过程。

（3）施工企业的全员化营销

建筑施工企业的生产过程是一种开放性生产形式，它形成了全员性的营销形式。相关客户在对建筑施工企业进行参观和检查时，实际上是对建筑施工企业中的全体人员的工作状态、技术水平、个人素质等进行检验，因为企业员工在各个方面的表现体现着一个企业的形象。所以，建筑施工企业中的管理人员、生产人员、技术人员等都要积极、主动地参与企业营销工作，并在不同生产模式上不同程度地影响营销生产。

（4）施工企业的全过程营销

全过程的营销是指施工企业从信息的收集到竣工都要形成一种营销意识。随着政府对建筑施工企业的不断重视，更要重视企业的生产过程以及营销工作。在竣工期间，也要重视售后服务工作，并给客户留下良好印象，在这种全过程的营销方式中，不仅能增加与客户之间的合作机会，还能促进售后服务工作的良好实施。

（5）差异化营销

工程项目实施中的单件性决定了客户的个性化发展，所以，根据客户的不同需求，要实现项目的不同营销形式。因为每个客户的需求都是不同的，所以建筑施工企业在这种形式上就要根据客户提出的不同需求，最大限度地满足其包含的隐性需求，并为其提供个性化的服务。如：公共设施建筑，主要形成的就是技术、外观以及高标准发展方向，而住宅建筑的形成主要注重质量、价格以及交易市场上的变化等。所以，相关的建筑施工企业就要根据不同的发展需求研究出不同的实施战略，并以针对性的发展特点促进施工组织与生产组织实施。

（6）营销工作的长期性

根据建筑市场在社会发展中的实际情况，建筑施工企业要完成高效的营销工作，就要制定周密的策略以及严谨的执行措施。而且，还要随时关注市场环境的变化，并根据营销因素的变化，及时分析信息，并制定出合理的解决对策。对于营销工作人员来说，自身也要具有一定的耐心与责任心，不仅要能够充分掌握市场上的变化，还要以较强的应变能力稳定企业的内部工作。

4. 建筑市场的竞争

建筑市场的竞争主要反映在以下几个方面：

（1）建筑产品价格的竞争。任何产品，包括建筑产品在内，只有物美价廉才有竞争力。所以，建筑企业只有设法不断降低产品成本，在保持一定利润的情况下，用尽量低的价格去出售产品，才能具有竞争力。

（2）建筑产品质量的竞争。产品质量好的企业就能战胜产品质量低劣的竞争对手。因此，建筑企业只有不断采用新技术、新材料、新工艺，开展全面质量管理，不断提高工程质量，才能提高企业信誉，求得生存和发展。

（3）工期的竞争。能否按期交工或提前交工，这也是中标竞争的重要因素。所以，建筑企业要组织好施工，按期保质保量交工，为竞争打下良好的基础。

此外，建筑市场的竞争还表现在交工后的服务质量的竞争，建筑产品的功能、规格、样式等方面的竞争。而且随着社会的进步和人们生活水平的提高，对建筑产品这些方面的质量要求也会越来越高，这些方面在产品竞争中也会显得越来越重要。

总之，通过建筑市场的竞争，会促进建筑企业加强管理，提供更好的产品，为社会服务。

## 8.2 建筑企业的经营方式

### 8.2.1 建筑企业经营方式的发展

建设工程项目的交易过程从不同的角度出发，具有不同的定义。站在买方的角度即业主购买（采购）整个建设工程项目的过程，称为"采购模式"；站在卖方的角度即各个供应商（设计方、施工方、咨询方）按照业主的要求将建设工程项目（或服务成果）交付给业主的过程，称为"交付模式"；最后，从交易的角度出发则称为"承发包模式"，将建设工程项目的每个交易过程都看成是一个"承发包过程"，业主将工程建设项目全部或部分内容发包给承包商，承包商承接项目并按要求建设移交项目。但是，三者在本质上是完全相同的，只是站的角度不同而已。

建筑企业经营方式是指建筑企业向建设单位或服务对象提供建筑产品或服务的方式，也是建筑企业获得工程任务并组织其建设所采取的经营管理方式。经营方式作为经济活动的方式，随着社会生产的发展、科学技术的进步引起的社会分工和协作的变化而不断地演变。在国外，最典型的是英国，其建筑企业经营方式经历了五个阶段，见表 8-1。

经营方式的发展　　　　　　　　　　　　　　　　表 8-1

| 阶段 | 经营方式图示 | 经营方式 |
|---|---|---|
| 第一阶段<br>（14 世纪前） | 业主 → 工匠　工匠　工匠 | 业主自营方式 |
| 第二阶段<br>（14~15 世纪） | 业主 → 营造师 → 工匠　工匠　工匠 | |
| 第三阶段<br>（15~17 世纪） | 业主 → 建筑设计师　营造师 → 工匠　工匠　工匠 | |
| 第四阶段<br>（17~18 世纪） | 业主 → 建筑师 → 承包企业 → 工匠　工匠　工匠 | 承发包方式<br>经营承包商出现 |
| 第五阶段<br>（19 世纪至今） | 业主 → 建筑师 → 结构工程师／设备工程师／概预算人员；分包　总承包企业　分包；再分包　企业技工　分包 | 总包、分包方式<br>总承包企业出现 |

表中前三个阶段是按业主自营方式进行建筑营造活动的。

第四阶段，出现了承包商。业主作为发包者，进行建设项目发包；建筑师、工程师作为业主顾问，负责建设项目规划调查、设计和施工监督；建筑企业作为承包商，负责建设项目的施工建设。三者相互独立又相互协作，用经济合同联系起来。承发包方式出现以后，自营方式在国外就几乎不存在了。

第五阶段，进入 19 世纪，又出现了总承包企业。到 20 世纪，它已具备了较完善的体系，逐渐形成了以承发包为主要特征的承包企业的多种经营方式。

近些年来，又出现了 EPC、PPP 等承包经营方式，这些先进经营方式的出现，改变了以往传统经营方式单调、落后的局面。

### 8.2.2 工程项目承包模式分类

**1. DBB 承包模式**

(1) DBB 模式的概念

设计-招标-建造承包模式（Design-Bid-Build），是一种工程项目建造的传统流程和管理模式。它是经过项目决策阶段和准备阶段，在调研完成确立项目后，由建设单位委托设计单位进行项目设计，然后通过确认的设计图纸进行招标，由中标的施工单位进行施工的一种模式。

这种模式涉及三个主要参与方：业主、设计方、施工总包方。它包括：

1）在设计开始时引入设计方（Architect/Engineer，简称 A/E），签订设计合同；

2）设计方（A/E）进行设计（含方案设计、初步设计、技术设计）；

3）设计方（A/E）进行详细设计（施工图设计），同时编制完整、规范的招标文件，这些招标文件一般包括：工程图纸、技术规范以及合同文件等；

4）用该招标文件进行竞争性招标，与中标的施工总包方签订总价合同，施工总包方就施工对业主负责；工程项目进入施工阶段，由施工总包方视情况进一步选择分包商；

5）施工结束后的设施管理阶段，由业主负责运行和维护。这些工作是依次执行的，即前一步工作结束后再开展下一步工作。

设计方和施工总包分别与业主签订合同，施工总包与业主一般以总价方式签订合同。

(2) DBB 模式结构图

视具体项目，如将竞争性招标改为协商谈判，就变成设计-谈判-施工（Design-Negotiate-Build）。DBB 及其变化的模式如图 8-2～图 8-4 所示。

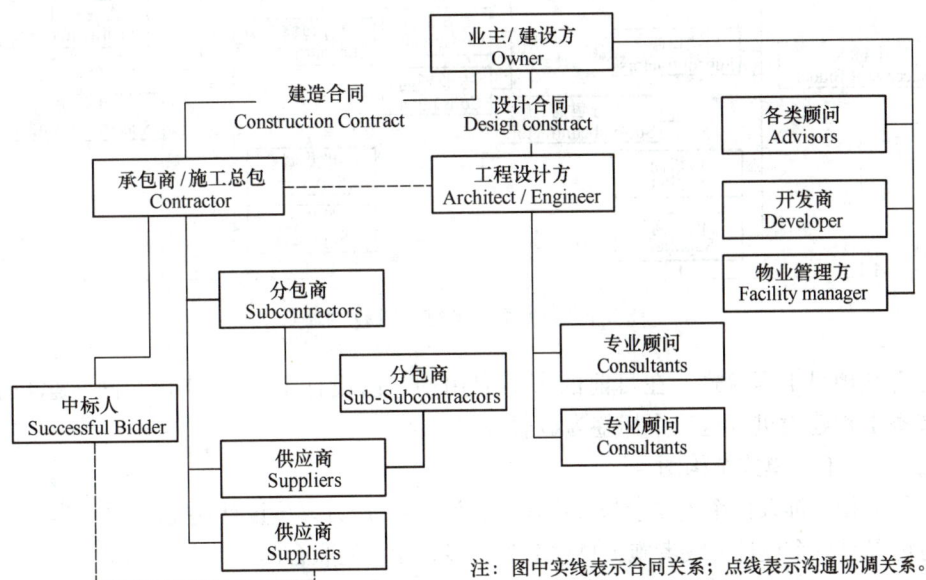

注：图中实线表示合同关系；点线表示沟通协调关系。

图 8-2　设计-招标-建造（DBB）承包模式

**2. DB 承包模式**

(1) DB 承包模式的概念

设计-建造承包模式（Design-Build），是一种将设计工作和施工工作集成管理的较新

注：图中实线表示合同关系；点线表示沟通协调关系。

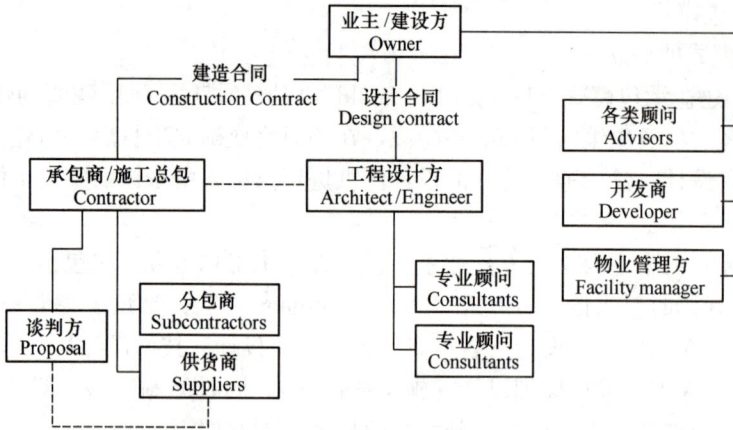

图 8-3 设计-谈判-建造（DNB）承包模式

注：图中实线表示合同关系；点线表示沟通协调关系。

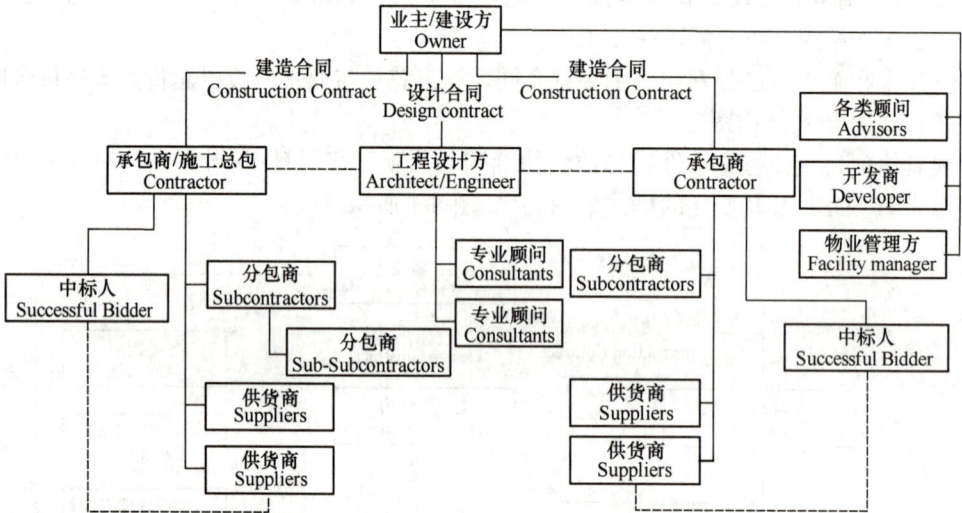

图 8-4 多个施工总包（DBB）模式

型的综合性项目工程模式，在目前的市场应用中，以设计-建造一体化、固定总价合同、大量节省工程建设进度这三个标签为显著特征。

（2）DB 承包模式结构图

1）DB 模式涉及两个主要参与方：业主、设计-建造方，该设计-建造方既可以是单一实体，也可以是一个设计方或者施工总包牵头、多方参与的联合体。

设计-建造方一般以保证最低价格与业主签订一个合同。设计-建造方提出的解决方案和成本是业主的选择标准。

设计-施工方就项目的设计和施工整体对业主负责，业主因此将更多的项目风险转移给设计-施工方，项目也因设计-施工方管理工作的整体协调性而减少实施风险。施工结束后的设施管理阶段，由业主负责运行和维护。

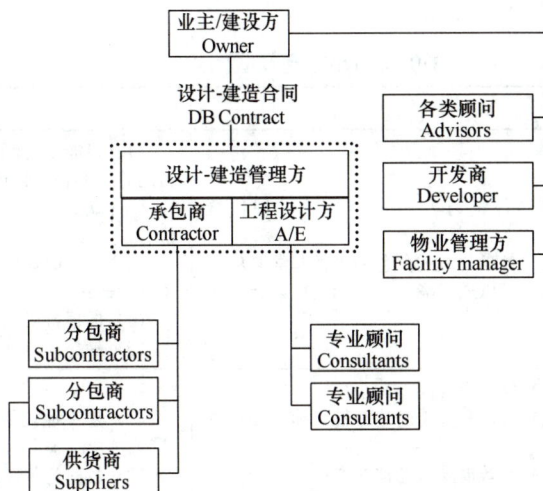

注： 图中实线表示合同关系；点线表示沟通协调关系。

图 8-5 设计-建造（DB）承包模式

2）Bridging

Bridging 可以说是由 DBB 和 DB 组合出的一种项目交付方式（图 8-5、图 8-6）。具体是：

① 业主先聘请一家设计单位作设计到初步设计深度；

② 该设计方准备招标文件，用于选择设计-施工方；

③ 设计-施工方完成详细设计和施工，施工中，设计方是业主代表。

这种方法可使设计方更专注于满足业主需求、提供更专业的设计服务，承担全面项目管理工作；施工文件和施工为一个实体负责，使得业主可以享有 DB 模式的好处。

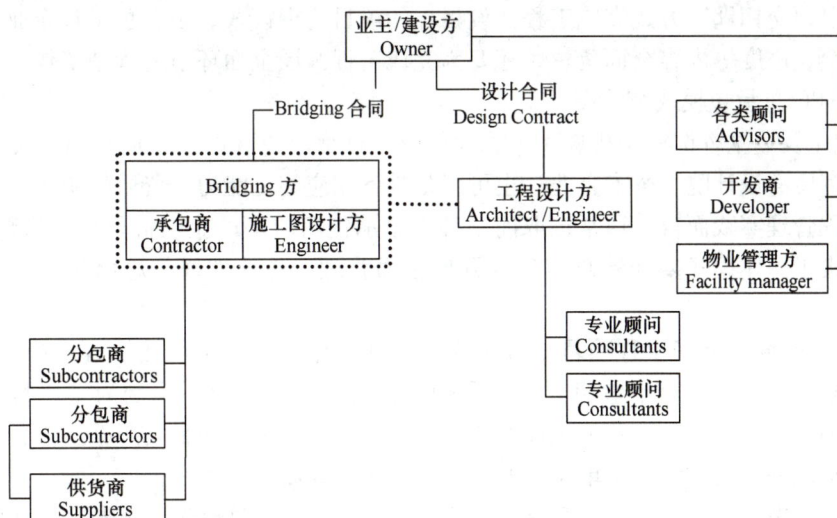

注：图中实线表示合同关系；点线表示沟通协调关系。

图 8-6 Bridging 设计-建造（DB）承包模式

（3）DB 模式和 DBB 模式的比较（表 8-2）

DBB 和 DB 承包模式的比较　　　　表 8-2

| 项目承包模式 | 优点 | 缺点 |
|---|---|---|
| 设计-招标-建造（DBB）承包模式 | （1）各参与方非常熟悉的一种传统方法；<br>（2）各参与方的角色和责任非常清楚；<br>（3）可以通过竞争性招标获得最低报价 | （1）只能设计结束后开始施工，因此项目的总工期相对较长；<br>（2）缺少第三方对设计图纸的可建造性检查；<br>（3）实施阶段容易出现设计变更，引起争议索赔；<br>（4）低报价可能引起质量欠佳；<br>（5）易超成本 |
| 设计-建造（DB）承包模式 | （1）仅一个合同；<br>（2）设计和施工的连续性，缩短项目总工期；<br>（3）有效地降低总体成本；<br>（4）业主可以较早获得项目的进度和成本估算；<br>（5）有效沟通；<br>（6）有效的设计可建造性检查；<br>（7）争议索赔减少；<br>（8）业主项目管理工作减少；<br>（9）优化设计；<br>（10）工程质量较 DBB 的好 | （1）是一种较新的方法，交付方式操作复杂；<br>（2）目前竞争性较小；<br>（3）项目一开始就要求业主对项目进度、投资做出果断决策；<br>（4）项目进入实施后，业主缺少与设计方、施工方的直接沟通；<br>（5）对业主的报价早于详细设计之前完成，可能出现质量上妥协以满足预算；<br>（6）设计-建造方内部存在矛盾 |

3. EPC 总承包模式

（1）EPC 总承包模式概念

设计-采购-施工总承包模式（Engineering Procurement Construction，EPC），指的是总承包企业依据工程总承包合同要求对工程项目设计、采购、施工和调试等全过程的承包，最终以"交钥匙"方式完成工程建设目标的项目管理模式。工程总承包企业要对工程质量、安全、进度等内容全面负责，还要为完成工程开展全面环节的管理工作。

（2）EPC 总承包模式结构图

1）业主及业主咨询机构挑选一个总承包商，总承包商既可以是拥有独立设计能力及具备一定资质的设计院、咨询企业，也可以是具备相应施工能力、资质的施工企业，不过就国际工程管理实践而言，通常选取前一种类总承包商居多；业主将设计、采购、施工、调试等汇集于一体模式委托给总承包商开展全面管理，并处理好与总承包商的沟通交流工作。

2）总承包商开展好工程项目设计工作，设计工作涵盖方案优化设计、施工图设计、施工组织规划设计等；总承包商开展好采购工作，并以主要材料采购为主，其他相关材料、设备则由分包商完成；总承包商对施工进行分包，将工程项目实际施工分包给拥有较好施工水平及一定资质的施工单位。此外，总承包商要委托相关咨询监督管理工程师全面负责对设计、采购、施工等全面环节的监督，促进工程项目施工有序进行。EPC 总承包模式流程示意图如图 8-7 所示。

（3）EPC 总承包模式基本特点

1）承包项目大多为大型或特大型工程

EPC 模式适用于大型、复杂工程，通常牵涉庞大的项目及诸多的工程量，单单依靠

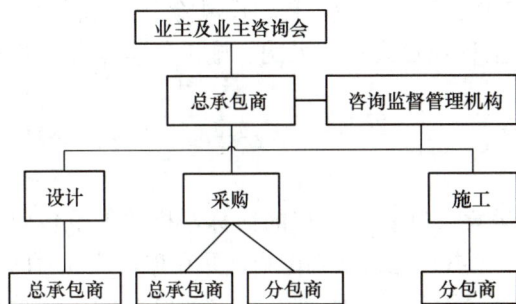

图 8-7 EPC 总承包模式流程示意图

某一企业是很难完成的，所以务必要密切协同不同分包企业，在工程项目施工开展期间进行资源整合优化，促进建设任务高效、低成本地完成。

2）总承包项目管理是全面环节的管理

总承包商需要对工程项目全面环节予以负责，不管是设计、采购、施工、调试，还是后期运营维修等，均需要负责到底。所以，就要求总承包商在工程项目方案设计过程中，应当对其中利益关系进行全面系统分析，进而选取尽可能优良的设计方案。

3）工程项目设计人员应当了解市场发展状况

工程项目设计人员在工程总承包中扮演着极为关键角色，所以，工程项目设计人员在开展设计前，应对市场实时动态进行全面深入了解，设计方案要满足功能要求、有利于施工、缩短工期、降低成本。与此同时，不可将设计方案单纯看作是一件建筑作品，而是将业主获取收益视为其设计的重中之重。

4）高风险

由于总承包项目十分庞大、复杂，是一般设计、施工等单项承包所无法比拟的，这使得总承包项目存在极大的风险；再加上其要面对由设计、采购、施工等组成的全面环节，无疑加大了其风险控制的难度。

（4）EPC 总承包模式实施优势

EPC 工程项目总承包管理模式是现阶段十分有效的一种模式，相较于传统管理模式，其有着一系列独特优势，可促进工程建设创造更大的效率。

1）EPC 总承包模式促进交易费用降低

相较于传统模式，EPC 总承包模式采取一次集中招标，省去了反复招标，有效节省了不必要的交易费用。此外，总承包企业对工程项目设计、采购、施工等全面环节进行管理，同样能够缩减总承包企业成本，进而降低了交易费用。

2）EPC 总承包模式促进工程建设周期缩短

在传统管理模式下，工程项目设计、采购、施工等环节需要按照先后顺序开展实施，然而在 EPC 总承包模式下，设计、采购、施工等环节可交叉开展实施，并由总承包企业全面负责，如此能够确保总承包企业与分包企业相互有效协调，进而促进工程建设周期缩短。

3）EPC 总承包模式促进项目环节冲突的消除

首先，EPC 总承包模式中的设计与施工密切连接在一起，有利于施工中设计方案技术性、实用性及安全性相互间冲突的有序消除，其次，设计与采购之间的直接交流，可有利于采购成本的降低。EPC 总承包模式将设计、采购、施工等环节汇集于一体，省去了每一阶段的中间环节，促进工程项目的有序运行。

4）EPC 总承包模式促进业主风险的降低

相较于传统管理模式，在 EPC 总承包模式下，工程建设风险不再由业主和总承包企业共同承担，总承包企业承担了全面环节的工作，也就是说工程建设风险全面转移给了总承包商。EPC 总承包模式下，总承包企业对工程项目设计、采购、施工等全面风险进行了承担，积极促进业主风险的降低。

4. DBO 模式

（1）DBO 模式概念

DBO 是设计（Design）-建造（Build）-运营（Operation）的简称，指的是承包商在业主手中以某一合理总价承包设计并建造一个公共设施或基础设施，并在项目建成后的一定期限内进行项目的运营，至期满后将项目移交于政府或所属机构。DBO 合同中的承包商承担设计、建造和运营的责任，对项目是否达到预定的技术和进度要求负责，并且由于 DBO 中的设计-建造部分采用总价包干的方式，因此承包商也必须对项目的建造费用控制负责，并通过运营的考验确保将来向业主移交一个符合运营要求的设施。

（2）DBO 模式结构图

DBO 模式参与方主要有项目业主、业主代表和 DBO 总承包商。DBO 总承包商可以是一个独立公司，也可以是由设计公司、运营公司、工程公司、设备供应公司组成的联合体，但是项目设计、建设、运行过程中的责任均由 DBO 总承包商负责，责任主体单一，DBO 模式结构图如图 8-8 所示。

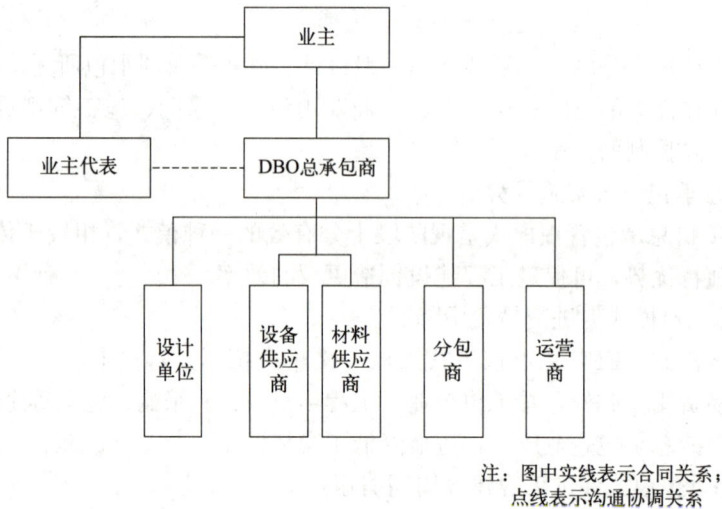

注：图中实线表示合同关系；
点线表示沟通协调关系

图 8-8　设计-建造-运营（DBO）承包模式

（3）DBO 模式特点

DBO 模式具有如下特点：组织框架简单，责任主体单一；承包商无须负责投融资，项目投融资由项目业主负责；承包商仅仅拥有运营和维护权，项目业主拥有项目所有权；项目的设计、建设和运营通过一次招标完成；承包商回收资金的唯一方式是项目业主的付费。

根据 DBO 的特点，该模式主要适用于政府直接投融资的一些公共服务项目并且这些项目的设计、建设、运营需要进行系统集成，尤其是运营方面的专业性和技术性比较强。例如，新建的垃圾处理厂、供水厂、污水处理工程、公路等项目。

（4）DBO 模式的优势

DBO 模式与传统的项目模式相比主要有以下优点：

1）降低项目全寿命周期成本。DBO 模式的设计、建造和运营由承包商全部负责，主体单一、责任明确，增强了设计、施工和运营三阶段之间的衔接，不仅有利于提高项目管理效益，同时也有利于促进承包商进行技术创新，降低项目生命周期成本，提高项目经济效益。

2）提高项目建设和运营质量。DBO 模式下承包商主要专注于技术和管理，并着眼于长期收益，所以会充分利用其专业性来建造项目，注重提高项目质量，保证项目运营效益。

3）项目抗风险能力较强。DBO 合同中双方权责约定明确，项目业主承担投融资风险，承包商承担除不可预见或极端事件风险之外的一切一般风险。项目业主和承包商分别承担其能够积极对应的风险，风险分担合理，增强了项目抵抗风险的能力。

5. BOT 模式

（1）BOT 模式概念

建设-经营-转让模式（Build-Operate-Transfer，BOT），实质上是社会资本投资参与国家基础设施建设的一种投融资方式，政府就某个基础设施项目与非政府部门的项目公司签订特许权协议，授予项目公司承担该项目的融资、建设、经营和维护。在协议规定的特许

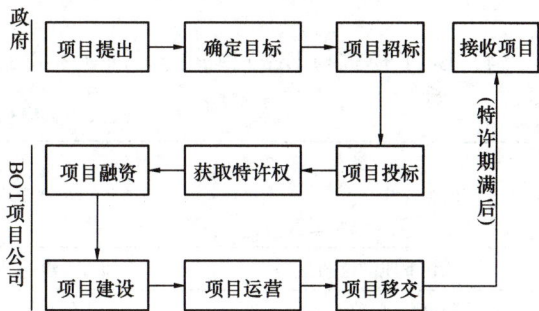

图 8-9　BOT 模式定义

期内，项目公司通过向设施使用者收取费用，回收项目投资、经营和维护成本，并获取合理回报，政府部门则拥有对这一基础设施项目的监督权。特许期届满后，项目公司将该基础设施项目无偿地移交给政府部门。

BOT 模式的运作过程大致分为 8 个阶段，即项目确定阶段、招标阶段、投标阶段、评标阶段、项目开发阶段、项目建设阶段、项目运营阶段及项目移交阶段，如图 8-9 所示。

（2）BOT 模式结构图

一个采用 BOT 模式投资建设的项目，内容涉及投资、融资、建设、运营和转让等一系列活动，参与方主要包括工程所在国政府、项目发起人、项目公司、贷款人、原材料供应商、保险公司、运营维护商、工程承包商、用户/产品购买商等。在 BOT 项目所涉及的众多角色中，项目公司是核心，每个角色通过与项目公司签订一系列的合同或协议参与到项目运作过程中，如图 8-10 所示。

（3）BOT 模式特点和优越性

1）特点：BOT 模式是一种项目融资；特许权协议是 BOT 模式的核心；项目参与方较多，前期工作时间长，融资成本高；BOT 具有市场机制和政府干预相结合的混合经济的特色；BOT 一般适用于可以通过收费获得收入的具有公益性质的基础设施项目。

2）优越性：利用资金；风险转移；减轻责任；成本控制；满足需求；学习先进技术和管理经验；开发当地资本市场吸引外资。

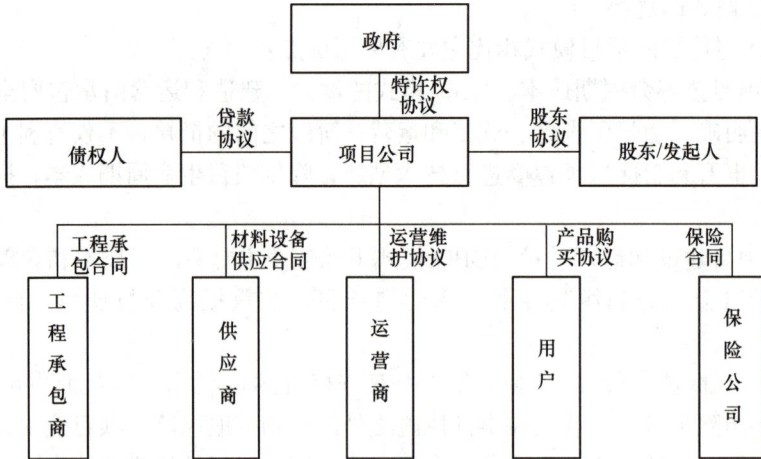

图 8-10　BOT 模式结构图

（4）BOT 模式与 DBO 模式的区别（表 8-3）

BOT 模式与 DBO 模式的区别　表 8-3

| 内容 \ 模式<br>条目 | DBO 模式 | BOT 模式 |
|---|---|---|
| 承包商职能范围 | 设计、建造、运营 | 投资、融资、建造、运营、转让 |
| 融资单位 | 公共部门 | BOT 总承包商 |
| 承包商承担风险 | 较小 | 较大 |

BOT 模式与 DBO 模式的区别在于 DBO 模式由公共部门负责融资，承包商仅负责按照公共部门的要求按时保质地完成设计、建设和运营工作。由于 DBO 模式下承包商不负责融资，在运营阶段也只负责运营和维护工作，所以 BOT 模式与 DBO 模式相比要承担更大的风险，在结构上也比 DBO 模式更复杂些。

6. PPP 模式

（1）PPP 模式概念

公共私营合作制模式（Public-Private-Partnership，PPP），是指政府与私人组织之间，为了合作建设城市基础设施项目，或是为了提供某种公共物品和服务，以特许权协议为基础，彼此之间形成一种伙伴式的合作关系，并通过签署合同来明确双方的权利和义务，以确保合作的顺利完成，最终使合作各方达到比预期单独行动更为有利的结果。

PPP 模式的实质是政府通过给予私营公司长期的特许经营权和收益权来换取基础设施加快建设及有效运营。

（2）PPP 模式的运作流程和结构图

1）PPP 模式的运作流程如图 8-11 所示。

2）政府部门就具体基础设施或其他项目，通过公开招选程序，与中选的私人机构组建特许经营项目公司，并与项目公司签订特许经营协议，明确协议各方权利和义务，赋予项目公司具体融资、建设与运营项目的权利。这样政府与社会主体就建立起"利益共享、

图 8-11　PPP 模式的运作流程

风险共担、全程合作"的共同体关系，政府的财政负担减轻，社会主体的投资风险也相应减小。PPP 模式的结构如图 8-12 所示。

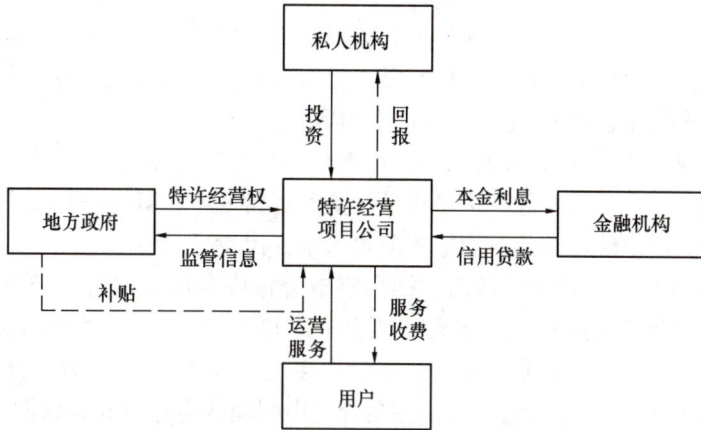

图 8-12　PPP 模式的结构图

（3）PPP 模式的优点

PPP 模式使政府部门和民营企业能够充分利用各自的优势，即把政府部门的社会责任、远景规划、协调能力与民营企业的创业精神、民间资金和管理效率结合到一起。PPP 模式的优点如下：

1）消除费用的超支。公共部门和私人企业在初始阶段共同参与项目的识别、可行性研究、设施和融资等项目建设过程，保证了项目在技术和经济上的可行性，缩短前期工作周期，使项目费用降低。PPP 模式只有当项目已经完成并得到政府批准使用后，私营部门才能开始获得收益，因此 PPP 模式有利于提高效率和降低工程总价，能够消除项目完工风险和资金风险。

2）有利于转换政府职能，减轻财政负担。政府可以从繁重的事务中脱身出来，从过去的基础设施公共服务的提供者变成一个监管者的角色，从而保证质量，也可以在财政预算方面减轻政府压力。

3）促进了投资主体的多元化。利用私营部门来提供资产和服务能为政府部门提供更多的资金和技能，促进了投融资体制改革。同时，私营部门参与项目还能推动在项目设计、施工、设施管理过程等方面的革新，提高办事效率，传播最佳管理理念和经验。

4）政府部门和民营企业可以取长补短，发挥政府公共机构和民营机构各自的优势，弥补对方身上的不足。双方可以形成互利的长期目标，可以以最有效的成本为公众提供高质量的服务。

5）使项目参与各方组成战略联盟，对协调各方不同的利益目标起关键作用。

6）风险分配合理。与 BOT 等模式不同，PPP 在项目初期就可以实现风险分配，同时由于政府分担一部分风险，使风险分配更合理，减少了承包商与投资商风险，从而降低了融资难度，提高了项目融资成功的可能性。政府在分担风险的同时也拥有一定的控制权。

7）应用范围广泛，该模式突破了目前的引入私人企业参与公共基础设施项目组织机构的多种限制，可适用于城市供热等各类市政公用事业及道路、铁路、城镇污水垃圾收集处理、智慧城市等项目。

（4）政府和社会资本合作新机制

政府和社会资本合作（PPP）实施以来，一定程度上起到了改善公共服务、拉动有效投资的作用，为进一步深化基础设施投融资体制改革，切实激发民间投资活力，国家发展改革委和财政部进一步提出了政府和社会资本合作新机制，即《关于规范实施政府和社会资本合作新机制的指导意见》，主要包含以下内容：

1）聚焦使用者付费项目。政府和社会资本合作项目应聚焦使用者付费项目，明确收费渠道和方式，项目经营收入能够覆盖建设投资和运营成本、具备一定投资回报，不因采用政府和社会资本合作模式额外新增地方财政未来支出责任。

2）全部采取特许经营模式。政府和社会资本合作应全部采取特许经营模式实施，根据项目实际情况，合理采用建设—运营—移交（BOT）、转让—运营—移交（TOT）、改建—运营—移交（ROT）、建设—拥有—运营—移交（BOOT）、设计—建设—融资—运营—移交（DBFOT）等具体实施方式，并在合同中明确约定建设和运营期间的资产权属，清晰界定各方权责利关系。

3）合理把握重点领域。政府和社会资本合作应限定于有经营性收益的项目，主要包括公路、铁路、民航基础设施和交通枢纽等交通项目，物流枢纽、物流园区项目，城镇供水、供气、供热、停车场等市政项目，城镇污水垃圾收集处理及资源化利用等生态保护和环境治理项目，具有发电功能的水利项目，体育、旅游公共服务等社会项目，智慧城市、智慧交通、智慧农业等新型基础设施项目，城市更新、综合交通枢纽改造等盘活存量和改扩建有机结合的项目。

4）优先选择民营企业参与。最大程度鼓励民营企业参与政府和社会资本合作新建（含改扩建）项目。市场化程度较高、公共属性较弱的项目，应由民营企业独资或控股；关系国计民生、公共属性较强的项目，民营企业股权占比原则上不低于35%；少数涉及国家安全、公共属性强且具有自然垄断属性的项目，应积极创造条件、支持民营企业参与。

7. IPD 模式

（1）IPD 模式概念

集成产品开发管理模式（Integrated Product Development，IPD），据美国建筑师学会（AIA）的定义，该管理模式将项目过程中的全部人员、专业技能、业务系统集于一个完整流程，并假设建设项目的全生命周期流程中所有参与者均充分发挥最大潜力，实现知识共享、协同决策，优化项目成效，能够最终增加项目价值。

（2）IPD 结构模式

在 IPD 模式中，项目的业主、设计单位、施工单位等参与方签订多方合同，组合成为风险共担、收益共享的利益共同体，通过协同合作的方式制定决策并完成项目的建设。同时，IPD 模式要求各个参与方在项目早期就参与进来，利用各自的专业知识及经验，提高项目初期决策的有效性，减少后期错误的发生从而降低产生浪费的风险。例如，在项目的设计阶段，就让施工方参与进来，根据自身在施工方面的知识和经验辅助并指导设计，从根本上减少未来施工阶段可能发生的设计变更，从而降低了项目的成本。

根据项目中各参与方的合作程度由低到高，将 IPD 模式的应用分为标准型合作、增强型合作和必须型合作，分别对应三种 IPD 模式的合同体系：多方独立合同型 IPD 模式、多方合同型 IPD 模式以及 SPE（Single Purpose Entity，单一实体）型 IPD 模式。

1）多方独立合同型 IPD 模式

多方独立合同也可称为过渡型合同，在此合同模式中，业主与设计方、咨询方、承包商分别签订合同，三者之间并不存在合同关系，合同体系仍然采用交易型合同而非关系型合同。

目前适用于这种类型的合同范本有美国建筑师学会（AIA）的 AIA A195，A295，B195 系列合同等，需要注意的是，此合同体系并不属于关系型合同的范畴，其合同结构如图 8-13 所示。

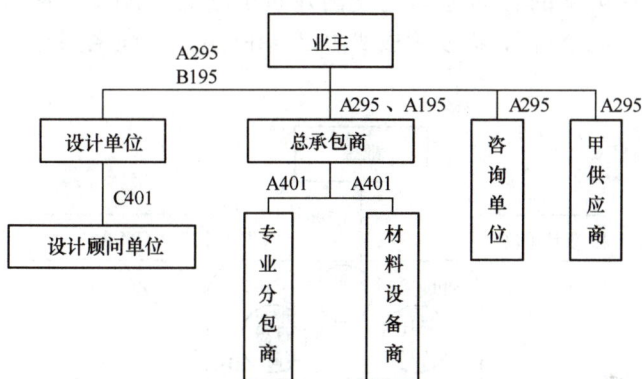

图 8-13 多方独立合同型 IPD 模式

2）多方合同型 IPD 模式

在多方合同型 IPD 模式中，业主、设计单位、总承包商以及可能包括的其他相关方通过多方合同建立起一种更为集成的契约关系，在这种模式下各方关系更为紧密，团队之间的合作等级也从二级提升为三级。业主与 IPD 的核心成员签订三方或多方协议，合同中清晰地界定了各方对于业主的责任义务以及对其他非业主方的责任义务，业主单独付款给项目中的其他单位。

目前适用于这种类型的合同范本包括美国建筑师学会（AIA）的 AIA C191 系列合同和 Consensus DOCS 300 的三方合同范本，这两类合同都属于关系型合同的范畴，其合同结构如图 8-14 所示。

3）SPE 型 IPD 模式

在单一实体合同模式下，项目相关方包括业主、设计方、承包商以及其他单位不再单独签订合同，他们是通过 SPE（Single Purpose Entity）建立的一个有限责任公司（Limited Liability Company）来对项目进行全过程的管理。SPE 型 IPD 模式是集合程度最高的 IPD 模式，合作程度也是最高的，属于三级合作水平，在有些文献中认为 SPE 型的 IPD 模式，合作水平属于超三级水平。各方不再是独立的利益方，而是一个整体，利益和风险均捆绑在一起，更有利于项目的顺利实现。

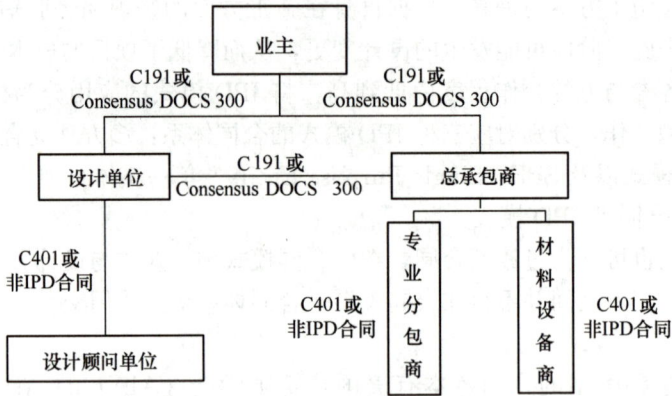

图 8-14　多方合同型 IPD 模式

目前适用于这种类型的合同范本是美国建筑师学会（AIA）的 AIA C195，C196，C197，C198，C199 系列合同，以及集成式协议（IFOA）合同系列，AIA 的合同结构如图 8-15 所示。

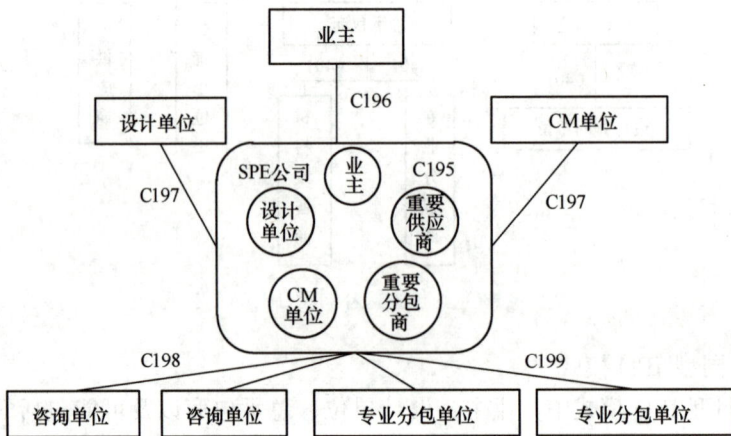

图 8-15　SPE 型 IPD 模式

（3）IPD 模式的优势

集成产品开发是从企业的流程重组和产品重组的角度，保证产品的立项开发、产品开发的人力资源有效调配。依据一个完整的框架和管理流程，给企业管理带来的主要优点在于：

1）产品研发周期显著缩短；

2）产品成本降低；

3）研发费用占总收入的比率降低，人均产出率大幅提高；

4）产品质量普遍提高；

5）花费在中途废止项目上的费用明显减少。

### 8.2.3　工程项目管理方式分类

根据我国《关于培育发展工程总承包和工程项目管理企业的指导意见》，工程项目管理是指从事工程项目管理的企业（以下简称工程项目管理企业）受业主委托，按照合同约定，代表业主对工程项目的组织实施进行全过程或若干阶段的管理和服务。

工程项目管理的具体方式及服务内容、权限、取费和责任等，由业主与工程项目管理企业在合同中约定。

工程项目管理主要有如下方式：

1. PMC 模式

（1）PMC 模式概念

项目管理承包（Project Management Contracting，PMC）模式，指项目管理承包商代表业主对工程项目进行全过程、全方位的项目管理，包括进行工程的整体规划、项目定义、工程招标、选择 EPC 承包商，并对设计、采购、施工、试运行进行全面管理，一般不直接参与项目的设计、采购、施工和试运行等阶段的具体工作。

（2）PMC 模式结构图

按照 PMC 承包商承担的职责与风险的不同，PMC 模式可分为代理型 PMC 模式和非代理型 PMC 模式两类。

1）代理型 PMC 模式

代理型 PMC 模式下，业主与 PMC 承包商签订合同，由 PMC 承包商负责项目全过程的管理，施工承包商与业主签订合同，具体负责项目的实施工作，其中 PMC 承包商与施工承包商之间没有合同关系，只是管理协调关系。代理型 PMC 模式结构图如图 8-16 所示。

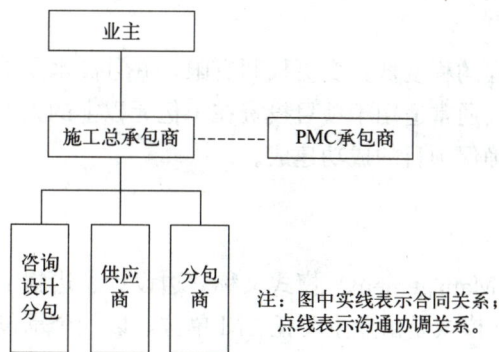

图 8-16　代理型项目管理服务（PMC）模式

2）非代理型 PMC 模式

又称风险型 PMC 模式，该模式下业主与 PMC 承包商签订合同，由 PMC 承包商负责项目全过程的管理，而施工承包商则与 PMC 承包商签订合同，具体负责项目的实施工作，业主与施工承包商之间没有合同关系。PMC 承包商要对施工承包商的工作质量和进度负责，并同时向业主承诺整个项目的最大保证金额，与业主共同分担超支风险，因此承担的风险较大。非代理型 PMC 模式结构图如图 8-17 所示。

（3）PMC 模式的优势

采用 PMC 模式可充分发挥项目管理承包公司在项目管理方面的专业技能，统一协调和管理项目的设计与施工，减少矛盾与争议。如果项目管理承包公司负责管理整个施工前

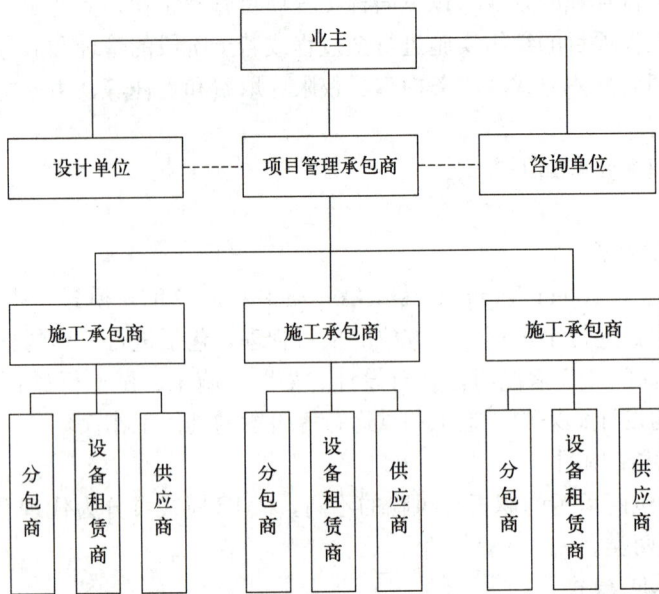

注：图中实线表示合同关系；点线表示沟通协调关系。

图 8-17 非代理型项目管理服务（PMC）模式

阶段和施工阶段，更有利于采用阶段发包和减少设计变更，缩短工期。一般项目管理承包公司承担的风险较低，有利于激励其在项目管理中的积极性和主观能动性，充分发挥其专业特长，为业主管好项目。

但由于业主参与工程的程度低，变更权利有限，并且高水平项目管理公司的选择还存在很大风险，所以该模式通常适用于项目投资在 1 亿元以上的大型项目或缺乏管理经验的国家和地区的项目，来确保项目的成功建成。

2. CM 模式

（1）CM 模式概念

CM（Construction-Management）模式又称"边设计、边施工"方式、分阶段发包方式或快速轨道方式。CM 模式是由业主委托 CM 单位，以一个承包商的身份，采取有条件的"边设计、边施工"，着眼于缩短项目周期，也称快速路径法。此方式通过施工管理商来协调设计和施工的矛盾，使决策公开化。

（2）CM 模式结构图

CM 模式有多种组织方式，最常用的两种实现形式为代理型 CM 模式和非代理型 CM 模式。

1）代理型 CM 模式

采用代理型 CM 模式时，CM 单位是业主的咨询单位，业主与 CM 单位签订咨询服务合同，CM 合同价就是 CM 费，其表现形式可以是百分率（以今后陆续确定的工程费用总额为基数）或固定数额的费用。业主分别与多个施工单位签订所有的工程施工合同，但是 CM 单位对设计单位没有指令权，只能向设计单位提出一些合理化建议。代理型 CM 模式结构图如图 8-18 所示。

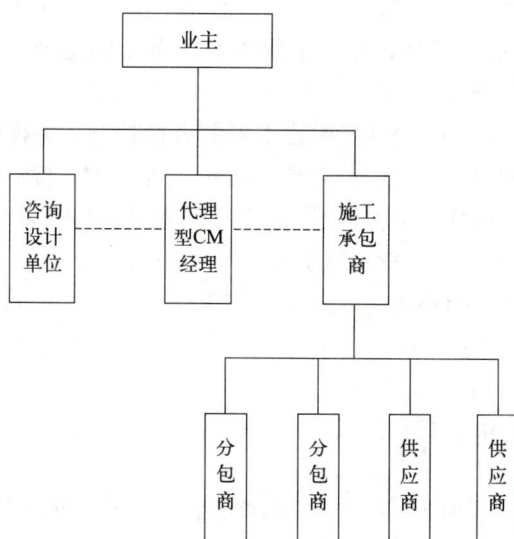

注：图中实线表示合同关系；点线表示沟通协调关系。

图 8-18　代理型 CM 模式

2）非代理型 CM 模式

又称为风险型 CM 模式（At-Risk CM），此模式下业主一般不与施工单位签订工程施工合同，但也可能在某些情况下对某些专业性很强的工程内容和工程专用材料、设备，业主与少数施工单位和材料、设备供应单位签订合同。业主与 CM 单位所签订的合同既包括 CM 服务的内容，也包括工程施工承包的内容；而 CM 单位则与施工单位和材料、设备供应单位签订合同。非代理型 CM 模式结构图如图 8-19 所示。

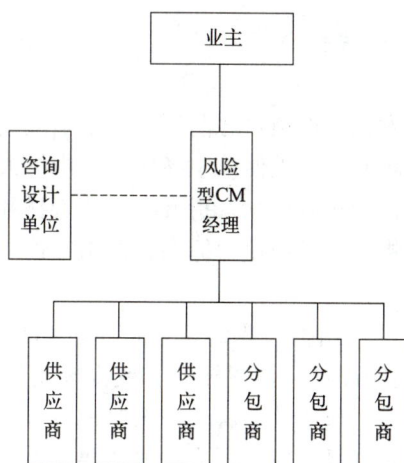

注：图中实线表示合同关系；点线表示沟通协调关系。

图 8-19　风险型 CM 模式

虽然 CM 单位与各个分包商直接签订合同，但 CM 单位对各分包商的资格预审、招标、议标和签约都对业主公开并必须经过业主的确认才有效。另外，由于 CM 单位介入工程时间较早（一般在设计阶段介入）且不承担设计任务，所以 CM 单位并不向业主直接报出具体数额的价格，而是报 CM 费，至于工程本身的费用则是今后 CM 单位与各分包商、供应商的合同价之和。

在采用非代理型 CM 模式时，业主对工程费用不能直接控制。为促使 CM 单位加强费用控制工作，业主往往要求在 CM 合同中预先确定一个具体数额的保证最大价格（Guaranteed Maximum Price，简称 GMP，包括总的工程费用和 CM 费）。而且合同条款中通常规定，如果实际工程费用加 CM 费超过了 GMP，超出部分由 CM 单位承担；反之，节余部分归业主。确定一个合理的 GMP，取决于 CM 单位的水平、经验和设计所达到的深度。

（3）CM 模式的优点

1）在项目进度控制方面，由于 CM 模式采用分散发包、集中管理，使设计与施工充分搭接，有利于缩短建设周期。

2）CM 单位加强与设计方的协调，可以减少因修改设计而造成的工期延误。

3）在投资控制方面，通过协调设计，CM 单位可以帮助业主采用价值工程等方法向设计提出合理化建议，以挖掘节约投资的潜力，还可以大大减少施工阶段的设计变更。如果采用了非代理型 CM 模式，CM 单位将对工程费用的控制承担更直接的经济责任，因而可以大大降低业主在工程费用控制方面的风险。

4）在质量控制方面，设计与施工的结合和相互协调，在项目上采用新工艺、新方法时，有利于工程施工质量的提高。

5）分包商的选择由业主和承包人共同决定，因而更为明智。

## 8.3　建筑企业投标

### 8.3.1　招标投标的概念与招标方式

1. 招标投标的概念

工程建设招标是指招标人在发包建设项目之前，公开招引或邀请投标人，根据招标人的意图和要求提出报价，择日当场开标，以便从中择优选定中标人的一种市场经济活动。

工程建设投标是工程建设招标的对称概念，指具有合法资格和能力的投标人根据招标条件，经过初步研究与估算，在指定期限内填写标书，提出报价，并等候开标、决定能否中标的市场经济活动。

我国法学界一般认为，工程建设招标是要约邀请，而投标是要约，中标通知书是承诺。《中华人民共和国民法典》也明确规定，招标公告或投标邀请函是要约邀请。也就是说，招标实际上是邀请投标人对其提出要约，属于要约邀请；投标则是要约，它符合要约的所有法定条件，投标书的内容具有足以使合同成立的主要条件，一旦中标，投标人将受投标书的约束；而招标人向中标的投标人发出的中标通知书，则是招标人同意接受中标的投标人的投标条件，即同意接受该投标人的要约的意思表示，属于承诺。

2. 招标方式

根据《中华人民共和国招标投标法》的规定，建设工程招标可分为公开招标和邀请招标。

（1）公开招标，是指招标人以招标公告的方式邀请不特定的法人或者其他组织投标。

依法必须进行招标项目的招标公告，应当通过国家指定的报刊、信息网络或者其他媒介发布。公开招标的优点是招标人有较大的选择范围，可在众多的投标人中选定报价合理、工期较短、信誉良好的承包商，有助于打破垄断，实现公平竞争。但其缺点是，准备招标、对投标申请单位进行资格预审和评标的工作量大，因此，招标的时间长、费用高。

（2）邀请招标。又称有限竞争性招标，是指招标人以投标邀请书的方式邀请特定的法人或者其他组织投标。招标人采用邀请招标方式的，应当向三个以上具备承担招标项目的能力、资信良好的特定法人或者其他组织发出投标邀请书。邀请招标虽然也能够邀请到有经验的资信可靠的投标者投标，保证履行合同，但限制了竞争范围，可能会失去技术上和报价上有竞争力的投标者。邀请招标的邀请对象数目以 5～10 家为宜，但应不少于 3 家，否则就失去了竞争性。

### 8.3.2 工程项目施工招投标程序

工程项目施工招投标程序如图 8-20 所示。

**1. 招标准备阶段的主要工作**

招标准备阶段的工作由招标人单独完成，投标人不参与，主要包括招标备案、确定招标方式、标段划分、编制招标有关文件等工作。

（1）确定招标方式

1）《中华人民共和国招标投标法实施条例》（以下简称《招标投标法实施条例》）进一步规定，国有资金占控股或者主导地位的依法必须进行招标的项目，应当公开招标；但有下列情形之一的，可以邀请招标：

① 技术复杂、有特殊要求或者受自然环境限制，只有少量潜在投标人可供选择；

② 采用公开招标的方式，费用占项目合同金额的比例过大。

2）对技术复杂或者无法精确拟定技术规格的项目，招标人可以分两阶段进行招标。

第一阶段，投标人按照招标公告或者投标邀请书的要求提交不带报价的技术建议，招标人根据投标人提交的技术建议确定技术标准和要求，编制招标文件。

第二阶段，招标人向在第一阶段提交技术建议的投标人提供招标文件，投标人按照招标文件的要求提交包括最终技术方案和投标报价的投标文件。

招标人应依据工程项目的特点、招标人的管理能力、工程建设总进度计划、招标前准备工作的完成情况、合同类型等因素的影响程度，最终确定招标方式。

3）国家鼓励利用信息网络进行电子招标投标。

① 电子招标投标办法背景

推行电子招标投标，是中央惩防体系规划、工程专项治理，以及《招标投标法实施条例》明确要求的一项重要任务，对于提高采购透明度、节约资源和交易成本、促进政府职能转变具有非常重要的意义，特别是在利用技术手段解决弄虚作假、暗箱操作、串通投标、限制排斥潜在投标人等招标投标领域突出问题方面，有着独特优势。为推动电子招标投标长远健康发展，国家发展改革委会同国务院有关部门起草了《电子招标投标办法》及其附件《电子招标投标系统技术规范》。

② 电子招标投标的概念

2017 年发布的《电子招标投标办法》，将电子招标投标活动定义如下，电子招标投标活动是指以数据电文形式，依托电子招标投标系统完成的全部或者部分招标投标交易、公共服务和行政监督活动。电子招标投标系统根据功能定位不同，分为三大部分，即电子招标投标交易平台、电子招标投标公共服务平台、电子招标投标行政监督平台。

交易平台是以数据电文形式完成招标投标交易活动的信息平台。公共服务平台是满足交易平台之间信息交换、资源共享需要，并为市场主体、行政监督部门和社会公众提供信息服务的平台。行政监督平台是行政监督部门和监察机关在线监督电子招标投标活动的信息平台。

（2）标段的划分

招标项目需要划分标段的，招标人应当合理划分标段。如建设项目的施工招标，一般可以将一个项目分解为单位工程及特殊专业工程分别招标，但不允许将单位工程肢解为分部、分项工程进行招标。标段的划分应当综合考虑招标项目的专业要求、管理要求、对工程投资的影响以及工程各项工作的衔接等因素。

（3）招标备案

招标人向建设行政主管部门办理申请招标手续。

按照住房和城乡建设部关于修改《房屋建筑和市政基础设施工程施工招标投标管理办法》的决定，工程施工招标应当具备下列条件：

1）按照国家有关规定需要履行项目审批手续的，已经履行审批手续；

2）工程资金或者资金来源已经落实；

3）有满足施工招标需要的设计文件及其他技术资料；

4）法律、法规、规章规定的其他条件。

如果招标人具备前述招标能力，可以自行办理招标事宜，向有关行政监督部门进行备案即可。否则，须委托具有相应资质的中介机构代理招标。

2. 招标投标阶段的主要工作

从发布招标广告（投标邀请函）开始，到投标截止日期为止的期间称为招标投标阶段（图8-20）。

（1）招标公告（投标邀请书）发布。招标人采用公开招标方式的，应当发布招标公告。招标公告必须通过一定的媒介进行传播。投标邀请书是指采用邀请招标方式的招标人，向三个以上具备承担招标项目的能力、资信良好的特定法人或者其他组织发出的参加投标的邀请。

（2）资格预审。资格预审是指招标人在招标开始之前或开始初期，由招标人对申请参加投标的潜在投标人进行资质条件、业绩、信誉、技术、资金等多方面情况进行资格审查。只有在资格预审中被认定为合格的潜在投标人（或投标人），才可以参加投标。

（3）发售招标文件。招标文件一般发售给通过资格预审、获得投标资格的投标人。投标人在收到招标文件后应认真核对，核对无误后应以书面形式予以确认。投标人购买招标文件的费用，不论中标与否都不予退还。

招标人可以对已发出的资格预审文件或者招标文件进行必要的澄清或者修改。澄清或者修改的内容可能影响资格预审申请文件或者投标文件编制的，招标人应当在提交资格预审申请文件截止时间至少3日前，或者投标截止时间至少15日前，以书面形式通知所有获取资格预审文件或者招标文件的潜在投标人；不足3日或者15日的，招标人应当顺延提交资格预审申请文件或者投标文件的截止时间。

| 工作阶段 | 招标人 | 投标人 | 监督管理部门 |
|---|---|---|---|

1.招标资格与备案 —— 招标人自行办理招标事宜的，按规定向建设行政主管部门备案；委托代理招标事宜的应签订委托代理合同 —— 建设行政主管部门接受备案

2.确定招标方式 —— 按照法律法规和规章确定公开招标或邀请招标

3.发布（送）招标公告或投标邀请 —— 实行公开招标的，需在法定媒体上发布招标公告，工程建设电子招标的交易文件由公共资源交易平台电子交易系统发售，实行邀请招标的，应向3个以上符合条件的投标人发送投标邀请书 —— 获取招标项目信息

4.编制、发放资格预审文件和递交资格预审申请书 —— 采用资格预审的，编制资格预审文件，向参加投标的申请人发放资格预审文件 —— 获取资格预审文件

接受投标单位资格预审申请 —— 投标人按资格预审文件要求填写资格预审申请书（如是联合投标应分别填报每个成员情况），并提交

5.资格预审，确定合格的投标申请人 —— 审查、分析投标申请人报送的资格预审申请书的内容

确定合格投标申请人

向合格投标申请人发放资格预审合格通知书 —— 合格投标申请人获得资格预审通知书，并提交书面回执

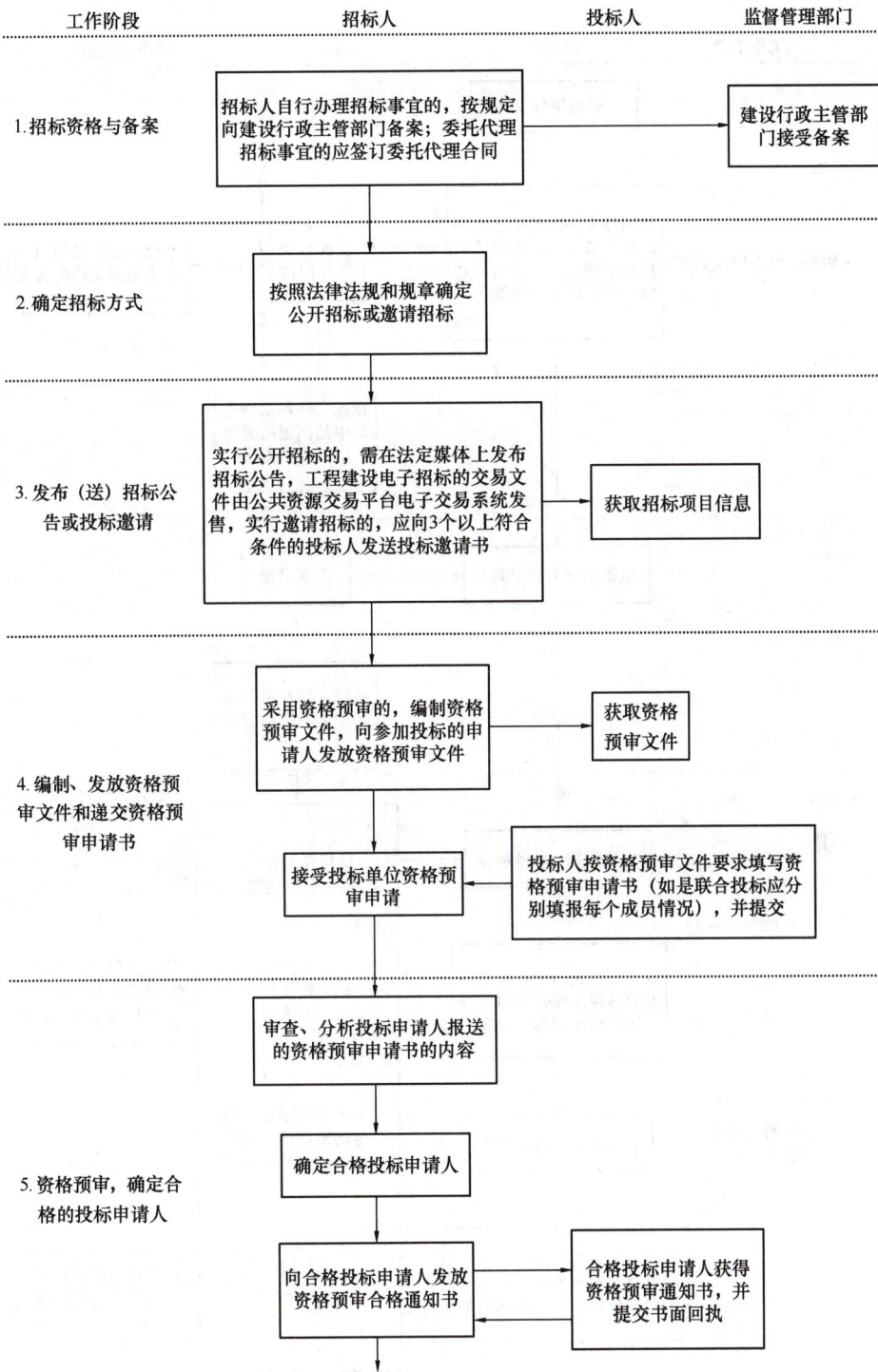

图 8-20 施工招标投标程序（一）

| 工作阶段 | 招标人 | 投标人 | 监督管理部门 |
|---|---|---|---|

编制招标文件

**6. 编制、发出招标文件**

将招标文件发售给合格的投标申请人（含被邀请的投标申请人），同时向建设行政主管部门备案 → 获取招标文件回执 → 建设行政主管部门接受招标文件的备案

招标文件和踏勘现场中的问题可通过以下方法提出

**7. 踏勘现场**

组织招标人踏勘现场 ← 现场踏勘

招标文件和踏勘现场中的问题可通过以下方法提出

**8. 答疑**

**(1) 以书面形式**

接受问题，准备解答 ← (1) 以书面形式提出问题

以书面形式向所有投标人发放答疑纪要并同时向建设行政主管部门备案 → 获取问题解答回执 → 建设行政主管部门接受解答回执

**(2) 答疑会（必要时）**

接受问题，准备解答 ← (2) 答疑会前在规定的时间前以书面形式提交质疑问题

召开答疑会解答问题，会后将答疑会议纪要发放给投标人并同时向建设行政主管部门备案 → 获取答疑纪要回执 → 建设行政主管部门接受答疑纪要

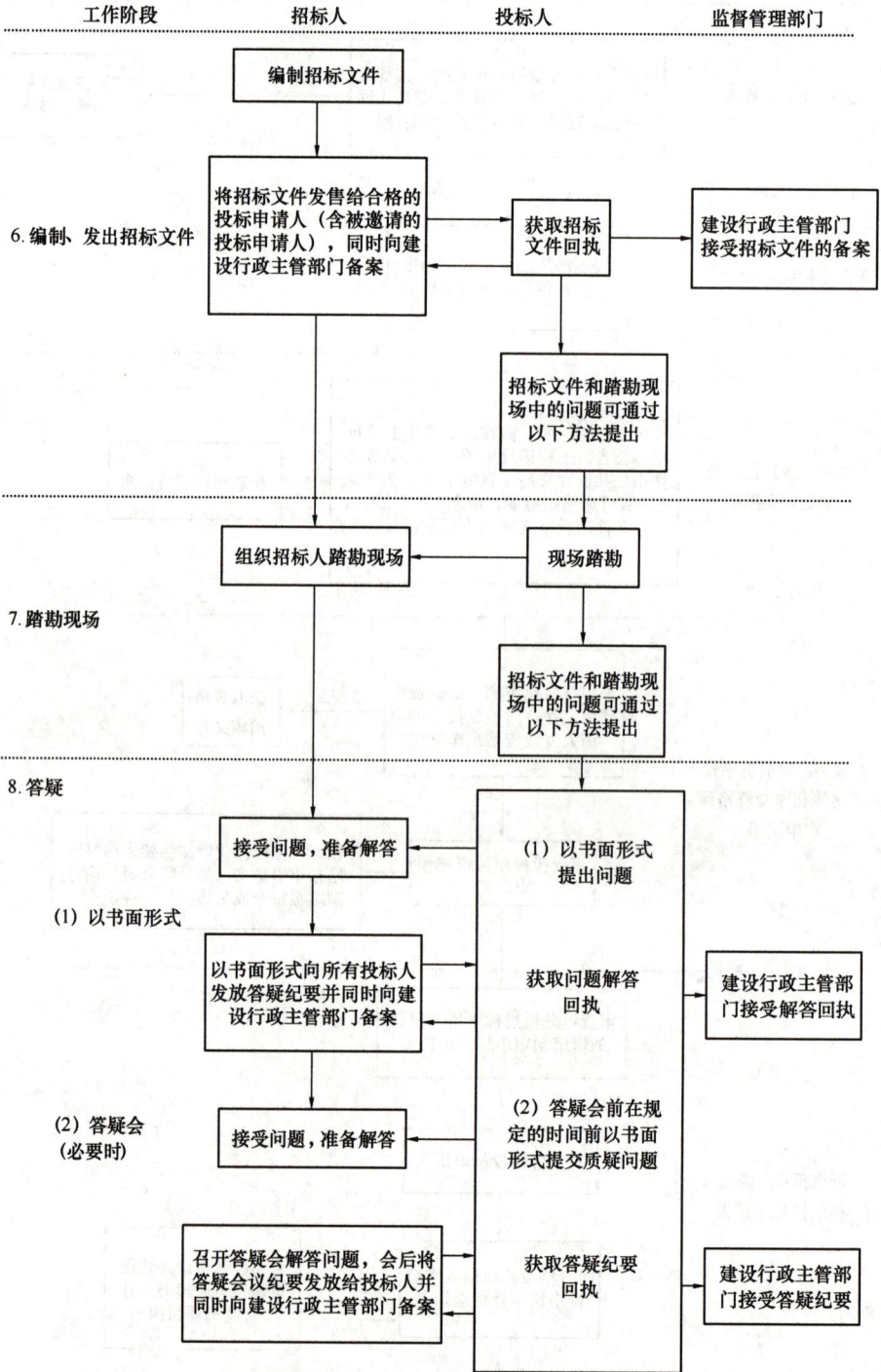

图 8-20 施工招标投标程序（二）

*194*

| 工作阶段 | 招标人 | 投标人 | 监督管理部门 |
|---|---|---|---|
| | 招标文件的澄清、修改 | 获取澄清、修改文件回执 | 建设行政主管部门接受招标文件澄清、修改备案 |
| | | 编制投标文件，办理投标担保 | |
| 9. 编制、送达与签收投标文件 | 招标人接收投标文件，记录接收日期、时间 | 送达投标文件和投标担保回执 | |
| | 退回逾期送达的投标文件 | 逾期投标文件退回回执 | |
| | 开标前妥善保存投标文件 | | |
| 10. 开标 | 招标人组织并主持开标、唱标 | 投标人代表参加开标 | |
| 11. 组建评标委员会 | 招标人依法律法规和规章的规定，组建评标委员会 | | |
| 12. 评标 | 评标委员会评标<br>① 符合性签订<br>② 技术标评审<br>③ 商务标评审<br>④ 资格审查（后审） | | |

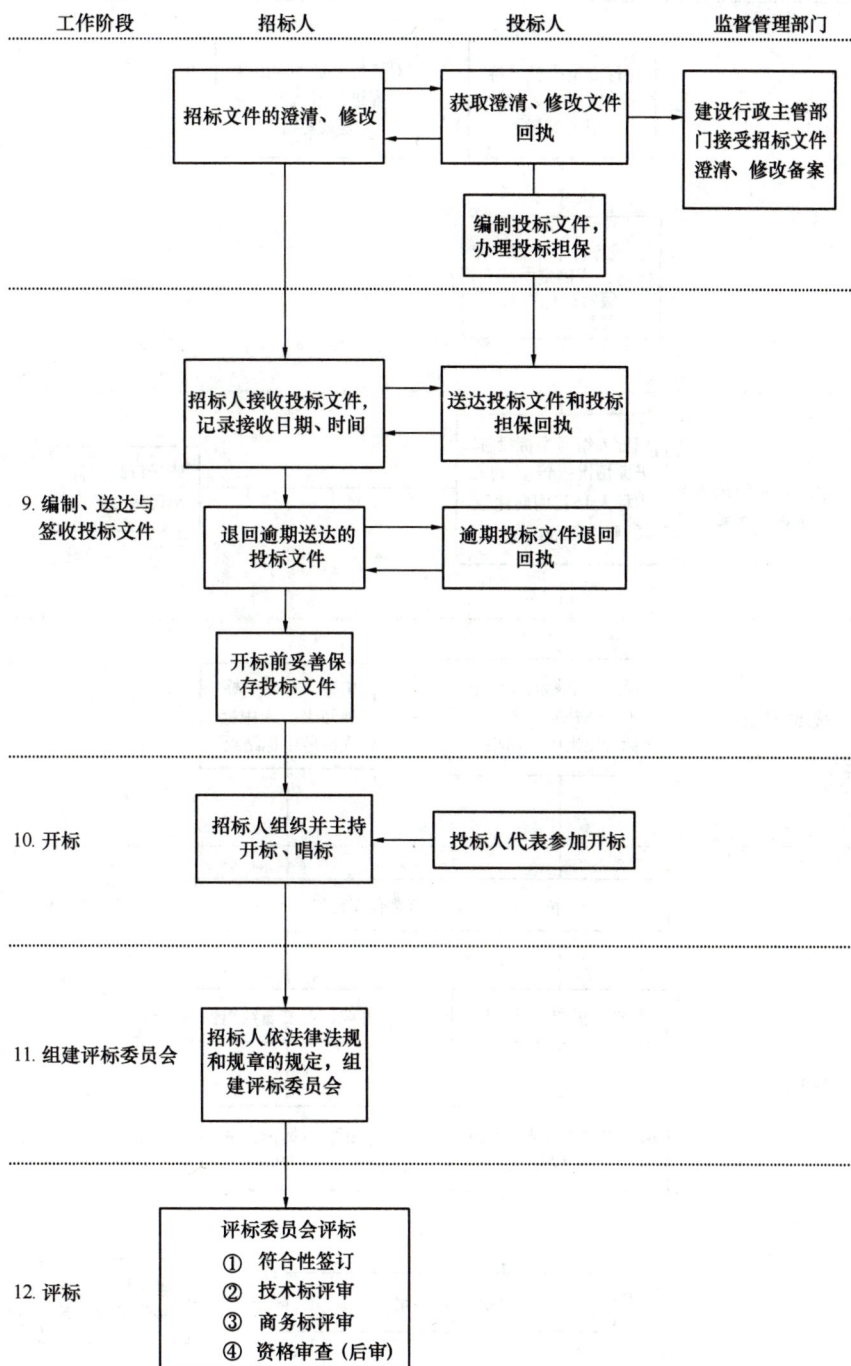

图 8-20　施工招标投标程序（三）

| 工作阶段 | 招标人 | 投标人 | 监督管理部门 |
|---|---|---|---|

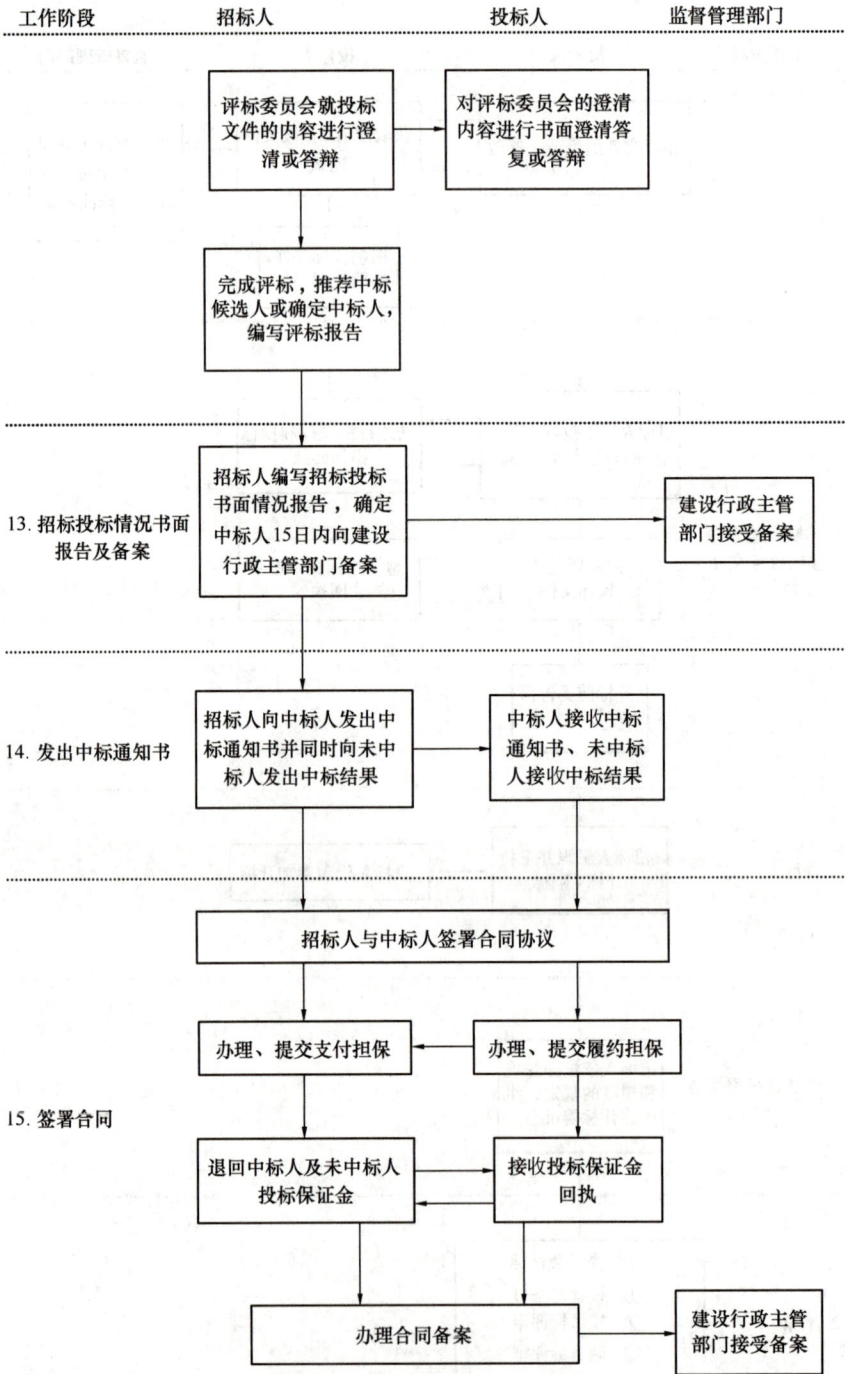

图 8-20　施工招标投标程序（四）

（4）现场考察。招标人在投标须知规定的时间组织投标人自费进行现场考察。设置此程序的目的，一方面让投标人了解工程项目的现场情况、自然条件、施工条件以及周围环境条件，以便于编制投标书；另一方面也是要求投标人通过自己的实地考察确定投标的原则和策略，避免合同履行过程中投标人以不了解现场情况为由推卸应承担的合同责任。

（5）投标预备会（招标答疑）。投标人研究招标文件和现场考察后会以书面形式提出某些质疑问题，可以采取函件形式或召开投标答疑会（签发会议纪要）的形式予以及时解答。招标人对任何一位投标人所提问题的回答，必须发送给每一位投标人保证招标的公开和公平，但不必说明问题的来源。回答函件作为招标文件的组成部分，如果书面解答的问题与招标文件中的规定不一致，以函件的解答为准。

（6）投标文件的递交。投标文件须由投标人编制，且盖有投标人的印鉴，法人代表或法人代表委托人的印鉴，密封后在投标截止日期前送达指定地点。若发现标书有误，需在投标截止时间前用正式函件更正，否则以原标书为准。

投标人在招标文件要求提交投标文件的截止时间之前，可以补充、修改或者撤回已提交的投标文件，并以书面通知招标人。补充、修改的内容视为已提交的投标文件的组成部分。

在招标文件要求提交投标文件的截止时间后送达的投标文件，招标人应当拒收。

3. 评标定标阶段的主要工作

（1）开标

在投标须知规定的时间和地点由招标人主持开标会议，所有投标人均应参加。开标时，由投标人或其推选的代表检验投标文件的密封情况；也可以由招标人委托的公证机构检查并公证。确认无误后，工作人员当众拆封。

在开标时，如果发现投标文件出现下列情形之一，评标委员会应当否决其投标：

1）投标文件未经投标单位盖章和单位负责人签字；

2）投标联合体没有提交共同投标协议；

3）投标人不符合国家或者招标文件规定的资格条件；

4）同一投标人提交两个以上不同的投标文件或者投标报价，但招标文件要求提交备选投标的除外；

5）投标报价低于成本或者高于招标文件设定的最高投标限价；

6）投标文件没有对招标文件的实质性要求和条件做出响应；

7）投标人有串通投标、弄虚作假、行贿等违法行为。

（2）评标

评标委员会由招标人的代表和有关技术、经济等方面的专家组成，成员人数为5人以上单数，其中招标人以外的专家不得少于成员总数的2/3。专家人选应来自"专家库"并以随机抽取方式确定。与投标人有利害关系的人不得进入评标委员会，以保证评标的公平与公正。

评标委员会完成评标后，应当向招标人提出书面评标报告，并推荐合格的中标候选人。招标人根据评标报告和推荐的中标候选人确定中标人，招标人也可以授权评标委员会直接确定中标人。

（3）定标

国有资金占控股或者主导地位的依法必须进行招标的项目，招标人应当确定排名第一的中标候选人为中标人。排名第一的中标候选人放弃中标、因不可抗力不能履行合同、不按照招标文件要求提交履约保证金，或者被查实存在影响中标结果的违法行为等情形，不符合中标条件的，招标人可以按照评标委员会提出的中标候选人名单排序依次确定其他中标候选人为中标人，也可以重新招标。

在确定中标人之前，招标人不得与投标人就投标价格、投标方案等实质性内容进行谈判。经评标委员会论证，认定某投标人的报价低于其企业成本的，不能推荐为中标候选人。

（4）发出中标通知书并签订合同

中标人确定后，招标人应当向中标人发出中标通知书，并将中标结果通知所有未中标的投标人。

招标人和中标人应当自中标通知书发出之日起 30 日内，按照招标文件和中标人的投标文件订立书面合同。招标人和中标人不得另行订立背离合同实质性内容的其他协议。

## 本 章 小 结

建筑市场是指以建筑产品为交换内容的市场。建筑市场又以建筑产品的生产过程为对象，形成具有特殊交易形式、交易方式和相对独立的市场，建筑市场由主体和客体构成。与一般市场相比，建筑市场具有许多特点，主要有建筑市场多通过招标代理进行交易；在建筑市场中，交换关系的确立在产品生产之前；与一般商品的交换相比，建筑产品的交换过程很长；建筑市场具有显著的区域性特点；建筑市场中的风险较大；建筑市场竞争较为激烈。

建筑市场经营又称建筑市场营销，指建筑企业经营销售建筑商品和提供服务以满足业主（用户）需求的综合性生产经营活动。工程项目的承包模式多种多样，主要有 DBB 模式、DB 模式、EPC 模式、DBO 模式、BOT 模式、PPP 模式、IPD 模式。DBB 是一种工程项目建造的传统流程和管理模式；DB 是一种将设计工作和施工工作集成管理的较新型的综合性项目工程模式；EPC 是对工程项目设计、采购、施工和调试等全过程的承包模式，最终以"交钥匙"方式完成工程建设目标的项目管理模式；DBO 是承包商在业主手中以某一合理总价承包设计并建造一个公共设施或基础设施，并在项目建成后的一定期限内进行项目的运营，至期满后将项目移交于政府或所属机构；BOT 模式是社会资本投资参与国家基础设施建设的一种投融资方式，政府就某个基础设施项目与非政府部门的项目公司签订特许权协议，授予项目公司承担该项目的融资、建设、经营和维护；PPP 是指政府与私人组织之间，为了合作建设城市基础设施项目，或是为了提供某种公共物品和服务，以特许权协议为基础，彼此之间形成一种伙伴式的合作关系，并通过签署合同来明确双方的权利和义务，以确保合作的顺利完成；IPD 是将项目过程中的全部人员、专业技能、业务系统集于一个完整流程，并假设建设项目的全生命周期流程中所有参与者均充分发挥最大潜力，实现知识共享、协同决策，优化项目成效，能够最终增加项目价值。

工程项目的管理模式又分为 PMC 模式和 CM 模式。PMC 模式是业主通过招标的方式聘请一家有实力的项目管理承包商,对项目全过程进行集成化管理;CM 模式是由业主委托 CM 单位,以一个承包商的身份,采取有条件的"边设计、边施工",着眼于缩短项目周期,也称快速路径法。

工程建设招标是指招标人在发包建设项目之前,公开招引或邀请投标人,根据招标人的意图和要求提出报价,择日当场开标,以便从中择优选定中标人的一种市场经济活动;工程建设投标是工程建设招标的对称概念,指具有合法资格和能力的投标人根据招标条件,经过初步研究与估算,在指定期限内填写标书,提出报价,并等候开标、决定能否中标的市场经济活动;电子招标投标活动是指以数据电文形式,依托电子招标投标系统完成的全部或者部分招标投标交易、公共服务和行政监督活动;依据招标、投标、开标、评标和中标的招投标程序进行招投标活动。

**案例分析一**

### 深圳裕璟幸福家园 REMPC 新型工程总承包项目

深圳裕璟幸福家园工程位于深圳市坪山区,共 3 栋塔楼,建筑高度 95.9m,总建筑面积 64050m$^2$,是深圳市装配建筑领域首个推广 EPC 招标模式的项目。依托中建科技的总承包优势,项目采用了中建科技首倡的"研发+设计+制造+采购+施工"REMPC"五位一体"的新型工程总承包模式,以科研设计一体化为技术支撑,以"全专业、全过程、全员"的三全 BIM 应用为高效工具,以 EPC 管理为保障手段,切实践行装配式建筑 REMPC 管理模式,全面提升了工程质量水平。

深圳裕璟幸福家园工程 REMPC 模式具体工作内容如下:

(1)研发阶段

中建科技在 REMPC 模式下将传统的设计拓展到装配式建筑全过程。首先通过严格计算分析提出了有针对性的抗震加强措施,其次在预制剪力墙水平连接节点上采用全灌浆套筒连接,竖向连接节点上采用混凝土现浇连接,增强了节点的受力性能。同时在防水技术上采用了结构防水、构造防水、材料防水三道防水措施,最后在装配式工艺工法和工装系统上形成了"装配整体式剪力墙结构施工工法",提升了整体装配质量。

(2)设计阶段

中建科技首先进行了标准化设计,建立了标准化族库和标准化户型等。其次利用 BIM 技术将机电、装修与建筑、结构专业进行三维协同设计,将埋件提前深化至预制构件内并形成一体化设计模型,避免后期现场打洞开凿破坏主体结构,提升了各专业综合碰撞检查效率。

(3)制造阶段

中建科技通过 BIM 三维模型进行工厂模具设计及预制构件生产排版,利用 BIM 与工厂信息系统结合,指导工厂预制构件排产、生产。同时,通过 BIM 软件导出钢筋设备可识别的钢筋加工信息,实现了钢筋网片自动化加工生产。

(4)采购阶段

中建科技装配式智能建造平台的云筑网购模块包括 BIM 算量造价管理,同时能实现互联互通。项目通过平台公开招标择优选择分供商，并公布中标信息，大宗材料由公司集中招标采购，以确保工程质量，降低采购成本，实现了快速、高效的无纸化办公。

（5）施工阶段

中建科技构建了适宜的工程总承包管理架构，创新完善了工程总承包管理体系。指导项目部以总包合同为依据，全面发挥BIM平台作用，利用BIM技术对预制构件的安装、灌浆等关键工序，进行系统化施工模拟，并对现场工人进行三维技术交底，提前发现各节点施工问题，同时使用BIM模型对施工方案、现场平面布置、施工进度等进行可视化模拟，提高项目整体管理水平，保证了工程质量。

中建科技将REMPC运行模式与该项目的实践经验总结，推行出了"11231"的工程总承包管理方法用以提升和保障工程质量，具体包含以下内容：

（1）明确一个目标。建立EPC项目部，明确EPC建造总目标。将目标细化到报批报建、设计管理、合同招采、工厂生产、现场装配、机电装修、竣工验收、运营维护等所有环节，各环节均制定目标明确责任。

（2）完成一大策划。即进行全过程策划控制，按照与业主签订的合同、招标文件及图纸要求，进行全过程管理策划，提前制订质量、安全、进度等目标，明确实施路径，制订实施计划，合理安排进度节点，并在后续工程实施过程中严格按照策划进行。

（3）做好两项工作，第一个是设计优化，第二个是合约规划。

（4）管好三个方面。即管好信息流向、管好PC构件和部品部件供应、管好施工总承包方和各专业施工方。

（5）打造一个平台即中建科技装配式智能建造平台。部品库的建立与构件设计模块化有助于实现设计、生产、施工、供应等全过程的协同，优化资源配置。同时平台上的云筑网购模块不仅支持基于BIM模型自动完成工程算量，还可以通过云筑网开展集采、推进实名制管理等。基于平台形成的智慧工地还可以实现进度、成本、质量和安全等方面的全链条管控，最终给予客户绿色节能、质量优良的实体空间。

中建科技在裕璟幸福家园项目建设过程中，以科研设计一体化为技术支撑，以企业全产业链发展为依托，改革传统施工总承包模式，创新性的提出并践行了"REMPC五位一体"工程总承包模式，有效解决了当前工程项目建造过程中普遍存在的科研、设计、制造、采购及工程管理相互之间不能有效协同的问题，实现了全产业链无缝对接和项目整体效益最大化。

**案例来源：**叶浩文. REMPC模式提升装配式建造品质［EB/OL］.（2018-01-09）

**案例分析题：**

1. REMPC模式与EPC模式相比有什么区别？

2. "三全BIM"为裕璟幸福家园项目REMPC模式的实现起到了什么作用？

## 案例分析二

### 基于BIM技术的电子招投标应用实践——前海乐居桂湾人才住房项目

在新基建和新的数字化浪潮下，中国BIM技术得到了长足的发展，已在工程设计、建设领域有了成熟且广泛的应用，而在工程招投标领域尚处于试点和研究阶段。项目评标过程中通过 BIM 对项目方案进行三维可视化审核，在客观技术上已经具备较强的可行性。

深圳作为中国第一个电子招标试点城市，在 2019 年 4 月 28 日，首次通过 BIM 技术型电子招标平台正式完成了全过程招标的第一个项目，也是中国首个设计 BIM 招标的项目——前海乐居桂湾人才住宅项目。和一般性电子招投标不同的是，基于 BIM 的招投标系统是在电子招投标系统的基础上加载 BIM 辅助评标系统，并将 BIM 的应用贯穿于整个招投标工作。

前海乐居桂湾人才住宅项目全流程设计国际招标项目的招标会要求项目使用 BIM 模型进行投标评价，投标书中包含项目方案、演示动画或漫画，项目共有 7 家投标单位通过资格预审并入围，投标信息全部通过光盘导入系统，开标完成共用时 30 分钟。作为设计类 BIM 招标，该项目主要使用设计 BIM 辅助评标系统，其功能包括设计方案的模型展示、亮点展示、建筑周边环境展示、方案对比和历史工程查看。

BIM 在前海乐居桂湾人才住房项目方案设计评估中的具体应用场景包括：（1）外观显示功能：将传统的二维纸质设计图转变为三维立体模型。（2）程序比较功能：系统的模型切换功能可以快速呈现不同的方案设计。（3）设计方案高亮显示功能：可以通过文本和视频对设计方案的特点进行突出展示。（4）技术经济指标比较功能：可以横向比较多种招标方案的技术经济指标，方便评标专家做出决策。

在现场的开标评选中，各评标专家基于 BIM 辅助评标系统直接进行项目的设计比选，比选的内容包括外立面设计比选、幕墙方案比选、项目户型胶囊比选等。而在项目的屋面设计中，现场运用 BIM 技术展示对屋面的不同造型进行可视化评价，并结合屋面擦窗机确认最终屋面的设计效果。在评估过程中，评估专家可以将传统的 PDF 招标文件与 BIM 模型文件相结合进行审查。在设计图纸评估中引入 BIM 技术，不仅可以增加围标、串通投标等操作难度与费用，还能提升评估相关性与有效性，更能在 BIM 模型基础上结构化并存储可用于后续应用的业务数据，从而在性能环节上提供基础保障。

该项目通过 BIM 技术进行招投标评选，从监管的角度有效地规避了当时行业内建筑方案设计评审三个方面的问题：一是商业和技术招投标难以实现客观合理的评价；二是投标结果作为制约业绩环节的一个因素，不能有效地向后传递；三是后续施工现场的数据无法与建筑市场管理有效挂钩。

在项目专业化、自动化和集成一体化的发展趋势下，BIM 技术的参与有助于招投标信息的高度共享，改善项目相关决策的效率，提高数据输入的准确性并减少数据重复输入，让招投标双方以更科学、合理的方式对投标结果做出正确决策。

**案例来源**：张铭敏，胡月，李甘毅. 基于 BIM 技术的电子招投标应用实践——以前海乐居桂湾人才住房项目为例［C］//中国图学学会建筑信息模型（BIM）专业委员会. 第八届全国 BIM 学术会议论文集. 深圳市前海数字城市科技有限公司；深圳市前海人才乐居有限公司，2022：6. DOI：10.26914/c.cnkihy.2022.045102

**案例分析题：**
1. 结合案例，从市场监管的角度谈一谈基于 BIM 技术的电子招投标优势是什么？
2. 结合案例，谈谈企业应如何应对基于 BIM 技术的电子招投标流程。

## 思 考 与 练 习 题

1. 什么是建筑市场？有何特征？
2. 简述建筑企业经营方式的发展。
3. 建筑企业经营方式的特点及其种类有哪些？
4. 综合比较各类建筑企业经营方式的优缺点。
5. 简述招标投标的概念与招标方式。
6. 简述招标投标的程序。

# 9 建筑企业生产要素管理

## 本章要点及学习目标

1. 施工企业生产管理的概念。
2. 施工准备、现场施工管理、竣工验收的主要内容。
3. 建筑企业材料管理的主要内容。
4. ABC 分类法、定量订购法、定期订购法。
5. 机械设备的选择、使用、保养与维护。

## 引导案例

### 北京大兴机场的施工生产管理

作为中国目前最大的单体机场航站楼之一，北京大兴机场的建设曾面临众多挑战，该项目从开工建设到投入使用，成为国际航空界的典范，其在建设过程中严格、精细、高效的施工生产管理至关重要。同时，该项目规划、设计、施工及运维过程 BIM 技术的应用亦极大地增强了项目实施的科学性、准确性和高效性。

（1）大兴机场施工过程中安全举措

大兴机场施工生产过程中，建立安全生产责任制度，制订详细的安全操作规程，加强对施工人员的安全培训，提高员工的安全意识和安全技能，注重预防为主，采取多种措施防范事故发生，定期开展安全演练、实施安全巡查等。严格的安全管理措施确保了施工人员的人身安全和项目的顺利进行。

（2）大兴机场精细化的成本管理

该项目 BIM 技术支持的精细管理平台，可使项目团队实时监控施工进展，保证成本控制的精度。结合 BIM 与其他新技术，将成本管理与物理功能相结合，实现多维融合一体化管理，使得该项目在保证质量、进度的同时，达到成本的精细化管理，确保项目整体的经济效益。

（3）大兴机场高效的进度控制

该项目根据施工进度和工期要求，合理划分工序，明确任务目标，制订严密的施工计划，施工过程中各工序环节协调配合，实现了施工过程的精确控制和顺畅推进。加之 BIM 的应用，实时监控施工进度和质量，及时发现和解决问题，确保了施工的高效率和高质量。

（4）大兴机场的全面质量管理体系

该项目施工生产过程中建立了全员参与、全过程覆盖、全方位监督的全面质量管理体系，可对施工过程中每个环节进行严格的质量控制和检查。BIM建模智能手段全专业、全过程的应用，更使得施工状态可提前模拟，得以预判潜在的建筑风险，保证施工方案的优化，按质保量完成施工目标。

**案例来源：**

[1] 中国建业．中国建筑参建的北京大兴国际机场投入运营 [EB/OL]．（2019-10-5）

[2] BIM技术/行见BIM．BIM在北京大兴机场中的应用 [EB/OL]．（2019-9-30）

## 9.1　建筑企业施工生产管理

### 9.1.1　建筑企业施工生产管理概述

1. 建筑企业施工生产管理的概念

建筑企业施工生产管理是指企业为了完成建筑产品的施工任务，从接受施工任务开始到工程交工验收为止的全过程中，围绕施工对象和施工现场而进行的生产事务的组织管理工作。建筑企业施工管理的实质是施工组织设计的实现过程。

建筑企业的主管业务就是从事建安工程的施工生产活动，而在施工生产中，工程进度的快慢、工程质量的好坏、工程造价和资源的合理利用等都取决于施工管理的水平。所以，施工管理在很大程度上影响着建筑企业的生产经营实际效果，施工管理是建筑企业管理的重要组成部分。

2. 建筑企业施工生产管理的主要内容

建筑企业生产管理贯穿于建筑产品生产的全过程，不同阶段的工作内容各不相同。施工管理全过程按阶段可划分为施工准备、建安施工、交工验收三个阶段，其基本内容包括：落实施工任务，签订承包合同；进行开工前的各项业务准备和现场施工条件的准备，促成工程开工；进行施工中的经常性准备工作；按计划组织综合施工，进行施工过程的全面控制和全面协调；加强对施工现场的平面管理，合理利用空间，保证良好的施工条件；组织工程的交工验收。

从上述内容可以看出，建筑企业生产管理是一种综合性很强的管理工作，其中也包括与其他各专业管理的配合。没有专业管理，建筑企业生产管理就失去了支柱；没有施工管理，专业管理会各行其是，缺乏应有的活力，不能服务于整体。因此建筑企业生产管理之所以重要，关键在于它的协调和组织作用。

### 9.1.2　施工准备

施工准备是建筑企业生产管理工作中的第一阶段，也是整个建筑安装工程施工的一个必需而重要的阶段。施工准备工作的基本任务，是掌握建设工程的特点，进度要求；摸清施工的客观条件；合理部署施工力量；从技术、物资、人力和组织等方面为建筑安装施工创造一切必要的条件。认真细致地做好施工准备工作，对充分发挥人的积极因素，合理组织人力物力，加快施工进度，提高工程质量，都起着十分重要的作用。

施工准备的依据是工程合同、施工图纸、现场地形图和土壤地质钻探资料等。施工准备的主要内容有：

1. 办理开工手续

工程项目开工前必须办理《施工许可证》和《开工报告》。《施工许可证》由建设单位申请，经主管部门批准后，连同施工图纸发送给施工单位。《开工报告》由项目经理部申请，由公司工程管理部上报总公司批复后实施。未领取《施工许可证》和《开工报告》的项目不允许开工。

2. 技术准备

技术准备是指通过调查研究、搜集关于工程项目和施工区域的必要资料。编制合理的施工组织设计，为工程施工建立必要的技术条件。技术准备的主要工作如下：

（1）熟悉审查图纸及有关资料

审查设计图纸和资料是否齐全，掌握工程结构和构造上的特点，了解设计意图，发现问题，消灭图纸上的差错。了解总图布置，各单项工程在工艺流程和配套投产上的相互关系。了解设计上的新结构、新工艺、特殊材料和专用设备等方面施工有无困难，施工条件和能力能否满足设计的要求。熟悉工程的土层、地质、水文等勘查资料，审查地基处理设计，审查建筑物与地下构筑物、管道等之间的关系，熟悉建设地区的规划资料。

（2）调查研究，收集必要的资料

进行施工准备时，不仅要从已有的书面资料了解建设要求和施工地区的情况，而且必须进行实地勘测调查，获得第一手资料。如气象资料、交通运输条件、地方材料、建筑构配件供应和加工能力等，这样才可能拟订出切合客观实际的施工组织设计，合理施工。

（3）编制施工组织设计

施工组织设计是指导建筑施工的重要技术文件。由于建筑生产的技术经济特点，建筑工程没有一个通用定型的、一成不变的施工方法，所以每个建筑工程项目都需要分别确定施工方案和施工组织方法，也就是要分别编制施工组织设计，作为组织和指导施工的重要依据。

（4）编制施工预算

施工预算是编制工程成本计划的基础，是控制施工工料消耗和成本支出的依据。施工预算的编制主要依据是施工组织设计确定的施工方案和技术组织措施计划。

3. 施工现场准备

施工现场准备主要是根据设计文件及已编制的施工组织设计中的各项要求进行，一般有下列几项工作：

（1）做好"三通一平"：工程现场清除施工障碍和平整场地，修通道路，接通施工用水、用电，简称"三通一平"。三通一平是建筑施工必须具备的基本条件。施工现场准备标准提升为"七通一平"，即接通上水，下水，电力，电信，煤气，热力，道路和场地平整。施工区域地形图、建筑总平面图、土方竖向设计图和施工组织设计是搞好"七通一平"工作的依据。

（2）场地测量控制网和水准点的测设：为了使建筑物的平面位置和高度严格符合设计要求，施工前应按总平面图的要求，测出占地范围，并按一定的距离布点，组成测量控制网，便于施工时按总平面图准确地定出建筑物的位置。工程开工前要进行场区控制网的测设，设置永久性的水准基桩，根据经纬坐标和水准基点导引主要建筑物的控制桩。

（3）大型临时设施的准备：大型临时设施是施工所必需的，包括各种附属生产加工场地（如预制构件、混凝土搅拌、钢筋加工、木材加工等），施工用各种仓库及公用设施，生活设施等。大型临时设施按施工组织设计中的规划修建，要因地制宜，尽可能利用永久性建筑和现有房屋，节约投资，降低成本，也可采用标准化、装拆式的临时房屋，便于拆迁和重复利用。

4. 物资准备

物资是施工的基础，必须在施工前做好准备，以保证施工顺利进行。施工所需要的物资包括建筑材料、构件、施工机械和机具设备、工具等，种类繁多、规格型号复杂。因此，做好物资准备是一项较为复杂而又细致的工作，一般有如下几项主要工作：建筑材料和生产设备的准备；施工机械和机具设备的准备。

5. 施工队伍的准备

根据编制的劳动需用计划，由承建的承包单位具体安排，建立现场施工指挥机构，集结施工力量。在大批队伍进入现场之前对职工要进行技术交底和安全教育，对特殊工种要进行技术培训，同时必须做好后勤工作的安排，如职工的住、食、行等问题，都要在施工准备中全面考虑。保证职工有良好的生活条件，生产上无后顾之忧。

必须指出，施工准备工作不仅是在准备阶段进行，它还贯穿于整个施工过程中，随着工程的进展，在各分部分项工程施工之前，都要做好施工准备工作。因此，施工准备工作是有计划、有步骤、分阶段进行的，要贯穿于整个工程项目建设的始终。

必须坚持没有做好施工准备不准开工的原则。要建立开工报告制度，单位工程开工必须具备下列条件：施工图纸经过会审，图纸中存在的问题和错误已得到纠正；施工组织设计或施工方案已经批准并进行交底；施工图预算已经编制和审批、施工预算已编制；"三通一平"已完成或已满足开工要求；材料、成品、半成品和工艺设备等供应能满足连续施工的要求，基础工程需用材料已进场达 80% 以上；大型临时设施已能满足施工和生活的需要；施工机械、机具设备已进场，并经过检修能保证正常运转；劳动力已经调集，并已经过必要的技术安全和防火教育，安全消防设备已经具备；永久性或半永久性测量坐标和水准点已经设置；已办理开工许可证。

6. 基于 BIM 的现场施工准备

(1) 深化设计：基于施工 BIM 模型结合施工操作规范与施工工艺，进行建筑、结构、机电设备等专业的综合碰撞检查，解决各专业碰撞问题，完成施工优化设计，完善施工模型，提升施工各专业的合理性、准确性和可校核性。

(2) 场区管理：基于施工 BIM 模型对施工各阶段的场地地形、既有设施、周边环境、施工区域、临时道路及设施、加工区域、材料堆场、临水临电、施工机械、安全文明施工设施等进行规划布置和分析优化，以实现场地布置科学合理。

(3) 施工组织管理：基于施工 BIM 模型，结合施工工序、工艺等要求，进行施工过程的可视化模拟，并对方案进行分析和优化，提高方案审核的准确性，实现施工方案的可视化交底。

### 9.1.3 施工现场管理

施工现场管理，就是对施工生产过程的组织和管理。组织施工在整个建筑生产过程中占极为重要的地位，因为只有通过合理地组织施工，才能形成最终建筑产品，要把一个施工现场的许多专业队组织起来，有节奏地、均衡地施工，使其达到工期短、质量好、成本低和安全的目的，这是一个很复杂的问题。概括地说，组织施工应达到的目标是：工期短，质量好，成本低和生产安全。组织施工的主要内容应包括两个问题：一是如何按计划组织综合施工；二是如何对施工过程进行指挥、控制和协调。

1. 施工进度计划的贯彻

施工进度计划是现场施工管理的主要依据，根据施工方案编制的进度计划，确定了各分部分项工程的施工顺序，各施工过程的起止时间和相互衔接关系，按日历指示每天的工作项目和内容。

施工进度计划是一个动态过程，由于各种主客观因素的影响，实际进度与计划进度发生差异是常有的事，所以要定期及时检查，掌握实际情况，分析进度超前或拖后的原因，研究对策和措施，保证整个工程施工进度计划的实施。

2. 施工过程中的检查

施工过程中的检查包括技术、安全、节约等方面。

（1）施工中的技术检查

技术检查是为了建立正常的施工秩序和保证工程质量。技术检查包括下列主要内容：检查工程施工是否按图施工，是否符合设计要求；检查工程施工是否贯彻施工组织设计规定的施工顺序和施工方法，施工是否遵守操作规程；对测量放线及各施工过程的技术检查和复核，要求符合图纸规定，符合质量标准，误差应控制在技术规范和标准的允许范围内；对材料、半成品、生产设备均须由供应单位提出合格证明文件，否则应进行必要的检验试验；隐蔽工程要符合质量检查的规定，并作必要的记录。

（2）施工中的安全检查

建筑安装工程由于是露天作业，有时还是立体交叉作业，所以施工条件较差，不安全因素多。因此加强施工过程中的安全检查，对保证安全生产，防止发生伤亡事故十分重要。安全检查是整个安全施工工作的一个重要环节，在做好安全教育，贯彻安全技术规程的基础上督促检查现场施工情况，发现隐患，杜绝事故，必须做好以下各方面工作：施工现场布置要符合安全规定，合理使用场地，不安全地段要设置安全围栏、安全网，运输道路和排水渠道要保证畅通，消火栓要按规定设置，防火设施应齐全；要检查脚手架、斜道、跳板等是否坚固和稳定可靠，高空作业要坚持使用安全帽、安全带和安全网，防止高空坠落物伤人；土石方施工要防止土石塌方，爆破要符合有关安全规程；施工机械要由专职人员操作，传动部分有保护装置，电器设备和线路绝缘可靠；搞好环境保护，对现场的防火、防爆、防毒、防尘和防止噪声等都要符合有关安全规程。

（3）施工过程中的节约检查

检查技术组织措施计划的落实：返工返修是不必要的浪费，施工中需加强节约检查，防止时间、物资等成本浪费发生。

3. 专业业务分析

在现场施工组织管理中，还要深入开展各项专业业务分析活动。要根据大量的统计数据资料进行核算和专题分析研究。例如工程质量分析、材料消耗分析、机械使用情况分析、成本费用分析、安全施工情况分析、文明施工情况分析等。分析是为了了解这些专业业务的情况，解决存在的问题或制止某种不良的倾向，因此要及时把各种专业业务分析的结论、信息反映给现场施工指挥和调度部门，使得现场管理工作或做出的决定更加全面和正确。

4. 施工总平面管理

施工总平面管理是合理使用场地，保证现场交通道路和排水系统畅通以及文明施工的重要措施。所有施工现场都必须以施工组织设计所确定的施工总平面规划为依据，进行经常性的管理工作。施工总平面管理是全场性工作，由总包单位负责管理。由于施工是动态的、进展的，不同阶段施工平面布置的内容不同。因此，根据各施工单位不同时间对施工平面的要求，及时做好调整工作。

施工总平面的管理工作有以下几个方面：检查施工总平面规划的贯彻执行情况，指定大宗材料、成品、半成品和生产设备的堆放位置；确定大型暂设工程的位置和使用分配，如有增设、拆迁时，要经过有关部门批准方能执行；保证施工用水、用电，排水沟渠的畅通无阻；对于现场局部停水、停电，事先要有计划，并得到总指挥批准后才能实施；保证道路畅通；施工道路、轨道等交通线路上不准堆放材料，加强道路的维修，及时处理障碍物；签署和审批建筑物、构筑物、管线、道路等工程的开工申请；根据施工过程，不断修正施工总平面图。

5. 基于 BIM 的施工现场管理

建筑信息模型 BIM（Building Information Modeling）是以建筑工程项目的各项相关信息数据作为模型的基础，完成建筑模型的建立，通过数字信息仿真模拟建筑物所具有的真实信息。能将传统的二维图纸转换成三维模型，使建筑物能够以三维的形式展现出来。利用 BIM 技术，并借助移动互联网技术实现施工现场可视化、虚拟化的协同管理。在施工阶段结合施工工艺及现场管理需求对设计阶段施工图模型进行信息添加、更新和完善，以得到满足施工需求的施工模型。实现施工现场信息高效传递和实时共享，提高施工管理水平，更直观形象地指导施工。基于 BIM 的施工现场管理具备以下优势：

（1）安全交底，危险提前预防

以往的安全交底，往往只是安全负责人对现场工作人员耳提面命，工人的接受程度并不是很高。一些危险地段施工应该注意的地方往往只是简单地口头描述，不能在现场工作人员的脑海中形成较深的印象，效果很差。结合 BIM 技术，可以将施工现场容易发生危险的地方进行标识，告知现场的人员在此处施工的过程中应该注意的问题，将安全施工方式方法进行展示。

（2）完善安全流程，危险实时把控

安全检查要改变以往的沟通不顺畅，落实不到位的情况。从安全员在现场进行例行检查开始就应该建立一个完整的安全体系，发现问题及时上报，安全组长或者安全总监发现后立即做出批示，安全员指导现场进行整改。在引入 BIM 技术后在施工现场建立一个平台，安全员、安全总监以及项目经理都可以依托这个平台对现场进行管控，并且能将流程中产生的表格数据等以文档的形式输出，形成工作记录。

（3）合理场地布置，营造安全施工环境

现在的施工现场的场地布置往往是编制投标文件的施工组织设计的时候，依据项目人员在工地多年的经验积累编制。在施工正式开始时是项目执行人员根据施工现场的情况进行物料码放，随着项目的进行，施工布置很有可能无法适应施工的需要而必须进行二次搬运，造成人力物力的资源浪费，增加了施工成本。在使用 BIM 技术之后，可以在三维模式下依据施工组织设计和施工工序的要求，对施工现场的物料进行三维布置，从而减少二次搬运。

### 9.1.4 安全管理与文明施工

1. 施工项目安全管理的基本概念

建筑施工项目安全管理是指在项目施工的全过程中，坚持"安全第一，预防为主，综合治理"的指导方针，运用科学的安全管理理论、方法，通过法规、政策、技术、组织等手段，使人、物、环境构成的施工生产系统达到最有效安全状态，实现施工安全生产目标所进行的计划、组织、实施、协调、监督等系列活动的总称。

施工项目安全管理与施工生产是一个辩证统一的关系。"安全"是劳动生产的基础、前提和保障。施工项目的生产过程要建立在安全保障能力不断增强、安全生产状况持续改善、劳动者生命安全和身体健康得到切实保障的基础上，做到安全生产与建筑企业的经济效益发展同步规划、同步部署、同步推进。

多数施工项目是野外露天作业，现场情况多变，又是多工种的立体交叉作业，劳动条件差，安全事故发生率较高，因此，安全管理工作十分重要。搞好施工项目的安全管理，保护职工在施工生产中的安全和健康，保护设备、物资不受损坏，不仅是管理的首要职责，也是调动职工积极性的必要条件。没有安全的施工条件，也就没有施工生产的高效率。

2. 施工项目安全管理的特点

施工项目安全管理的特点，主要表现在以下几个方面：

（1）统一性

安全和生产是辩证统一的，即建筑企业要在保证安全的前提下发展生产，在发展生产的基础上不断改善安全设施。

（2）预防性

安全施工要做到防患未然，贯彻"安全第一，预防为主"的方针。

（3）长期性

安全管理是施工过程中一项经常性的工作，安全措施的落实和改善、安全教育的开展要贯彻施工过程始终，必须做到安全管理制度化、规范化、全面化。

（4）科学性

施工项目安全管理措施是科学原理与实践经验结合的产物，不断学习和运用科学知识，才能进一步加强和改进安全措施。

（5）群众性

安全施工与每个职工切身利益息息相关，人人重视安全，安全施工才能得到保证。

3. 安全管理的措施

施工项目安全管理工作要以预防为主，必须从意识上、组织上、制度上、技术上采取相应的措施。

（1）增强安全管理意识

意识决定行为，缺乏安全意识，就会忽视施工生产过程中的危险因素，降低安全管理的效果。因此，建筑企业要从思想上重视安全管理的重要性，增强安全意识。一方面，企业领导层要提高对安全工作的重视程度，纠正"只管生产、不管安全""只抓效益、不抓安全""不出事故、不抓安全"的错误倾向。另一方面，要加强职工的安全生产意识，使每个职工牢固树立"安全第一"的思想。

（2）成立安全管理组织

施工项目要成立专门负责安全管理的组织机构，配备专职安全技术工程师，在相关行业规章制度的指导下，结合项目特点，规范、科学地开展施工项目安全管理活动。

（3）建立安全管理制度

建筑施工项目要建立并严格执行安全生产责任制度，使企业及项目经理部各级领导、各职能部门、各类人员都负起责任。

1）建立安全生产责任制。安全生产责任制是企业岗位责任制的组成部分。根据"管生产必须管安全"的原则，明确规定企业各级领导、职能部门、工程技术人员和生产工人在施工中应负的安全责任，在施工项目管理过程中，必须将施工安全列入企业主要指标内，建立安全生产责任制。

2）建立安全检查制度。安全检查是揭示和消除事故隐患、交流经验、促进安全生产的有效手段，安全检查分为经营性安全检查、专业性安全检查、季节性安全检查和节假日安全检查。

3）建立安全生产教育制度。运用各种形式，进行经常的、有针对性的安全教育，对新工人、学徒工、临时工及外包建筑队伍人员，要进行入场前安全教育，学习安全操作规程和安全生产规章制度，在使用新工艺、新材料、新机械设备施工前，必须进行详细的技术交底和安全交底，必要时应进行技术和安全培训。塔吊和电梯司机等特种作业人员，除接受安全教育外，必须经过培训，持有作业合格证方可上岗工作。

4）安全交底制度。安全技术交底是指分部（分项）工程在施工前，项目部应按批准的施工组织设计或专项安全技术措施方案，向有关人员进行安全技术交底，安全技术交底主要包括两个方面的内容：一是在施工方案的基础上按照施工的要求，对施工方案进行细化和补充；二是要将操作者的安全注意事项讲清楚，保证作业人员的人身安全，安全技术交底有利于细化、优化施工方案，从技术方案上保证施工安全，同时让一线作业人员了解和掌握正确安全的技术操作规程和注意事项，减少因违章而导致事故的可能。

5）建立安全应急管理制度。针对突发、具有破坏力的建筑施工安全事故采取预防、预备、响应和恢复的活动与建立各种管理制度。在事故发生时，能够在第一时间迅速、有效地投入救援与处治工作，防止事故进一步扩大，最大限度地减少人员伤亡和财产损失，事故结束后认真学习与吸取事故中的教训经验，为今后安全隐患识别以及事故的预防、应对提供依据。

4. 文明施工

文明施工指运用现代管理方法，科学组织施工，做好施工现场的各项管理工作，使施工现场形成并保持良好的作业环境、良好的卫生环境及良好的工作秩序。文明施工是施工现场管理的重要基础工作，是现代化生产方式的必然要求。文明施工的主要工作内容如下：

（1）规范施工现场的场容，保持作业环境的整洁卫生。

（2）科学组织施工，使生产有序进行。

（3）减少施工对周围居民和环境的影响。

（4）保证职工的安全和身体健康。

### 9.1.5 竣工验收

工程的竣工验收是建筑生产组织管理的最后阶段，也是工程施工的最后一个环节。验收是一个法定手续，通过竣工验收，甲乙双方办理结算解除合同关系。对建筑企业来说，竣工验收意味着完成了一件最终产品，销售了一件建筑产品。因此，搞好交工验收工作，对全面完成设计文件规定的施工内容，促进工程项目的及时投产或交付使用起着重要的作用。

竣工验收一般分为预验收，正式验收两部分。预验收是由施工单位申请监理单位给予验收，并提出问题进行进一步修改。正式验收是经过预验收后施工单位与建设单位、设计单位、监理单位、政府主管部门进行的正式验收，进行最后交接前的最关键的一步。

1. 竣工验收的概念

竣工验收就是指施工企业已完成按照与建设单位签订的建设工程施工合同的要求，建设工程已经完工，经建设单位验收合格，向建设单位移交的建筑产品。如建设单位只进行一个单项工程建设，则此次向建设单位移交建筑产品的竣工验收工作已全部完成。如建设单位进行一个建设项目的建设，则要进行多次单项工程的竣工验收，待全部单项工程完成后，最后进行建设项目竣工验收，这时，施工企业向建设单位移交建筑产品的工作才全部完成。

2. 竣工验收的依据

（1）上级主管部门对该项目批准的各种文件；

（2）可行性研究报告、初步设计文件及批复文件；

（3）施工图设计文件及设计变更洽商记录；

（4）国家颁布的各种标准和现行的施工质量验收规范；

（5）工程承包合同文件；

（6）技术设备说明书；

（7）关于工程竣工验收的其他规定；

（8）从国外引进的新技术和成套设备的项目，以及中外合资建设项目，要按照签订的合同和进口国提供的设计文件等进行验收；

（9）利用世界银行等国际金融机构贷款的建设项目，应按世界银行规定，按时编制《项目完成报告》。

3. 竣工验收的组织

建设单位或监理工程师收到施工单位提交的竣工验收报告后，成立竣工验收领导小组，负责验收工作。领导小组由监理工程师牵头，由建设单位、设计单位、施工单位等组成。

4. 竣工验收条件及程序

竣工验收程序是按合同规定的质量等级，遵循现行的质量检验评定标准，按隐蔽工程验收、分部分项工程验收、单位工程验收、单项工程验收、建设项目验收的顺序，进行质量认可与否的过程。

建设单位在收到施工单位提交的工程竣工报告，并具备以下条件后，方可组织勘察、设计、施工、监理等单位有关人员进行竣工验收：

（1）完成了工程设计和合同约定的各项内容。

（2）施工单位对竣工工程质量进行了检查，确认工程质量符合有关法律、法规和工程建设强制性标准，符合设计文件及合同要求，并提出工程竣工报告。该报告应经总监理工程师（针对委托监理的项目）、项目经理和施工单位有关负责人审核签字。

（3）有完整的技术档案和施工管理资料。

（4）建设行政主管部门及委托的工程质量监督机构等有关部门责令整改的问题全部整改完毕。

（5）对于委托监理的工程项目，具有完整的监理资料，监理单位提出工程质量评估报告，该报告应经总监理工程师和监理单位有关负责人审核签字。未委托监理的工程项目，工程质量评估报告由建设单位完成。

（6）勘察、设计单位对勘察、设计文件及施工过程中由设计单位签署的设计变更通知书进行检查，并提出质量检查报告。该报告应经该项目勘察、设计负责人和各自单位有关负责人审核签字。

（7）有规划、消防、环保等部门出具的验收认可文件。

（8）有建设单位与施工单位签署的工程质量保修书。

在满足以上的竣工验收条件之后，才能开始竣工验收，主要程序如下：

（1）申请报告

当工程具备验收条件时，承包人即可向监理人报送竣工申请报告。

（2）验收

监理人收到承包人按要求提交的竣工验收申请报告后，应审查申请报告的各项内容，并按不同情况进行处理。

（3）单位工程验收

发包人根据合同进度计划安排，在全部工程竣工前需要使用已经竣工的单位工程时，或承包人提出经发包人同意时，可进行单位工程验收。验收合格后，由监理人向承包人出具经发包人签认的单位工程验收证书。

（4）施工期运行

施工期运行是指合同工程尚未全部竣工，其中某项或几项单位工程或工程设备安装已竣工，根据专用合同条款约定，需要投入施工期运行的，经发包人约定验收合格，证明能确保安全后，才能在施工期投入运行。

（5）试运行

（6）竣工清场

除合同另有约定外，工程接收证书颁发后，承包人应按要求对施工现场进行整理。直至监理人检验合格为止，竣工清场费用由承包人承担。

5. 工程交接及保修

工程交接是工程项目通过了正式验收之后，施工单位向建设单位移交建设项目（含其他固定资产）所有权的过程。办理工程交接手续，应填写移交项目清单，竣工验收清单必须有三方（业主、监理、承包商）的签字方可生效。工程进行竣工验收合格后，由监理工程师协助承建单位向业主进行项目移交，完成整个工程建设工作。

工程保修是建设工程项目在验收交付使用后，在一定期限内，对工程发生的确属施工责任造成的建筑物使用功能不良或无法使用的质量问题，实行保修，直至达到正常使用标准。

## 9.2　建筑企业劳动管理

### 9.2.1　工资管理

工资是依据职工的技能、工作强度、责任、工作条件和实际贡献，以货币形式分配给个人的劳动报酬。建筑企业工资管理应坚持以按劳分配为主体、多种分配方式并存的分配原则，体现"公平与效率"，处理好各类人员的工资关系，达到既能防止工资增长过快，又能提高劳动效率的目的。

1. 工资制度

（1）结构工资

它是根据决定工资的不同因素和工资的不同作用，将工资划分为几个不同的单元或部分，共同组成劳动报酬的一种工资形式。结构工资一般分为四个部分：①基础工资，是保障职工基本生活，维持劳动力再生产所必需的工资收入的基本部分，基础工资的数额按不同工资类别确定；②职务工资、职称岗位工资，干部按职务、职称，工人按工种岗位，根据职务高低、业务技术要求、劳动条件、责任大小等因素，划分为若干个工资等级标准；③工龄工资，是以工龄为主体来确定的工资性开支，工龄工资是随着工龄的增长而逐年增加的，它属于按劳分配原则的范畴；④奖励工资，用于奖励在工作中做出了显著成绩的人员，有较大贡献的可以多奖，不搞平均发放。

（2）技能工资

它一般由技能工资、岗位工资、工龄工资、效益工资和津贴工资五个单元组成。技能工资是根据职工所具备的技术业务能力的水平高低及在相应岗位上实际运用的情况，经有关部门测评后，所确定的若干工资等级的工资单位，是体现一个劳动者能干什么的标志。特点是不受工龄、资历等客观因素的制约；可以简化合并实行内部一条龙工资标准；可以考虑企业中提供技术者、出资者的利益；鼓励职工刻苦钻研技术、业务，不断提高技能素质，推进企业技术进步。

2. 工资形式

（1）计时工资

计时工资是以劳动者的工资等级，不同等级的工资标准和实际工作时间来计算以支付职工劳动报酬的工资形式。计时工资根据计算时间的不同，一般分为小时工资制、日工资制和月工资制。施工企业一般采取月工资制和日工资制相结合的方法来计算计时工资。计时工资的优点是简单易行，适应性强，实行范围广；其缺点是与劳动成果没有直接联系，不利于鼓励职工从物质利益上去关心劳动成果。

（2）计件工资

计件工资是按工人生产合格产品的数量或完成的作业数量，按照预先规定的计件单价，来计算劳动报酬的一种工资形式。按工资的支付方式，计件工资分为直接无限计件、有限计件、超额计件、包工计件和累进计件等形式。

由于计件工资把工人的工资收入同其劳动成果紧密联系在一起，因此，计件工资更能体现多劳多得的分配原则。其特点是工人付出的劳动量，以劳动成果的数量和质量表现出来，并以此来计算报酬。

计件工资的适用范围：计件工资适合于单纯依靠或主要依靠体力劳动进行生产，能单独计算劳动产品的数量或作业量，产品质量易检查，生产的品种或工程项目相对固定的工种工人。

（3）岗位工资

岗位工资是按照职工在劳动中的不同工作岗位确定劳动报酬的一种工资形式。岗位工资的特点是：按照工作难易、劳动轻重、责任大小以及劳动环境确定工资标准，同一岗位可以规定一个或几个工资档次。岗位工资一般适用于专业化程度较高，分工较细，同一工种内部技术差别不大，工作物对象和工作物等级比较固定，而且劳动强度较大的工种。

（4）浮动工资

浮动工资是在实行奖励制度的基础上，在贯彻经济责任制的实践中，由企业创造出来的工资形式。浮动工资的特点：工资既要随个人劳动贡献的大小而浮动，又要随企业经济效益的高低而浮动；既有个人工资的浮动，又有企业（单位）工资总额的浮动。把职工的物质利益同经济责任、经济效益挂起钩来，实行能上能下的浮动。

（5）包工工资

包工工资是将一定数量的施工任务包给施工队（或班、组、个人），规定完成任务的期限、质量标准和工资总额，如能按期、保质、保量完成生产任务，即可得到全部工资。这种工资形式由于实行五包（包工、包料、包质、包工期、包量），符合按劳分配的原则，适合建筑企业生产的特点，所以应用范围也较广泛。

（6）奖金

奖金是用货币形式支付的一种物质奖励，是对劳动者提供的超额劳动、劳动者的技术革新、新方法的运用等的报酬。它可以弥补工资的不足，是计时工资和计件工资的补充形式。

（7）津贴

津贴是职工劳动报酬的辅助形式，是用来补偿职工在特殊劳动条件下的额外劳动消耗和弥补生活费用的支出。

### 9.2.2 劳动力的优化配置

1. 劳动定员及其意义

劳动定员是根据企业一定时期的生产规模、任务和技术条件，本着节约用人、精简机构、提高效率的精神，规定企业必须配备的各类人员的质量要求、数量标准和比例。因此，劳动定员起到合理和节约使用劳动力，合理组织生产，提高劳动生产率的作用。

2. 建筑企业人员构成

按照在企业生产经营活动中执行的职能，企业人员包括：生产工人、学徒工、工程技术人员、管理人员、服务人员和其他人员等。按照与施工生产的关系可分为直接生产人员（即生产工人和学徒工）和非直接生产人员（即管理人员、工程技术人员、服务人员和其他人员）。

3. 编制定员方法

企业按各类人员工作性质不同，其确定人员数量的方法也不同，但都必须考虑定员标准的先进、合理；各类人员的比例要适当，管理制度要健全。在实践中，可考虑按以下几种方法来编制定员。

（1）按劳动效率定员

根据计划期生产任务量和劳动效率，考虑出勤率及工时利用情况影响，计算确定定员。劳动效率的确定要考虑以往历年企业劳动效率水平以及企业近期技术、管理能力的变化。其计算公式为：

$$某工程计划定员人数 = \frac{某工种生产任务计划量}{某工种人员计划劳动生产率 \times 出勤率系数 \times 工时利用系数}$$

$$(9-1)$$

（2）按设备定员

根据机构设备开动的台数和机械操作驾驶定额来计算定员人数。主要用于施工机械的司机、机床工人等定员。其计算公式为：

$$某种机械设备计划定员人数 = \frac{必需的机械设备台数 \times 开动班次 \times 每台班次需人数}{计划出勤率 \times 计划出勤工日利用率}$$

$$(9-2)$$

（3）按组织机构职责范围和业务分工定员

根据各个组织机构承担任务和分工需要确定定员人数。主要用于管理人员和工程技术人员的定员。一般先确定领导体制、组织机构，然后确定各职能科室、各项业务的分工及职责范围，最后根据各项业务工作量的大小进行定员。

（4）按比例定员

按照规定的各类人员之间的比例或某人员与他们所服务对象人数之间的比例关系来计算定员人数。如炊事员人数可按就餐人数确定。

（5）按岗位定员

按生产设备或工作岗位所必需的操作看管岗位和工作岗位数目确定定员。如企业门卫人员、变电所维护电工等的定员。

在实际工作中，一般是把上述几种方法结合起来使用。

4. 劳动力管理

（1）劳动用工制度

劳动用工制度是企业为了解决生产对劳动力的需要而采取的劳动力招收、录用、使用、调动和辞退等方面的制度。

建筑企业要按照劳动合同制要求和本着先进、合理原则，制定用工标准，要实行双向选择、择优录用、竞争上岗，建立劳动合同制，用劳动合同这一法律形式确立和调整企业和劳动者之间的劳动关系，它较好地体现了用工管理上的经济手段、法律手段和行政手段相结合，双方责权利相统一，使劳动队伍既有相对的稳定性，又有合理的流动性。企业用工制度的管理应做好合同化管理、择优上岗制及试用工制等工作。

（2）劳动力的招收和调配

劳动力的招收是企业更新队伍、补充生产技术力量，保证施工生产所需劳动力的一种主要措施。劳动力的招收实行面向社会公开招考，全面考核，择优录用，并规定试用期，在试用期内发现不适合的可以调换或辞退，面向社会直接招考职工，还可以促成先培训后就业，从而使招收的职工素质起点较高。

在录用形式上，由企业根据生产和工作的特点及需要，可以招用五年以上的长期工、一至五年的短期工和定期转换工、临时工、季节工等，多种用工形式并存，统一实行劳动合同制。通过劳动合同，规定双方的权利和义务。

劳动力调配是把在职的劳动力在不同部门、不同地点、不同单位之间进行平衡调配。劳动力调配工作，是建筑企业劳动力管理的一项重要工作，是有计划地安排劳动力的必要手段。

劳动力调配必须遵守以下几方面原则：要加强调查研究，有计划地调配劳动力；要统筹兼顾，全面安排；要按照"先内后外，先近后远"原则调剂劳动力余缺；要按岗位的特点和要求，安排合适的劳动力；调配工人时，力争做到专业对口，尽量发挥劳动者的专长。

劳动力的调配形式主要有：成建制调动，就是将某个单位的全部人员及设备、工具等一同迁入一个新地区或调入一个新单位；成套调动，是指人员配备成套，即一定数量的领导干部、技术骨干、生产工人配备成套，同时调入新建、扩建单位。这种调配方法适用于老企业支援新企业；成批调动，是指同时将同工种或不同工种的一部分职工从一部门地区的企业调动到另一部门地区的企业。采用这种方法是为了加强职工力量比较薄弱的单位；零星调动，包括对调、单调两种。这种调动除工作需要以外，在大多数情况下都是属于照顾性调动。

（3）劳动纪律

劳动纪律是有关劳动方面的规章制度，是人们在共同劳动中所必须遵守的行为规范。加强劳动纪律，严格奖惩制度，是有秩序地组织施工生产的有力保证。企业如果没有良好的劳动纪律，就无法组织生产。

劳动纪律的内容可分为三个方面：①工作纪律：要求所有参加劳动的职工必须严格遵守企业规定的工作守则。如遵守作息制度、服从生产指挥等；②工艺纪律：要求生产者必须遵守技术操作规程和各项规章制度。如施工中的混凝土水胶比、振捣机械的操作要求等；③生产纪律：要求生产者必须遵守劳动保护和安全技术规程，按时、保质、保量完成生产任务。如施工中戴安全帽、钢筋的数量等。

### 9.2.3 劳动分配

1. 劳动分配的根据

企业一般根据下述内容进行劳动分配：

（1）劳动工资核算和设计预算

工资总额与此有关，要以此为基础进行劳动分配。

（2）劳务承包合同、劳务责任状和考核结果

项目经理部使用劳动力，不论是来自企业内部的劳务公司或成建制的农村（外省市）建筑队伍，都要实行劳务承包责任制，签订劳务承包合同。而劳务公司则需与派遣的班组或作业队签订劳务责任状。施工结束（或经过一定时间）就根据签订的劳务承包合同和劳务责任状中规定的内容进行考核，根据任务完成情况、进度、质量等考核结果及原定的劳务费计取和结算方式等，结算并付给劳动报酬。

2. 分配的内容

施工项目范围内的劳动分配包括下述几个方面：

（1）项目经理部与劳务公司或成建制农村（外省市）建筑队伍的劳务费结算。

（2）班组或作业队劳务费收入。

（3）班组或作业队向劳务管理部门上缴费用。

（4）班组或作业队内部的报酬分配。

3. 劳动分配方式

劳动分配的方式各种各样，随着现代企业工资制度的建立，还会出现一些新的分配方式。目前常用的分配方式大致如下：

（1）项目经理部与企业劳务公司或成建制劳动队伍签订劳务承包合同时，一般采取包工资、包管理费的原则，对劳务费进行合同约定。经过考核后项目经理部按核算制度，每月结算一次，向劳务公司或成建制劳动队伍进行支付。

（2）劳务公司或成建制劳动队伍按劳务责任状和定期考核结果，按月向班组或作业队支付劳务费。该费用支付额一般根据劳务合同每月收入总量，扣除劳务管理部门的管理费及应上缴部分，经核算后支付。一般按计件工资制，在考核进度、质量、安全、节约、文明施工等基础进行支付。

（3）班组或作业队对工人进行分配，一般实行结构工资制，并根据劳动表现和考核结果加以浮动。

4. 劳务承包

（1）自带劳务承包，指企业内部正式职工经过企业培训考核合格成为工长，劳务人员原则上由工长招募，人员的住宿、饮食、交通等由企业统一管理，工资由企业监督工长发放或由工长编制工资发放表由企业直接发放。

（2）零散的劳务承包，指企业临时用工，往往是为了一个工程项目而临时招用工人。

（3）成建制的劳务分包，指以企业的形态从施工总承包企业或专业承包企业处承包分项、分部或单位工程的劳务作业。

### 9.2.4 劳动力培训

2020 年 12 月《住房和城乡建设部等部门关于加快培育新时代建筑产业工人队伍的指导意见》指出：到 2025 年，符合建筑行业特点的用工方式基本建立，建筑工人实现公司化、专业化管理，建筑工人权益保障机制基本完善；建筑工人终身职业技能培训、考核评价体系基本健全，中级工以上建筑工人达 1000 万人以上。到 2035 年，建筑工人就业高效、流动有序，职业技能培训、考核评价体系完善，建筑工人权益得到有效保障，获得感、幸福感、安全感充分增强，形成一支秉承劳模精神、劳动精神、工匠精神的知识型、技能型、创新型建筑工人大军。

企业开展劳动力培训应遵循以下几点：

（1）大力发展专业作业企业

鼓励和引导现有劳务班组或有一定技能和经验的建筑工人成立专业作业企业，选择 1～2 个专业作业工种。政府可以建立建筑工人服务园，为符合条件的专业作业企业提供创业扶持政策和服务。同时，政府投资开发的孵化基地等创业载体应该提供一定比例的场地免费给农民工创业成立专业作业企业使用。建筑企业应优先选择当地的专业作业企业，促进建筑工人就地、就近就业。这样的举措有助于提升建筑工人的专业素质和就业机会，促进建筑行业的发展。

（2）鼓励建设建筑工人培育基地

引导和支持大型建筑企业与建筑工人输出地区建立合作关系，建设新时代建筑工人培育基地，建立以建筑工人培育基地为依托的相对稳定的建筑工人队伍。创新培育基地服务模式，为专业作业企业提供配套服务，为建筑工人谋划职业发展路径。这样的举措有助于提升建筑工人的技能水平和就业机会，促进建筑行业的发展。

（3）加快自有建筑工人队伍建设

鼓励建筑企业探索和应用新型建造方式和建造科技，提升智能建造水平。通过培育自有建筑工人、吸纳高技能技术工人和职业院校毕业生等方式，建立稳定的核心技术工人队伍。同时，鼓励建设建筑工人培育基地，与建筑工人输出地区的大型建筑企业合作，为专业作业企业提供配套服务，帮助建筑工人规划职业发展路径。这样的举措有助于提升建筑工人的技能水平和就业机会，促进建筑行业的发展。

（4）完善职业技能培训体系

完善建筑工人职业技能培训体系，制订标准和评价规范，强化企业主体作用。推行现代学徒制和企业新型学徒制，建立培训基地、校企合作等形式，实现理论与实操的有机结合。实施终身职业技能培训制度，加强岗前培训和技能提升培训。加大实训基地建设资金支持力度，支持智能建造相关培训和新兴职业的培养，加大对装配式建筑、建筑信息模型（BIM）等新兴职业（工种）建筑工人培养，增加高技能人才供给。这些举措有助于提高建筑工人的技能水平和适应新兴建筑方式的能力。

（5）建立技能导向的激励机制

各地要根据项目施工特点制订施工现场技能工人基本配备标准，并逐步提高标准。同时，要加强对施工现场技能工人的监督检查，确保配备标准的达标情况。建立建筑职业人工价格市场化信息发布机制，为企业确定建筑工人薪酬提供指引。同时，要引导企业将薪酬与建筑工人的技能等级挂钩，完善激励措施，以实现技能高者得到更多的回报和激励。这些举措有助于提高建筑工人的技能水平和工作积极性，推动建筑行业的发展。

## 9.3 建筑企业材料管理

### 9.3.1 建筑企业材料管理特点和程序

建筑企业的材料管理是现代建筑企业管理的重要内容之一。它是指对施工生产过程所需要的各种材料的计划、订货、采购、运输、保管、发放、使用所进行的一系列组织和管理工作。材料管理是企业管理的重要组成部分，搞好材料管理具有十分重要的意义。

加强材料管理是保证施工生产正常进行的物质前提，加强材料的采购、运输、储存保管、领发使用等各个环节，可以减少材料损耗，降低材料费用，从而降低工程成本，可以加速流动资金周转，减少流动资金的占用，并有利于保证工程质量和提高劳动生产率。

1. 材料管理的特点

建筑企业材料管理有以下几个特点：

（1）材料消耗的大量性与不均匀性。同一工程，施工阶段不同，所需材料的品种不同。建筑材料的数量通常以万吨计算，需要量是很大的，并且各阶段用料的品种和数量不固定、不均匀。

（2）材料供应的多样性和多变性。建筑材料品种规格繁多，既有大宗材料，又有零星材料，供应渠道多样，反映了建筑材料的多变性。

（3）材料储备的季节性。建筑材料的生产与供应，受季节影响很大，必须考虑季节储藏和供应，如砂要利用枯水期采集，而伐木多在冬季。

（4）材料供应方式不固定。由于建筑生产的流动性，随着工程地点的变化，建筑材料的供应来源和运输方式受运输方面和运输环节的牵制不易固定。

**2. 材料管理的程序**

在材料管理的各个环节中，都涉及供方（供应商）的服务质量，各环节都应有对供方管理的评定，以使以后的材料管理程序更顺畅（图 9-1）。

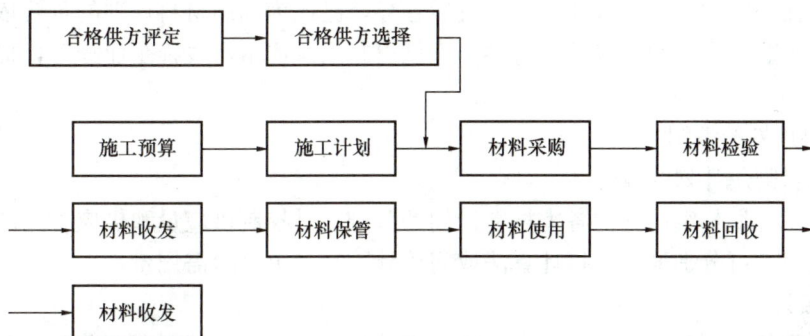

图 9-1　材料管理程序图

**3. 材料管理的任务**

（1）保证适时、适地、按质、按量、成套齐备地供应

① 适时是指按规定的时间供应材料。供应时间不宜过早或过晚。过早则多占用仓库和施工现场，晚了则会造成停工停料。②适地是指按规定的地点供应。材料卸货地点不适当，就可能造成二次搬运，从而增加费用。③按质是指按规定的质量标准供应材料。材料质量低于标准要求，势必降低工程质量；若高于质量标准要求，则会增加材料费，加大成本。④按量是指按规定的数量供应材料。多了造成超储积压，占用流动资金；少了停工待料，影响进度，延误工期。⑤成套齐备地供应是指供应的材料品种、规格要齐全、配套，要符合工程需要。

（2）加速材料周转，监督和促进材料的合理节约使用，以降低材料费用

在材料的供应管理上，既要保证生产的需要，又要注意经济效果，从各方面采取有效措施降低材料费用。如就近采购就近供应，尽量减少中间周转环节，组织好材料调运，节约运费；改善运输装卸、包装、保管工作，降低材料损耗；严格做好材料验收，控制材料的规格和质量，以避免大材小用、优材劣用和不合理的代用等；要合理地建立材料储备，严格进行库存控制，在保证生产正常进行的情况下，使得库存最小，避免材料积压和减少资金占用，加速资金周转，降低材料成本。

材料供应管理工作还包括监督其合理使用和节约使用。为此，材料供应管理部门要加强材料消耗定额的管理；建立健全材料发放制度，严格实行限额领料，控制用料；搞好清仓利库，修旧利废，做好废旧材料的回收和利用等。

在施工企业实行项目法施工后，施工现场材料管理的责任主要由项目经理部负责，企业材料管理的重点是内部材料市场的组织、运作，并对项目的材料管理负有检查、指导责任。

### 9.3.2  建筑企业材料计划的编制

1. 建筑企业材料计划的概念

建筑企业的材料计划是材料管理的组成部分，也是企业计划管理的重要环节。它是合理地利用人力、物力、财力保证施工生产顺利进行，全面完成企业生产经营计划的一项重要管理工作。

材料计划是指根据施工生产对材料供应的要求以及市场材料供应情况而编制的各类计划的总称。在市场经济条件下，掌握建材市场供求信息，搞好建材市场的预测和分析，预测建筑材料在一定时期的供求变化及其发展趋势，已成为编制材料计划的重要依据，它可以避免材料采购供应中的盲目性，有利于降低材料采购成本，改善企业经营，提高企业的竞争能力。

2. 材料计划的编制

（1）材料需用计划的编制

材料需用计划是编制其他各类材料计划的基础，是控制供应量和供应时间的依据。根据不同的情况，可分别采用直接计算法或间接计算法确定材料需用量。

1）直接计算法

对于工程任务明确，施工图纸齐全的，直接按施工图纸计算出分部分项工程实物工程量，套用相应的材料消耗定额，逐条逐项计算各种材料的需用量，然后汇总编制材料需用计划。然后，再按施工进度计划分期编制各期材料需用计划。直接计算法的公式如下：

$$材料计划需用量＝计划实物工程量×材料消耗定额 \tag{9-3}$$

上式中，材料消耗定额的选用要视计划的用途而定，如计划需用量用于向建设单位结算或编制订货、采购计划，则应采用概算定额计算材料需用量；如计划需用量用于向单位工程承包人和班组实行定额供料，作为承包核算基础，则要采用施工定额计算材料需用量。

2）间接计算法

对于工程任务已经落实，但设计尚未完成，技术资料不全，无法直接计算需用量条件的情况，为了事前做好备料工作，可采用间接计算法。当设计图纸等技术资料具备后，应按直接计算法进行计算调整。间接计算法主要有以下几种：

① 概算指标法。即利用概算指标计算材料需用量的方法。其计算公式如下：

$$材料计划需用量＝建筑面积×同类型工程每平方米建筑面积材料消耗定额×调整系数 \tag{9-4}$$

这种计算方法适用于已知工程结构类型和建筑面积，匡算主要材料需用量。

$$材料计划需用量＝工程项目计划总投资×每万元产值材料消耗定额×调整系数 \tag{9-5}$$

这种计算方法适用于工程类型不具体，只知道计划总投资额的情况。由于该方法只考虑了投资报价，而未考虑不同结构类型工程之间材料消耗的区别，故其准确度差。

② 动态分析法。即利用材料消耗的历史统计资料，分析变化规律，根据计划任务量估算材料计划需用量的方法。公式如下：

$$某种材料计划需用量＝计划任务量×上期该种材料消耗量×调整系数 \tag{9-6}$$

式中，任务量可用实物量，也可用价值量。

③ 类比分析法。即根据类似工程材料消耗水平来估算材料计划需用量的方法。计算

公式如下：

某种材料计划需用量＝建筑面积或计划投资额×类似工程每 $m^2$ 或每万元产值某材料消耗量×调整系数 (9-7)

（2）材料供应计划的编制

材料供应计划是组织材料采购、加工订货、运输、仓储等材料管理工作的行动指南。材料供应量的计算公式如下：

材料供应量＝材料需用量＋期末储备量－期初库存量－计划期内可利用资源材料需用量 (9-8)

式中，期末储备量要根据储备定额来确定。

期末储备量＝经常储备量＋保险储备量＋季节储备量 (9-9)

由于编制计划的时间与计划期开始时间不一致，故对期初库存量要根据这段时间差中材料收发情况进行调整。

期初库存量＝编制计划时的实际库存＋至计划期初的预计收入量
－至计划期初的预计发出量 (9-10)

材料供应计划除确定供应量外，还要确定供应措施。

（3）材料采购及加工订货计划的编制

材料采购及加工订货计划是材料供应计划的具体落实。凡在市场上可以直接采购的材料，均应编制采购计划。这部分材料品种多、规格杂、分布广，供应渠道多，供应方式复杂，主要是通过计划控制采购材料的数量、规格及时间等。

凡需要与供货单位签订加工、订货合同的材料，均应编制加工、订货合同计划。计划中的主要内容应包括：材料名称、规格、型号、质量标准、技术要求、数量、交货时间和地点等。有的还应包括必要的技术图纸及说明材料，如有必要，可由加工厂家先期提供加工样品，待需方认可后再批量加工。

### 9.3.3 材料的库存决策和库存管理技术方法

建筑企业为了保证施工生产连续地有节奏地进行，需要建立一定的材料储备，也就是材料的库存。企业的库存必须经济合理，不能过多也不能过少。如果库存量过多，就会积压资金，增加库存保管费用；如果库存量过少，就会导致停工待料，延误工期，造成损失。因此材料的储备应有合理的界限，这个合理的储备界限就是材料的储备定额。

1. 材料储备定额的概念

材料储备定额，是在一定的生产技术和组织管理条件下，为保证企业施工生产的正常进行所必需的合理储备材料的数量标准。建筑材料在施工中是逐渐地被消耗并转化成工程实体的组成部分，而各种材料的供应却是间断、分批进场的。为解决这个矛盾，企业就必须建立一定的材料储备。储备过多会造成材料积压，影响企业资金的周转，过少又不能保证生产的正常进行。因此确定材料储备定额，要依据下列两个原则，即材料储备数量能够满足施工生产需要，并且储备量应该是最低限度的。

2. 材料储备定额的作用

（1）材料储备定额是企业编制材料供应计划，确定订购批量和进料时间的重要依据

在材料供应计划中，利用库存是一项重要的供应措施。材料储备定额制定得合理，可以缓解材料供需矛盾，保证供应计划的实现。同时，企业材料采购的次数，一次进货数量

即采购批量，都需要依据最佳储备数量而确定，由此必然影响订购周期、进料频率，影响仓库验收、保管发放等一系列业务工作。因此，制定合理的材料储备定额，是储备管理的重要内容之一。

(2) 材料储备定额是控制库存数量，考核库存水平的标准

材料储备定额，是根据施工生产和需求特点，资金状况和企业供应方式，以及企业管理水平综合制定的。材料储备定额是确定合理的储备数量，以此为衡量标准，则储备量超过材料储备定额，可能造成材料周转缓慢，资金占用增加，保管投入加大，材料利用效率下降等问题；储备量低于材料储备定额，可能影响施工生产，造成配套供应困难，仓库利用率低等各方面问题。因此，应以材料储备定额为标准控制储备量，使库存数量始终处于合理水平。

(3) 材料储备定额是核定储备资金、确定仓库储备面积、保管设备和管理人员的依据

材料储备定额是综合了各方面的因素而确定的数量标准。在企业编制资金使用计划时，储备定额正确合理与否直接影响到占用流动资金的大小和周转的快慢，影响企业经营成果的好坏。因此，可以据此确定储备材料资金占用水平、周转水平，确定库房、库区利用面积，装卸搬运机具、工具的配备和管理人员的配备，从人力、物力、财力三方面保证仓库工作运转正常，保证良好的配套供应能力。

3. 材料储备定额的计算

在社会再生产过程中，按材料储备所处的领域和所在的环节，一般分为生产储备、流通储备和国家储备。建筑企业的材料储备是生产储备，它处于生产领域内，是为保证生产进行、材料不间断供应而建立的储备。它由经常储备、保险储备和季节储备组成。

(1) 经常储备

经常储备也称周转储备，是指企业在前后两批材料到货间隔期内，为保证施工生产正常进行所需要的材料经常储备量。经常储备量是一个周期性的变量，它随着供应情况和生产变化而不断变动。

经常储备量的计算公式如下：

$$经常储备量=(验收天数+整理准备天数+平均供应间隔天数)\times 平均每天材料需用量$$

$$(9-11)$$

式中：验收天数是指材料到达企业后在入库前所需的检验、清点计量、分类验收等的天数。

整理准备天数是指有些材料在投入施工生产使用前进行加工、技术处理和生产准备等所需的时间。

平均供应间隔天数是指前后两次购买材料之间相隔的天数（一般包括在途天数）。通常以算术加权平均法计算：

$$平均间隔天数=\frac{\sum(供货间隔期\times 供货量)}{\sum 供货量} \qquad (9-12)$$

材料经常储备相关内容如图 9-2 所示。

从图 9-2 可知，当一批材料进入企业时，此时材料储备达到最高水平，这一点叫作材料最高经常储备（最高库存），是储备量的上限，一般不得超过，如有超过则将造成超储

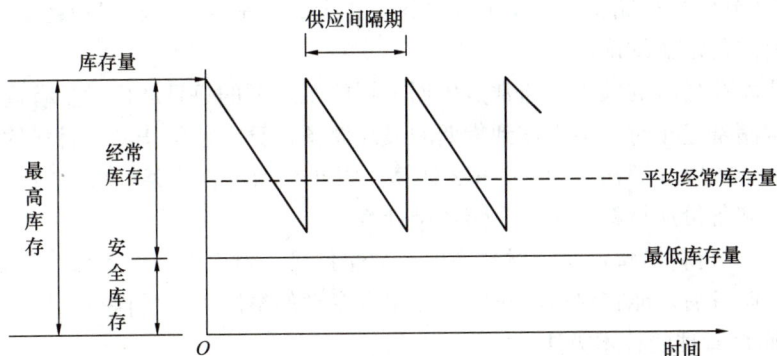

图 9-2　经常库存和安全库存

积压。随着生产的耗用，材料储备量逐渐下降，直到下一批到货入库、验收、加工整理前，此时库存量为最小，叫作最低经常储备（最低库存或安全库存），是储备量的下限。此时如不及时到货，将有动用保险储备或造成停工待料的可能。建筑企业的日常材料经常储备，只能在最高库存和最低库存之间进行。

（2）保险储备

保险储备也称安全储备，是指企业为了防止意外情况（如交货脱期，到货质量不符合要求退货等）造成的材料供应脱期，或适应生产中各种材料需用量的临时增加而建立的材料储备。为了保证施工生产的顺利进行，就需要在经常储备之外，对一些关键性的材料建立一部分保险储备。保险储备一般是一个常量，在正常情况下是不允许动用的，特殊情况下动用后，应立即补上。保险储备时间的计算，通常按历史统计资料确定，即从某种材料中断开始，到以最快速度重新取得可投入施工生产需要的时间为止，如图 9-3 所示。

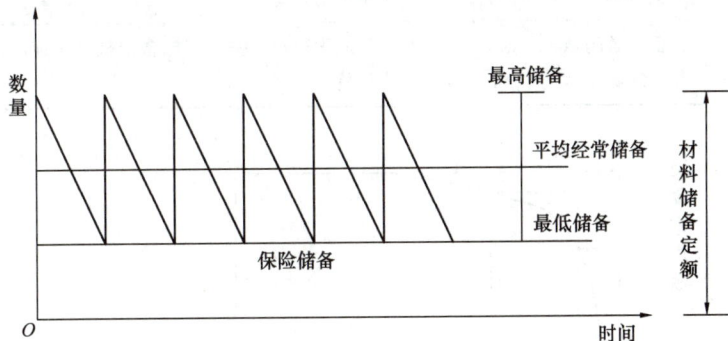

图 9-3　保险储备

计算公式如下：

$$保险储备＝平均每天材料消耗量×保险天数 \tag{9-13}$$

（3）季节储备

季节储备是指企业为了适应某些材料的生产、供应受季节性的影响而中断的情况所建立的材料储备。如某些农副产品必须在收获季节采购储备，某些砂石材料因受洪、冻季节的影响需提前备料等，这种临时增加的储备，只限于某些特定材料，一般材料不需做季节储备。

$$季节性材料储备量＝季节性材料储备天数×平均每天材料消耗量 \qquad (9\text{-}14)$$

（4）材料储备定额的确定

由于企业库存材料的领用，通常是根据工程施工进度的每日耗用量呈有规律递减。在确定材料经常储备定额时，不必按到货期的最高储备计算，通常按库存材料的最大值和最小值平均计算，或以（期初＋期末）÷2计算，因此在确定企业某种材料储备定额时可按材料经常平均储备量加材料常年保险储备量计算。

$$材料储备定额＝材料平均经常储备量＋材料保险储备量 \qquad (9\text{-}15)$$

实行保险储备后，能在供应不正常、需用有变动的情况下，仍保持供应不脱节。

4.材料库存管理的技术方法

材料库存管理的技术方法，目前最基本的有ABC分类法、定量订购法（经济订购批量）和定期订购法。

（1）ABC分类法

ABC分类法是一种科学的抓重点的管理方法。在一个企业内部，材料的库存价值和品种数量之间是存在一定比例关系的，见表9-1。根据这一规律，将品种较少但需用量大、资金占用较高的材料，划分为A类；将品种数不多、资金占用额相当的划分为B类；而将品种数量很多、占用资金比重却较少的材料划分为C类，如图9-4所示。

ABC分类及管理要求　　　　　　　　　　　　　　　　表9-1

| 分类 | 比　　例 | 管　理　要　求 |
|---|---|---|
| A | 占总品种数的5%～10%<br>占总金额的10%～80% | 精心管理，定期检查，控制进货，压低库存 |
| B | 占总品种数的10%～25%<br>占总金额的10%～20% | 按经营方针，调节库存，管理方法可适当灵活，保险存量可稍大些 |
| C | 占总品种数的70%～80%<br>占总金额的5%～10% | 简化管理，按最高储备定额核定库存，采用定期交点订货 |

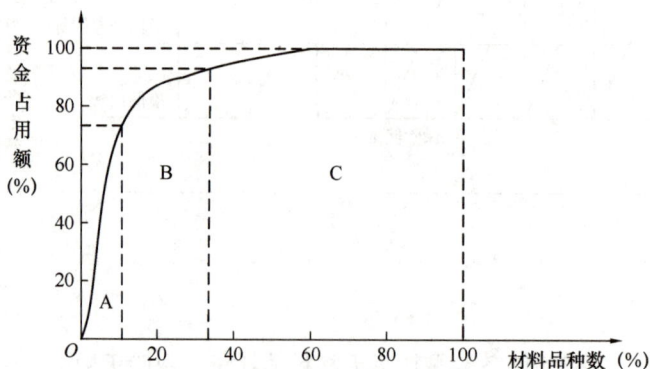

图9-4　ABC分类图

根据ABC三类材料的特点，可分别采取不同的库存管理方法。A类材料是重点管理的材料，对其中的每种材料都规定合理的经济订购批量，尽可能减少安全库存量，并对库存量随时进行严格盘点。把这类材料控制好了，对资金节省将起重要的作用。对B类材料也不能忽视，也要认真管理，控制其库存。对于 C 类材料，可采用简化的方法管理，如定期检查库存，组织在一起订货运输，或适当加大订货批量等。

（2）定量订购法

定量订购法是指某种材料的库存量由最高库存消耗到最低库存之前的某一预定的库存量水平时，就提出并组织订货，每次订货的数量是一定的。提出订货时的库存量称之为订购点库存量，简称订购点。每次订货的数量称之为订购批量。

如图 9-5 所示，随着施工生产的进行，库存材料逐渐使用消耗，当库存量下降到订购点即 A 点时，就立即提出订货，订购数量为 Q。这批材料在 B 点时到达入库，这时库存量升到 C 点，以后继续使用出库，库存量逐渐减少，又到订购点 D 点时，再进行订购，订购数量仍为 Q，这样依此重复进行。

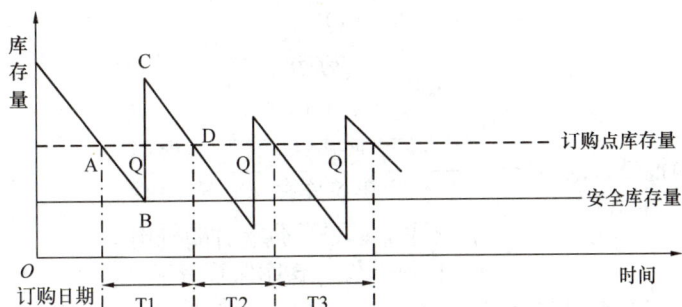

图9-5 定量订购图

经济订购批量（EOQ）。经济订购批量是指某种材料的订购费用和仓库保管费用之和最低时的订购批量。

订购费用是指使某种材料成为企业库存的有关费用，主要包括采购人员的工资、差旅费、采购手续费、检验费等。订购费用的特点是随订购次数的增加而增加。通常年需要量一定时，订购费用又随订购批量的增加而减少。

仓库保管费是指材料在库或在场所需要的一切费用，主要包括库存材料占用流动资金的利息、仓库及仓库机械设备的折旧费和修理费、燃料动力费、供暖通风照明费；仓库管理费，如仓库职工工资及办公费、管理费；库存材料在保管过程中的损耗；以及由于技术进步使库存材料性能陈旧贬值而带来的损失等。仓库保管费用的特点是随库存量的增长而增长，也就是说与订购批量成正比。通常以年度为期限，按平均库存值的百分率表示。

订购批量与订购费用、仓库保管费用、总费用的关系，如图 9-6 所示。

订购费用和仓库保管费用之和即总费用为最小的经济订购批量（假定以年度为单位期限）可由公式推导求得。设：$R$——全年某种材料的需要量；$C$——该材料的单价；$P$——每次订购费用；$I$——单位材料年度库存保管率；$Q$——每次订购批量。

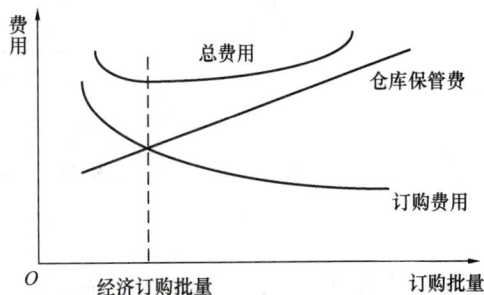

图9-6 订购批量与费用关系图

因此，

年单位库存保管费＝材料单价（$C$）×单位材料年度库存保管费率（$I$）　（9-16）

年度总费用（$TC$）＝年度订购费用（$TOC$）＋年度仓库保管费用（$THC$）＝全年订购次数×每次订购费用＋全年平均库存值×仓库保管费率　（9-17）

即：

$$TC = \frac{R}{Q} \times P + \frac{CQ}{2} \times I$$

求 $TC$ 最经济的订购批量 $Q$，须令 $\frac{dTC}{dQ}=0$

$$\frac{dTC}{dQ} = -\frac{RP}{Q^2} + \frac{CI}{2} = 0$$

$$\frac{CI}{2} = \frac{RP}{Q^2}$$

$$Q^* = \sqrt{\frac{2RP}{CI}}$$

$$经济订购批量（Q^*）= \sqrt{\frac{2 \times 年需要量 \times 每次订购费用}{年单位库存保管费}}$$

$$= \sqrt{\frac{2 \times 年需要量 \times 每次订购费用}{材料单价 \times 仓库保管费率}}$$

**【例 9-1】** 某公司年需要某种材料 10000 件，每次订购费用为 100 元，仓库保管费率为 10%，材料单价为 20 元。试计算经济订购批量。

**解：** 经济订购批量 $= \sqrt{\frac{2 \times 10000 \times 100}{20 \times 0.1}} = \sqrt{1000000} = 1000$ 件

在图 9-6 中，经济订购批量就是仓库保管费用等于订购费用的那点的批量。

计算 $EOQ$ 所用的数据，一般是材料管理部门对实际值的最佳估计，所以不应认为 $EOQ$ 值是一个很精确的数字。尽管如此，它还是比主观估计的合理批量精确得多。

（3）定期订购法

定期订购法是事先确定好订货采购的时间，例如每月、每季或每旬订购一次，到达订货日期就组织订货，订货的周期相等。但每次订货的数量不一定，如图 9-7 所示。

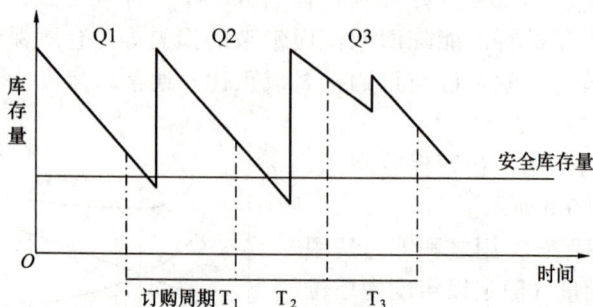

图 9-7 定期订购图

采用定期订购法，一是需要确定订购周期，即多长时间订一次货，具体什么时间订货；二是需要确定每次的订购数量。

订购周期，一般是先用材料的年需要量除以经济订购批量求得订购次数，然后用 365 天除以订购次数确定的。订购的具体日期应考虑提出订购时的实际库存量高于安全库存量，并满足订购期间的材料需要量。

每次订购的数量是根据下一次到货前所需材料的数量减去订货时的实际盘存量而定。其计算公式为：

$$订购量＝（订购天数＋供应间隔天数）\times 平均日需要量＋安全库存量－实际库存量$$

(9-18)

定期订购由于订货时间是固定不变的，所以其保险储备必须考虑整个供应间隔期和订购期间的需要，要适当多留一些。

采用定期订货方式，由于在订货期对各种材料统一组织订货，所以不要求平时对每种材料严格实行永续盘点，这可以简化订货组织工作，降低订货费。另外，这种订货方式可以事先与供货方协商供应时间，做到有计划地安排产需衔接，有利于双方实行均衡生产。

假设订购天数为 0，无安全库存量与实际库存量，我们可以根据经济订购批量公式计算出每次订货的供应天数、每年订购次数、最大库存值和平均库存值。例如我们可以求出每年最优订购次数（$N^*$）、最优订购周期（$T^*$）如下：

令 $N$ 为每年订购次数，则：$Q=\dfrac{R}{N}$，$\dfrac{R}{N}=\sqrt{\dfrac{2RP}{CI}}$

$$N^*=\sqrt{\frac{RCI}{2P}}$$

$$T^*=\frac{365}{N^*}=\frac{365}{\sqrt{\dfrac{RCI}{2P}}}$$

【例 9-2】某建筑公司全年耗用水泥的总量为 5000t，水泥单价为 100 元/kg，每次订购费为 700 元，仓库保管费率为平均存货价值的 10%，订购天数为 0，求：①最优订购次数；②每次订购量；③每次最优订购周期。

解：①最优订购次数

$$N^*=\sqrt{\frac{RCI}{2P}}=\sqrt{\frac{5000\times100\times0.1}{2\times700}}\approx6（次／年）$$

② 每次最佳订购量

$$Q=\frac{R}{N^*}=\frac{5000}{6}\approx833t$$

③ 每次最优订购周期 $T=\dfrac{365}{6}\approx61$ 天

【例 9-3】某公司每年需要某种材料为 3650 件，每次订购费用为 150 元，仓库保管费率为 10%，材料单价为 30 元，订购时间为 15d，安全库存量为 150 件，实际库存量为 170 件。试计算每次订购数量。

解：由 $Q^*=\sqrt{\dfrac{2RP}{CI}}$ 得 $Q^*=\sqrt{\dfrac{2\times3650\times150}{30\times0.1}}\approx604$ 件

所以
$$T = \frac{365}{N^*} = \frac{365 \times 604}{3650} \approx 60\text{d}$$

则每次订购数量为　$Q = (15 + 60) \times \frac{3650}{365} + 150 - 170 = 730$ 件

# 9.4　建筑企业机械设备管理

## 9.4.1　建筑企业机械设备管理概述

1. 机械设备管理的概念与意义

机械设备管理是对机械设备从选购、验收、使用、维护、修理、更新到调出或报废为止的运动全过程的管理。按照优化原则，对施工机械设备进行选择、合理使用与适时更新。

机械设备是建筑企业从事施工的物质技术基础。机械设备管理是建筑企业管理的一项重要内容，设备管理好坏，对于产品的品种、产量、减轻劳动强度、提高劳动效率以及减少原材料消耗、降低成本，具有极其重要的作用。机械设备管理工作是保证企业正常生产秩序和均衡施工的前提，是发挥机械效率、提高经济效益的重要条件，也有利于提高机械化施工水平、促进建筑工业化发展。由于建筑机械使用流动性大、服务对象多、露天作业时间长、固定程度差、负荷不均衡、受手工操作与现场多工种交叉作业影响等，增加了其管理的复杂性，也体现了管理的重要性。

2. 机械管理的基本任务与基本原则

机械设备管理的基本任务是：合理装备、安全使用、服务生产，为保证工程质量，加快施工进度，提高生产效益，取得良好经济效益创造条件。

机械设备管理的基本原则是：尊重科学、规范管理、安全第一、预防为主。

3. 机械设备管理的内容

机械设备管理的主要内容如下：

（1）正确配置机械设备

根据技术先进、经济合理的原则，通过技术经济评价，为施工生产提供性能好、效率高、作业成本低、通用性强、操作方便安全的机械设备。

（2）建立和健全机械设备管理制度

针对机械设备管理的特点，从合理操作和经济效益两个方面着手建立和健全各项规章制度，如机械设备的操作规程、岗位责任制、计划检修制度等。

（3）正确使用机械设备

做好日常管理工作，合理组织机械施工，充分发挥机械设备的效能，提高利用率和产出率。

（4）正确维修保养机械设备

按照检修制度，经常、及时做好维护、保养和修理工作，使其处于良好的技术状态，提高机械设备的完好率。

（5）正确进行机械设备的更新

根据设备的性能和技术改造规划，有计划、有重点地对现有机械设备进行技术改造和更新。

### 4. 机械设备的运动形态

所有机械设备都必须经历从选购、使用、损耗、补偿直到报废的运营过程。而机械设备的损耗及其补偿是决定机械设备管理的重要因素。机械设备的整个运营过程包括两种形态：物质运动形态和价值运动形态。物质运动形态包括设备的选购、进场验收、安装调试、使用维修、更新改造等。价值运动形态包括最初投资、折旧、维护修理和更新改造资金的来源、运用等。

在实际工作中，前者是机械设备的使用业务管理，一般称为机械设备的技术管理，由机械管理部门承担；后者是设备的经济管理，称为固定资金管理，由企业财务部门承担。

### 9.4.2 机械设备的配备

#### 1. 机械设备配备的影响因素

建筑机械设备装备的形式一般有三种：自制、购买和租赁。企业自行装备就是企业根据工作的性质、任务类型、施工工艺特点和技术发展趋势购置自有机械，自行使用。企业为达到较高的机械利用率和经济效益，自有机械设备应当是常年大量使用的机械。租赁就是对某些大型、专用的特殊建筑机械，一般企业自行装备在经济上不合理时，可向专门的机械供应站租赁使用。机械施工承包是指某些操作复杂或要求人与机械密切配合的机械，由专业机械化施工公司装备，组织专业工程队承包，如大型构件的吊装、大型土方工程等。因此，建筑企业在机械设备装备时，应分析企业外部对机械设备装备的制约因素，具体表现在以下几方面：

(1) 机械设备选择的外部因素，如国家有关机械设备选择的技术经济的方针政策；机械设备选择的资金来源；未来建筑科学技术的发展方向和趋势的预测；租赁业的发展。

(2) 机械设备选择的技术经济条件指设备技术对企业生产和管理上的适应性。设备的经济条件是指技术达到的指标同经济耗费的对比关系。技术条件和经济条件有密切的关系。技术与经济相比，技术适应是个前提，技术上不适应，也无需讨论经济是否合理。但是，技术上先进，经济效益并不一定是最佳。所以在进行机械设备的选择决策时要进行技术条件和经济条件的分析，才能保证机械设备选择的合理性。

机械设备的技术条件有：生产性、可靠性、维修性、能源和原材料的消耗程度、设备的安全性和环保性、成套性、灵活性、专用性和通用性。

机械设备选择的经济性计算：企业在进行机械设备选择决策时，不但要综合考虑机械设备选择的外部条件和技术经济条件，而且要对机械设备选择的经济性进行定量分析，然后对几种方案进行全面地对比分析，从中选出满意的方案。

#### 2. 机械设备配备的原则

机械设备的配备包括使用形式的确定，机械规格、品种的选择，装备方法（大修、改造或替换）的选定，配备数量的计算和设备的配套等问题。由于建筑产品和建筑施工多变的特点，上述问题就变得十分复杂。但机械设备合理配备的总原则是既要满足施工的需要，又要保证所有机械都能发挥最大效率，也就是既要满足技术要求，又要满足经济要求。

结合建筑企业生产的特点和我国建筑设备生产供应等条件，建筑企业机械设备的合理配置应具体考虑以下原则：

(1) 贯彻机械化、半机械化和改良工具相结合的方针。因地制宜地采用先进技术和适用技术，以适用技术为主，形成多层次的技术装备结构。

（2）有重点、有步骤地优先装备非用机械不可的工程（如起重、吊装、打桩等）、不用机械难以保证质量和工期的工程（如大量土石方、混凝土浇捣等），以及从事其他笨重劳动的工作（如装卸、运输等）。对于消耗大量手工劳动的零星分散作业，宜发展机动工具。

（3）注意机械的配套，包括一个工种的全部过程和环节的配套，主导机械与辅助机械在规格、数量和生产能力上的配套两个方面。

（4）讲求实效，以经济效果为装备依据。要克服"大而全""小而全"的小生产经营思想，通过技术经济分析来确定机械设备的选型和数量，充分利用多种形式使用机械。此外，还要做好任务预测和技术发展预测，使机械装备既满足当前需要又适合长远要求。

### 9.4.3 机械设备的使用、维护和修理

1. 机械设备的分类

建筑企业拥有的机械设备类型很多，从设备的功能来说，可以分为以下几类：

（1）土方工程机械

用于土方工程场地平整、基坑开挖、填筑和压实、地下水处理等。主要有铲运机、推土机、平地机、正铲挖土机、反铲挖土机、多斗挖掘机、装载机、压路机、夯实机械、振动机械、空气压缩机、水泵、降水井点设备等。

（2）桩基和地下连续墙机械

用于打桩、压桩施工和地下连续墙挖槽，如抓斗式成槽机、柴油锤、振动锤、万能轨道式桩架、履带式桩架、液压静力压桩机、冲击钻机、螺旋钻机、转盘式循环钻机、潜水钻机、多头钻头、导板抓斗、液压导杆抓斗等。

（3）起重机械

用于起重、吊装等作业，主要有桅杆起重机、履带起重机、汽车起重机、轮胎起重机、塔式起重机、内爬式起重机等。

（4）混凝土工程机械

用于钢筋成型加工和连接、混凝土拌合物制备、运输、浇筑和捣实，如钢筋调直机、钢筋弯曲机、钢筋切割机、各种钢筋焊接机、混凝土搅拌机、混凝土搅拌运输车、混凝土泵和泵车、混凝土布料机、混凝土振动器等。

（5）装修机械

用于室内外装修作业，如涂料研磨机、喷涂枪、射钉枪、抹墙机等。

（6）机械化工具

包括电动工具、风动工具和液压式工具，如电锯、电刨、电钻、电动刻槽机、电动扳手、风镐、风动扳手、风动捣固机等。

（7）传导设备

用于传送固体、液体、气体和动力的各种设备，如上下水管道，蒸汽、压缩空气的传导管，电力网，输电线路和传送带等。

（8）交通运输设备

用于运送材料和载人的各种运输工具，如各种汽车、电瓶车等。

（9）仪器仪表

用于工程和其他工作用的各种仪器、仪表和工具等，如测量仪器、测试仪器和科学实验设备等。

2. 建筑机械设备的特点

（1）流动性强。由于建筑施工生产具有很大的流动性，机械设备也随之而移动，现场调动频繁，搬迁安装，时间利用率低，易受颠簸，因而设备磨损加快。

（2）磨损快。建筑业多系露天高空作业，机械设备风吹、日晒、雨淋，深受自然界侵蚀，加速其磨损程度。

（3）均衡性差。建筑机械负荷的均衡性较差，它的能力负荷——作业时间负荷的均衡性较差，易加快磨损。

（4）综合利用率低。建筑生产在同一现场的不同时间，或同一时间的不同现场进行配合作业，机械作业的连续性差，因而效率较低。

（5）管理的复杂性。由于建筑产品的多样性和工程复杂性，使建筑机械不易配套，且其品种规格复杂，相应地，也增加了管理工作量和维修工作的复杂性。

3. 机械设备的损耗

（1）机械设备损耗的形式

机械设备属于固定资产，其损耗包括有形损耗和无形损耗两类。机械设备的有形损耗也称实物损耗，包括使用损耗和自然损耗两类。使用损耗是机械设备在使用过程中，零件由于发生摩擦、震动、腐蚀和疲劳等现象产生的。这种损耗通常表现为机械零部件原始尺寸、形状发生变化，公差配合性质改变以及精度降低，零部件的损坏等。自然损耗是在机械设备的闲置过程中，由于自然力的作用而腐蚀，或由于管理不善和缺乏必要的维护而自然丧失精度和工作能力造成的损耗。

无形损耗是由于科学技术进步而不断出现性能更加完善、生产效率更高的设备，导致原有设备价值降低，或者是生产同样结构的设备由于工艺改进或加大生产规模等原因，使其重置价值不断降低，亦即原有设备贬值。这种无形损耗也可分为两种形式。一是由于相同结构设备重置价格的降低而带来的原有设备价值的贬值；二是由于不断出现性能更完善、效率更高的设备而使原有设备在技术上显得陈旧和落后所产生的。

（2）机械设备磨损规律

机械设备磨损规律，是指机械设备从投入使用以后，机械设备磨损量随时间而变化的规律。它大致可分为初期磨损阶段、正常磨损阶段和急剧磨损阶段三个阶段。

1）初期磨损阶段

包括制造和大修理中的磨合磨损和使用期的走合磨损。此阶段内故障发生的原因，多是由于设计、制造上缺陷，零部件磨合不好，搬运、拆卸、安装时的误差，操作人员不适应。特别是对于进口机械设备，操作人员的不熟练造成初期故障率较高，对于使用单位来说，要慎重地进行搬迁、拆卸，严格地进行验收、试运转以及培训好操作人员等。

2）正常磨损阶段

包括使用磨损和自然磨损。此阶段设备处于正常运转时期，故障率最低，故障发生的主要原因是由于操作人员的疏忽与错误。因此，此时期的工作重点应是加强正确操作，做好日常维护和保养，机械设备的寿命在很大程度上取决于正确操作和日常维护。

3）急剧磨损阶段

该阶段机械设备性能和效率降低，应进行保养与维修，产生磨损的主要原因是机械零部件老化和间隙增大，产生冲击荷载。此阶段是由于磨损严重，机械设备性能劣化而造成故障，为了防止其故障发生，就要在零部件达到极限磨损前加以更换。

4. 机械设备的寿命

由于磨损的存在，设备的使用价值和经济价值逐渐消逝，因而设备具有一定的寿命。根据对设备考察方面的不同，可以将设备寿命进行如下分类。

（1）自然寿命

自然寿命也称物理寿命，是由有形磨损所决定的设备的使用寿命，指一台设备从全新状态开始使用，产生有形磨损，造成设备逐渐老化、损坏，直至报废所经历的全部时间。正确使用、维护保养、计划维修可以延长设备的自然寿命，但不能从根本上避免其磨损。任何一台设备磨损到一定程度时，必须进行修理或更新。

（2）技术寿命

由于科学技术的迅速发展，不断出现比现有设备技术更先进、经济性更好的新型设备，从而使现有设备在物理寿命尚未结束前就被淘汰。技术寿命是指设备可能在市场上维持其价值的时间，也就是说设备开始使用到因技术落后而被淘汰为止所经历的时间，也称为设备的技术老化周期。技术寿命的长短主要取决于技术进步的速度，而与有形磨损无关。通过现代化改装，可以延长设备的技术寿命。

（3）经济寿命

当设备处于自然寿命后期，由于设备老化，磨损严重，要花费大量的维修费用才能保证设备正常使用。因此，从经济性考虑，尽管设备的自然寿命尚未结束，仍然要更新设备，这便产生了设备经济寿命的概念。设备的经济寿命是根据设备使用成本最低的原则来确定的，所谓经济寿命，是指由设备开始使用到其年平均使用成本最低年份的延续时间长短。经济寿命既考虑了有形磨损，又考虑了无形磨损，经济寿命是确定设备合理更新期的依据。一般地说，经济寿命短于自然寿命。

（4）折旧寿命

折旧寿命亦称会计寿命，即设备折旧的时间长度，由财政部规定的固定资产使用年数来确定。

5. 机械设备的合理使用

（1）建立机械设备技术档案

机械设备技术档案是机械设备使用过程的技术性历史记录，该档案提供了机械设备出厂、使用、维修、事故等全面情况，是使用、维修设备的重要依据。因此，在机械设备使用中必须逐步建立技术档案。机械设备技术档案的主要内容有：机械设备的原始技术文件，如出厂合格证、使用保养说明书、附属装置及个别零部件图册等；机械设备的技术试验记录；机械设备的验收交接手续；机械设备的运转记录、消耗记录；机械设备的维修记录；机械设备的事故分析记录；机械设备的技术改造等相关资料。

（2）正确选配机械，合理组织机械施工

选配机械时应做到：根据工程量、施工方法和进度要求，确定机械机种规格，各机械间生产能力应当相适应，使每台机械都能充分发挥效能；要考虑尽可能在相邻工程项目上综合流水，多次使用，从而减少拆、装、运次数，提高设备利用率；工程量大而集中时，应采用大型专用机械设备；工程量小而分散时，应采用一专多用或移动灵活的中小型机械设备，以适应不同类型机械的特点；根据需要和可能，采用现代管理理论的经济性计算方法，在供需产生矛盾时寻求最优。

要合理组织机械施工，做好机械施工的计划工作，及时调度。编制机械设备的供需计划，要经过平衡，共同遵守执行。要避免少用多要、迟用早要，使机械使用有计划地进行。与此同时，要保证合理组织的有效性，保证原料供应，水、电、动力的供应，保证施工场地和施工顺序安排的合理性，安排好机械设备的维修保养，避免带病运行，使所有机械都得到充分有效的利用。

（3）实行定人、定机、定岗位责任的使用管理制度

实行定人、定机、定岗位责任的"三定制度"是合理使用机械设备的基础和核心。把机械设备交给操作工人或班组固定使用，由他们负责保管、操作、保养和日常检修，在使用过程中对机械设备的技术状况和使用效率负责，以加强操作人员的责任心，保证安全生产，充分发挥机械设备的效能。凡属在用的机械设备，必须指定专人保管使用。"三定制度"的核心是执行岗位责任制。它要求机械操作人员严格遵守设备操作规程和设备维护规程，爱护机械设备，保管好原机零件、部件、附属设备和随机工具，认真执行交接班和操作证制度，填好运转记录，降低原材料和能源的消耗，提高机械设备质量，积极为施工生产服务。

（4）严格执行机械设备使用中的技术规定

1）机械设备的技术试验规定

凡是新机械或经过大修、改装、改造、重新安装的机械设备，均应进行技术试验后方可投入使用。新风机械设备的检验由机械管理部门负责；大修、改装和改造后的机械设备的技术试验，由承担维修任务单位负责；重新安装的机械设备的技术试验，由使用单位组织进行。

2）机械设备走合期的规定

新出厂或新大修的机械设备在投产使用初期，必须经过运行磨合（走合）过程。因为新加工的零件表面有比较粗糙的刀痕和加工痕迹，或存在装配表面未达到良好配合的情况，还需经过一定时间的运行磨合，才能保证达到正常运转。

3）机械设备寒冷季节使用规定

为确定机械设备寒冷季节的正常运行，防止低温影响使用和造成损坏事故，必须遵守机械设备寒冷季节使用规定。在进入寒冷季节前，要制定寒冷季节机械施工安全技术措施，并对机械操作人员进行寒冷使用机械设备的安全教育。在技术上，要执行机械设备寒冷季节使用的技术措施，包括机械冷却系统防冻措施，燃料、润滑油料的选用和机械使用中应遵守的事项等内容。

4）保养规程和安全操作规程

任何机械设备都有其特定的使用要求、操作方法和保养程序，只有遵循这些要求、方法和程序才能使设备充分发挥效能，减少损坏，延长使用寿命。反之，轻者机械出故障，效率降低，重者机械设备损坏，影响施工生产，甚至还会发生人身伤亡事故。

6. 机械设备的检查

设备检查是对设备运转情况、技术状况、工作精度、零部件老化程度进行各种形式的

检查和校验。设备检查是设备维护保养与修理工作的重要前提条件。通过检查能及时查明和清除隐患，针对发现的问题提出改进维修工作的措施；有目的地做好修理前的各项准备工作，以提高修理质量和缩短修理时间。设备检查从时间上可分为日常检查和定期检查；从技术上可分为机能检查和精度检查。

（1）日常检查是由操作人员结合日常保养进行的日检查和交班检查。凭借摸、听、看、嗅等方式或用简单的工具来进行。其目的是及时发现不正常的情况，并及时记录下来，加以解决。

（2）定期检查是专业维修人员在操作人员的配合下，按计划进行检查，其目的是查明零部件磨损与腐蚀情况，以便确定修理类别、修理时间和修理前的各项准备工作。定期检查可进一步分为年检查、月检查等。

（3）机能检查又称功能检查，是对设备的各项功能进行检查和测定。如检查设备的漏油、漏水、漏气、防尘密封等功能情况。

（4）精度检查是对设备的精度进行检查和测定，以确定设备的实际状况。

7. 机械设备的维修保养

机械设备保养是指为了保持机械设备的良好技术状态，提高设备运转的可靠性和安全性，减少零件的磨损，延长使用寿命，降低消耗，提高机械施工的经济效益，对设备进行清洁、润滑、紧固、调整、防腐等工作。工作量的大小可分为：日常维修保养和定期保养。

（1）日常维修保养

又称例行保养，是操作人员每天（班）在设备使用前、使用过程中和使用后必须进行的工作，其基本要求是：操作者一概严格按操作规程使用设备，经常观察设备运转情况，并在班前、班后填写记录卡，通过维修保养，达到"清洁、润滑、紧固、调整、防腐"。

（2）定期保养

定期保养的等级和内容，是根据机械设备的复杂程度、特性和作业环境等因素确定的。定期保养一般分为三级，大型机械实行四级保养制，小型机械实行二级保养制。

一级保养，是以定期检查为主，辅以维护性检修的一种间接预防性维修形式，除普遍地进行紧固、清洗、润滑、检查以外，还要部分地进行调整。主要内容是：检查、清扫、调整电器（控制）部位；彻底清洗、擦拭外表；检查设备内部；检查、调整各操纵、传动连接机构的零部件；检查油泵，疏通油路，清洗或更换油毡、油线，检查油箱油质、油量；清除各活动表面毛刺；检查、调节各指示仪表与安全防护装置；排除漏电、漏水等故障。一级保养以操作人员为主，由专业维修人员配合进行。

二级保养，是磨损的一种补偿形式，它是以维持机械设备的技术状况为主的检修形式。二级保养主要内容包括：检查发动机运转情况、各部分的间隙、各系统工作情况，调整设备异常，以及清洗发动机冷却系统、润滑系统、燃油系统，更换润滑油等。二级保养以专业维修人员为主，操作工人参加。

三级保养，是以维修人员为主，对设备的主体部分进行解体检查与调整，更换部分零件。包括：二级保养项目；检查发动机运转情况，消除内部污垢，更换已磨损零件；检查各系统的间隙并修复调整；检查各系统的磨损情况，更换零部件；对整机进行全面的清洗、检查、整修，排除异常现象，保持机况良好，机容整洁。

对不同机械设备规定维修保养的类别和内容时要考虑设备的生产工艺、结构复杂程度和完成任务情况详细制定。

8. 机械设备的修理

修理是通过修复或更换磨损零件、调整精度、排除故障、恢复设备原有功能而进行的技术活动，其主要作用是恢复设备精度、性能，提高效率，延长使用寿命，保持生产能力。

（1）修理周期定额

修理周期定额包括：修理周期、修理间隔期和修理周期结构。

修理周期，是指相邻两次大修理之间，机器设备的工作时间。对新机器设备来说，就是从开始使用到第一次大修理之间的工作时间。

修理间隔期，是指相邻两次修理（不论是大修、中修或者小修）之间，机器设备的工作时间。

修理周期结构，是指在一个修理周期内，大修、中修、小修的次数和排列的次序。

（2）设备修理方式分类

1）定期修理，是对保养检查中发现的设备缺陷或劣化症状，采取及时排除在故障之前的修理。

2）小修，是指对设备进行局部修理，没有固定时间，一般是根据机械故障情况临时安排。通常只需修复、更换部分磨损较快和使用期限等于或小于修理间隔期的零件，调整设备的局部机构，以保证设备能正常运行到下一次计划修理。

3）中修，是指对设备进行部分解体，修理或更换部分主要零部件和数量较多的其他磨损件，并校正机械设备的基准，恢复达到技术要求。设备修理后质量管理部门和设备管理部门组织车间人员、主修工人和操作者根据中修技术任务书的规定和有关要求，共同检查验收。中修费用由生产费用开支。

4）大修，是工作量最大的修理活动。大修要对设备进行全部拆卸和调整，更换或修复所有磨损部件，全面恢复设备原有精度、性能、效率，达到设备出厂时的水平。设备大修后，质量部门和设备管理部门应组织有关部门和人员共同验收。大修费用由专提的大修基金支付。

5）项修，是根据设备的实际技术状态，对设备精度、性能达不到工艺要求的某些项目，按实际需要进行针对性修理，在项修时一般要求进行部分解体、检查、修复或更新磨损机件，必要时对基准件进行局部修理，从而恢复设备的精度和性能。因只对其中丧失精度的某些项目进行恢复性修理，甚至是提高性的改善修理，因此既节约人力、物力和修理费用，又能缩短停机时间。一般来说，项修所花费用为大修的40%～60%，而达到的效果仍能满足要求。因此，在我国项修已逐渐取代了中修，而且在某种程度上还可以代替大修。

（3）设备修理的方法

修理的方法大体上分为检查后修理法、定期修理法、标准修理法等三种方法。

1）检查后修理法

这种方法是事先规定机械设备的检查期限，再根据检查的结果和积累的修理资料，编制修理计划，确定修理的日期、类别和内容。这种方法的优点是简便易行，与其他修理方法相比，修理的费用较低；缺点是不易做好修理前的准备工作，停修时间可能较长。这种方法适用于在缺乏修理定额资料，不能掌握零件磨损规律和使用寿命的情况。

2）定期修理法

这种方法是根据机械设备的实际使用情况和修理定额资料，制定检修计划，确定大致的修理日期、类别和内容。至于具体的修理日期、类别和内容，则需根据修理前的检查结果来确定。这种方法的优点是比较切合实际，便于做好修理前的准备工作，有利于采用先进的修理工艺，能缩短设备停修时间，保证修理质量，企业采用得比较普遍。

3）标准修理法

也叫强制修理法，这种方法是根据零件磨损规律和使用寿命，明确规定检修的日期、类别和内容，到了规定的时间，不管设备状态如何，都要按计划强制进行修理。这种方法的优点是能充分做好修前准备，有效地保证设备正常运转。但是要事先精确地规定零件的使用寿命是比较难的，还容易增加修理成本。因此这种方法只适用于必须保证安全运转的特别重要的设备。

### 9.4.4 机械设备的改造和更新

1. 机械设备的改造

机械设备的改造是指对原有设备进行技术改革，以改善和提高机械设备的性能、精度及生产效率。对现有设备进行有效改造，是企业挖潜、革新、改造的重要内容。机械设备的改造是一项极为精细复杂的工作，必须充分考虑其改造的必要性、技术的可行性和经济的合理性。

（1）改造的必要性。必须根据生产技术发展的需要出发，针对设备对产量、质量、成本、安全、能源消耗和环境保护等各方面的影响程度，有计划、有步骤地进行。使设备经过革新改造以后，能达到预期的目的和要求。

（2）技术上的可行性。一般来说改造规模小，不影响设备的主要性能，可由使用单位经有关部门批准，自行设计改装。但必须充分考虑技术上的可行性，一切要提前通过实验进行验证。

（3）经济上的合理性。对于机械设备的各种改造方案，必须充分考虑经济上的合理性，要经过专业人员进行一系列的详细计算，从而进行技术经济论证和经济效果分析来选择。如果改造费用很高，或者改造后其效果很不理想，必须重新修改方案。

在机械设备进行改造时，必须与机械设备的大修理结合起来。这样，既能达到设备改造的目的，又能大大地节约改造费用，这是一种行之有效、经济合理的方法。

在机械设备改造的同时，必须坚持"自力更生"方针，充分发动群众，总结我国自己的先进经验。同时，也要重视吸收国外科学技术上的新成就，在努力学习的基础上，做到"洋为中用"。

2. 机械设备的更新

（1）机械设备更新的概念及意义

设备更新是指用技术性能更完善，效率更高，经济效益更显著的新型设备替换原有技术上不能继续使用，或经济上不合算的陈旧设备。进行设备更新是为了提高建筑企业技术设备现代化水平，以提高工程质量和生产效率，降低消耗，提高建筑企业竞争力，获得较高的经济效益。

（2）建筑机械设备发展的趋势

随着科学技术的发展，建筑企业机械设备的技术含量越来越高，正在向专用大型化、多能小型化、组装化、轮胎化、液压化、电子化、系列化等方向发展。

专用大型化是指为提高生产效率和使用高层建筑而发展的大功率、大容量专门用途的新机种。为采取多台发动机或多机联合使用，或研制新型大功率发动机等。

多能小型化是指为了满足各种工程的不同要求而发展起来的多功能、多用途的新机种。

组装化是指在施工现场，根据作业需要，将某些独立的组装件进行组装，成为需要的机械。实行组装化，既可满足多种机械需要，又便于互换修理，减少机械闲置，有利于生产专业化和系列化。

轮胎化是指发展轮胎机械，使其机动性强，移动轻便，结构简单，维修方便，但轮胎容易磨损。

液压化是指广泛采用液压传动技术，可简化传动机械，减轻机械重量，操作起来平衡可靠，且便于实行标准化、系列化和通用化。

电子化是指采用电子技术，发展无线电遥控、自动控制、自动测量计量、保安控制，以提高自动化程度。

系列化是指同一种机械的性能、规格也要逐渐形成系列化。

# 本 章 小 结

建筑企业施工生产管理是指企业为了完成建筑产品的施工任务，从接受施工任务开始到工程交工验收为止的全过程中，围绕施工对象和施工现场而进行的生产事务的组织管理工作，包括施工准备、施工现场管理、安全管理与文明施工、竣工验收等工作。施工准备的主要内容有：办理开工手续、技术准备、施工现场准备、物资准备、施工队伍准备、基于BIM的现场施工准备。施工现场管理包括施工进度计划的贯彻、施工过程中的检查、专业业务分析、施工总平面管理；同时还要了解基于BIM的施工现场管理。施工项目安全管理表现在统一性、预防性、长期性、科学性、群众性五个方面；文明施工指运用现代管理方法，科学组织施工，做好施工现场的各项管理工作，使施工现场形成并保持良好的作业环境、良好的卫生环境及良好的工作秩序。竣工验收是建筑生产组织管理的最后阶段，也是工程施工的最后一个环节。

建筑企业劳动管理包含了劳动力工资管理、劳动力的优化配置、劳动分配、劳动力培训等管理工作。工资管理包含工资制度与工资形式。工资制度分为结构工资和技能工资；工资形式分为计时工资、计件工资、岗位工资、浮动工资、包工工资、奖金、津贴七种形式。建筑企业通过劳动力的优化配置达到合理使用劳动力，提高劳动生产率的作用，依据劳动工资核算和设计预算和劳务承包合同、劳务责任状和考核结果进行劳动分配。企业开展劳动力培训主要包括大力发展专业作业企业、鼓励建设建筑工人培育基地、加快自有建筑工人队伍建设、完善职业技能培训体系、建立技能导向的激励机制五项工作。

建筑企业的材料管理是指对施工生产过程所需要的各种材料的计划、订货、采购、运输、保管、发放、使用所进行的一系列组织和管理工作。材料管理的任务主要有两点，一是保证适时、适地、按质、按量、成套齐配地供应；二是加速材料周转，监督和促进材料的合理节约使用，以降低材料费用。材料管理需要编制材料计划，材料计划分为材料需用计划、材料供应计划、材料采购及加工订货计划。同时建筑企业为了保证施工生产连续地有节奏地进行，需要建立一定的材料库存。材料库存管理的技术方法，目前最基本的有ABC分类法、定量订购法和定期订购法。

建筑企业机械设备管理是对机械设备从选购、验收、使用、维护、修理、更新到调出或报废为止的运动全过程的管理。机械设备管理主要包括了机械设备的配备，机械设备的使用、维护和修理，机械设备的改造和更新三个方面。机械设备装备的形式一般有三种：自制、购买和租赁。机械设备需要合理使用，但由于磨损的存在，机械设备具有自己的寿命，分为自然寿命、技术寿命、经济寿命、折旧寿命。因此需要进行维护和修理，延长设备的寿命。机械设备的维护包括日常维修保养和定期保养；机械设备的修理分为定期修理、小修、中修、大修、项修。同时延长设备的技术寿命需要进行技术改造，当设备不能继续使用或经济上不合算时需要进行技术更新。

**案例分析一**

## BIM技术推进"四化"绿色智慧工地

近年来，BIM技术应用助推绿色施工，是实现建筑业智能化、绿色化的重要举措，创建绿色智慧工地亦成为建筑企业发展的主旋律。M公司的A大学体育馆项目，即应用BIM技术打造了绿色智慧工地。

该体育馆项目建造面临四大问题：①结构复杂，安全质量管控面临考验；②场地狭小，施工平面布置受限；③工期紧张，受自然环境影响要压缩；④环境复杂，要尽量防止对周边造成干扰。M公司应用BIM技术打造智慧工地，助力绿色生产，实现了工地的标准化、绿色化、信息化和智能化，有效解决了施工现场的管理问题。

（1）标准化。BIM技术团队利用无人机对施工场地进行扫描建模，根据"永临结合"原则，利用BIM 5D技术对施工场地平面布局进行数字化模拟优化，全面考虑施工区域划分、通道设置、临时设施布置等各内容，实现场地最大效率利用，减少临时设施投入。

（2）绿色化。利用Revit建立三级沉淀池三维模型，对现场临时用水管网进行数字化设计，建立水资源回收系统。通过收集雨水、施工废水、生活污水等，经处理后实现循环再利用，如车辆清洗、卫生、混凝土养护等，有效减少水资源浪费。

（3）信息化。基于BIM 5D平台，设置二维码授权巡检记录系统，实时掌握设备状态，提高巡检效率。同时，对所有项目方案进行二维码编制，在显著位置公示，实现无纸化管理。

（4）智能化。采用精细化人员管控模式，门禁考勤与人脸识别相结合。通过GPS定位追踪主要人员行动，绘制人员分布热点图。同时利用环境监测系统与尘埃控制联动，减少施工对周边影响。

**案例来源**：王进，朱东莉等. 创建绿色智慧工地，打造精品优质工程——以ZN大学新校区体育馆（含游泳馆）项目为例［DB/OL］. 中国专业学位案例库，（2020-5-28）

**案例分析题**：

1. 该案例中绿色智慧工地的具体内容是什么？如何实现绿色智慧工地的？

2. 你认为还有哪些技术和措施可以推动绿色智慧工地的实现？

**案例分析二**

## 节约人力、提升效率——建筑机器人闪亮登场

当前，一些建筑企业开始引入建筑机器人，有效地应对了劳动力老龄化、人工成本上升以及安全事故频发等问题。

建筑机器人能够承担繁重或危险的任务，显著提升施工效率与安全性能，同时有效降低人力成本。在工程项目施工实践中，某些建筑企业已成功运用了激光整平机器人、地面抹平机器人以及地面抹光机器人。

（1）激光整平机器人。这是一款具有高精度激光标高控制系统的机器人，能在施工时自动进行高精度找平施工，并且能使得施工精度从传统人工的 10mm 提升到 4mm 以内，同时节约人力 3～5 人。工作效率上，该机器人每小时的施工效率能达到 400～600m²。

（2）地面抹平机器人。混凝土地面初凝后，需要对地面进行提浆、收面和压实等施工作业。该机器人的优势在于使用电力作为能源，节能环保，操作简单，上手快，施工效率高。在操作熟练的情况下，其每小时的施工效率能达到 200～400m²。

（3）地面抹光机器人。地面抹平后，该机器人即接管后续各阶段的抛光工作。可在作业区域内进行分阶段抛光打磨，使地坪最终形成反光效果。通过这种方式，实现了施工过程中的安全性和高效性。

此外，还有其他类型的建筑机器人正在逐渐进入市场，如混凝土喷涂机器人、砌墙机器人、焊接机器人等。这些机器人配合使用，可实现某些阶段施工过程的流程自动化，有效提高施工效率和质量，极大减少人力成本，并增强施工过程中的安全性。

**案例来源：**

［1］腾讯网. 碧桂园之后，中建八局三款机器人已经上岗了！[EB/OL].（2021-7-23）

［2］搜狐. 中建研发的"混凝土机器人"，进场施工了！[EB/OL].（2022-11-7）

**案例分析题：**

1. 建筑机器人的应用会对施工现场生产和管理带来哪些变化？

2. 请谈谈由于建筑机器人的应用，建筑业劳动力面临的机遇与挑战是什么？

### 思 考 与 练 习 题

1. 建筑企业生产管理的主要内容有哪些？

2. 项目竣工验收的依据有哪些？

3. BIM 的施工现场准备包括哪些内容？

4. 工资形式包括哪些？

5. 劳动承包的方式有哪几种？

6. 建筑企业材料管理的任务是什么？

7. 材料储备定额与材料经常储备有什么区别？

8. 什么是 ABC 分类法？它的特点是什么？

9. 机械设备管理的内容和任务是什么？

10. 机械设备的损耗分哪几种？

11. 机械设备的维修保养和检查包括哪些内容？

# 10　建筑企业技术管理

### 本章要点及学习目标

1. 掌握建筑企业技术管理的概念。
2. 熟悉建筑企业技术管理的任务和内容。
3. 了解建筑企业技术管理的基础工作。
4. 熟悉建筑企业技术管理的主要工作。
5. 了解建筑企业新技术的应用。
6. 熟悉建筑企业标准化管理与工法制度。

### 引导案例

#### 重庆市武隆区山虎关水库除险加固工程的设计变更

武隆区山虎关水库位于乌江左岸二级支流郭溪沟上游河段，坝址坐落在武隆区赵家乡新华村境内，坝址控制集雨面积 $34km^2$。水库正常蓄水位 1101.50m（黄海高程，下同），总库容 1121 万 $m^3$。大坝为浆砌条石镶边、埋石混凝土填腹双曲拱坝，最大坝高 45m，是一座以灌溉、供水为主，兼有发电、防洪等综合效益的Ⅲ等中型工程，枢纽工程主要包括挡水建筑物、取水建筑物和冲砂放空建筑物。该工程于 1970 年开工，1977 年建成，2019 年 4 月，大坝安全鉴定为三类坝。2022 年 1 月 28 日，重庆市水利局以"渝水许可〔2022〕15 号"批复了《武隆区山虎关水库除险加固整治项目初步设计报告》。截至 2023 年 1 月，下游河道施工基本完成；上游库内已放空，放水塔闸门已拆除；大坝上游坝面防渗未实施，上游补强体未实施，下游补强体左侧浇筑至 1065.50m，右侧浇筑至 1064.50m；溢流表孔延增施工未实施；帷幕灌浆和坝肩防护正在实施。但武隆区水利局认为原方案施工难度大，开孔施工对坝体影响较难控制，且开孔后将形成非对称泄流，对坝体及下游消能安全可能产生一定的不利影响，并考虑到两岸地形、地势问题最终向重庆市水利局报送了该项目初步设计变更的相关资料，提出了以下设计变更：取消左侧新开表孔、对补强体结构体型进行优化以及对两岸拱端下游边坡防护进行加强。

重庆市水利局在收到设计变更的相关资料后组织相关人员召开了专家会议，审阅了报告，并进行了充分讨论，评价结论为基本合格，并提出了修改补充意见。最终确定具体设计变更内容为：（1）取消左侧延增表孔和上游补强体。上游补强体对于改善坝体应力的作用较不明显，且上游补强体施工困难，上游补强体取消后，对上游坝踵设置防渗措施，增强该部位的抗渗能力。（2）大坝坝顶高程变更为 1104.30m，防浪墙顶高程变更为 1105.60m，取水塔顶高程变更为 1104.80m。（3）对下游补强体进行切割。从河床中间向两岸逐渐加厚，坝体中部向两岸逐渐抬高，并与消力池底板及两岸护坡作为不同的受力结构进行分割，将补强体与大坝作为整体受力结构。（4）加强对下游岸坡的支护和排水措施。左、右岸拱端至第一级消力池末端范围设贴坡混凝土，左岸贴坡顶高程 1100.0m，右岸贴坡顶高程 1077.0m。贴坡基面置于弱风化基岩上，并结合开挖揭示的地质情况，优化护坡设计。拱坝两岸拱端下游 30m 范围布置系统排水，排水孔按照间排距 5m 布置。下游右岸堆积体布置表面截排水系统，范围为右岸贴坡混凝土至二道坝并结合大坝帷幕的实施情况、两岸地质条件和抗滑稳定分析成果，对排水孔的布置和深度进行优化调整。

重庆市武隆区水利局在收到重庆市水利局发布的专家评审意见后，在确保工程质量和安全的前提下按照规范的流程进行了设计变更，达到了预期的效果。

**案例来源：** 重庆市水利局．重大设计变更［EB/OL］.（2023-04-03）

## 10.1 建筑企业技术管理概述

### 10.1.1 建筑企业技术管理的概念和任务

1. 建筑企业技术管理的概念

建筑企业技术管理是对建筑企业中的各项技术活动过程和技术工作的各种要素进行的科学管理工作。建筑施工过程是建筑产品的生产过程，也是一系列技术活动进行的过程。因此，技术管理是建筑企业管理的重要组成部分。企业的技术管理活动不仅研究某项技术问题如何解决，而且还研究如何对各项技术活动和技术工作进行管理，即运用管理的职能促进各项技术工作的开展，保证施工生产的顺利进行。技术管理的基本概念，如图 10-1 所示。

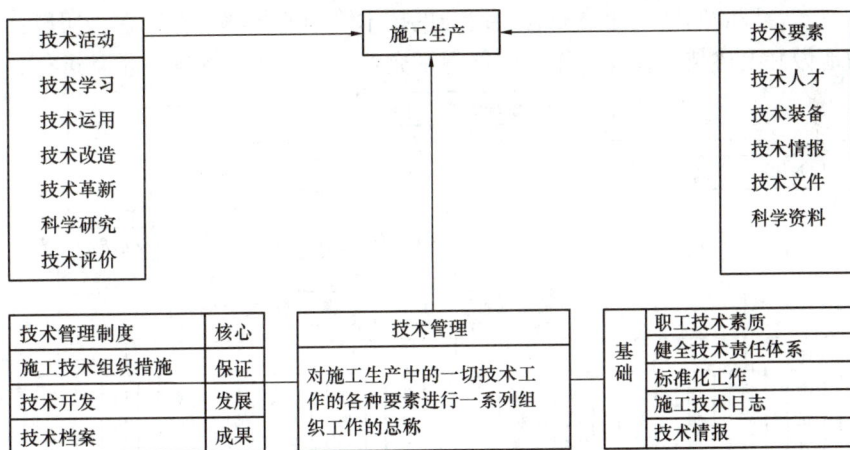

图 10-1 技术管理的基本概念

建筑企业技术管理工作是至关重要的。据预测表明：将来采用新技术的新产品将占总销售额的 1/3，采用改进技术的新产品将占总销售额的 1/3 以上，采用原技术的老产品将占总销售额的 1/3 以下。这说明，在科学技术飞速发展的时代，如果技术水平跟不上时代的步伐，将会在激烈的市场竞争中被淘汰。建筑企业技术水平的高低，除受建筑企业所拥有的技术本身决定以外，还受建筑企业技术管理水平决定，并且技术管理水平更为重要。因为，建筑企业所拥有的技术人才和技术装备，只有通过技术管理工作，才能真正发挥技术作用，做到人尽其才，物尽其用，建筑企业必须加强技术管理工作，提高技术水平，增强生存发展能力。

2. 建筑企业技术管理的任务

建筑企业技术管理的基本任务有五个方面：

（1）正确贯彻国家的技术政策和上级对技术工作的指示与决定。

（2）按照"现场第一，强化服务"的原则，建立和健全组织机构，形成技术保障体系，按照技术规律，科学地组织各项技术工作，充分发挥技术的作用。

（3）建立技术责任制，严格遵守基本建设程序、施工程序和正常的生产技术秩序，组织现场文明施工，保证工程质量，安全施工，降低消耗，提高建设投资和生产施工设备投资效益。

（4）促进企业的科学研究、技术开发、技术教育、技术改造、技术更新和技术进步，不断提高技术水平。

（5）努力提高技术工作的经济效果，做到技术与经济的统一。

综上所述，建筑企业技术管理的任务，就是从组织管理的角度，保证建筑企业施工生产经营活动产生最佳的经济效益和社会效益，推动企业的发展，推动社会的进步。

### 10.1.2　建筑企业技术管理的内容

建筑企业技术管理的内容是由技术管理的任务所决定的，又是与建筑施工技术工作的特点相适应的。建筑企业技术管理工作的内容，如图 10-2 所示。从图中可以看出，建筑企业技术管理的工作内容包括基础工作和基本工作两个部分。技术管理的基本工作是紧紧围绕技术管理的基本任务而展开的，它与技术管理的基础工作之间是相辅相成、相互依赖的关系。技术管理的基础工作是为有效地开展技术管理的基本工作开道。所以，建筑企业只有全面地做好上述技术管理工作，才能保证企业生产技术活动得以正常进行，生产技术

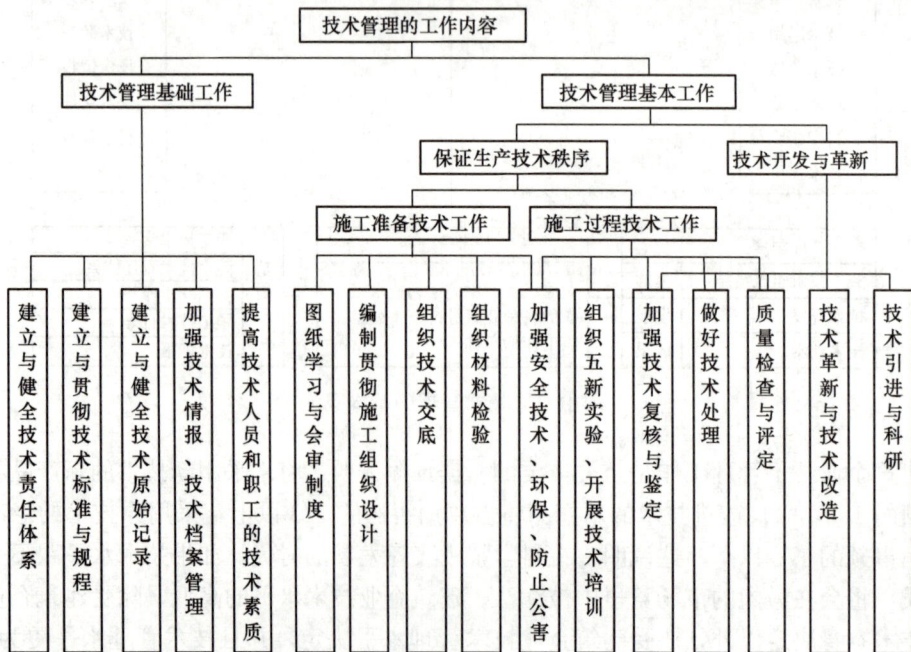

图 10-2　建筑企业技术管理工作的内容

准备水平、工程质量、劳动生产率和经济效益得以不断提高，从而增强企业的技术经济活力，使自身得以不断发展壮大。

### 10.1.3 建筑企业技术管理的基础工作

技术管理的基础工作是指为实现技术管理创造前提条件的最基本工作。

**1. 制定与贯彻技术标准和技术规程**

建筑安装工程技术标准，是对建筑安装工程质量、规格及其检验方法等所作的技术规定，是企业技术管理的依据。

我国现行的建筑安装工程技术标准有：《建筑安装工程施工及验收规范》《建筑安装工程质量检验评定标准》。施工验收规范主要规定分部、分项工程的技术要求、质量标准及其检验方法。质量评定标准则是根据验收规范的要求制定具体的检验方法，评定分部、分项和单位工程质量等级标准的依据。

技术标准可分为3级：国家标准、部标准（专业标准）和企业标准。部标准（专业标准）和企业标准不得与国家标准相抵触；企业标准不得与部标准（专业标准）相抵触。企业标准仅限于本企业范围内适用，是对国家和部标准中没有列入的项目所作的补充。为了不断提高产品质量，企业可以制定比国家和部标准更先进的技术标准。

建筑安装工程技术标准是建筑业长期生产实践经验的总结，也是建筑安装工程施工的标准，在技术管理上具有法律效力。技术标准反映了一个国家或一个企业在一定时期内的生产技术水平。技术标准不是一成不变的，随着国家技术经济条件的不断发展，必须及时进行修订。通常要求每隔3~5年检查一次，分别予以确认、修订或废止。

技术规程是对建筑产品的生产施工过程、操作方法、设备的使用与维修、施工安全技术等方面所做的具体技术规定。

我国现行的建筑安装工程技术规程有：《建筑安装工程施工操作规程》《建筑安装工程安全操作规程》。

技术规程因地区操作方法和操作习惯不同，在保证达到技术标准的前提下，一般由地区或企业自行制定执行。技术规程制定时，必须严格按照技术标准的要求，总结广大群众生产实践经验，在合理利用企业现有生产技术条件的同时，尽可能地采用国内外比较成熟的先进经验，以促进企业生产技术的发展。

除了上述的标准和规程外，国家还制定了一系列技术政策和法规，企业必须正确贯彻执行。贯彻国家的技术政策，要注意因时因地制宜，从企业实际情况出发，制定规划逐步实现。

**2. 建立与健全技术责任制**

技术责任制是指将企业的全部技术管理工作分别落实到具体岗位（或个人）和具体的职能部门，使其职责明确，并制度化。

企业内部的技术管理，实行公司和项目经理部两级管理。公司工程管理部下设技术管理室、科研室、实验室、计量室，在总工程师领导下进行技术、科研、试验、计量和测量管理工作。项目经理部设工程技术部，在项目经理和主任工程师领导下进行施工技术工作。总工程师、主任工程师是技术行政职务，系同级行政领导成员，分别在总经理、项目部经理的领导下，全面负责技术工作，对本单位的技术问题，如施工方案、各项技术措施、质量事故处理、科技开发和改造等重大问题有决定权。

建立技术责任制，不只是使各级技术人员具有一定的职权，更重要的是要充分发挥他们的作用。各级技术人员在做好职权范围内工作的同时，要不断地更新知识，树立开拓精神，使企业具有先进的施工技术和科学的管理水平。

3. 做好职工技术培训

职工的技术素质是企业技术水平的一个重要标志，提高职工的技术素质主要途径是通过技术培训，不断学习研究国内外先进技术，不断进行知识更新和技术创新，以提高企业技术水平。因此，技术管理部门应努力培养自己的科技人员，这是企业生存、发展的基础，也是提高生产率和经济效益的有力途径。

4. 建立与健全技术原始记录

技术原始记录，是整个企业管理基础工作的重要组成部分。它包括：材料、构配件及建安工程质量检验记录；质量、安全事故分析和处理记录；设计变更记录以及施工日记等。技术原始记录是评定产品质量、技术活动质量及产品交付使用后制定维修、加固或改建方案的重要依据。建筑企业必须建立和加强各项技术原始记录工作并使之形成制度。

施工日记是在建筑工程整个施工阶段有关施工技术方面的原始记录。因此，从工程开始施工时，就应由单位工程技术负责人进行记录，直至工程竣工。施工日记应逐日记录，并保持其完整，在工程竣工验收时，作为质量评定的一项重要依据。在工程竣工若干年后，其耐久性、可靠性、安全性发生问题，影响其功能使用，须进行维修、加固时，施工日记也是制定方案的依据之一。施工日记的内容一般有：

（1）工程的开竣工日期以及主要分部分项工程的施工起止日期，技术资料供应情况；

（2）因设计与实际情况不符，由设计单位在现场解决的设计问题和对施工图修改的记录；

（3）重要工程的特殊质量要求和施工办法；

（4）在紧急情况下采取的特殊措施和施工方法；

（5）质量、安全、机械事故的情况，发生原因及处理方法的记录；

（6）有关领导或部门对工程所作的生产、技术方面的决定或建议；

（7）气候、气温、地质以及其他特殊情况（如停电、停水、停工待料）的记录等。

5. 技术档案的管理

建筑企业的技术档案可使之有计划地、系统地积累具有一定价值的建筑技术经济资料。它来源于企业的生产和科研活动，反过来又为生产和科研服务。

建筑企业技术档案的内容可分两大类：一类是为工程交工验收而准备的技术资料，作为评定工程质量和使用、维护、改造、扩建的技术依据之一。另一类是企业自身要求保留的技术资料，如施工组织设计、施工经验总结、"五新"实验资料、重大质量安全事故的分析与处理措施、有关技术管理工作经验总结等，作为继续进行生产、科研以及对外进行技术交流的重要依据。

6. 技术情报的管理

建筑企业的技术情报是指国内外建筑生产、技术发展动态的资料和信息。它包括有关的科技图书、科技刊物、科技报告、专门文献、学术论文和实物样本等。

技术情报是企业改进技术、发展技术的"耳目"，它可以使企业及时获得先进的技术，并直接用于实践。这样，企业可以赢得时间，不必自己再去闯路子从头做起。同时，通过情报工作，总结和交流本企业的先进生产技术成果，促进企业内部各单位及各兄弟企业得到共同提高。

技术情报的管理，就是有计划、有目的、有组织地对建筑生产技术情报的收集、加工、存储、检索的管理。技术情报应当做到：走在科研和生产的前面；有目的地进行情报跟踪；及时交流和普及技术情报；技术情报应及时可靠；建立和完善技术情报工作机构等。

### 10.1.4 技术改造、引进、开发战略

科学技术是第一生产力。对于建筑企业而言，建立全面、有效的技术发展战略对企业的发展至关重要。建立技术发展战略既要包含技术改造战略，又要包括技术引进战略，同时更要注重技术开发战略。只有各项分战略成功实施，才能提高技术的综合水平，促进企业的发展。

1. 技术改造战略

技术改造是指企业为了提高经济效益、提高产品质量、增加品种、促进产品升级换代、扩大出口、降低成本、节约能耗、加强资源综合利用和三废治理、劳保安全等目的，采用先进的、适用的新技术、新工艺、新设备、新材料等对现有设施、生产工艺条件进行的改造。实践证明，用先进、实用技术改造传统产业，不仅具有投资少、工期短、见效快等特点，而且不需要再铺新摊子，能有效避免重复建设，同时还有利于优化产业结构、改变增长方式、提高企业的效益和竞争力。

技术改造的原则：

(1) 坚持以技术进步为前提，以扩大再生产为主的原则。

(2) 从实际出发，采用既适合企业实际情况，又能带来良好经济效益的技术方案。

(3) 在提高经济效益的前提下，实行技术改造，扩大生产能力。

(4) 资金节约原则。针对企业的薄弱环节改造，把有限的资金用在最急需的地方。

(5) 全员参与原则。调动各方面的积极性，参与到企业的技术改造当中。

技术改造战略实际上是企业走内涵发展的道路，是增强企业实力最有效的途径之一。技术改造战略可从引进和消化国外的先进技术入手，充分贯彻国家的科技政策，把握好科技发展方向，做好科技决策，安排合理的科技规划和攻关方案，并积极有效地推广普及技术改造成果，通过培训使科学技术改造成果为职工所掌握，真正转化为企业现实的生产力和竞争力。这对加速经济发展是十分有利的。但关键技术特别是核心技术是很难引进的，唯有自主创新，掌握自主知识产权，才能在激烈的国际竞争中牢牢把握自己的命运。

2. 技术引进战略

技术引进是指一个国家或地区的企业、研究单位、机构通过一定方式从本国或其他国家、地区的企业、研究单位、机构获得先进适用的技术的行为。人们常将"技术"广义化，把技术分为软件技术和硬件技术。软件技术就是前面提到的技术知识、经验和技艺，属纯技术；硬件技术是指机器设备之类的物化技术。只从国外购入机器设备而不买入软件技术，一般称之为设备进口。若只从国外购入软件技术或与此同时又附带购进一些设备，这种行为才能称为技术引进。

技术引进主要有以下几个方面：

(1) 从国外引进工艺、制造技术，包括产品设计、工艺流程、材料配方、制造图纸、

工艺检测方法和维修保养等技术知识和资料以及聘请专家指导、委托培训人员等技术服务。

（2）引进技术的同时，进口必要的成套设备、关键设备、检测手段等。

（3）通过引进先进的经营管理方法，充分发挥所引进技术的作用，做到引进技术知识和引进经营管理知识并举。

（4）通过广泛的技术交流、合作以及学术交流活动、技术展览等，引进国外的新学术思想和科学技术知识。

（5）引进人才。技术引进的远期目标是根本上消除本国、本单位与国外、其他企业在技术方面差距，提高本国、本单位的技术水平；要从生产需要出发，填补技术空白。

国际经验表明，技术引进可以使引进方迅速取得成熟的先进技术成果，不必重复别人已作过的科学研究和试验工作。它是世界各国互相促进经济技术发展必不可少的重要途径。

技术引进战略，是指利用别人的科研力量来开发新产品，通过购买高等院校、科研机关的专利或者科研成果来为本企业服务。通过获得专利许可进行模仿，把他人的开发成果转化为本企业的商业收益。优点是：进行仿制，可以达到收效快、成本低、风险小的效果。缺点是：由于是仿制，因而可能利润较少，同时企业技术水平将永远落在技术输出的企业的后面。从长远来看，过多依赖引进，势必逐渐削弱企业科技队伍的独创能力和活力，使企业受损，因此技术引进策略在大企业中一般只能用作辅助性的策略。根据我国和世界各国引进技术的经验，技术引进应本着以下原则：适合本企业的实际情况；注重引进软件；注重消化创新；促进自主开发；推进出口创汇。

3. 技术开发战略

技术开发（Technical Development）是把研究所得到的发现或一般科学知识应用于产品和工艺上的技术活动。建筑企业技术开发的对象主要有：设备与工具的开发、生产工艺的开发、产品的开发、能源与原材料的开发、改善环境的技术开发等。

技术开发就是技术创新，在中央《关于加强技术创新发展高科技实现产业化的决定》中，对技术创新下了一个明确的定义，即"技术创新是指企业应用创新的知识和新技术、新工艺，采用新的生产方式和经营管理模式，提高产品质量，开发生产新的产品，提供新的服务，占据市场并实现市场价值"。技术开发有四个要点，一是企业是技术开发的主体；二是科技成果必须转化为现实的生产力；三是转化的产品必须实现市场价值；四是技术开发必须以知识创新和科技创新为前提和条件。通过技术开发，创造或运用新技术，可以促进企业的技术进步，提高企业施工生产和管理的水平。

技术开发与生产、经营活动不同，其主要特点是：

（1）技术开发要与社会和企业的具体要求相结合。

（2）技术开发要注重相关技术的调查，所选开发项目应具有创新性和开拓性，能够使企业在该领域处于领先地位。

（3）对于研究开发人员，要提供良好的工作环境，要注重开发人员的激励工作，调动他们的积极性与创造性。同时，在经费上要给予保证。

（4）技术开发的期限不等，一般要三年以上，风险较大，因此，作为企业的决策者，要勇于承担风险，坚持技术开发，才能促进企业的技术进步。

总之，技术开发没有固定的模式可循，应根据课题、人员和具体条件的不同而有所区别。

技术开发战略是指企业利用基础研究，应用研究成果或已有的知识，通过实验开发出新产品、新设备、新材料、新工艺、新技术，使企业拥有自主产权的技术。建筑企业的技术开发领域主要集中于：大型施工机械、混凝土搅拌及输送机械、钢结构技术、高层建筑技术、智能建筑技术、地下施工技术、预应力技术、节能绿色生态建筑技术、大型设备和特种结构安装技术、现代化管理技术等。企业技术开发战略是对企业技术开发的谋略，是对企业技术开发整体性、长期性、基本性问题的计谋。

技术开发战略的类型主要有以下几种：

（1）自我选择发展战略

企业由于资源的限制，就要根据自己的条件决定哪些领域靠自己研究，哪些领域靠购买外部技术。外国企业一般都采用领先或追随战略，以避免技术上遭淘汰的巨大风险。即使在企业实力很强的技术领域也不应排斥外部的技术来源，要根据各种内外因素的分析，比较各自的利弊，决定是购买外部技术还是自己开发。这对采用领先战略的企业来说是如此，而对采用追随战略的企业而言则更是要重视技术来源的选择问题，要更多地依靠外部技术。仿制战略则主要依靠外部技术，辅之以适当的技术开发。对技术来源的选择是技术开发战略管理中至关重要的一项工作，它将在很大程度上影响技术开发投资的效益，为国外各企业高度重视。例如，日本就有部分企业对外部技术有较大的依赖性，而在美国也有50％的企业重视引进外部技术。

（2）战略联盟

由于日益增加的技术复杂性以及开发项目规模及所需投资的增大，使得技术开发工作越来越难以由单个企业承担，为了应对激烈市场竞争的压力，各企业只有走到一起来，建立战略联盟，进行联合投资，实现优势互补，以促进技术开发生产率的提高。建立联盟的另一个原因是标准化工作越来越重要，而标准化的本质又要求建立联盟。由于竞争企业之间不仅存在着利益上的冲突，而且也往往存在着共同的利益。因此，与其两败俱伤，不如联合起来利益分享。这种共生竞争成了开放技术市场的未来发展趋势，企业应当在自由竞争的基本原则下，为生存与发展而相互支持、相互依赖。在这样的形势下，每一个企业都需要认真考虑战略联盟的问题，通过对外合作来更有效地利用有限的技术开发资源，更有效地开发一般技术，更及时地满足市场的需求。因此，联盟的建立和管理成了当代技术开发战略管理中一项最主要的工具，它对于企业成功地开展技术开发活动具有重大意义。

（3）国际化

国际化是伴随跨国公司的出现而产生的一种新活动。企业在制定技术开发战略时，需要根据总体的全球战略及各地的技术开发力量来合理安排技术开发活动在各地的开展，并加强协调管理工作，促进沟通，以取得最大的协同效果，实现公司总体目标。目前，世界各大跨国公司都已将技术开发的国际化管理问题作为其战略管理的一项重要工作来抓，随着世界经济的一体化，它还将会得到更广泛的重视。上述三种形式和内容反映了当前进行技术开发战略管理时所从事的一些主要活动，实际上，这些活动都是相互关联的，企业应将其作为一个整体来考虑，以实现系统的优化。由于各企业自身条件及所处行业、地区的不同，对一个企业来说最优的战略管理程序、方法和内容，并不一定就适合另外一家企业。因此，我们很难找到具有普遍意义的技术开发战略管理实践活动。最优的管理常常要依赖于公司的传统及总经理和技术主管的个人偏好，并且要充分考虑企业的实际情况才能确定。

## 10.2  建筑企业技术管理的主要工作

### 10.2.1  图纸会审

图纸会审是指工程各参建单位（建设单位、监理单位、施工单位等相关单位）在收到施工图审查机构审查合格的施工图设计文件后，在设计交底前进行全面细致的熟悉和审查施工图纸的活动。各单位相关人员应熟悉工程设计文件，并应参加建设单位主持的图纸会审会议，建设单位应及时主持召开图纸会审会议，组织监理单位、施工单位等相关人员进行图纸会审，并整理成会审问题清单，由建设单位在设计交底前约定的时间提交设计单位。图纸会审由施工单位整理会议纪要，与会各方会签。

施工图纸是进行施工的依据，图纸学习与会审的目的是领会设计意图，熟悉图纸的内容，明确技术要求，及早发现并消除图纸中的技术错误和不当之处，保证施工顺利进行。因此，图纸会审是一项严肃、重要的技术工作。

1. 图纸学习与自审

施工单位在收到施工图及有关技术文件后，应立即组织有关人员学习研究施工图纸。在学习、熟悉图纸的基础上，施工单位进行自审。自审的要点是：

（1）了解、研究图纸与说明有无矛盾，图纸是否齐全，规定是否明确。

（2）主要尺寸、标高、位置有无错误，平面图、立面图、剖面图之间是否有矛盾或标注是否遗漏。

（3）土建与水、电、设备之间如何交叉衔接。

（4）所采用的标准图编号、型号与设计图纸有无矛盾。

（5）结构图中是否有钢筋明细表，若无钢筋明细表，关于钢筋构造方面的要求在图中是否说明清楚。

2. 图纸会审的内容

在自审基础上，再邀请建设单位、设计单位共同会审，也可以由建设单位组织，邀请设计单位、施工单位共同会审。会审的主要内容有：

（1）是否无证设计或越级设计；图纸是否经设计单位正式签署；是否是经过相关部门图审合格。

（2）地质勘探资料是否齐全，设计的抗震设防烈度是否符合当地要求。

（3）设计图纸与说明是否齐全，有无分期供图的时间表。

（4）几个设计单位共同设计的图纸相互间有无矛盾；专业图纸之间及平、立、剖面图之间有无矛盾；标注有无遗漏。

（5）总平面与施工图的几何尺寸、平面位置、标高等是否一致。

（6）防火、消防是否满足要求。

（7）建筑结构与各专业图纸本身是否有差错及矛盾；结构图与建筑图的平面尺寸及标

高是否一致；建筑图与结构图的表示方法是否清楚；是否符合制图标准；预埋件是否表示清楚；有无钢筋明细表；钢筋的构造要求在图中是否表示清楚。

（8）施工图中所列各种标准图册，施工单位是否具备。

（9）材料来源有无保证，能否代换；图中所要求的条件能否满足；新材料、新技术的应用有无问题。

（10）地基处理方法是否合理，建筑与结构构造是否存在不能施工、不便于施工的技术问题，或容易导致质量、安全、工程费用增加等方面的问题。

（11）工艺管道、电气线路、设备装置、运输道路与建筑物之间或相互间有无矛盾，布置是否合理，是否满足设计功能要求。

（12）施工安全、环境卫生有无保证。

（13）图纸是否符合《监理大纲》所提出的要求。

（14）设计是否符合国家的有关技术政策、经济政策和规定。

3. 图纸会审纪要

图纸会审的记录要会签。会后由组织会审的单位，将审查中提出的问题以及解决办法，根据记录，写成正式文件或会议纪要，作为施工或修改设计的依据。图纸会审纪要一般包括以下内容：

（1）工程名称：所在工程名称，图纸中应注明。

（2）工程编号：所在工程编号，图纸中应注明。

（3）表号：图纸会检表的表号，登记所用。

（4）图纸卷册名称：所审图纸的卷册名称，图纸中应注明。

（5）图纸卷册编号：所审图纸的卷册编号，图纸中应注明。

（6）主持人：此处为监理人员签名，主持。

（7）时间：图纸会审时间，应注明具体年、月、日。

（8）地点：图纸会审场所。

（9）参加人员：所有参与人员，包括工程各参建单位（建设单位、监理单位、设计单位、施工单位）的与会人员。

（10）提出意见

1）图号：有问题的图纸编号。

2）提出单位：提出问题的单位（一般填写施工单位）。

3）提出意见：提出的问题（一般由施工单位提出）。

4）处理意见：对提出的问题做出的回复（由设计单位做出回复）。

（11）签字、盖章：表底应有设计单位代表、建设单位代表、施工单位代表、监理单位代表的签字以及各单位盖章。

按图施工是建筑施工人员必须严格遵守的纪律，施工人员无权对设计图纸进行修改。在施工过程中，如发现图纸仍有差错或与实际情况不符或因施工条件、材料规格、品种、质量不能符合设计要求以及职工提出了合理化建议等原因，需要进行施工图修改时，必须严格执行技术核定和设计变更签证制度。如设计变更的内容对建设规格、投资等方面影响较大时，必须报请原批准单位同意。

所有技术核定和设计变更资料，包括设计变更通知、修改图纸等，都须有文字记录，归入技术档案，并作为施工和竣工结算的依据。

### 10.2.2　技术交底

我国现行《建筑与市政工程施工质量控制通用规范》GB 55032—2022 规定，施工前应对施工管理人员和作业人员进行技术交底，交底的内容应包括施工作业条件、施工方法、技术措施、质量标准及安全与保护措施等，并应保留相关记录。

施工技术交底实为一种施工方法，在建筑施工企业中的技术交底，是指在某一单位工程开工前，或一个分项工程施工前，由相关专业技术人员向参与施工的人员进行的技术性交代，其目的是使施工人员对工程特点、技术质量要求、施工方法与措施和安全等方面有一个较详细的了解，以便于科学地组织施工，避免技术质量等事故的发生。各项技术交底记录也是工程技术档案资料中不可缺少的部分。

1. 技术交底的内容

（1）工地（队）交底中有关内容：如是否具备施工条件、与其他工种之间的配合与矛盾等，向甲方提出要求，让其出面协调等。

（2）施工范围、工程量、工作量和施工进度要求：主要根据自己的实际情况，实事求是地向甲方说明即可。

（3）施工图纸的解说：设计者的大体思路，以及自己以后在施工中存在的问题等。

（4）施工方案措施：根据工程的实况，编制出合理、有效的施工组织设计以及安全文明施工方案等。

（5）操作工艺和保证质量安全的措施：先进的机械设备和高素质的工人等。

（6）工艺质量标准和评定办法：参照现行的行业标准以及相应的设计、验收规范。

（7）技术检验和检查验收要求：包括自检以及监理抽检的标准。

（8）增产节约指标和措施。

（9）技术记录内容和要求。

（10）其他施工注意事项。

对于重点工程，工程重要部位，特殊工程和推广与应用新技术、新工艺、新材料、新结构的工程，在技术交底时更需要作全面、明确、具体、详细的技术交底。

2. 技术交底的组织

（1）施工单位总工程师或主任工程师向施工队或项目负责人进行施工方案实施技术交底。

（2）施工队技术队长（或专责工程师）向单位工程负责人、质量检查员、安全员、有关职能人员、班组长进行施工方案、施工方法、质量要求及施工注意事项等内容交底。

（3）单位工程负责人再向参与施工的班组长和操作工人进行交底。这是技术交底的关键，其内容包括：

1）有关工程的各项要求；

2）必须注意的尺寸、轴线、标高以及预留孔洞、预埋件的位置、规格、数量等；

3）使用材料的品种、规格、等级、质量要求以及混凝土、砂浆、防水和耐火材料的配合比；

4）施工方法、施工顺序、工程配合、工序搭接、安全操作要求；

5）各项技术指标的要求和实施措施；

6）设计变更情况；

7）施工机械性能及使用注意事项等。

班组长在接受各项技术交底后，应组织班组的工人进行认真讨论，制定保证全面完成任务的班组措施。班组长对新工人还应组织应知、应会的技术学习和技术练兵。

技术交底是一项重要的技术管理。书面交底仅仅是一种形式，技术管理的大量工作是检查、督促，在施工过程中，反复检查技术交底的落实情况，加强施工监督，对中间验收要严格，从而保证施工质量。

### 10.2.3 技术检验

建筑材料、构件、零配件和设备质量的优劣，直接影响建筑工程质量。因此，必须加强技术检验工作，并健全试验检验机构，把好质量检验关。技术检验是指对施工所需材料及构件在施工前进行的试验和检验，它是合理使用资源、确保工程质量的重要措施。

为了做好这项工作，建筑企业要根据实际需要建立健全试验、检验机构和制度，配合相应的人员和仪器设备，在企业总工程师和技术部门的领导下开展工作。

1. 技术检验的分类

按照施工过程中相关技术工作的用途和发生时间，可以把技术检验的内容划分为材料检验、工艺检验、过程检验、功能检验四类：

（1）材料检验就是在原材料进场时，在审查材料出厂质量证明文件、进行外观检查合格后，按照规定进行取样，送有相关资格的检测单位进行试验，以确定原材料是否满足要求的技术工作。

（2）工艺检验就是在所用原材料合格的基础上，按规定进行取样，送有相关资格的检测单位进行试验，以确定工艺参数或检验工艺参数的技术工作。

（3）过程检验就是对施工过程的中间产品，按规定进行取样，送有相关资格的检测单位进行试验，以确定操作质量是否符合要求的技术工作。

（4）功能检验就是对已完工程产品，按规定进行取样，送有相关资格的检测单位进行试验或在现场用规定的方法进行检验，以确定工程实体质量是否符合要求的技术工作。

2. 对材料、工艺、过程、功能检验的要求

（1）根据我国现行《建筑与市政工程施工质量控制通用规范》，对材料、构配件及设备的质量控制应达到以下要求：

1）工程采用的主要材料、半成品、成品、构配件、器具和设备应进行进场检验。涉及安全、节能、环境保护和主要使用功能的重要材料、产品应按各专业相关规定进行复验，并应经监理工程师检查认可。

2）对涉及结构安全、节能、环境保护和主要使用功能的试块、试件及材料，应按规定进行见证检验。见证检验应在建设单位或者监理单位的监督下现场取样、送检，检测试样应具有真实性和代表性。

3）进口产品应符合合同规定的质量要求，并附有中文说明书和商检证明，经进场验收合格后方可使用。

4）施工现场的材料、半成品、成品、构配件、器具和设备在运输和储存时应采取确保其质量和性能不受影响的储存及防护措施。

（2）根据我国现行《建筑与市政工程施工质量控制通用规范》GB 55032—2022，对

工艺质量控制应达到以下要求：

1) 施工单位应对施工平面控制网和高程控制点进行复测，其复测成果应经监理单位查验合格，并应对控制网进行定期校核。重要线位、控制点和定位点测设完成后应经复测无误后方可使用。

2) 施工单位应保留工程测量原始观测数据的现场记录及测量成果交付记录，并应对测量结果进行校核。

3) 监理人员应对工程施工质量进行巡视、平行检验，对关键部位、关键工序进行旁站，并应及时记录检查情况。

4) 施工工序间的衔接，应符合下列规定：

①每道施工工序完成后，施工单位应进行自检，并应保留检查记录；

②各专业工种之间的相关工序应进行交接检验，并应保留检查记录；

③对监理规划或监理实施细则中提出检查要求的重要工序应经专业监理工程师检查合格并签字确认后，进行下道工序施工；

④隐蔽工程在隐蔽前应由施工单位通知监理单位进行验收并应留存现场影像资料，形成验收文件，经验收合格后方可继续施工；

⑤基坑、基槽、沟槽开挖后，建设单位应会同勘察、设计、施工和监理单位实地验槽，并应会签验槽记录；

⑥主体结构为装配式混凝土结构体系时，套筒灌浆连接应采用由接头型式检验确定的相匹配的灌浆套筒、灌浆料，灌浆应密实饱满；

⑦工程中包含的机械、电气和自动化系统与设备应按设计要求进行试运行，并能正常使用。

(3) 对过程检验的要求

1) 混凝土拌合物到施工现场后，应按规定的频次进行和易性检验，重点量测坍落度、观察保水性。

2) 钢筋连接后，应按规定抽取现场连接接头进行试验，保证所代表的数量满足检验批的要求。

3) 现场回填土应检查土的最佳含水量状态和压实机械是否按照压实参数进行分层压实。每层压实工作完成后，应按规定取样试验，保证取样点的数量和分布满足规范要求。

(4) 对功能检验的要求

1) 混凝土、砂浆试件应严格按照规定现场取样，其制作过程也要满足要求，重点要保证试件的留置符合规定，且见证频率要符合要求。

2) 混凝土结构实体检验中的钢筋保护层厚度检验，应委托有相关资格的检测单位进行试验，检验部位和数量要符合规定。

3) 建筑使用功能相关的试验、检验，要严格按照操作程序进行，对试验、检验过程要严密观察。

### 10.2.4　技术复核

技术复核是指在施工过程中，对重要的和涉及工程全局的技术工作，依据设计文件和有关技术标准进行的复查和核验。其目的是避免发生重大差错，影响工程的质量和使用。

复核的内容视工程的情况而定，一般包括建筑物位置坐标、标高和轴线、模板、钢筋、混凝土、大样图、主要管道、电气等。

如在混凝土结构工程施工的全过程中，每一分部、分项工程均必须对模板、钢筋、混凝土进行复核。主要复核内容如下：

（1）模板组装施工全过程中主要复核的内容是：模板成型的几何尺寸、轴线、标高、挠度（起拱高度），承受竖向荷载的强度，支撑连接的牢固性；卡具的规格和数量，预埋件和预留孔的位置，模板及其支架是否达到设计的强度、刚度和稳定性。

（2）钢筋制作和组装过程的主要复核内容是：钢筋的材质、品种、制作与组装外形的几何尺寸，配筋的数量、间距、排距、接头的搭接长度、焊缝的质量，弯起钢筋的弯起点，预埋件的几何尺寸、数量、位置，垫块的强度和厚度，钢筋除锈情况。

（3）混凝土拌和、浇筑过程主要的复核内容是：混凝土组成的材料材质、配合比、计量衡具的准确性、混凝土拌合物的坍落度。

（4）构件安装前主要复核内容是：构件种类、型号、几何尺寸、预制构件起吊预测强度、安装的位置、标高、支座处锚固长度、接头及接缝情况。

技术复核的要求如下：

（1）建筑安装工程的技术复核应按系统回路、区段进行复核部位的划分。它的内容包括设计、材料、施工三个方面。每一个分部、分项工程进行一道工序时应及时进行复核，未经技术复核的项目不得进行下道工序施工。

（2）复核内容如建筑物内管道的标高、坡度是否根据设计和规范施工、空调的管道标高是否与设备协调等，对于设备基础应根据设备基础的位置标高进行复核。

（3）在建筑基础工程阶段的技术复核一般为埋地的各种管道、预埋件及各种管道的预留洞口等。

### 10.2.5  技术核定

设计图纸虽然经过图纸会审，但是，在施工过程中，仍有可能发现设计图纸上的差错或与实际情况不符的地方；或者由于施工条件、材料的规格、品种、质量不能完全满足设计要求，需要进行修改设计或代换材料；或者在使用功能上有某些变动，设计标准上有所提高或降低以及职工提供合理化建议，需要补充或修改设计图纸时，就必须进行工程变更。

要进行工程变更，就会带来一系列的问题，如返工损失、停工窝工、材料准备、设备供应、施工机械、工期拖延以及预算变更、工程决算等。但有的单位工程负责人发现设计图纸不全或尺寸不符，既不向上请示，又不和有关人员沟通，往往想当然，擅自决定。这样不仅会造成工程费用扯皮，而且，也容易造成工程质量事故或难以弥补的缺陷，给工程带来不应有的损失。因此，对工程变更工作，绝不能等闲视之。

怎样进行工程变更呢？必须严格地执行技术核定制度。所谓技术核定，就是需要进行设计变更时，必须经过有关部门的充分协商，在技术上、经济上、质量上、使用功能上、结构强度上进行全面考虑和技术复核，再写成技术核定单，经设计单位、建设单位和施工单位三方有关人员签署认可后，与设计图纸具有同等效力，是指导施工的依据。未经设计单位签署的核定单无效。

进行技术核定的情况通常有以下几种。

（1）施工单位提出的问题

由施工队提出的一般技术问题，不影响建筑结构强度、不降低等级标准、不改变设计功能等问题，必须经过建设单位、设计单位核定签署后，才能作为施工的依据。由施工单位提出的重大技术问题，如新技术、新材料的使用等，须经公司总工程师审核，并取得建设单位、设计单位的核定签署后，方能作为施工的依据。

（2）设计单位提出的问题

凡因设计错误、做法改变及由于建筑或结构变更影响等问题，由设计单位提出设计变更图纸或通知书，由施工队技术负责人根据施工准备和工程进度情况，提出是否接受的意见。重大的设计变更，应经公司总工程师审查后，做出能否变更的决定。

（3）建设单位提出的问题

建设单位对器具、设备安装及使用功能等方面提出的修改意见，必须经过设计单位进行技术核定，签署同意后，提出设计变更图或设计变更通知书。施工队技术负责人应根据工程进度和施工准备工作情况，提出是否接受的意见。重大技术问题，应经过公司总工程师审查后，做出能否变更的决定。

图纸变更通知书和技术核定单的份数，应与发给施工单位图纸的份数相同。施工队收到技术核定单后，应及时转发给单位工程负责人、技术管理人员、预算员，并以此作为工程交工验收和工程竣工决算的依据。如果由于建设单位、设计单位提出的工程变更，造成返工、停工、材料浪费等情况，应由单位工程负责人及时向建设单位办理现场经济签证手续，核对造成的经济损失。双方签字认可后，将经济签证记录交给预算人员，作为工程竣工决算时的原始依据资料。

技术核定必须遵循以下权限和程序，不得擅自修改设计。

（1）属于一般的技术核定，如钢筋代用（除预应力和特殊要求钢筋外），由经办技术人员核算，经技术负责人核定。

（2）凡涉及工程量变更，影响原设计标准、功能等，应由施工单位的主任工程师和总工程师核算，并经设计单位和建筑单位签署认可后，方能生效。

（3）由设计单位提出的变更，须有施工单位的是否接受的书面意见。

## 10.3　建筑企业新技术应用

为促进建筑产业升级，加快建筑业技术进步，住房和城乡建设部工程质量安全监管司组织国内建筑行业百余位专家，对《建筑业 10 项新技术（2010）》进行了全面修订，2017 年 10 月发布了《建筑业 10 项新技术（2017）》，这些技术有：地基基础和地下空间技术；钢筋与混凝土技术；模板脚手架技术；装配式混凝土结构技术；钢结构技术；机电安装工程技术；绿色施工技术；防水技术与围护结构节能；抗震、加固与监测技术；信息化应用技术。

这一系列新技术的出现，推广和引导了新的施工设备和施工工艺的出现，使得施工效率得到了空前提高。当前的建筑市场竞争激烈，要想开拓市场站稳脚跟，谋求更大的发展，就必须依靠科技创新来增强企业实力，保证施工的关键技术、材料、工艺、设备紧跟国际发展趋势，与行业先进水平同步。因此，建筑企业要积极参与新技术应用示范工程。

### 10.3.1 装配式混凝土结构技术

装配式混凝土结构技术主要包括：装配式混凝土剪力墙结构技术、装配式混凝土框架结构技术、混凝土叠合楼板技术、预制混凝土外墙挂板技术、夹心保温墙板技术、叠合剪力墙结构技术、预制预应力混凝土构件技术、钢筋套筒灌浆连接技术、装配式混凝土结构建筑信息模型应用技术、预制构件工厂化生产加工技术。

1. 建筑工业化发展概述

新型建筑工业化是指采用标准化设计、工厂化生产、装配化施工、一体化装修和信息化管理为主要特征的生产方式，并在设计、生产、施工、开发等环节形成完整的、有机的产业链，实现房屋建造全过程的工业化、集约化和社会化，从而提高建筑工程质量和效益，实现节能减排与资源节约。为了推进建筑工业化的发展，国家众多政策对建筑工业化提出了明确的要求。

2. 预制装配式混凝土结构的发展概述

预制装配式混凝土结构是建筑工业化的一种结构形式，萌芽于 20 世纪初期，在第二次世界大战后，兴起于欧洲，而后逐步被推广到美国、加拿大、日本等国，在 20 世纪末，预制装配式混凝土结构被广泛应用于工业建筑、桥梁、水工建筑等不同结构领域。

国家经济快速发展，产业结构优化转型，随着住宅产业化的不断升级，大批量的预制混凝土结构构件被应用到住宅体系中，从预制楼板到全装配式混凝土结构，住宅产业化中结构的预制率逐步提高。随着预制装配式混凝土结构的不断盛行，预制装配式混凝土结构出现的现场装配、节点锚固、接缝处理等问题也逐个得到解决。

3. 装配式混凝土结构的优点

（1）装配式混凝土结构强调设计、材料、工艺和施工的完美结合。

（2）减少施工现场噪声粉尘污染。

（3）制作过程的机械化程度高，节约劳动力成本。

（4）生产效率高，工期短。

（5）产品质量控制较好。

（6）材料利用率高且某些结构构件可以重复利用。

（7）工厂化生产使得废水、废料的控制和再生利用容易实现。

4. 预制装配式结构形式分类

现行规范《装配式混凝土结构技术规程》JGJ 1—2014 按照结构体系将预制装配式混凝土结构分为了框架结构和剪力墙结构。

装配整体式框架结构可采用与现浇混凝土框架结构相同的方法进行结构分析，其承载力极限状态及正常使用极限状态的作用效应可采用弹性分析方法。在结构内力与位移计算时，对现浇楼盖和叠合楼盖，均可假定楼盖在其平面为无限刚性。装配整体式框架结构构件和节点的设计均可按与现浇混凝土框架结构相同的方法进行，此外，尚应对叠合梁端竖向接缝、预制柱柱底水平接缝部位进行受剪承载力验算，并进行预制构件在短暂设计状况下的验算。装配整体式框架结构中，应通过合理的结构布置，避免预制柱的水平接缝出现拉力。

装配整体式框架主要包括框架节点后浇和框架节点预制两大类；前者的预制构件在梁

柱节点处通过后浇混凝土连接，预制构件为一字形；而后者的连接节点位于框架柱、框架梁中部，预制构件有十字形、T形、一字形等并包含节点，由于预制框架节点制作、运输、现场安装难度较大，现阶段工程较少采用。

装配整体式框架结构连接节点设计时，应合理确定梁和柱的截面尺寸以及钢筋的数量、间距及位置等，钢筋的锚固与连接应符合国家现行标准相关规定，并应考虑构件钢筋的碰撞问题以及构件的安装顺序，确保装配式结构的易施工性。装配整体式框架结构中，预制柱的纵向钢筋可采用套筒灌浆、机械冷挤压等连接方式。当梁柱节点现浇时，叠合框架梁纵向受力钢筋应伸入后浇节点区锚固或连接，其下部的纵向受力钢筋也可伸至节点区外的后浇段内进行连接。当叠合框架梁采用对接连接时，梁下部纵向钢筋在后浇段内宜采用机械连接、套筒灌浆连接或焊接等连接形式连接。叠合框架梁的箍筋可采用整体封闭箍筋及组合封闭箍筋形式。

装配式混凝土剪力墙结构是指全部或部分采用预制墙板构件，通过可靠的连接方式后浇混凝土、水泥基灌浆料形成整体的混凝土剪力墙结构。这是近年来在我国应用最多、发展最快的装配式混凝土结构技术。

国内的装配式剪力墙结构体系主要包括：

（1）高层装配整体式剪力墙结构。该体系中，部分或全部剪力墙采用预制构件，预制剪力墙之间的竖向接缝一般位于结构边缘构件部位，该部位采用现浇方式与预制墙板形成整体，预制墙板的水平钢筋在后浇部位实现可靠连接或锚固；预制剪力墙水平接缝位于楼面标高处，水平接缝处钢筋可采用套筒灌浆连接、浆锚搭接连接或在底部预留后浇区内搭接连接的形式。在每层楼面处设置水平后浇带并配置连续纵向钢筋，在屋面处应设置封闭后浇圈梁。采用叠合楼板及预制楼梯，预制或叠合阳台板。该结构体系主要用于高层住宅，整体受力性能与现浇剪力墙结构相当，按"等同现浇"设计原则进行设计。

（2）多层装配式剪力墙结构。与高层装配整体式剪力墙结构相比，结构计算可采用弹性方法进行结构分析，并可按照结构实际情况建立分析模型，以建立适用于装配特点的计算与分析方法。在构造连接措施方面，边缘构件设置及水平接缝的连接均有所简化，并降低了剪力墙及边缘构件配筋率、配箍率要求，允许采用预制楼盖和干式连接的做法。

装配式混凝土框架结构包括装配整体式混凝土框架结构及其他装配式混凝土框架结构。装配式整体式框架结构是指全部或部分框架梁、柱采用预制构件通过可靠的连接方式装配而成，连接节点处采用现场后浇混凝土、水泥基灌浆料等将构件连成整体的混凝土结构。其他装配式框架主要指各类干式连接的框架结构，主要与剪力墙、抗震支撑等配合使用。

### 10.3.2　绿色施工技术

1. 绿色施工的概念

绿色施工作为建筑全寿命周期中的一个重要阶段，是实现建筑领域资源节约和节能减排的关键环节。绿色施工是指工程建设中，在保证质量、安全等基本要求的前提下，通过科学管理和技术进步，最大限度地节约资源并减少对环境负面影响的施工活动，实现节能、节地、节水、节材和环境保护（"四节一环保"）。实施绿色施工，应依据因地制宜的原则，贯彻执行国家、行业和地方相关的技术经济政策。绿色施工应是可持续发展理念在工程施工中全面应用的体现，绿色施工并不仅仅是指在工程施工中实施封闭施工，没有尘土飞扬，没有噪声扰民，在工地四周栽花、种草，实施定时洒水等这些内容，它涉及可持续发展的各个方面，如生态与环境保护、资源与能源利用、社会与经济的发展等内容。

根据我国《绿色建造技术导则（试行）》指导，绿色施工的一般规定如下：

（1）绿色施工应符合现行国家标准《建筑工程绿色施工规范》GB/T 50905 和《建筑与市政工程绿色施工评价标准》GB/T 50640 的要求。

（2）应根据绿色施工策划进行绿色施工组织设计、绿色施工方案编制。

（3）应建立与设计、生产、运营维护联动的协同管理机制。

（4）应积极采用工业化、智能化建造方式，实现工程建设低消耗、低排放、高质量和高效益。

（5）宜积极运用 BIM、大数据、云计算、物联网以及移动通信等信息化技术组织绿色施工，提高施工管理的信息化和精细化水平。

（6）应建立完善的绿色建材供应链，采用绿色建筑材料、部品部件等。

（7）应编制施工现场建筑垃圾减量化专项方案，实现建筑垃圾源头减量、过程控制、循环利用。

（8）鼓励对传统施工工艺进行绿色化升级革新。

（9）应加强绿色施工新技术、新材料、新工艺、新设备应用，优先采用"建筑业 10 项新技术"。

（10）部品部件生产应采用环保生产工艺和设备设施，并应严格执行质量管理体系、环境管理体系和职业健康安全管理体系。

（11）部品部件生产应提高数字化、智能化水平，逐步实现精益生产、智能制造。

（12）应制订消防疏散、卫生防疫、职业健康安全等管理制度和突发事件应急措施，保障人员身心健康。

2. 绿色施工的要求

（1）在临时设施建设方面，现场搭建活动房屋之前应按规划部门的要求取得相关手续。建设单位和施工单位应选用高效保温隔热、可拆卸循环使用的材料搭建施工现场临时设施，并取得产品合格证后方可投入使用。工程竣工后一个月内，选择有合法资质的拆除公司将临时设施拆除。

（2）在限制施工降水方面，建设单位或者施工单位应当采取相应方法，隔断地下水进入施工区域。因地下结构、地层及地下水、施工条件和技术等原因，使得帷幕隔水方法很难实施或者虽能实施，但增加的工程投资明显不合理，施工降水方案经过专家评审并通过后，可以采用管井、井点等方法进行施工降水。

（3）在控制施工扬尘方面，工程土方开挖前施工单位应按绿色施工要求，做好洗车池和冲洗设施、建筑垃圾和生活垃圾分类密闭存放装置、沙土覆盖、工地路面硬化和生活区绿化美化等工作。

（4）在渣土绿色运输方面，施工单位应按照要求，选用已办理"散装货物运输车辆准运证"的车辆，持"渣土消纳许可证"从事渣土运输作业。

（5）在降低声、光排放方面，建设单位、施工单位在签订合同时，注意施工工期安排及已签合同施工延长工期的调整，应尽量避免夜间施工。因特殊原因确需夜间施工的，必须到工程所在地区县建委办理夜间施工许可证，施工时要采取封闭措施降低施工噪声并尽可能减少强光对居民生活的干扰。

3. 绿色施工的措施与途径

（1）建设和施工单位要尽量选用高性能、低噪声、少污染的设备，采用机械化程度高的施工方式，减少使用污染排放高的各类车辆。

（2）施工区域与非施工区域间设置标准的分隔设施，做到连续、稳固、整洁、美观。硬质围栏/围挡的高度不得低于 2.5m。

（3）易产生泥浆的施工，须实行硬地坪施工；所有土堆、料堆须采取加盖防止粉尘污染的遮盖物或喷洒覆盖剂等措施。

（4）施工现场使用的热水锅炉等必须使用清洁燃料。不得在施工现场熔融沥青或焚烧油毡、油漆以及其他产生有毒、有害烟尘和恶臭气体的物质。

（5）建设工程工地应严格按照防汛要求，设置连续、通畅的排水设施和其他应急设施。

（6）市区（距居民区 1000m 范围内）禁用柴油冲击桩机、振动桩机、旋转桩机和柴油发电机，严禁敲打导管和钻杆，控制高噪声污染。

（7）施工单位须落实门前环境卫生责任制，并指定专人负责日常管理。施工现场应设密闭式垃圾站，施工垃圾、生活垃圾分类存放。

（8）生活区应设置封闭式垃圾容器，施工场地生活垃圾应实行袋装化，并委托环卫部门统一清运。

（9）鼓励建筑废料、渣土的综合利用。

（10）对危险废弃物必须设置统一的标识分类存放，收集到一定量后，交有资质的单位统一处置。

（11）合理、节约使用水、电。大型照明灯须采用俯视角，避免光污染。

（12）加强绿化工作，搬迁树木须手续齐全；在绿化施工中科学、合理地使用与处置农药，尽量减少对环境的污染。

### 10.3.3 信息化技术

建筑企业信息化是指从建筑企业规划、设计、建筑施工、竣工验收等全过程中充分利用现代信息技术和信息资源，提高建筑业集约化经营管理程度。信息化技术的应用推动了我国建筑业的变革及信息技术的不断发展和完善，使静态的信息转化为动态的，将平面的信息转化为立体的，这些变化都在一定程度上推动着建筑工程的发展。毋庸置疑，信息化技术已成为建筑企业发展过程中必不可少的手段，这一技术的运用使建筑企业以前在结构设计中遇到的瓶颈得到解决，建筑工程的质量也会大幅提高。信息化技术的主要内容如下：

（1）基于 BIM 的现场施工管理信息技术。基于 BIM 的现场施工管理信息技术是指利用 BIM 技术，并借助移动互联网技术实现施工现场可视化、虚拟化的协同管理。在施工阶段结合施工工艺及现场管理需求对设计阶段施工图模型进行信息添加、更新和完善，以得到满足施工需求的施工模型。依托标准化项目管理流程，结合移动应用技术，通过基于施工模型的深化设计，以及场布、施组、进度、材料、设备、质量、安全、竣工验收等管理应用，实现施工现场信息高效传递和实时共享，提高施工管理水平。

（2）基于大数据的项目成本分析与控制信息技术。基于大数据的项目成本分析与控制信息技术，是利用项目成本管理信息化和大数据技术更科学和有效地提升工程项目成本管理水平和管控能力的技术。通过建立大数据分析模型，充分利用项目成本管理信息系统积累的海量业务数据，按业务板块、地区、重大工程等维度进行分类、汇总，对"工、料、机"等核心成本要素进行分析，挖掘出关键成本管控指标并利用其进行成本控制，从而实现工程项目成本管理的过程管控和风险预警。

（3）基于互联网的项目多方协同管理技术。基于互联网的项目多方协同管理技术是以计算机支持协同工作（CSCW）理论为基础，以云计算、大数据、移动互联网和BIM等技术为支撑，构建的多方参与的协同工作信息化管理平台。通过工作任务协同管理、质量和安全协同管理、图档协同管理、项目成果的在线移交和验收管理、在线沟通服务，解决项目图档混乱、数据管理标准不统一等问题，实现项目各参与方之间信息共享、实时沟通，提高项目多方协同管理水平。

（4）基于移动互联网的项目动态管理信息技术。基于移动互联网的项目动态管理信息技术是指综合运用移动互联网技术、全球卫星定位技术、视频监控技术、计算机网络技术，对施工现场的设备调度、计划管理、安全质量监控等环节进行信息即时采集、记录和共享，满足现场多方协同需要，通过数据的整合分析实现项目动态实时管理，规避项目过程各类风险。

（5）基于智能化的装配式建筑产品生产与施工管理信息技术。基于智能化的装配式建筑产品生产与施工管理信息技术，是在装配式建筑产品生产和施工过程中，应用BIM、物联网、云计算、工业互联网、移动互联网等信息化技术，实现装配式建筑的工厂化生产、装配化施工、信息化管理。通过对装配式建筑产品生产过程中的深化设计、材料管理、产品制造环节进行管控，以及对施工过程中的产品进场管理、现场堆场管理、施工预拼装管理环节进行管控，实现生产过程和施工过程的信息共享，确保生产环节的产品质量和施工环节的效率，提高装配式建筑产品生产和施工管理的水平。

## 10.4　标准化管理与工法制度

### 10.4.1　标准化管理

1. 标准化管理的含义及作用

（1）标准化管理的含义

所谓标准化管理，是指为了取得最佳的经济效果，依据科学技术和实践经验，在充分协商的基础上，对经济技术活动中具有多样性和相关特性的重复事务，按一定的程序和形式颁发的统一规定。

标准化是制度化的最高形式，可运用到生产、开发设计、管理等方面，是一种非常有效的工作方法。作为一个企业能不能在市场竞争当中取胜，决定着企业的生死存亡。企业的标准化工作能不能在市场竞争当中发挥作用，这决定着标准化在企业中的地位和存在价值。

建筑标准分为强制性标准和推荐性标准两类，前者指有关安全、卫生、环境、基本功能要求、计量单位、质量测验等的标准，具有法律性；后者指勘察设计、施工工艺、产品、技术经济和管理标准等，具有权威性。

（2）标准化管理的作用

标准化管理是一项重要的社会活动，建筑企业管理中的标准化对象，主要是生产活动中具有大量重复或重复性特征的事物。在技术管理中推行标准化工作的一个直接的、主要的目的，在于获得全面的、最佳的经济效益，因此搞好企业标准化管理工作具有十分重要的意义。

标准化管理是现代化大生产的必要条件，它能使广泛的生产经营活动按标准有秩序地进行。有了标准，各项工作就有衡量的尺度，可以减少施工生产中的盲目性和管理中的混乱现象，可使管理方法定型，简化管理程序，从而提高企业的科学管理水平；标准化能够促使管理工作高效化，它规定了工艺、原料、管理的标准，有利于从技术上保证建筑产品高质量、高速度、低成本，有利于提高工程质量，为用户与社会提供合格的产品。这样一方面有利于维护用户的利益，另一方面也有利于提高企业信誉和经济效益，使企业在国内、国际竞争中处于优势。标准化也是组织专业生产的可靠技术基础。专业化、协作化要依靠标准化工作，在标准化的基础上，企业按标准组织生产，互换性、通用性强，产品性能才能适应作用要求，才能在专业化的基础上进行协作。

2. 标准化管理的原则

标准化的管理原则是对标准化行动过程的规律的认识，主要内容有以下四个方面。

（1）简化。所谓简化就是剔除多余，合并重复，增加互换性，使无秩序转化为有序，使放任转为规范管理，使混乱变为整齐，使复杂成为简单。

（2）统一。指在标准化工作中要将名词、编码、代号、标识、计量单位和标准系列等予以统一。

（3）协调。先进的标准，如工期，它能与质量、成本，得到最佳的协调。

（4）优化。指在标准化的过程中，会有多个可行方案，要加以选优，从中选择一个功能最佳的方案。

3. 标准化管理体制

工法分为企业级、省（部）级和国家级，实施分级管理。

企业级工法由建筑施工企业（以下简称企业）根据工程特点开发，通过工程实际应用，经企业组织评审和公布。

省（部）级工法由企业自愿申报，经省、自治区、直辖市住房和城乡建设主管部门或国务院有关部门（行业协会）、中央管理的有关企业［以下简称省（部）级工法主管部门］组织评审和公布。

国家级工法由企业自愿申报，经省（部）级工法主管部门推荐，由住房和城乡建设部组织评审和公布。

4. 标准化管理的内容

企业标准化是指通过少数化和基准化的方法把企业日常的大量重复的工作加以简化，使之达到效率化的行动过程。建筑企业的标准化管理是整个企业管理中不可缺少的一项管理内容，以改进企业生产经营管理，提高经济效益为目的。这项工作一般由建筑企业的技术管理部门负责，按专业进行人员分工。加强企业的标准化管理对组织企业现代化生产，提高企业的技术素质、劳动生产率和产品质量，具有重大的意义，它是企业管理的基础工作。

建筑企业标准化管理的基本任务就是执行国家有关标准化的法律、法规，贯彻国家标准、行业标准和地方标准，制定并贯彻企业标准，并对其贯彻实施情况进行检查。具体工作内容包括：认真贯彻国家制定的标准化工作方针、政策和法律法规；组织实施国家标准、行业标准和地方标准，积极推行国际标准；编制本企业标准体系表；编制本企业标准化工作计划；组织制定、修订和贯彻企业标准；对本企业标准的实施情况负责监督检查；参与研制新材料，采用新技术、新工艺，搞好企业标准化管理工作；做好标准化的情报工作，统一归口管理有关标准，建立档案，搜集国内外标准化情报资料；计算与评价标准化的效果，总结标准化经验；进行标准化宣传培训和咨询工作；承担上级下达的有关标准化任务。

5. 企业标准化推进

标准化管理在企业的管理工作中占有重要地位，通过标准化的推进和管理，可以提高企业的管理效率，提高竞争力，提高企业的产品质量，因此在企业中，标准化的推进和管理往往是企业决策层的工作核心之一。要推进在建筑企业的标准化管理，首先要建立健全适于本企业职能部门活动的标准化组织机构，如标准化小组或标准化科室，以有效地推进管理标准化的工作。同时，还必须积极采用国际先进标准，推进国际标准化组织（ISO）及其所承认的其他国际组织和国际电工委员会（IEC）已制定的相关标准。

### 10.4.2 工法制度

1. 工法的定义

住房和城乡建设部在 2014 年最新颁布实施的《工程建设工法管理办法》中对工法下了如下的定义：工法是指以工程为对象、工艺为核心，运用系统工程的原理，把先进技术和科学管理结合起来，经过工程实践形成的综合配套的施工方法。

2. 工法的分类

工法按专业分为房屋建筑工程、土木工程、工业安装工程三个类别。工艺是工法的核心，根据工法的关键核心技术（工艺）所达到的先进程度和所创造的经济效益或社会效益的大小，工法又分为国家级（一级）、省（部）级（二级）和企业级（三级）三个等级。企业经过工程实践形成的工法，其关键技术（工艺）达到国内领先水平或国际先进水平、有显著经济效益或社会效益的为国家级工法；其关键技术达到省（部）先进水平、有较好经济效益或社会效益的为省（部）级工法；其关键技术达到本企业先进水平、有一定经济效益或社会效益的为企业级工法。

3. 工法的编写

在编写过程中要注意以下几点：

（1）工法都必须经过工程实践、必须被证明是经济适用的。

（2）工法编写，选题要恰当。

（3）要区别于写工程总结。工法是针对工程规律性的原理及工艺来剖析，最后可写些工程实例。

工法编写的一般模式是：①前言（概述）；②工法特点；③工艺程序或流程；④操作要点；⑤适用机具设备；⑥执行的质量标准；⑦劳动组织与安全；⑧经济效益分析；⑨工程应用实例。

4. 工法的内涵

工法是工程施工中先进技术和科学管理的总结，具有先进性、适用性以及保证工程质量与安全、提高施工效率、降低工程成本等特点。其内涵归纳起来主要有以下几点：

（1）工法是施工实践中总结出来的先进方法

工法是施工单位在长期的工程实践中逐步积累的施工经验，经过工程实践并证明是属于技术先进、效益显著、经济适用、符合节能环保要求的施工方法，又能够在施工实践中应用。未经工程实践检验的科研成果，不属于工法的范畴。因此工法产生于施工实践之后，是对先进的施工技术的总结与提高。编制施工工法的技术必须是经过施工实践验证过的成熟技术。

（2）工法具有专业性、针对性、实践性

首先由于工法是以工程为对象，因此工法制度只能在建筑施工企业中推行，按专业又分为房屋建筑工程、土木工程、工业安装工程，具有专业性的特点；其次工法针对的主要是某个单项工程，也可以针对工程项目中的一个分部，但必须具有完整的施工工艺；成熟的工法，可以在工程施工中参照实行，具有很强的实践性。

（3）工法是技术与管理、组织的结合

工法是以工艺为核心，运用系统工程原理，把先进技术和科学管理结合起来的产物，并非一个单纯的施工技术。工法中不仅应该含有工艺原理、工艺流程及操作要点等技术上的内容，且应含有适用范围、劳动组织、安全措施、质量要求、经济和社会效益等标准化的技术管理上的内容，具有较强的系统性、科学性和实用性，是一个综合配套的施工方法，综合反映了施工技术与施工管理的结合。

（4）工法是企业技术水平的重要标志

工法是施工企业标准的重要组成部分，是指导企业施工与管理的一种规范化文件、高层次的技术标准，更是企业技术水平和施工能力的重要标志。企业所开发的工法的等级（国家级或省部级）、数量、配套程度是企业技术优势的重要体现，是施工企业的核心竞争力和参与市场竞争的重要武器。

（5）工法具有推广价值和经济效益

不是任何一项施工技术都可称为工法，必须能够经过推广应用、产生较好的经济效益，才能称为工法，好的工法可以由企业标准向行业标准与国家规范提升。工法要有较广的工程应用对象，对保证工程质量、保护环境、提高施工效率、降低工程成本等有明显的作用，具有显著的经济或社会效益。

5. 工法管理办法的主要内容

（1）为促进建筑施工企业技术创新，提升施工技术水平，规范工程建设工法的管理，制定本办法。

（2）工法必须符合国家工程建设的方针、政策和标准，具有先进性、科学性和适用性，能保证工程质量安全、提高施工效率和综合效益，满足节约资源、保护环境等要求。

（3）企业应当建立工法管理制度，根据工程特点制订工法开发计划，定期组织企业级工法评审，并将公布的企业级工法向省（部）级工法主管部门备案。

（4）企业应在工程建设中积极推广应用工法，推动技术创新成果转化，提升工程施工的科技含量。

（5）省（部）级工法主管部门应当督促指导企业开展工法开发和推广应用，组织省

（部）级工法评审，将公布的省（部）级工法报住房和城乡建设部备案，择优推荐申报国家级工法。

（6）住房和城乡建设部每两年组织一次国家级工法评审，评审遵循优中选优、总量控制的原则。

（7）国家级工法申报遵循企业自愿原则，每项工法由一家建筑施工企业申报，主要完成人员不超过5人。申报企业应是开发应用工法的主要完成单位。

（8）国家级工法有效期为8年。对有效期内的国家级工法，其完成单位应注意技术跟踪，注重创新和发展，保持工法技术的先进性和适用性。超出有效期的国家级工法仍具有先进性的，工法完成单位可重新申报。

（9）获得国家级工法证书的单位为该工法的所有权人。工法所有权人可根据国家有关法律法规的规定有偿转让工法使用权，但工法完成单位、主要完成人员不得变更。未经工法所有权人同意，任何单位和个人不得擅自公开工法的关键技术内容。

（10）鼓励企业采用新技术、新工艺、新材料、新设备，加快技术积累和科技成果转化。鼓励符合专利法、科学技术奖励规定条件的工法及其关键技术申请专利和科学技术发明、进步奖。

（11）各级住房城乡建设主管部门和有关部门应积极推动将技术领先、应用广泛、效益显著的工法纳入相关的国家标准、行业标准和地方标准。

（12）企业提供虚假材料申报国家级工法的，予以全国通报，5年内不受理其申报国家级工法。企业以剽窃作假等欺骗手段获得国家级工法的，撤销其国家级工法称号，予以全国通报，5年内不受理其申报国家级工法。企业提供虚假材料申报国家级工法，或以剽窃作假等欺骗手段获得国家级工法的，作为不良行为记录，记入企业信用档案。

6. 工法管理及应用

企业的工法管理工作应由总工程师负责领导，并设立相应各级主管机构和专人负责日常管理工作。主要职责是负责组织本企业的工法立项、申报、评审和公布，以及推广应用、考核和奖励等日常管理工作。目前国家级工法每两年评审、公布一次，企业可根据具体情况做出相应的安排。

工法是一项技术性工作，企业要经常做好宣传和推广应用工作，不断完善管理体制，建立健全规章制度，使工法工作不断发展完善，要在物质和人力上加大投入，从政策上调动广大工程技术人员的积极性，对工法工作中有贡献的工程技术人员应予以奖励，并作为考核、晋升和职称评定的依据。

认真做好工法的申报、评审和公布工作。这是一项细致和时间性很强的工作，应按国家有关规定及时完成。

加强工法推广应用工作。工法编制的目的在于应用，企业应选择合适工程积极推广应用，通过工程实践再总结修订工法，使之不断充实和完善；成为企业的优势技术，增强企业在建筑市场中的竞争实力。根据当前应用较好企业的经验，越是工程项目难度大，任务重，企业的技术攻关课题多，推广应用效果就越好，企业的经济效益好，实力增强，对工法的投入就多，形成良性循环。所以工法的应用与效益和再投入有着密切联系。

# 本 章 小 结

建筑企业技术管理是对建筑企业中的各项技术活动过程和技术工作的各种要素进行的科学管理工作，它的基本任务主要有五个方面，工作内容包括基础工作和基本工作两个部分。基础工作是指为实现技术管理创造前提条件的最基本工作，基本工作是紧紧围绕技术管理的基本任务而展开的，它与技术管理的基础工作之间是相辅相成、相互依赖的关系。

图纸会审是指工程各参建单位（建设单位、监理单位、施工单位等相关单位）在收到施工图审查机构审查合格的施工图设计文件后，在设计交底前进行全面细致的熟悉和审查施工图纸的活动。施工技术交底是指在某一单位工程开工前，或一个分项工程施工前，由相关专业技术人员向参与施工的人员进行的技术性交代。技术检验是指对施工所需材料及构件在施工前进行的试验和检验，它是合理使用资源，确保工程质量的重要措施。技术复核是指在施工过程中，对重要的和涉及工程全局的技术工作，依据设计文件和有关技术标准进行的复查和核验。技术核定，就是需要进行设计变更时，必须经过有关部门的充分协商，在技术上、经济上、质量上、使用功能上、结构强度上进行全面考虑和技术复核，然后再写成技术核定单，经设计单位、建设单位和施工单位三方有关人员签署认可后，与设计图纸具有同等效力，是指导施工的依据。

技术改造是指企业为了提高经济效益、提高产品质量、增加花色品种、促进产品升级换代、扩大出口、降低成本、节约能耗、加强资源综合利用和三废治理、劳保安全等，采用先进的、适用的新技术、新工艺、新设备、新材料等对现有设施、生产工艺条件进行的改造。技术引进是指一个国家或地区的企业、研究单位、机构通过一定方式从本国或其他国家、地区的企业、研究单位、机构获得先进适用的技术的行为。技术开发（Technical Development）是把研究所得到的发现或一般科学知识应用于产品和工艺上的技术活动。建筑企业在发展的过程中也要注重新技术的应用，例如积极应用住房和城乡建设部发布的《建筑业 10 项新技术（2017）》：地基基础和地下空间技术；钢筋与混凝土技术；模板脚手架技术；装配式混凝土结构技术；钢结构技术；机电安装工程技术；绿色施工技术；防水技术与围护结构节能；抗震、加固与监测技术；信息化应用技术。

标准化管理是指为了取得最佳的经济效果，依据科学技术和实践经验，在充分协商的基础上，对经济技术活动中具有多样性和相关特性的重复事物，按一定的程序和形式颁发的统一规定。企业的工法管理工作应由总工程师领导，并设立相应各级主管机构和专人负责日常管理工作。主要职责是负责组织本企业的工法立项、申报、评审和公布，以及推广应用、考核和奖励等日常管理工作。目前国家级工法每两年评审、公布一次，企业可根据具体情况做出相应的安排。

**案例分析一**

## "所见即所得"，BIM 可视化交底

如今 BIM 技术在整个工程建设行业的应用已十分广泛，贯穿于设计、施工以及后期

运营维护的方方面面。基于 BIM 技术的可视化交底不仅能直观地看到三维模型，还能精确地统计出像脚手架、模板、钢筋等复杂分部工程的工程量，为成本控制、进度控制、质量控制提供可靠依据，提高项目的经济效益。

BIM 可视化交底主要指：基于 BIM 技术进行建筑项目模型三维可视化；项目设计、建造、运营整个建设过程可视化；辅助设计施工，方便进行更好的沟通、讨论与决策。亦或指在传统交底基础上融入 BIM 技术，让施工提前"所见"，让现场完工"所得"。运用 BIM 的可视化特性，将工艺工法等具体的文字性要求，以三维模型及动画的方式有针对性地还原作业面现场，将以往枯燥的文字步骤生动地予以展现，加大被交底人对现场环境的感知，进一步加深其感官印象，让被交底人迅速全方位掌握最基础最重要的操作要点，同时也让管理人员迅速抓住质量和安全管控要点。

余杭 CBD 商务中心位于杭州余杭区创业科技园，总用地面积 4.8 万 m²，总建筑面积 46.4 万 m²，地上建筑面积 36.4 万 m²，地下总建筑面积 10 万 m²。由 4 栋超高住宅楼，1 栋超高综合体及一个大型商场组成。其中 5 号楼超高综合体（高度 273.9m）为杭州市在建最高楼之一，采用框架核心筒结构体系，其余均采用剪力墙结构。该项目作为重点工程项目，专业分包多，作业交叉面广，工序穿插困难，图纸版本及设计变更多，总承包管理难度大。其中 5 号楼为超高层，深基坑，且有多处高支模，还面临工期紧、成本把控严、场地受制约等挑战，采用 BIM 技术进行方案模拟、三维交底、成本分析及进度管控有助于减少返工浪费、加快施工进度，提升项目效益。其中基于 BIM 技术的可视化交底主要体现在以下几方面：

（1）施工模型 BIM 技术交底

为保证建模过程与实际施工相结合，项目制订了 BIM 技术应用标准，项目 BIM 实施策划，项目 BIM 管理制度，确定并统一了 BIM 模型的构件标准和交付标准，最大程度上保证了 BIM 技术在施工现场实施落地。该项目在三维可视化应用上利用 Revit 系列中 Revit Architecture、Revit Structure 等软件对余杭 CBD 项目工程建立建筑模型及结构模型。通过建模过程，将传统的 2D 平面视图转化为可视化的 3D 模型，加快了对设计意图的理解，让项目管理者对工程的施工流程以及重难点分析透彻，为项目施工做好决策。

（2）深化施工 BIM 技术交底

项目采用 Tekla 软件建立了核心筒区域劲性柱模型，且钢结构地脚锚杆定位是施工的重难点，设计院并未给出地脚锚杆固定方式，故通过 BIM 技术，提出限位板预先固定方法，深化限位板造型，避免与现浇结构钢筋产生碰撞，并出具图纸，用于现场预加工。通过控制起步位置、合理排布铆钉间距或钢筋间距优化构件排布，避免钢构与钢筋碰撞，解决现场梁密集钢筋与钢构支座构件间的冲突；在图纸会审时运用 BIM 技术，对管线综合排布质量与效果进行可视化审核，对存在问题的地方能够更加直观的表现，并提出深化优化方案，提高管线综合的审图效率与图纸审批效率。

（3）专业协调 BIM 技术交底

传统的专业施工协调方法是基于 2D 平面进行，对于隐藏点很难表现出来，尤其是构件与空间、人员与空间的软碰撞。通过 BIM 软件平台的碰撞检测功能，实现各专业模型之间的碰撞检测，并忽略不必要碰撞，为项目实际施工提供精确指导。三维模型的直观性，不仅帮助项目高效率地查找出了平面图纸所看不出的问题，同时加快了各专业管理人员对图纸问题的解决效率。在建筑模型与结构模型碰撞中，梁底标高问题最多，共发现问题 26 处，项目部将问题汇总，与设计院及时联系，在结构施工前通过设计修改将问题提前解决，提高了施工效率。

（4）施工过程 BIM 技术交底

由于本工程体量大，功能业态丰富，专业分包多，综合布线要求高，同时工期紧张，所以通过 5D 施工进度模拟，关联各流水段划分区块及商务预算，对进度任务进行资金及时间核校及分析，对各流水段资源利用率进行模拟，能够有效地对工程进度进行管控。在三维施工交底上，充分利用 BIM 模型的三维化特点，对样板房砌体进行排砖布置、出图，进行三维交底，指导现场施工，并配合实测实量开展工作。因虚拟样板（模型）具有不占场地、没有误差、不会损坏、方便查看等优点，故现场采用三维虚拟样板与实体样板相结合的方式，通过 BIM 动画及模型进行交底，更有利于减少施工误差，加快施工进度，保证项目顺利进行。

施工可视化交底，可视化是方式，交底是目的。相对于文字性交底而言，可视化最突出的特点是直观明了，以大量的图片视频对所要描述的信息予以直截了当的交代，视觉上的读图显然其效率要强于阅读文字，告别了枯燥的书面讲解，让重点内容信息垂直传递。BIM 施工可视化的表达方法"所见即所得"，更有利于施工人员直观领悟，让其能真正看到、听到、说到、做到，提高建筑从业人员的整体素质，奠定企业文明施工、安全生产的良好基础。

**案例来源：**

[1] 佚名 . 这些实用的 BIM 技术交底，你 get 到了吗？[EB/OL]. （2022-05-23）

[2] 佚名 . BIM 技术在 CBD 项目施工总承包工程中的应用 [EB/OL]. （2021-04-12）

**案例分析题：**

1. BIM 可视化交底对该建设项目的顺利进行起到了怎样的作用？

2. BIM 可视化交底与传统项目管理中的技术交底相比存在怎样的优势？

# 案例分析二

## "双碳"背景下广东省中建科工办公楼新技术的应用

在"碳达峰碳中和"的时代背景下，中建科工积极践行绿色低碳发展理念，研发推广绿色建筑、近零能耗建筑。最近，在广东省惠州市，中建科工绿色科技有限公司既有建筑零能耗改造办公楼正式投入使用。该办公楼经过近 20 年的使用，存在外墙屋面老化渗漏、保温隔热性能差和能耗高等问题。秉承着轻改造、被动优先主动优化和最大化利用可再生能源三大原则，通过节能、产能、光储直柔等技术创新，将该老旧建筑改造成了零碳、零能耗、零排放、零废水的"四零建筑"。

（1）被动式节能技术

被动式节能技术主要涉及保温性、节能门窗、气密性、新风换气系统等几方面，最大限度利用建筑本身的热量，进行供暖和制冷，并通过被动式设计使整个建筑达到严格的密闭保温，从而把主动的供暖或制冷能耗降到最低。该项目为满足夏热冬暖地区隔热遮阳的要求,外窗玻璃采用双层中空 Low-E 玻璃,外墙采用保温岩棉,并在真石漆外层应用了反射隔热涂料,使得墙体传热系数达到 0.47W/(m²·K)。在此基础上,设计人员结合光环境分析结果,创新采用了光伏发电和遮阳一体化设计,将 0 透光率的碲化镉光伏面板作为南侧外窗的水平遮阳构件。大楼南侧门厅入口采用了呼吸式旋转门,与建筑北侧外窗智能联动,可根据室内外温度和湿度智能开启。在过渡季节,室外气温低于室内气温,且湿度适宜时,旋转门和智能窗将自动开启,利用穿堂风和烟囱效应,提高室内舒适度的同时引进室外新鲜空气。

(2) 主动式节能技术

主动式节能技术是指通过调节建筑物内外环境来降低能耗的技术,包括常规建筑设备系统能效提高、新技术利用以及可再生能源的使用。光伏建筑一体化是应用太阳能发电的一种新概念,将太阳能光伏发电方阵安装在建筑的围护结构外表面来提供电力,同时作为建筑结构的功能部分,取代部分传统建筑结构,如屋面、建筑立面、遮雨棚等。结合室内采光需求,中建科工在办公楼的南侧和西侧立面,采用了不同透光率的碲化镉光伏玻璃,在考虑产能的同时最大限度兼顾建筑遮阳。屋顶采用高效单晶硅组件,并采用悬挑架空式光伏设计,最大程度增加光伏面积的同时保障屋顶活动空间。改造后,整栋建筑光伏装机容量 162kW,预计年发电量 14 万 kWh。

(3) 光储直柔技术

光储直柔是一种新型配电方式,"光"是分布式光伏发电,是替代火力发电,减少碳排放的重点技术;"储"是多样化分布式储能,通过充放电控制,作为建筑能量的调蓄池;"直"是建筑配电系统直流化,减少交流—直流转换,提升用电效率;"柔"是直流电压变化传递对负荷用电的需求,进行自律调节,打造柔性负载。光储直柔技术是平抑电网波动、有效消纳可再生能源、实现建筑"碳中和"的有效手段。在办公楼东南侧,有一座特别的"能量魔方",这是中建科工自主研发和建造的光储直柔综合智慧能源管理产品,也是零能耗办公楼的能源控制中枢。通过模块化集成技术,形成光伏发电、高效储能、直流输电和柔性用电的"源网荷储"智慧能源系统。"能量魔方"采用 750V 直流母线,通过高效 DC/DC 模块为办公楼提供直流用电,结合 550kWh 的储能系统,可为办公楼和园区提供高效、稳定、柔性的用电,实现"削峰填谷"。

聚焦既有建筑改造,打造绿色智慧健康的零能耗办公楼。通过改造,该建筑能耗由改造前的 107kWh/m²·a 降低为改造后 50kWh/m²·a,每年可减少 22t 二氧化碳排放,相当于植树造林 2.4 公顷(建筑占地面积的 40 倍)。大楼综合可再生能源年发电量预计达到 14 万 kWh,远大于建筑物 7.5 万 kWh 的年需求量,多余的绿电将供园区其他建筑使用,这也使得大楼不仅自身实现了零碳建筑目标,还是一栋实实在在的产能建筑。

**案例来源**:江门市勘察设计协会. 既有建筑零能耗改造办公楼来了![EB/OL].(2022-08-02)

**案例分析题:**

1. 结合案例分析广东省中建科工老旧办公楼改建过程中采用了哪些新技术?

2. 结合案例分析这些新技术的采用是如何帮助这栋办公楼实现"四零建筑"目标的?

## 思 考 与 练 习 题

1. 建筑企业技术管理的主要任务有哪些?
2. 如何进行图纸会审与交底?
3. 简述技术交底的内容及组织。
4. 简述建筑企业新技术应用的主要内容。
5. 绿色施工的措施与途径是什么?
6. 什么是技术开发? 技术开发有哪些途径?
7. 什么是标准化? 标准化有哪些内容?
8. 工法管理的含义及内容是什么?

# 11 建筑企业质量管理

## 本章要点及学习目标

1. 了解质量及建筑工程质量的概念。
2. 掌握全面质量管理的特点、程序和方法。
3. 理解在 BIM 下建筑企业质量管理的改变。
4. 了解企业质量管理体系的建立与实施。
5. 掌握建筑工程质量的检查与验收。
6. 了解建筑企业质量文化的建立。

## 引导案例

### 合肥公交亭项目的质量责任体系

2018 年"合肥公交亭倒塌"事故备受行业争议。在该工程质量事故中，建设单位、设计单位、监理单位、施工单位在内的项目相关方主体，都暴露出自身存在的质量责任问题。

"合肥公交亭倒塌"事故的直接原因，系连接公交站亭顶板与立柱的承托弓铸铝件强度不足，发生断裂，造成顶板倒塌。但质量责任体系中的各相关方主体，均难辞其咎。建设单位在公交亭项目的设计、招标、建设、监管等环节存在明显失职。如低价中标，该项目预算 1500 万元，承包商却能以 711.58 万余元中标；再如，用于施工的图纸未加盖出图章和注册章，也未经第三方审图。设计单位方面，设计深度未达国家标准，图纸修改未经审查。而此次事件中的设计图纸并未得到设计单位的签字盖章，意为"白图"。该项目施工单位法定代表人、项目实际承包人、项目监理工程师、项目设计负责人因涉嫌"工程重大安全事故罪"被刑事拘留。建设单位在整个工程建设活动中，长期占据强势主导地位，负责工程建设各环节的全面管理，设计单位出现"白图"、施工单位偷换材料、监理单位未曾抽检复验，这么多环节问题集中出现，绝非建设单位疏于管理能够解释的，毕竟在"五方责任主体终身负责制"下，设计单位、施工单位、监理单位，并非每一家都敢铤而走险。由此可见，"合肥公交亭倒塌"事故原因，虽然主要由于设计深度未达国家标准，图纸修改未经审查，但设计单位出具"白图"的举动，未尝不能看作其对于工程质量安全底线最后的挣扎，"白图"背后的压力来源也十分耐人寻味，令人深思。

**案例来源**：潘力维. 合肥公交站亭倒塌事故调查出炉——为工程重大安全事故［EB/OL］. 中国新闻网，（2018-02-04）

# *11.1*  质 量 管 理 概 述

### 11.1.1  质量、建筑工程质量的概念

1. 质量的基本概念

2015 版 ISO 9000 标准中质量的定义是：

一个关注质量的组织倡导一种文化，其结果导致其行为、态度、活动和过程，它们通过满足顾客和其他有关的相关方的需求和期望创造价值。

组织的产品和服务质量取决于满足顾客的能力以及对有关的相关方预期或非预期的影响。

产品和服务的质量不仅包括其预期的功能和性能，而且还涉及顾客对其价值和利益的感知。

2. 建筑工程质量的概念

建筑工程质量的概念分为狭义和广义两种。狭义的建筑工程质量是指工程符合业主需要而具备的使用功能。这一概念强调的是工程的实体质量，如基础是否坚固、主体结构是否安全以及通风、采光是否合理等。

广义的建筑工程质量不仅包括工程的实体质量，还包括形成实体质量的工作质量。工作质量是指参与工程的建设者为了保证工程实体质量所从事工作的水平和完善程度，包括社会工作质量，如社会调查、市场预测、质量回访和保修服务等；生产过程工作质量，如管理工作质量、技术工作质量和后勤工作质量等。工作质量直接决定了实体质量，工程实体质量的好坏是决策、建设工程勘察、设计、施工等单位各方面、各环节工作质量的综合反映。

因此，我们须从广义上理解建筑工程质量的概念，而不能仅仅把认识停留在工程的实体质量上。过去对建筑工程质量的管理通常是一种事后的行为，往往是在出现工程质量问题后才追究有关方面的工程质量责任，这时即使对责任主体依法惩处，也无法挽回已经造成的损失。如果在工程质量形成过程中就对参建单位的建设活动进行规范化管理，就可以将工程质量隐患消灭在萌芽状态，这样做虽然加大了工作量，却有效地解决了工程质量问题。

与一般的产品质量相比较，建筑工程质量具有如下一些特点：

（1）影响因素多，质量变动大

决策、设计、材料、机械、环境、施工工艺、管理制度以及参建人员素质等均直接或间接地影响建筑工程质量。工程项目建设不像一般工业产品的生产那样，有固定的生产流水线，有规范化的生产工艺和完善的检测技术，有成套的生产设备和稳定的生产环境，因此它具有受影响因素多、质量波动较大的特点。

（2）隐蔽性强，终检局限性大

先期存在的质量问题，事后表面上质量很好，但这时可能混凝土已经失去了强度，钢筋已经被锈蚀得完全失去了作用，诸如此类的工程质量问题在终检时是很难通过肉眼判断出来的，有时即使用上检测工具，也不一定能发现问题。

（3）对社会环境影响大

与工程规划、设计、施工质量的好坏有密切联系的不仅仅是使用者，而是整个社会。

建筑工程质量不仅直接影响人民群众的生产生活，而且还影响着社会可持续发展的环境，特别是有关绿化、环保和噪声等方面的问题。

（4）工程建设各阶段对质量都存在着影响

工程项目具有周期长的特点，工程质量不是在旦夕之间形成的。人们常常对设计和施工阶段比较重视，但工程建设各阶段紧密衔接，互相制约影响，所以工程建设的每一阶段均对建筑工程质量的形成产生十分重要的影响。

（5）评价方法的特殊性

工程质量的检查评定及验收是按检验批、分项工程、分部工程、单位工程进行的。工程质量是在施工单位按合格质量标准自行检查评定的基础上，组织有关单位、人员确认验收。这种评价方法体现了"验评分离、强化验收、完善手段、过程控制"的思想。

### 11.1.2 质量管理的发展过程

随着生产力和科学技术的发展，国内外企业质量管理的发展大体上经历了三个阶段：

1. 质量检验阶段（1920—1940 年）

20 世纪前，产品质量主要依靠操作者本人的技艺水平和经验来保证，属于"操作者的质量管理"。20 世纪初，以泰勒（F·W·Taylor）为代表的科学管理理论的产生，促使产品的质量检验从加工制造中分离出来，质量管理的职能由操作者转移给工长，是"工长的质量管理"。随着企业生产规模的扩大和产品复杂程度的提高，产品有了技术标准（技术条件），公差制度（见公差制）也日趋完善，各种检验工具和检验技术也随之发展，大多数企业开始设置检验部门，有的直属于厂长领导，这时是"检验员的质量管理"。上述几种做法都属于事后检验的质量管理方式。

2. 统计质量控制阶段（1940—1960 年）

1924 年，美国数理统计学家休哈特提出控制和预防缺陷的概念。他运用数理统计的原理提出在生产过程中控制产品质量的"$6\sigma$"法，绘制出第一张控制图并建立了一套统计卡片。与此同时，美国贝尔研究所提出关于抽样检验的概念及其实施方案，成为运用数理统计理论解决质量问题的先驱，但当时并未被普遍接受。以数理统计理论为基础的统计质量控制的推广应用始自第二次世界大战。由于事后检验无法控制武器弹药的质量，美国国防部决定把数理统计法用于质量管理，并由标准协会制定有关数理统计方法应用于质量管理方面的规划，成立了专门委员会，并于 1941—1942 年先后公布一批美国战时的质量管理标准。

3. 全面质量管理阶段（1960 年至今）

20 世纪 50 年代以来，随着生产力的迅速发展和科学技术的日新月异，人们对产品的质量从注重产品的一般性能发展为注重产品的耐用性、可靠性、安全性、维修性和经济性等。在生产技术和企业管理中要求运用系统的观点来研究质量问题。在管理理论上也有新的发展，突出重视人的因素，强调依靠企业全体人员的努力来保证质量。此外，还有"保护消费者利益"运动的兴起，企业之间市场竞争越来越激烈。在这种情况下，费根鲍姆（Armand V·Feigenbaum）于 20 世纪 60 年代初提出全面质量管理的概念。他提出，全面质量管理是"为了能够在最经济的水平上、并考虑充分满足顾客要求的条件下进行生产和提供服务，并把企业各部门在研制质量、维持质量和提高质量方面的活动构成为一体的一种有效体系。"

### 11.1.3　全面质量管理的概念及特点

**1. 全面质量管理的概念**

全面质量管理是以组织全员参与为基础的质量管理形式。全面质量管理代表了质量管理发展的最新阶段，该理念起源于美国，后来在其他一些工业发达国家开始推行，并且在实践运用中各有所长。特别是日本，在 20 世纪 60 年代以后推行全面质量管理并取得了丰硕的成果，引起世界各国的瞩目。

全面质量管理在早期称为 TQC（Total Quality Control），以后随着进一步发展而演化成为 TQM（Total Quality Management）。费根鲍姆于 1961 年在其《全面质量管理》一书中首先提出了全面质量管理的概念："全面质量管理是为了能够在最经济的水平上，并考虑到充分满足用户要求的条件下进行市场研究、设计、生产和服务，把企业内各部门研制质量、维持质量和提高质量的活动构成为一体的一种有效体系。"费氏的这个定义强调了以下三个方面。首先，这里的"全面"一词是相对于统计质量控制中的"统计"而言。也就是说要生产出满足顾客要求的产品，提供顾客满意的服务，单靠统计方法控制生产过程是很不够的，必须综合运用各种管理方法和手段，充分发挥组织中每一个成员的作用，从而更全面地去解决质量问题。其次，"全面"还相对于制造过程而言。产品质量有个产生、形成和实现的过程，这一过程包括市场研究、研制、设计、制定标准、制定工艺、采购、配备设备与工装、加工制造、工序控制、检验、销售、售后服务等多个环节，它们相互制约、共同作用的结果决定出最终的质量水准。仅仅局限于只对制造过程实行控制是远远不够的。再次，质量应当是"最经济的水平"与"充分满足用户要求"的完美统一，离开经济效益和质量成本去谈质量是没有实际意义的。

费氏的全面质量管理观点在世界范围内得到了广泛接受。但各个国家在实践中都结合自己的实际进行了创新。特别是 20 世纪 80 年代后期以来，全面质量管理得到了进一步的扩展和深化，其含义远远超出一般意义上的质量管理的领域，而成为一种综合的、全面的经营管理方式和理念。在这一过程中，全面质量管理的概念也得到了进一步的发展。

**2. 全面质量管理的特点**

全面质量管理与一般的质量管理理念相比，表现出如下几个方面的特点。

（1）全面质量管理

建筑工程项目的全面质量管理，是指项目参与各方所进行的工程项目质量管理的总称，其中包括工程（产品）质量和工作质量的全面管理。工作质量是产品质量的保证，工作质量直接影响产品质量的形成。建设单位、监理单位、勘察单位、设计单位、施工总承包单位、施工分包单位、材料设备供应商等，任何一方、任何环节的怠慢疏忽或质量责任不落实都会造成对建设工程质量的不利影响。

（2）全过程质量管理

全过程质量管理，是指根据工程质量的形成规律，从源头抓起，全过程推进。《质量管理体系　基础和术语》GB/T 19000—2016 强调质量管理的"过程方法"管理原则，要求应用"过程方法"进行全过程质量控制。要控制的主要过程有：项目策划与决策过程、勘察设计过程、设备材料采购过程、施工组织与实施过程、检测设施控制与计量过程、施工生产的检验试验过程、工程质量的评定过程、工程竣工验收与交付过程、工程回访维修服务过程等。

（3）全员参与质量管理

按照全面质量管理的思想,组织内部的每个部门和工作岗位都承担着相应的质量职能,组织的最高管理者确定了质量方针和目标,就应组织和动员全体员工参与到实施质量方针的系统活动中去,发挥自己的角色作用。开展全员参与质量管理的重要手段就是运用目标管理方法,将组织的质量总目标逐级进行分解,使之形成自上而下的质量目标分解体系和自下而上的质量目标保证体系,发挥组织系统内部每个工作岗位、部门或团队在实现质量总目标过程中的作用。

上述"三全",都是围绕着"有效地利用人力、物力、财力、信息等资源,以最经济的手段生产出顾客满意的产品"这一企业目标的,这是企业推行全面质量管理的出发点和落脚点,也是全面质量管理的基本特点与要求。坚持质量第一,把顾客的需要放在第一位,树立为顾客服务、对顾客负责的思想,是企业推行全面质量管理贯彻始终的指导思想。

### 11.1.4 PDCA 循环

全面质量管理保证体系运转的基本方式是以计划—实施—检查—控制（Plan，Do，Check，Action，PDCA）的科学程序进行管理循环。这个循环包括质量保证体系活动必须经历的四个阶段和八个步骤,不停顿地周而复始地运转。它体现了全面质量管理的先进思想方法和科学的工作步骤。

1. PDCA 循环的程序和内容

PDCA 循环包括的质量保证体系活动必须经历的四个阶段和八个步骤具体如下。

（1）计划阶段

它包括制定质量方针、目标、措施和管理项目等计划活动。具体包括以下四个步骤：

第一步：调查分析质量现状找出存在的问题；

第二步：查出产生质量问题的原因；

第三步：从各种质量问题原因中找出主要原因；

第四步：针对主要原因制订出明确具体的措施计划（包括实施方案、预计效果、时间进度、负责部门、执行者和完成方法等内容）。

（2）实施阶段

这是管理循环的第五个步骤,它是按照预定计划和措施具体组织实施和执行的过程。

（3）检查阶段

这是管理循环的第六个步骤。它是把执行的结果与预定的目标对比,检查按预定计划目标的执行情况哪些做了,哪些还没做；哪些做对了,哪些做错了；总结成功经验；找出失败的教训并分析其原因。

（4）处理阶段

它包括第七、第八两个步骤。

第七步：总结经验教训。把成功的经验加以肯定,制定成标准,以便再用时有所遵循；把失败的教训进行总结整理,记录在案,作为前车之鉴,防止以后再次发生。

第八步：处理遗留问题,即把没有解决的问题转入下一个管理循环,作为下一个管理循环的第一阶段计划目标。

质量保证体系运转的基本方式——计划、实施、检查、处理,即管理循环工作程序的四个阶段、八个步骤,可以分别表示成图 11-1 的形式和表 11-1 的内容。

## 2. PDCA 循环的特点

质量保证体系按照 PDCA 管理循环运行时,有以下三个特点:

(1)大环套小环,互相促进

小环是大环的分解,大环是小环的母体,小环保小环,推动大循环。PDCA 循环作为企业管理的一种科学方法,适用于企业管理各方面的工作。整个企业是一个大 PDCA 循环系统。各个部门又都各自成 PDCA 循环,依次有车间、班组,乃至每个人的更小循环。这些逐级分层的 PDCA 循环不断地运转,把企业各项工作有机地联系起来,彼此协同,互相促进,如图 11-2 所示。

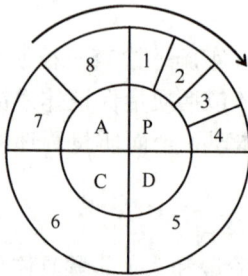

图 11-1  PDCA 循环示意图

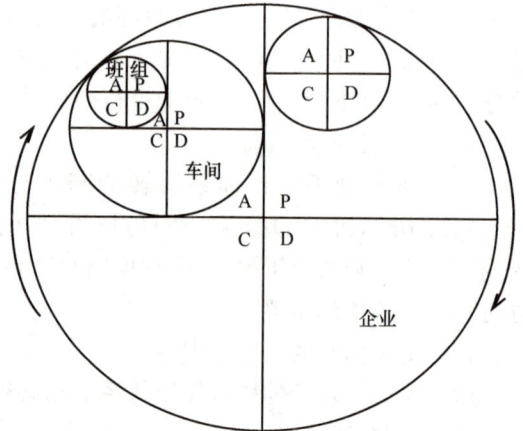

图 11-2  大环套小环

PDCA 循环工作程序内容表 表 11-1

| PDCA 循环 | | 八个工作步骤 |
|---|---|---|
| 第一阶段 | 计划:P | 1. 检查质量现状,找出存在问题<br>2. 查出产生质量问题的原因<br>3. 找出主要原因<br>4. 针对主要原因,制订出具体实施计划 |
| 第二阶段 | 实施:D | 5. 贯彻和实施预定计划和措施 |
| 第三阶段 | 检查:C | 6. 检查预定目标执行情况 |
| 第四阶段 | 处理:A | 7. 总结经验教训<br>8. 遗留问题转入下一个管理循环 |

(2) PDCA 循环每转动一周就是提高一步

管理循环的四个阶段周而复始的转动,如同一个循环的车轮,每转动一次就前进一步。又像在上楼梯,向上滚动,每旋转一周就上升一个台阶,达到一个新的目标。不停地转动,不停地提高,如图 11-3 所示。

(3) PDCA 循环是综合性循环

把管理过程划为四个阶段是相对的,它们之间不是截然分开的,而是紧紧衔接存在一定交叉。PDCA 的实际工作过程就是,边计划边执

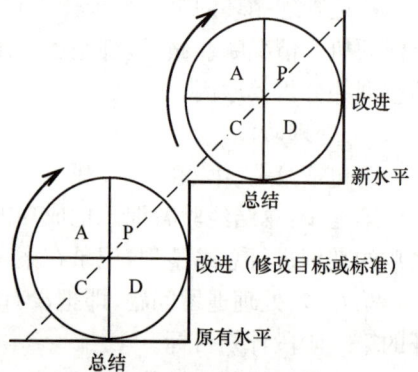

图 11-3  循环上升图

行，边执行边检验，边检验边总结，边总结边改进，边改进边制订下个循环的计划的过程。

## 11.2 建筑企业一体化管理体系的建立

### 11.2.1 ISO 9000 质量管理体系标准概况

1. ISO 9000 族标准的生产及发展

ISO 9000 族标准是国际标准化组织（英文缩写为 ISO）于 1987 年制定，后经不断修改完善而成的系列标准。现已有 90 多个国家和地区将此标准等同转化为国家标准。ISO 9000 族标准的发展主要经历以下几个阶段：

（1）ISO/TC 176 参照各国标准于 1986 年发布了 ISO 8402，并于 1987 年发布 ISO 9000、ISO 9001/2/3/4，通称为 ISO 9000 系列 87 版标准。后来又逐渐发展成为 ISO 9000 族标准，使各国的 QM 和 QA 活动统一在它的基础上，产生了积极深远的影响。

（2）ISO/TC 176 于 1990 年发布了《2000 年展望》，并决定按其理念对 87 版标准分两个阶段进行修订：第一阶段修改（有限修改），形成了 94 版标准；第二阶段修改，形成了 2000 版标准：总体结构和技术内容彻底修改，形成 4 个核心标准；对提高组织的运作能力、增强国际贸易、保护顾客利益、提高认证的有效性等都产生积极而深远的影响。

（3）2000 版发布后的变化

1）2002 年 10 月 1 日发布了 ISO 19011：2002《质量和（或）环境管理体系审核指南》。

2）2005 年 9 月 15 日发布了 ISO 9000：2005《质量管理体系基础和术语》。

3）2008 年 11 月 15 日发布了 ISO 9001：2008，主要对规范性文件内容的特定部分的修改、增加或删除。

4）2015 年 9 月 15 日发布了 ISO 9000：2015，主要对一些术语的定义、体系的原则做了修改、删除。

2. ISO 9000 族标准的内涵

ISO 9000 族标准并不是产品的技术标准，而是针对组织的管理结构、人员、技术能力、各项规章制度、技术文件和内部监督机制等一系列体现组织保证产品及服务质量的管理措施的标准。具体地讲 ISO 9000 族标准就是在以下 4 个方面规范质量管理：

（1）机构：标准明确规定了为保证产品质量而必须建立的管理机构及职责权限。

（2）程序：组织的产品生产必须制定规章制度、技术标准、质量手册、质量体系操作检查程序，并使之文件化。

（3）过程：质量控制是对生产的全部过程加以控制，是面的控制，不是点的控制。从根据市场调研确定产品、设计产品、采购原材料，到生产、检验、包装和储运等，其全过程按程序要求控制质量，并要求过程具有标识性、监督性、可追溯性。

（4）总结：不断地总结、评价质量管理体系，不断地改进质量管理体系，使质量管理呈螺旋式上升。

ISO 9000 族标准是在总结了世界经济发达国家的质量管理实践经验的基础上制定的具有通用性和指导性的国际标准。实施 ISO 9000 族标准，可以促进组织质量管理体系的改进和完善，对促进国际经济贸易活动、消除贸易技术壁垒、提高组织的管理水平都能起到良好的作用。

### 11.2.2 ISO 14000 环境管理体系标准概况

ISO 14000 是国际标准化组织（ISO）制定的环境管理体系国际标准。ISO 14000 认证已经成为打破国际壁垒、进入欧美市场的准入证，通过 ISO 14000 认证的企业可以节能降耗，优化成本，满足政府法律要求，改善企业形象，提高企业竞争力。ISO 14000 已经成为一套目前世界上最全面和最系统的环境管理国际化标准，并引起世界各国政府、企业界的普遍重视和积极响应。

1. ISO 14000 系列标准的分类

（1）按性质分类

ISO 14000 系列标准按性质分为：

基础标准——术语标准；

基本标准——环境管理体系、规范、原理、应用指南；

支持技术类标准（工具）——环境审核、环境标志、环境行为评价和生命周期评估。

（2）按功能分类

ISO 14000 系列标准按功能分为：

评价组织：包括环境管理体系、环境行为评价和环境评审；

评价产品：包括生命周期评估、环境标志和产品标准中的环境指标。

2. ISO 14000 与 ISO 9000 的异同

（1）共同点

1）两套标准都是 ISO 组织制定的针对管理方面的标准，都是国际贸易中消除贸易壁垒的有效手段。

2）两套标准的要素有相同或相似之处。

（2）不同点

1）两套标准最大的区别在于承诺的对象不同。ISO 9000 标准是对顾客承诺，ISO 14000 标准是对政府、社会和众多相关方（包括股东、贷款方、保险公司等）承诺；ISO 9000 标准缺乏行之有效的外部监督机制，而实施 ISO 14000 标准的同时，就要接受政府、执法当局、社会公众和各相关方的监督。

2）两套标准最大的区别在于承诺的内容也不同（表 11-2）。ISO 9000 标准是保证产品的质量；而 ISO 14000 标准则要求承诺遵守环境法律、法规及其他要求，并对污染预防和持续改进做出承诺。

ISO 14000 与 ISO 9000 要素对比表　　　　表 11-2

| ISO 14000 | ISO 9000 |
|---|---|
| 环境方针 | 质量方针 |
| 组织结构和职责 | 职责与权限 |
| 人员环境培训 | 人员质量培训 |
| 环境信息交流 | 质量信息交流 |
| 环境文件控制 | 质量文件控制 |
| 应急准备和响应 | （部分与消防安全的要求相同） |

| ISO 14000 | ISO 9000 |
|---|---|
| 不符合、纠正和预防措施 | 不符合、纠正和预防措施 |
| 环境记录 | 质量记录 |
| 内部审核 | 内部审核 |
| 管理评审 | 管理评审 |

3）对审核人员的资格要求不同，ISO 14000 标准涉及的是环境问题，面对的是如何按照本国的环境法规、标准等要求保护生态环境、防治和处理污染环境问题，故环境管理体系对组织有目标、指标的要求。因此，从事 ISO 14000 认证工作的人员必须具备相应的环境知识和环境管理经验，否则，难以对现场存在的环境问题做出正确的判断。

### 11.2.3　OHSMS 18000 职业安全卫生管理体系概况

从 20 世纪 80 年代末开始，一些发达国家率先开展了研究及实时职业安全健康管理体系的活动。国际标准化组织（ISO）及国际劳工组织（ILO）研究和讨论职业安全健康管理体系标准化问题，许多国家也相应建立了自己的工作小组开展这方面的研究，并在本国或所在地区发展这一标准，为了适应全球日益增加的职业安全健康管理体系认证需求，1999 年英国标准协会（BSI）、挪威船级社（DNV）等 13 个组织提出了职业安全卫生评价系列（OH-SAS）标准，即 OHSMS 18001 和 OHSAS 18002，成为国际上普遍采用的职业安全与卫生管理体系认证标准。

1999 年英国标准协会（BSI）等 13 个国家的相关组织提出了职业安全卫生管理体系（Occupational Health and Safety Management Systems，OHSMS 18001）标准。国家经贸委在原有工作基础上，于 2001 年 12 月，发布《职业安全健康管理体系指导意见》和《职业安全健康管理体系审核规范》。我国在职业安全健康方面从一开始就十分重视，紧跟国际步伐，在原有标准基础上颁布的符合中国国情的《职业安全健康管理体系规范》主要内容包括 17 个要素，其中 4.3.1 "对危险源辨识、风险评价和风险控制的策划" 为核心要素。

《职业安全健康管理体系审核规范》秉承了 ISO 14001 标准成功的思维及管理（PDCA）模式，且由于职业安全健康管理体系与环境管理体系的密切联系和共通之处，其标准条款及相应要求也具备许多共同的特点。

该体系是一套系统化、程序化和具有高度自我约束、自我完善的科学管理体系。其核心是要求企业采用现代化的管理模式、使包括安全生产管理在内的所有生产经营活动科学、规范和有效，建立安全健康风险，从而预防事故发生和控制职业危害。这与我国 "安全第一，预防为主" 的基本工作方针相一致，是当前市场经济条件下众多企业（尤其是大的跨国公司）一致采用的安全生产管理体系，具有很高的科学性、安全性和实效性。

目前，职业安全健康管理体系已被广泛关注，包括组织的员工和多元化的相关方（如：居民、社会团体、供方、顾客、投资方、签约者、保险公司等）。标准要求组织建立并保持职业安全与卫生管理体系，识别危险源并进行风险评价，制定相应的控制对策和程序，以达到法律法规要求并持续改进。在组织内部，体系的实施以组织全员（包括派出的职员，各协作部门的职员）活动为原则，并在一个统一的方针下开展活动，这一方针应为职业安全健康管理工作提供框架和指导作用，同时要向全体相关方公开。

### 11.2.4    一体化管理体系的建立

1. 三大标准体系的异同

（1）不同之处

1）目的、对象和适用范围不完全相同

ISO 9000 标准是指导组织建立质量管理体系，通过对影响质量的过程和要素控制，旨在增强顾客满意度；ISO 14000 标准是用于组织建立环境管理体系，规范组织的环境管理，通过体系运行和持续改进，达到改善环境绩效，使社会及众多相关方满意；OHSMS 18000 标准是指导组织建立职业安全卫生管理体系，通过体系运行和持续改进，达到改善组织企业安全卫生绩效，满足员工及组织内相关方的要求。

2）要素名称虽然相同或相近，但内容差别较大

例如三大标准体系中都有"方针""目标"要素，虽然目标管理都要求在"组织的相关职能和层次上"建立并形成文件，但质量目标、环境目标和职业安全卫生目标的内容却不同。

3）满足不同相关方的要求

ISO 9000 标准的目的是满足顾客要求，落脚点是产品，强制性要求较少，只有提高产品质量，才能达到顾客满意。

ISO 14000 标准的目的是满足社会等众多相关方的要求，落脚点是生产过程，强制性要求较多。企业在生产过程中，只有减少污染，充分利用自然资源，才能增强其对社会的责任感，提高企业的社会信誉度。

OHSMS 18000 标准的目的是满足员工及组织内部相关方的要求，落脚点是所有的生产活动，强制性要求较多，是以人为本理念的具体体现，其目的是提高员工满意度，为员工创造一个安全舒适的环境，这样有利于调动全体员工的积极性，为企业创造价值。

这三个方面的优先顺序是：先解决企业生存问题，必须有市场，有顾客企业才能生存；第二步是解决企业的可持续发展的问题，即员工和社会环境的问题，其关系如图 11-4 所示。

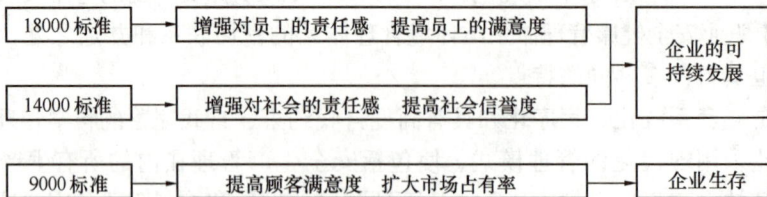

图 11-4    三大标准体系的作用

4）管理体系要素不尽相同

各个管理体系都有其区别于其他体系的专用性要素，如图 11-5 所示。

（2）共同点

1）三大标准体系的核心内容相同

三大标准体系的核心内容都是根据管理学原理，为组织建立了一个动态循环的管理过程框架，以持续改进的思想指导组织系统地实现其既定目标，如图 11-6 所示。

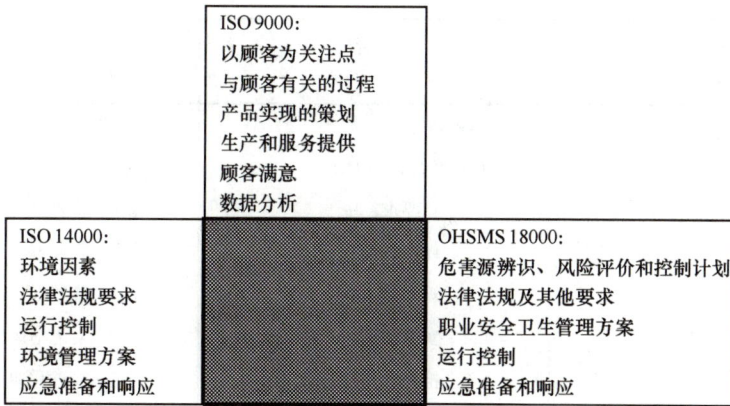

图 11-5 三大标准体系要素及关系图

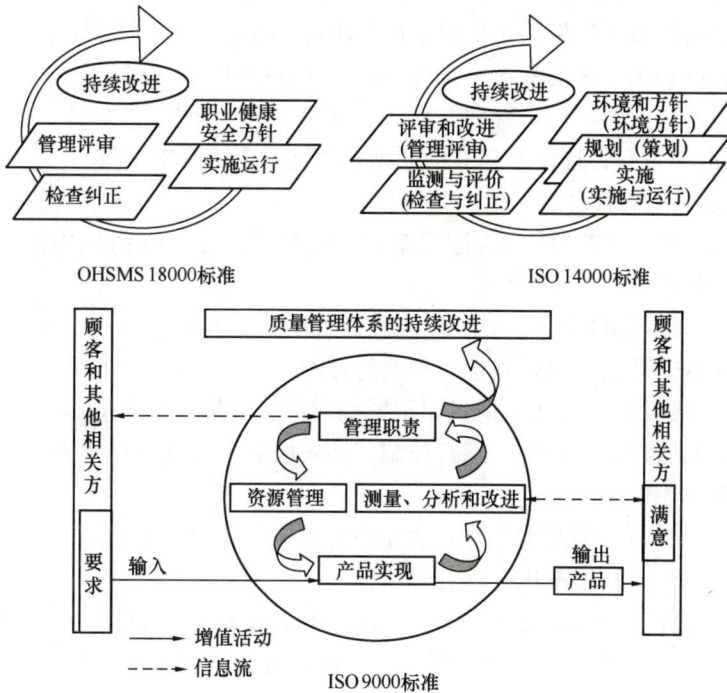

图 11-6 三大标准体系的管理过程图

2）三大标准体系的基本结构十分接近

三大标准体系在结构章节上尽管不是一一对应的，但其基本结构是一致的，见表 11-3。

三大标准体系结构比较 表 11-3

| 质量管理<br>ISO 9000 | 环境管理<br>ISO 14000 | 职业安全卫生管理<br>OHSMS 18000 |
| --- | --- | --- |
| 1. 范围 | 1. 范围 | 1. 范围 |
| 2. 应用标准（规范性引用文件） | 2. 应用标准（规范性引用文件） | 2. 应用标准（规范性引用文件） |

| 质量管理<br>ISO 9000 | 环境管理<br>ISO 14000 | 职业安全卫生管理<br>OHSMS 18000 |
|---|---|---|
| 3. 术语和定义 | 3. 术语和定义 | 3. 术语和定义 |
| 4. 质量管理体系 | 4. 环境管理体系要求 | 4. 职业安全卫生管理体系要求 |
| 5. 管理职责 |   4.1  总要求 |   4.1  总要求 |
| 6. 资源管理 |   4.2  环境方针 |   4.2  职业安全卫生方针 |
| 7. 产品实现 |   4.3  规划(策划) |   4.3  策划 |
| 8. 测量、分析和改进 |   4.4  实施与运行 |   4.4  实施与运行 |
|  |   4.5  检查和纠正措施 |   4.5  检查和纠正措施 |
|  |   4.6  管理评审 |   4.6  管理评审 |

3）三大标准体系的管理性内容要求相同

管理性内容共同的部分包括：组织结构和职责；方针目标；培训、意识和能力；交流与沟通；资源管理；法律法规要求；文件控制；记录控制；实施与运行；监视和测量；纠正措施和预防措施；内部审核；管理评审。

4）三大标准体系对管理体系建立的原则和实施的方法要求一致

① 都是自愿采用的管理性标准。

② 都要求采用系统的方法，通过实施完善的管理体系，在组织内建立起一个完整、有效的文件化管理体系。

③ 都通过管理体系的建立、实施与改进，采用过程的方法，对组织的活动过程进行控制和优化，实现方针、承诺，并达到预期的目的。

④ 都按 PDCA 的循环思想，通过识别影响质量、环境、职业安全卫生的因素，有针对性地制定计划和管理方案，实施运行控制，并采取必要的监视和测量，发现问题，实施改进，实现管理体系的持续改进。

总之，三大标准体系都要求在体系建立的过程中遵守"领导作用、全员参与、过程方法、管理的系统方法、持续改进"等管理原则。

2. 全面一体化管理体系（Total Integrated Management，TIM）的建立

由于三大标准体系的问世时间不同，组织最初分别采用这些标准建立各自的管理体系。但是，它们毕竟属于管理性标准，况且这些管理体系又有许多交叉和重复之处，这就难免给组织带来工作重复、资源浪费，并使管理效率、效益受到影响。解决这一问题的最佳途径，就是组织实施全面一体化管理。

全面一体化是指组织在所有领域内以质量、环境、职业安全卫生为核心，以全面质量管理（Total Quality Management，TQM）理论为基础，依据国际管理性标准框架，融合其他管理要求，优化整合协调一致管理，其目的在于让顾客满意及员工、相关方受益而达到长期成功的管理途径。其中：

（1）全面质量管理是一种现代的质量管理

它包括质量文化、质量方针、质量目标、质量体系、质量改进、质量策划、质量成本和质量审核 8 个组成部分。

（2）国际管理性标准框架的 3 层含义

1）要同时满足 ISO 9000、ISO 14000、OHSMS 18000 标准各自管理体系的需求和适用法律、法规及其他要求；

2）管理体系要容纳并结合组织要求，核心思想是坚持持续改进，提高组织绩效；

3）管理体系均以体系文件为载体，从方针目标、管理手册、程序文件、作业性文件及记录 5 个层次予以表述和证实。

4）所有领域是指一个组织中的所有部门和产品、过程及活动所涉及的范围，包括组织所有层次和不同系统都融合在一个有机体之内，统一策划及设计，统一运作，统一形成自我完善的一体化管理体系。

3. 建立一体化管理体系需要注意的问题

（1）一体化管理体系策划和设计的若干统一点

1）统一 3 个定位——供应链及相关方、产品及相关方活动、部门及其区域；

2）统一 4 种要求——顾客、社会、员工及相关方、法律法规及其他；

3）统一 5 项确定——目标、过程、准则、能力、资源；

4）统一 3 种关键——过程识别确定、环境评价判定、危害识别评价。

（2）建立一体化管理体系需要正确处理好几个关系

1）正确处理好一体化体系与"自在"管理体系的关系

任何组织在客观上都存在着质量、环境等因素的"自在"管理体系，而这个体系是不完整、不规范的。按照三大标准体系建立的一体化管理体系，不是对原有"自在"管理体系的全盘否定，而是依据 3 个标准加以改进，使之更加科学化、规范化和程序化。

2）正确处理好一体化管理体系与企业标准化管理的关系

一体化管理体系文件是企业标准化管理的主要组成部分。企业的三大标准有技术标准、管理标准、工作标准及制度、规范等，是一体化管理体系文件中的作业性文件。显然，一体化管理体系文件属于企业管理标准的范畴，但它涉及的人、机、料、法、环等内容更广，关系更严密。因此，建立一体化管理体系更有助于提高企业标准化工作的水平。

3）正确处理好一体化管理体系与企业文化建设的关系

一体化管理体系的策划与设计，注重员工的质量意识、环境意识及职业安全卫生意识的提高。三大标准都强调管理职责及人员的培训教育，最大限度地发挥员工的创新热情。因此，要坚持以人为本，营造一种使组织全员在哲学理念、道德观念、思维方式及自身作风等方面都追求卓越的氛围。一体化管理体系文件为指导和约束企业整体行为以及员工的行为提供了统一的准则。

4. 建立一体化管理体系的步骤

三个管理体系的整合通常需要经过几个步骤，要经历从组织整合、文件整合、作业整合到持续改进整合等。然而即使是这样也许仅仅是两个或三个管理体系的部分整合，真正意义上的完全整合有赖于组织有关方面经验的积累，以及推行管理体系整合的决心和效果。

（1）组织机构与职责的整合——组织整合

1）组织机构和职责划分的重新设置

三个管理体系的整合首先要从组织内部有关管理体系的组织机构入手。由于质量管理体系通常没有包含组织所有的部门，特别是与质量管理没有直接关系的生产辅助部门、后勤部门及相关现场，但是环境管理体系和职业健康安全管理体系必须是全员参与，即体系包括组织的全体员工和所有部门，因此，在进行三个管理体系整合时，需要重新考虑管理体系的组织机构设置。质量管理体系虽然不必涵盖所有部门，但需要在整合的管理体系组织机构图中明确注明。

整合的管理体系的职责需要重新划分。绝大多数组织质量管理的管理部门与环境、安全、卫生管理的管理部门不同，而相对来说质量管理的职责划分通常是比较全面的。在进行三个管理体系整合时，必须将已有的质量、环境、安全、卫生管理职责重新整理，从管理体系整合的角度归并组织的职责描述，尤其是应考虑将三个体系的管理职能合并到一个主管部门，以便于统筹管理体系运行，减少组织因多头管理造成的低效和内耗。

三个管理体系的管理者代表最好由一人担任。由于职业健康安全管理体系对于管理者代表的人选有特殊要求，即必须由高层管理人员（董事会或执委会人员）担任，因此，三个管理体系共同的代表人选也必须出自最高管理者的副职。管理者代表的行政职位比较高，有助于统一指挥和协调三个管理体系的整合工作，提高组织内部管理的有效性。

2）内审员双重或三重资格培训和多体系参与

内审员是组织内部建立、整合、维护三个管理体系的主要力量。在三个管理体系未整合之前，组织的质量管理内审员与安全卫生管理内审员几乎不会由同一个人兼任。但是，如果组织要实现两个或三个管理体系的整合，则内审员必须具备多重资格，能够同时参与质量、环境、职业健康安全管理体系的运行、维护，并承担两个或三个管理体系的联合内部审核工作，以及接受外部认证机构的一体化审核。

3）体系主管部门应配置必要的人力资源

组织为了进行三个管理体系整合，将设立三个体系的归口主管部门，但该部门必须具有相应的人力资源。主管部门要负责质量、环境、职业健康安全管理体系的整合、运行，并组织应对外部审核。因此，需要配置懂得企业管理、质量管理、环境管理、安全管理、卫生管理、体系和认证管理等的有关人员，至少需要 3 名具有丰富的体系管理经验的专职人员，维持三个管理体系的日常运行和认证资格。

（2）文件化体系的整合——文件整合

1）关于管理手册

管理手册的主要内容是描述有关标准要求和组织机构与职责划分，由于 ISO 9001：2015 标准的结构形式和条款编号，与 ISO 14001：1996 标准和 OHSAS 18001 标准的结构形式和条款编号相差很远，因此，要编写三个管理体系统一的管理手册有一定的困难。与此相反，环境和职业健康安全管理体系的标准无论结构、形式、条款名称、要素编号都非常相似，完全有可能进行整合编写，故组织通常更容易将"环境和安全管理手册"合并为一册，而另册编写其"质量手册"。

如果组织希望将三个管理体系的手册合并，则通常要以 ISO 9001：2015 版标准为基本模式，按照 PDCA 循环的规律和标准各个条款的功能，插入环境和职业健康安全管理体系标准的相应要求。但是，这样做一定要避免在"三合一"管理手册的描述中缺失有关 ISO 14001 和 OHSAS 18001 标准的有关要求。

2）关于程序文件

与 ISO 9000：2005 族质量管理体系标准相比，ISO 9001：2015 版标准更容易与环境和职业健康安全管理体系进行程序文件的整合。

此外，一些质量管理体系涉及的现场管理要求也可以与环境、健康、安全的现场管理要求合并，例如：对于材料和化学品的储存、堆放和标识管理，对于供方和承包方的调查、评价和选择管理，对于设备和设施的管理，对于仪器和仪表的校准和维护管理，对于组织设计和过程更改的管理等。因此，应该结合本组织的实际情况，充分考虑可行性和可操作性，在组织已有的质量管理惯例的基础上，最大限度地兼容环境和职业健康安全管理要求。

3）关于第三层次文件

对于第三层次文件即组织的"作业指导书"或"操作规程"来说，由于不受必须按照要素进行描述的约束，因此完全可以将两个或三个管理体系的现场操作文件按照岗位的需要进行合并编写，从而大大减少了文件管理的工作量，也方便了作业现场使用。

（3）管理体系运行整合——作业整合

文件整合是作业整合的基础。由于有了文件化体系的整合，就有可能将三个管理体系的运行、维护、现场管理活动、改进等进行合并——作业整合。

1）管理策划的协调一致

无论是质量目标、职业健康安全目标、环境目标和指标都需要定期更新。随着组织的活动、产品、服务的变化、机构和职责的调整、新的法律法规颁布等情况的发生，组织需要定期或不定期地更新或修订其过程控制方法、重要环境因素、重大风险或不可承受风险等。为了与时俱进，不断适应市场竞争的需要，组织还需要不断地提出更高的经营目标，其中也包括与管理体系目标有关的内容，例如：原辅材料消耗定额、不合格品率、重大工伤事故发生率、重大交通事故发生率、重大财产损失率、劳动生产率等。三个管理体系的整合应体现在管理体系策划（方针、目标、管理对象）的协调一致，以及与组织经营目标的协调一致。

2）三个管理体系运行和维护同步实施

管理体系的运行和维护通常包括：培训、日常运行、监视和测量、不符合纠正和预防措施、内部审核、管理评审、文件修改、一体化监督审核等内容。作业整合就是将三个管理体系的上述各个过程同步实施，以简化组织内部管理的步骤，减少三个管理体系维护的人力、时间、资金等资源投入。

3）持续改进共同提高

持续改进是三个管理体系提出的要求，也是组织内部管理和自我发展追求的目标。国际标准中持续改进的含义是：通过改进和强化管理体系达到提高组织各种绩效的目的。因此，三个管理体系达到浑然一体就是持续改进的内容。组织要经过不懈的努力才可能使管理体系从合并变成兼容，从兼容变成融合，从一时的融合达到长久的融合，实现三个管理体系的共同提高，以及达到质量、环境、安全、卫生绩效的不断提高。这个过程通常可以从几个方面来考虑：过程控制的优化、管理职能的简化、管理人员的多能化、文件构成的简约化、记录设置的合理性、监视和测量的有效性、自我完善的推动力等。

总之，三个管理体系的整合需要从部分整合向全面整合发展，它不仅仅是管理体系文件的整合，也不是简单的管理职责合并。管理体系整合的目的是全面提升组织的内部管理水平，通过提高管理效率达到提高经济效益的最终目的。

# 11.3　建筑工程施工质量验收

## 11.3.1　建筑工程质量验收层次划分

1. 单位工程的划分

单位工程是指具备独立施工条件并能形成独立使用功能的建筑物或构筑物。对于建筑工程、单位工程的划分应按下列原则确定：

（1）具备独立施工条件并能形成独立使用功能的建筑物或构筑物为一个单位工程。如一所学校中的一栋教学楼、办公楼、传达室，某城市的广播电视塔等。

（2）对于规模较大的单位工程，可将其能形成独立使用功能的部分划分为一个子单位工程。

2. 分部工程的划分

分部工程是单位工程的组成部分，一个单位工程往往由多个分部工程组成。分部工程可按专业性质、工程部位确定。对于建筑工程、分部工程的划分应按下列原则确定：

（1）可按专业性质、工程部位确定。

（2）当分部工程较大或较复杂时，可按材料种类、施工特点、施工程序、专业系统及类别将分部工程划分为若干子分部工程。

3. 分项工程的划分

分项工程是分部工程的组成部分。分项工程可按主要工种、材料、施工工艺、设备类别进行划分。建筑工程分部、分项工程的划分宜按《建筑工程施工质量验收统一标准》GB 50300—2013 附录 B 采用。

4. 检验批的划分

检验批是分项工程的组成部分。检验批是指按相同的生产条件或按规定的方式汇总起来供抽样检验用的，由一定数量样本组成的检验体。检验批可根据施工、质量控制和专业验收的需要，按工程、楼层、施工段等进行划分。

5. 室外工程的划分

室外工程可根据专业类别和工程规模划分子单位工程、分部工程和分项工程。

## 11.3.2　建筑工程质量验收程序和标准

相关程序和标准首先应符合工程勘察、设计文件的要求；其次符合标准和相关专业验收规范的规定，这是验收合格的基本要求。《建筑工程施工质量验收统一标准》GB 50300—2013 是建筑工程质量验收的基本要求。

1. 建筑工程施工质量应按下列要求进行验收

（1）工程施工质量验收均应在施工单位自检合格的基础上进行。

（2）参加工程施工质量验收的各方人员应具备相应的资格。

（3）检验批的质量应按主控项目和一般项目验收。

（4）对涉及结构安全、节能、环境保护和主要使用功能的试块、试件及材料，应在进场时或施工中按规定进行见证检验。

（5）隐蔽工程在隐蔽前应由施工单位通知项目监理机构进行验收，并应形成验收文件，验收合格后方可继续施工。

（6）对涉及结构安全、节能、环境保护和使用功能的重要分部工程，应在验收前按规定进行抽样检验。

（7）工程的观感质量应由验收人员现场检查，并应共同确认。

2. 检验批

（1）检验批质量验收程序

检验批是工程施工质量验收的最小单位，是分项工程、分部工程、单位工程质量验收的基础。检验批应由专业监理工程师组织施工单位项目专业质量检查员、专业工长等进行验收。

验收前，施工单位应先对施工完成的检验批进行自检。对存在的问题自行整改处理合格后填写检验批报审、报验表及检验批质量验收记录，并将相关资料报送项目机构申请验收；专业监理工程师对施工单位所报资料进行审查，并组织相关人员到验收现场进行实体检查、验收。对验收不合格的检验批，专业监理工程师应要求施工单位进行整改，自检合格后予以复验；对验收合格的检验批，专业监理工程师应签认检验批报审、报验表及质量验收记录，准许进行下道工序施工。

（2）验收合格应符合下列规定

1）主控项目的质量经抽样检验均应合格。

2）一般项目的质量经抽样检验合格。当采用计数抽样时，合格点率应符合有关专业验收规范的规定，且不得存在严重缺陷。对于计数抽样的一般项目，正常检验一次、二次抽样可按规范的规定判定。

3）具有完整的施工操作依据、质量验收记录。

3. 分项工程

（1）分项工程质量验收程序

分项工程的质量验收是以检验批为基础进行的，一般情况下，检验批和分项工程具有相同或相近的性质。检验批是分项工程分批验收的单元，分项工程质量验收是检验批的汇总，但检验批无法查验的项目，必须在分项工程中才能检查。应由专业监理工程师组织施工单位项目专业技术负责人等进行验收。

验收前，施工单位应对施工完成的分项工程进行自检，对存在的问题自行整改处理，合格后填写分项工程报审、报验表及分项工程质量验收记录，并将相关资料报送项目监理机构申请验收。专业监理工程师对施工单位所报资料逐项进行审查，符合要求后签认分项工程报审、报验表及质量验收记录。

（2）分项工程质量验收合格应符合下列规定

1）所含检验批的质量均应验收合格。

2）所含检验批的质量验收记录应完整。

4. 分部工程

（1）分部工程质量验收程序

分部工程应由总监理工程师组织施工单位项目负责人和项目技术负责人等进行验收。

勘察、设计单位项目负责人和施工单位技术、质量负责人应参加地基与基础分部工程的验收。设计单位项目负责人和施工单位技术、质量负责人应参加主体结构、节能分部工程的验收。

验收前，施工单位应对施工完成的分部工程进行自检，对存在的问题自行整改处理，合格后填写分部工程报验表及分部工程质量验收记录，并将相关资料报送项目监理机构申请验收。总监理工程师应组织相关人员进行检查、验收，对验收不合格的分部工程要求施工单位进行整改，自检合格后予以复查。对验收合格的分部工程，应签认分部工程报验表及验收记录。

（2）分部工程质量验收相关规定

1）所含分项工程的质量均应验收合格。

2）质量控制资料应完整。

3）有关安全、节能、环境保护和主要使用功能的抽样检验结果应符合相关规定。

4）观感质量应符合要求。

5. 单位工程

单位工程质量验收也称质量竣工验收，是建筑工程投入使用前的最后一次验收，也是最重要的一次验收。

（1）单位工程质量验收程序

1）预验收

单位工程完工后，施工单位应依据验收规范、设计图纸等组织有关人员进行自检，对存在的问题自行整改处理，合格后填写单位工程竣工验收报审表，并将相关竣工资料报送项目监理机构申请验收。

总监理工程师应组织专业监理工程师审查施工单位报送的相关竣工资料，并对工程质量进行竣工预验收。存在施工质量问题时，应由施工单位及时整改，整改完毕且复验合格后总监理工程师签认单位工程竣工验收的相关资料。项目监理机构应编写工程质量评估报告，并应经总监理工程师和工程监理单位技术负责人审核签字后报建设单位。由施工单位向建设单位提交工程竣工报告，申请工程竣工验收。

2）验收

建设单位收到工程竣工报告后，应由建设单位项目负责人组织勘察、设计、监理、施工等单位项目负责人进行单位工程验收。对验收中提出的整改问题，项目监理机构应督促施工单位及时整改。工程质量符合要求的，总监理工程师应在工程竣工验收报告中签署验收意见。

《建设工程质量管理条例》规定，建设工程竣工验收应当具备下列条件：

① 完成建设工程设计和合同约定的各项内容。

② 有完整的技术档案和施工管理资料。

③ 有工程使用的主要建筑材料、建筑构配件和设备的进场试验报告。

④ 有勘察、设计、施工、工程监理等单位分别签署的质量合格文件。

⑤ 有施工单位签署的工程保修书。

（2）单位工程质量验收合格规定

1）所含分部工程的质量均应验收合格。

2）质量控制资料应完整。

3）所含分部工程中有关安全、节能、环境保护和主要使用功能的检验资料应完整。

4）主要使用功能的抽查结果应符合相关专业质量验收规范的规定。

5）观感质量应符合要求。

6．施工质量验收不符合要求时的处理

（1）经返工或返修的检验批，应重新进行验收。

（2）经有资质的检测机构检测鉴定能够达到设计要求的检验批，应予以验收。

（3）经有资质的检测机构检测鉴定达不到设计要求，但经原设计单位核算认可能够满足安全和使用功能的检验批，可予以验收。

（4）经返修或加固处理的分项、分部工程，满足安全及使用功能要求时，可按技术处理方案和协商文件的要求予以验收。

（5）经返修或加固处理仍不能满足安全或重要使用要求的分部工程及单位工程，严禁验收。

（6）工程质量控制资料应齐全完整。当部分资料缺失时，应委托有资质的检测机构按有关标准进行相应的实体检测或抽样试验。

## 11.4　建筑企业质量文化的建立

2023年2月，中共中央、国务院印发了《质量强国建设纲要》（下简称《纲要》），《纲要》指出，我国质量强国建设的主要目标之一是"到2035年，质量强国建设基础更加牢固，先进质量文化蔚然成风，质量和品牌综合实力达到更高水平。"同时针对建设工程品质，提出"要强化工程质量保障，提高建筑材料质量水平，打造中国建造升级版"。早在2012年国务院印发的《质量发展纲要（2011—2020）》就提出，推进社会主义先进质量文化建设，提升质量文化软实力等要求。2017年印发的《中共中央 国务院关于开展质量提升行动的指导意见》提出，将质量文化作为社会主义核心价值观教育的重要内容，丰富质量文化内涵，促进质量文化传承发展。由此可见，质量文化已经成为中华优秀传统文化、社会主义先进文化和国家文化软实力的重要组成部分，是坚定历史自信、文化自信，坚持古为今用、推陈出新的重要体现；质量文化建设是加快建设文化强国、质量强国，提高国家文化软实力和中华文化影响力的重要途径之一。

### 11.4.1　建筑企业质量文化的内涵

近年来，我国建筑行业在管理方法和管理水平上得到了很大的提升，也使得重视建筑工程质量成为企业的一种文化，使企业中每位员工都认识到质量的重要作用，自觉对质量进行保护。在建筑工程施工中，应积极对质量文化的层次和建设原则进行思考，并探寻质量文化建设的实践方法。

质量文化是一个企业在长期的质量管理过程和企业的经营过程中形成的具有自我特色的质量管理理念、范式和行为准则的总和。质量文化从战略层面来讲，要以质量理念为核心。统一企业所有员工的价值观，建立统一的质量行为标准，培养员工的质量意识，并使其质量意识和企业质量理念相统一，在企业内部形成向心力、凝聚力，自觉履行质量义务。从管理层面来讲，高层管理者的质量价值观将直接影响企业的质量理念、质量目标和员工的质量意识与质量行为。一方面，高层管理者需要确立组织统一的宗旨及方向，在这个过程中，会自觉或不自觉地渗透高层管理者自身对于社会、企业的理解，并进而对企业质量文化产生影响；另一方面，高层管理者还是质量文化实施的环境缔造者和制度推进者。在质量文化实施过程中，只有依靠高层管理者的有力支持，才能弱化重重的阻力，保证质量文化的顺利实施。从行为层面来讲，对内要对广大员工、干部进行教育培训，将员工的个人发展目标与企业相结合。

### 11.4.2　建立建筑企业质量文化的影响

由于企业在表述自身质量文化时，大多采用一段话的形式，只有少数企业的质量文化包含了多个含义。从企业质量文化的绝对数量来看，追求卓越、精益求精、持续改进、顾客满意、质量第一、质量是生命的表述是企业质量文化中常出现的。从企业首要质量文化的数量分布来看，最多的是顾客满意，其次是质量第一和质量是生命。从质量文化类型上看，大多数企业的质量文化的首要选择是满足需求型的质量文化，少部分企业将生产中的产品质量专业精神作为质量文化，只有极少数企业选择创新、技术这类质量文化，或者是固守质量控制的文化。

经研究发现，满足需求型质量文化对企业利润率有显著影响，所以企业应重视质量文化建设，构建完整的企业质量文化体系，以支撑企业持续发展；且企业质量文化建设应面向市场需求，抓住消费者痛点。满足需求型质量文化对企业利润提升的影响最为显著，企业应以满足客户需求作为质量建设的核心内容和根本目的；确立以产品为中心的质量建设，将质量文化渗透到企业产品研发、生产、销售和服务的各个环节。产品和服务是企业质量建设结果的最终呈现形式，提升产品质量是企业盈利的保障。

1. 企业质量文化对质量投入的影响

设立质量文化能够引发企业在质量投入方面的显著变化。设立质量文化的企业，为贯彻质量文化，必然加强对认证、客户数据库、研发及售后等质量相关方面的投入，而质量投入的提升，有利于提高企业产品质量及市场竞争力，从而影响企业的盈利水平。

2. 企业质量文化对质量产出的影响

对拥有质量文化的企业而言，进行自愿性认证的比例显著更高，建立客户数据库的比例显著提高，研发交流的频次显著增多，售后服务支出占总销售的比重显著提高。在质量的产出端，企业设立质量文化也产生了显著影响。设立质量文化的企业在出口及新产品等方面展现出显著优势，而质量产出的显著提升也证明，设立质量文化有利于企业提升绩效和盈利水平。

## 本　章　小　结

质量文化作为企业文化的一部分，建筑企业应积极对质量文化的内涵和影响进行思考。产品质量是物化了的质量文化，市场竞争主要是质量的竞争，实质上是企业质量文化的竞争，建筑产品质量关乎国计民生，要从源头把关，从思想上树立起质量安全的第一道防线。

本章介绍了建筑企业质量管理，包含质量管理概述、建筑企业一体化管理体系的建立、建筑工程质量检查与验收及质量文化建设四个方面的内容。

质量管理概述包含质量、建筑工程质量、全面质量管理、PDCA 循环等方面的概念和内容。质量管理的发展过程大体上经历了三个阶段：质量检验阶段（1920—1940年）；统计质量控制阶段（1940—1960 年）；全面质量管理阶段（1960 年至今）。全面质量管理是以组织全员参与为基础的质量管理形式。全面质量管理与一般的质量管理理念相比，表现出如下几个方面的特点：全面质量管理；全过程质量管理；全员参与质量管理。PDCA 循环包括质量保证体系活动必须经历的四个阶段和八个步骤，不停顿地周而复始地运转。它体现了全面质量管理的先进思想方法和科学的工作步骤。计划阶段、实施阶段、检查阶段、处理阶段质量保证体系按照 PDCA 管理循环运行时，有以下三个特点：大环套小环，互相促进；PDCA 循环每转动一周就是提高一步；PDCA循环是综合性循环。

建筑企业质量管理体系中，结合 ISO 9000：2015 版最新的概念阐述，更新了包含质量管理体系、质量管理体系基础、质量文件、最高管理者等方面的定义。建筑企业质量管理体系包括质量管理体系定义和质量管理体系基础。质量管理体系基础涵盖了质量管理体系模式；质量管理体系的建立；质量管理体系标准和其他管理体系；质量管理体系的要求与产品要求；质量管理体系方法；质量方针和质量目标；最高管理者；文件；质量管理体系评价；统计技术的作用；质量管理体系与其他管理体系的关注点。根据我国《建筑法》，增加了建筑企业质量管理体系的认证与监督。三大国际标准的概况和三大国际标准之间的联系是建立建筑企业一体化管理体系的理论基础。建筑工程施工质量验收包含施工质量验收层次划分和施工质量验收程序和标准。施工质量验收层次划分为单位工程、分部工程、分项工程、检验批和室外工程。

**案例分析一**

## 工程代建制下的质量监管体系

2021 年 5 月广州市黄埔区为了破解区内南北狭长、纵向联络不足的问题，打算修建一条串联黄埔区南北的市政道路。黄埔区开放大道北二期建设工程总长度为 10.51km，项目总投资为 183996 万元，采用代建制管理模式，广州开发区交投建设有限公司为代建方。在质量管控方面，具有丰富管理经验的代建机构能更系统地参与对监理单位质量验收的监管，能更全面地对项目全寿命周期中的质量风险进行识别、评估。

为了保证该工程项目的施工质量标准，需要在设计质量、履约质量、监测质量等各方面进行综合全面管控。按照代建合同的承诺，该工程需要符合设计图纸要求和相关法律法规规定及行业要求，且需取得"广州市建设工程结构优质奖""广州市建设工程优质奖"。为达到此目标，代建经理部决定在该工程范围内推行全面质量管理，构建施工质量监管体系。

代建管理人员同步详细研究了各参建单位的合同，针对该项目制订了一整套奖惩制度。制度规定，在合同期间，每季度末均须对监理、设计、施工等参建单位开展质量管理评价打分，根据打分结果决定奖惩力度。例如，对施工单位的质量评价指标涵盖了工程质量文件跟踪管理、原材料及隐蔽工程质量验收合格情况、工程实体质量检测情况、质量问题整改及时性情况这四大模块。如参建单位出现严重质量问题，代建单位有权与其解除合约，并追究其责任。

项目实施期间，项目总统筹与各参建单位均多次强调要努力做到：项目要具体、目标要明确、责任要落实、措施要可行、实施要认真，并且推行样板制度，积极开展技术革新QC小组活动。

在质量管控过程中，项目总统筹制定了"代建—监理—设计—施工"四方质量管理督办机制，建立"质量问题督办群"。监理单位质量管理负责人每日在群内报送质量日报及现场存在的质量问题照片，并以"小问题两日内整改完成，大问题局部停工整改"为原则要求施工单位限期整改，并完成报送整改回复文件。由设计原因造成的施工难度大，无法保证工程质量的情况，则由代建质量负责人直接督办，要求设计单位优化图纸，图纸调整后并经审查通过再由代建质量负责人将设计成果发至督办群内。

而如何解决将待整改的质量问题及施工质量重难点措施有效传达、落实到具体的施工作业队伍是一难点，代建部总统筹要求每周四下午定期开展项目质量控制短会，由代建单位牵头，四方质量管理负责人及施工单位作业队伍的班组长参加，以会议的形式进行质量问题通报及质量措施交底。

在开展工程创优方面，获得优质工程奖的前提之一就是组建QC小组，开展质量控制活动。QC小组成立后开始按照"PDCA的四个阶段，八个步骤"开展活动，针对每一QC小组的分部工程施工难点、质量通病，在每次PDCA循环过程中，对人、材料、机械、工艺方法等方面进行分析讨论、总结、制订相关规划，消除质量通病。例如，代建部负责人对已完成的钢盖梁进行安装质量分析，其合格率仅为65.6%。施工单位质量负责人带领技工采用鱼骨图进行分析，找出钢盖梁安装高程偏差大的末端因素。根据对解决对策的评估比选，可以明确针对每一条要因采取相应的首选对策，针对每一条对策又制订了具体的实施计划。为防止今后施工过程中质量问题重复反弹，特安排将之前活动中制订的各项实施性对策编写成操作规程并发到每一个作业人员手中，并严格要求开展三级技术交底。在最后一次检查中，钢盖梁安装质量合格率达到92%。

**案例来源**：徐万里. 工程代建制与质量管理——以广州市黄埔区开放大道北二期项目为例. 中国专业学位案例中心，（2023-08-29）

案例分析题：

1. 质量监管体系应如何构建？如何保证该质量监管体系？
2. 你认为有哪些有效措施有助于明确各方质量责任？

**案例分析二**

## 中交三公局的质量文化

中交三公局是隶属于中国交通建设股份有限公司的大型国有施工企业。从项目到企业，均突显其质量文化建设的决心与成效。

（1）项目层面："用心浇筑您的满意"

由中交三公局承建的白沟河特大桥，是北京进出雄安新区的门户，桥梁全长1763m，主桥仿颐和园十七孔桥造型，共设17孔，每孔长91m，用钢量达到了5.6万吨，是我国目前规模最大的上承式钢箱连拱桥。该项目施工工艺复杂、施工难度大，每道工序都须精细入微。从 2020 年 3 月 8 日打下第一根桩基到 11 月 25 日主拱圈 17 孔全部顺利合龙，历时 262 天，该项目创造了"京雄质量，中交速度"。

"用心浇筑您的满意"，是中交三公局质量文化理念在项目上的具体体现和落实。白沟河特大桥项目全体人员始终秉承"精心筑精品，品德铸品质"的质量理念和工匠精神，力争将其打造成"精心、精致、精品"工程。中交三公局发扬工匠精神，精心筑精品，精品赢市场，在全球打造精品工程，以精品赢得客户满意。

（2）企业层面：建设"三型"企业

中交三公局力争建设科技型、管理型、质量型的"三型"企业，科技、质量、管理三者互为依托，互相促进。质量管理的促进依托科技，质量工作的提升依靠管理。中交三公局形成了"局质委会＋质量总监，三级公司质量总监＋质量部门，项目部质检总监＋质检部"的管理架构；实现了"局以引导为主要责任的监管体系，子分公司以支撑为主要责任的管理体系，项目以落实为主要责任的控制体系"，进一步压实了各级管理层的质量责任。

中交三公局以"平安百年品质工程"创建为契机，坚持"多创优、多创国优"的质量创优思路，大幅提升优质工程奖励力度，总结提炼创建成果，形成可复制、可推广的示范工作指南，着力打造质量强国中交样本，推行工程质量"拉高线"，全面运用科技创新手段，不断改进质量管理方式，着力打造"科技型、管理型、质量型"的世界一流企业。

**案例来源：**水川．中交第三公路工程局有限公司强化质量文化建设打造质量型企业［EB/OL］．中国质量报，（2021-05-13）

**案例分析题：**

1. 举例说明工程项目建设过程中如何实践企业的质量文化？
2. 试分析建筑企业中质量文化建设的重要性。

思 考 与 练 习 题

1. 简述质量的含义及质量管理的发展过程。
2. 建筑工程质量及其特点是什么？
3. 全面质量管理有何特点？
4. 请简述 PDCA 循环的四个阶段八个步骤。
5. 三大标准体系有何异同？
6. 什么是一体化管理体系？企业为什么要建立一体化管理体系？
7. 建立一体化管理体系应该注意哪些问题？
8. 建筑工程质量验收层次如何划分？
9. 建筑工程施工质量验收要求有哪些？
10. 简述建筑企业质量文化的内涵。

# 12　建筑企业信息管理概论

## 本章要点及学习目标

1. 信息化的概念和层次。
2. 建筑企业信息化建设的概念、特点。
3. 建筑企业信息化管理系统的概念和特点。
4. 信息化技术如 BIM、云计算、大数据的概念和在工程管理领域的应用。
5. 项目管理软件和工程造价软件在工程建设领域的应用。

## 引导案例

### 中建三局北京公司打造智慧工地

中建三局北京公司在"阿里巴巴北京总部园区"项目中，将数字化、信息化与精细化管理深度融合，构建了智慧工地管理体系。

阿里巴巴北京总部园区项目总建筑面积 47 万平方米，占地面积约 12.5 万平方米，由 3 个地块、13 栋主要单体建筑组成，以"互联体"的概念连接各个地块轴线，属高科技研发建筑，质量要求高、建设难度大。作为北京市"三个一百"重点工程，项目打造智慧工地的目的是采用数字化管理方式，提高项目全专业协同管理水平，实现管理可视化、生产数字化、决策服务智慧化。目前，项目集成数字工地、劳务管理、塔式起重机监控、环境监控、质量管理、安全管理等管理模块，实现了工地的数字化、精细化、智慧化管理。项目集成生产和管理的各项数据，以平面图、全景图和 BIM 模型等为信息载体，数字化映射真实工地、可视化构建数字工地，实现了"一张屏"高效管理，解决了传统施工管理过程中的难点。

智慧工地系统可以有效提高生产效率、管理效率和决策能力，实现施工现场更安全、建筑品质更可控和工人权益更有保障的多赢目标。目前，智慧工地的很多应用已经成熟，在推动传统建筑业向现代化转型方面起到了重要作用。这一点，在塔吊安全管理上尤为突出。阿里巴巴北京总部园区项目现场有 17 座塔式起重机同时作业，如何确保交叉作业安全是个难题。为此，项目引进"塔机监控＋吊钩可视化"系统，在吊钩上安装高清摄像头，在驾驶室设置可视化设备，采用视频智能调试算法，动态展示塔式起重机运行画面，让司机实时了解起吊物品的位置。该系统还采用智能防碰撞技术，当发现设备状态异常时，可智能锁定危险源，并视具体情况通过降档、截断等措施保证塔吊安全。

建设智慧工地，一方面是响应北京市推动建筑业数字化转型的号召，另一方面也是企业实施精益建造的内在要求。公司通过智慧工地的体系化建设，积累相关数据，为建筑的建设、运营等全生命周期发展提供支撑。

**案例来源：** 宋健. 智慧工地助力建筑业高质量发展——阿里巴巴北京总部园区项目应用新技术侧记［EB/OL］. 中国建设报，（2020-10-30）

## 12.1　建筑企业信息化概述

国务院于 2016 年发布的《国家信息化发展战略纲要》中指出：随着世界多极化、经济全球化、文化多样化、社会信息化深入发展，全球治理体系深刻变革，谁在信息化上占据制高点，谁就能够掌握先机、赢得优势、赢得安全、赢得未来。发达国家持续推动信息技术创新，不断加快经济社会数字化进程，全力巩固领先优势。发展中国家抢抓产业链重组和调整机遇，以信息化促转型发展，积极谋求掌握发展主动权。世界各国加快网络空间战略布局，围绕关键资源获取、国际规则制定的博弈日趋尖锐复杂。加快信息化发展，建设数字国家已经成为全球共识。

进入 21 世纪特别是党的十八大以来，我国信息化取得长足进展，坚持走中国特色信息化发展道路，以信息化驱动现代化，建设网络强国，迫在眉睫、刻不容缓。目前，我国网民数量、网络零售交易额、电子信息产品制造规模已居全球第一，一批信息技术企业和互联网企业进入世界前列，形成了较为完善的信息产业体系。信息技术应用不断深化，"互联网＋"异军突起，经济社会数字化网络化转型步伐加快，网络空间正能量进一步汇聚增强，信息化在现代化建设全局中引领作用日益凸显。

我国综合国力、国际影响力和战略主动地位持续增强，发展仍处于可以大有作为的重要战略机遇期。从国内环境看，我国已经进入新型工业化、信息化、城镇化、农业现代化同步发展的关键时期，信息革命为我国加速完成工业化任务、跨越"中等收入陷阱"、构筑国际竞争新优势提供了历史性机遇，也警示我们面临不进则退、慢进亦退、错失良机的巨大风险。站在新的历史起点，我们完全有能力依托大国优势和制度优势，加快信息化发展，推动我国社会主义现代化事业再上新台阶。

### 12.1.1　信息化概述

2021 年 4 月发布的《中国建筑业信息化发展报告（2021）》主题为聚焦智能建造，旨在展现当前建筑业智能化实践，探索建筑业高质量发展路径。大力发展数字设计智能生产、智能施工和智慧运维，加快 BIM 技术研发。

2022 年 1 月发布的《"十四五"国家信息化规划》指出："十四五"时期，信息化进入加快数字化发展、建设数字中国的新阶段。信息化为中华民族带来了千载难逢的机遇，必须敏锐抓住信息化发展的历史机遇。

2022 年 1 月发布的《"十四五"建筑业发展规划》指出，要坚持创新驱动，绿色发展。推广绿色化、工业化、信息化、集约化、产业化建造方式，推动新一代信息技术与建筑业深度融合，积极培育新产品、新业态、新模式，减少材料和能源消耗，降低建造过程碳排放量，实现更高质量、更有效率、更加公平、更可持续的发展。

1. 信息化的概念

信息化的概念起源于 20 世纪 60 年代的日本，首先是由一位日本学者提出来的。关于信息化的表述，在中国学术界和政府内部有过较长时间的研讨。有人认为，信息化就是计算机、通信和网络技术的现代化；有人认为，信息化就是从物质生产占主导地位的社会向信息产业占主导地位社会转变的发展过程；也有人认为，信息化就是从工业社会向信息社会演进的过程等。

1997 年召开的首届全国信息化工作会议，对信息化定义为："信息化是指培育、发展以智能化工具为代表的新的生产力并使之造福于社会的历史过程。"实现信息化就要构筑和完善 6 个要素（开发利用信息资源，建设国家信息网络，推进信息技术应用，发展信息技术和产业，培育信息化人才，制定和完善信息化政策）的国家信息化体系。

根据《2006—2020 年国家信息化发展战略》，信息化是充分利用信息技术，开发利用信息资源，促进信息交流和知识共享，提高经济增长质量，推动经济社会发展转型的历史进程。在 1997 年 6 个要素的基础上增加"信息安全"要素。

建筑信息化指的是运用信息技术，特别是计算机技术、网络技术、通信技术、控制技术、系统集成技术和信息安全技术等，改造和提升建筑业技术手段和生产组织方式，提高建筑企业经营管理水平和核心竞争能力，提高建筑业主管部门的管理、决策和服务水平。

**2. 信息化的内容**

信息化构成要素主要有：信息资源、信息网络、信息技术、信息设备、信息产业、信息管理、信息政策、信息标准、信息应用、信息人才等。从内容层次看，信息化内容包括：核心层、支撑层、应用层与边缘层等几个方面。从产生的角度看，信息化层次包括：信息产业化与产业信息化、产品信息化与企业信息化、国民经济信息化、社会信息化。

**3. 信息化的层次**

**（1）产品信息化**

产品信息化是信息化的基础，含两层意思：一是产品所含各类信息比重日益增大、物质比重日益降低，产品日益由物质产品的特征向信息产品的特征迈进；二是越来越多的产品中嵌入了智能化元器件，使产品具有越来越强的信息处理功能。

**（2）企业信息化**

企业信息化是国民经济信息化的基础，指企业在产品的设计、开发、生产、管理、经营等多个环节中广泛利用信息技术，并大力培养信息人才，完善信息服务，加速建设企业信息系统。

**（3）产业信息化**

指农业、工业、服务业等传统产业广泛利用信息技术，大力开发和利用信息资源，建立各种类型的数据库和网络，实现产业内各种资源、要素的优化与重组，从而实现产业的升级。

**（4）国民经济信息化**

指在经济大系统内实现统一的信息大流动，使金融、贸易、投资、计划、通关、营销等组成一个信息大系统，使生产、流通、分配、消费等经济的四个环节通过信息进一步联成一个整体。国民经济信息化是各国急需实现的近期目标。

（5）社会生活信息化

指包括经济、科技、教育、军事、政务、日常生活等在内的整个社会体系采用先进的信息技术，建立各种信息网络，大力开发有关人们日常生活的信息内容，丰富人们的精神生活，拓展人们的活动时空。各种社会生活极大程度信息化以后，我们也就进入了信息社会。

### 12.1.2 建筑企业信息化建设

1. 建筑企业信息化建设的概念

建筑企业信息化建设，是指从事建筑施工的企业将信息技术植根于企业各项生产经营及管理活动之中，通过信息资源整合、管理流程再造和管理制度进一步完善，实现企业和项目管理的数据化、信息化、自动化、智能化，以提高企业生产、经营、管理、决策和服务的整体水平，最终实现缩小管理半径、优化管理流程、提高管理效率、创造管理价值、降低经营风险、增强企业综合竞争实力的目的。建筑企业在推进信息化建设过程中必须做好两方面工作：

（1）梳理再造原有的企业管理流程。

（2）结合企业经营管理实际搭建利于最大化促进企业管理的信息系统平台。

总之，建筑企业要实现信息化建设，要以信息技术、网络和硬件作为基础，以先进的管理理念为引领，进行企业管理流程优化再造，从而建立起一套满足企业管理需求的信息化控制系统。除了信息技术、硬件设备，信息化管理系统还需要相关的管理制度、管理文化以及从业人员行为规范和评价标准等。

从建筑信息化建设的概念不难发现，信息化建设工作的重点主要有两个：

（1）以加强管控、降低风险、提高效率为目的的管理流程再造升级。

对于管理流程再造，首先要明确其目的是优化原有的管理流程，这包括对于冗余流程的消减、对不规范流程的进一步完善以及对一些不合理流程的改进等，最终要实现的目标是使得企业管理在流程上更加科学合理，更加符合企业发展和市场竞争需要。因此，这里所说的管理流程再造绝不是简单地把原来手工管理搬到电脑上。真正意义上的管理流程再造，是以信息技术为切入点，围绕效率优先的基本点，在兼顾以人为本的前提下，彻底调整原有的管理框架和组织模式。比如，根据效率最大化需要调整组织结构、人员配置、管理层级数量、管理者责权利等。

当然，这一过程也面临两方面阻力：一是员工的行为习惯即管理惯性。大多数员工对于既有的管理流程、管理模式已经有了很强的依赖性，在短时间内让他们重新认识、适应和执行新的内容和方式，对员工思想和行为都会造成不小的压力；二是管理流程的背后其实是各个管理层级、管理部门以及管理者的利益格局，再造流程无疑要打破原有的利益分配格局，所以，必然触碰甚至削弱某个组织或个人的既有利益。因此，必然面临来自这部分群体的强烈抵触。甚至原来一些隐性的利益链条，也可能因为信息化对于管理流程的透明化作用而变得一览无余。

鉴于管理流程再造的必要性和高难度，因此企业信息化建设前期，推进者必须对企业管理流程进行充分调研和熟悉，既要对原有管理流程弊端有清醒认识，又要对科学的管理流程有前瞻性理解和掌握。否则，很难实现管理流程与信息技术的完美融合，同样也难以收到信息化管理的预期效果，甚至使信息化工作产生负效应。

（2）构建与管理实际相契合的信息管理平台，通过这个平台的建设，有效提升企业和项目管理的集成化水平。

建筑企业推进信息化建设除了要对企业本身的管理流程升级再造外，另一项重要的内容就是信息管理平台本身的建设，这是企业推进信息化建设的前提和基础。其中包括两方面建设内容；一是硬件投入，主要包括一定数量的计算机、保证运行需要的网络设备、交换机、服务器以及满足国家标准的计算机机房，甚至打印机、传真机、扫描仪等外接输出设备等，这些是信息化管理的必要工具。二是保证信息化管理正常运行的组织机构、规章制度、文化氛围等软件环境。

2. 建筑企业信息化建设的特点

建筑企业要想将信息化建设工作推进得更好，要让信息化系统真正发挥出最大的管理效能，必须首先了解信息化建设工作的特点。

（1）以先进的管理理念作为先导

信息化建设的前提条件是企业管理理念是先进的，领导层的管理思路是相对成熟的，管理观念是契合企业进步方向和时代发展趋势的。

（2）以信息技术为基础

当前，建筑企业信息化建设工作之所以飞速发展，其中一个重要原因在于近年来互联网技术、信息技术的蓬勃发展，其中包括计算机技术、数据存储技术、知识管理技术、智能决策技术、网络传输技术、三维模拟技术等。随着信息技术的进一步发展，建筑企业信息化管理的层次会越来越高，效果也会越来越好。

（3）是一个动态持续过程

信息化建设都不会是一蹴而就、一劳永逸的，建筑企业信息化建设工作也不例外。它是一个相对动态的过程，需要在使用过程中不断地调整、改进、优化，是一个一直呈上升态势却始终没有终点的过程。

（4）效益短期内难以量化

建筑企业信息化建设工作的效益有两种，一是管理效益，二是经济效益。管理效益的直接体现方式是企业管理流程更加顺畅、数据显示更加准确、横纵向沟通更加快捷、领导决策更加科学准确，诸如此类。这些会给人感性的认识，但是很难通过量化表达出来。同样，经济效益也很难在短时间以数字形式体现，而是需要企业经历一段时间后，才能通过同期对比、同类型对比，发现信息化所产生的效益。

3. 我国建筑企业信息化现状及问题

（1）基本现状

国内企业信息化建设起步于 20 世纪 60 年代，以后主要分以下几个发展阶段：

第一阶段是以 MIS（Management Information System）为主要代表的信息化建设阶段。这一时期的信息化，还仅限于某个单一的部门或组织系统，出现了一些依托计算机辅助设计、制造的管理软件，具备一定的办公自动化的基础，但是这时候的管理信息还是呈孤岛式的，较为封闭，流动性较差。而且当时关于企业信息化建设的规划、标准以及要求也都相对缺乏，大多数企业及领导的信息化意识都还较弱。

第二阶段以第二代 MRP（Manufacture Resource Plan，物料需求计划）信息管理系统为主要特征，时间进入 20 世纪 80 年代。当时，随着改革开放政策的实施，受到国际信息化浪潮的影响，国内信息化建设步伐逐渐加快。这一时期，企业存在着较为强烈的对于业务数据共享、多部门协同工作的管理需求，因此，企业本身逐步加强了对于管理过程和信息化管理手段的建设与应用，通过采用构建内部局域网，将各部门的业务信息共享互通，进而开发出协同工作能力较强、自动化办公程度较高的管理软件和系统，特别是在生产制造行业，基于网络的制造资源系统，实现了企业对设计、生产、服务等整个流程的自动化控制。

第三个阶段是从 20 世纪 90 年代至今，随着以 ERP（Enterprise Resource Planning，企业管理系统）为代表的开放集成化系统的广泛应用，我国信息化建设水平得以显著提升。直至今天，信息化已经在许多大型企业普遍应用并取得了提高管理效率、增强企业管理效益的可喜成果。但是，综合比较国外企业信息化管理和应用，我国目前仍处于初级阶段，对于通过信息技术与企业管理的深度融合实现大幅度提高企业的综合竞争实力的目标还有很长一段路要走。

对于建筑行业而言，基于本身劳动密集型的特点，从业人员整体素质偏低，因此，建筑企业信息化建设基础相比而言更为薄弱。但是，目前一些大型建筑企业已经逐步认识到了信息化建设的必要性与重要意义，除了出于资质就位要求的信息化建设需要，很多企业都在从自身业务需求、管理需要的角度主动推进信息化建设工作。例如中建一局、中南集团、北京住总集团、北京市政集团等一批建筑企业信息化建设工作均开展得有声有色，成为建筑行业信息化建设工作的示范者和受益者。

从中国建筑信息化市场规模来看，市场规模逐年上升。据相关数据统计，2021 年中国建筑信息化行业市场规模约为 381 亿元，预计 2025 年市场规模达到 806.8 亿元。渗透率（建筑信息化投入占建筑总产值比重）方面，我国建筑业工业化、信息化水平仍较低，2021 年行业渗透率约为 0.13%，远低于发达国家 1% 的平均水平，同时低于国际平均水平 0.30%。

（2）存在的问题

随着信息技术在建筑企业中的进一步应用，企业的信息系统已经发生了重大转变，逐步从单个系统的应用，发展到以企业核心业务为主体的系统集成模式，这种转变是建筑企业信息化发展的必然要求。但是，目前建筑企业信息化仍然存在着以下问题：

1）信息化意识不强。建筑企业高层领导对信息化存在认识误区，认为信息化就是购买计算机和网络系统及项目管理软件，不愿意在项目管理系统的设计、有效运作、规范化等方面花费时间和费用，所以导致整个企业组织对信息化管理的认识存在偏差。

2）复合型的信息化人才缺乏。既懂 IT 技术又懂建设业务流程和企业管理的复合型骨干人才稀缺，在很大程度上制约了企业信息化建设发展的质量和速度。

3）信息化系统的集成度不高，甚至完全独立。尽管在企业内部已经形成了内部的局域网，但是这种系统的集成只是一种应用软件功能的简单叠加，而且这种集成也是以功能为导向，忽略了企业内部的业务过程，并没有形成真正意义上的资源与信息共享。

4）信息化系统缺乏对外部信息的整合。系统的集成还仅仅局限于内部，并没有延伸到企业的外部。而一个建筑企业在其商务活动中，往往要涉及很多合作伙伴，如合约方、监理、银行部门、材料供应商、劳务分包商、设计院甚至政府部门等，如果缺少与外部要素的有效沟通，不仅使企业内部缺少活力，而且将导致企业对市场变化反应迟缓。

5) 项目信息管理粗放。其特征主要表现为不重视计划管理，实施计划不准确不完整、信息利用率低、职能部门之间缺乏沟通、决策调整不及时、成本监控力度低等方面。

### 4. 我国建筑企业信息化的发展趋势

（1）无线技术的应用

对于建设项目来说，要科学地组织、指挥、协调和控制项目的实施过程，就必须进行有效的信息沟通，无线技术可以方便、快捷地架设现场的局域网络，无线应用技术还可以为现场的移动办公提供辅助手段。基于 GPRS 手机、PDA 和短信应用的无线技术，企业重大事件不仅可及时发送到责任人手机，而且可以通过手机和掌上电脑进行业务处理，使企业工作人员，尤其是领导从办公桌上解脱出来，提高劳动生产率、办公效率和工作灵活性。出差人员可随时随地办公，节约信息传递费用，提高管理效率。利用无线技术对资源管理平台进行日常业务操作，其实用性强，且极大地方便了经常不在电脑旁的企业高层领导和现场施工管理者，并使"实时办公"成为可能，而不仅仅是一个梦想。

（2）协同商务

建筑企业协同商务的要点主要包括三个方面，即物资采购协同、项目施工协同、业务流程协同。

1) 物资采购协同

在建筑企业的施工项目中，物资材料在成本中占有相当大的比重，一般都在 70％左右。因此物资采购管理的好坏对项目管理起着十分重要的作用，它不但关系到项目质量的好坏，而且与企业项目成本、利润直接相关，甚至还影响到企业综合竞争能力。这就要求企业必须建立一个基于全国，甚至全球的材料市场信息平台，加大对材料市场信息的协同力度，提高企业的市场反应能力，降低企业成本。

2) 项目施工协同

在整个建筑企业的商务环节中，项目施工是企业的一个重要环节，其过程也比较复杂，涉及工程质量、进度、材料、分包、劳务、合同变更等多方面，如果以上这些因素都是孤立的，信息不能及时共享，就很难保证整个项目的顺利完成。因此项目对信息的满足程度将直接决定企业的生存力和竞争力。

3) 业务流程协同

现代建筑企业的管理有个重要的变革因素，那就是业务流程的变化。业务流程的变化往往导致管理模式的变化。而传统的建筑管理模式忽略了对先进的、科学的业务流程的借鉴，不能及时调整现有管理过程中不合理的部分，而协同商务能有效地对企业内外部业务流程进行整合，极大地提高了企业业务处理速度与效率。我国目前的工程建设模式中最传统的和最理想的交付模式分别是 DBB（Design-Bid-Build，设计-招标-施工）和 IPD（Integrated Project Delivery，即集成项目交付）。DBB 模式各参建方和环节相对割裂。IPD 模式使参建方协同工作、分享利润、分担风险，使整体利益最大化，信息化技术能够支撑IPD 实现。

（3）集成化网络应用

建筑企业内部需要与下属分公司、分布在外地的项目部进行沟通，外部需要与政府职能机构、客户以及项目相关方进行信息交互，所以集成化的网络应用是建筑企业信息化的必然趋势。通过网络化集成，实现现场工程质量管理和项目管理与总部系统的一体化，为客户创造一种真正的商业价值提供了良好的可能。基于 Web 方式的技术架构，实现信息的共享和传输，包括图纸、照片、音频数据、打印数据和电脑数据。

建筑行业面临的市场竞争不仅来自国内，而且还来自技术和资金均占有很大优势的国外同行。随着电子技术、计算机技术的提高和普及，信息化已经是大势所趋，只有迅速提升施工企业的信息化水平，并通过信息化拉动建筑企业向智能型和管理型企业转化，才能使企业在激烈的市场竞争中取胜。目前，由我国政府牵头组织实施的电子办公、电子政务、金桥工程、金卡工程已经普及多年，并取得了相当不错的成果和良好的社会效应，使信息系统向集成化的网络应用成为可能。

### 12.1.3　建筑企业信息化管理系统

1. 建筑企业信息化管理系统概念

建筑企业信息化管理系统是建立在硬件网络及系统软件平台、管理信息系统（MIS）及物料需求计划系统（MRP）、办公自动化系统、企业数据仓库以及企业决策支持系统五个层次的基础上，将建筑企业业务管理、办公管理和决策支持融为一体，从而降低企业管理成本，提高工作质量与效率，并确保管理体系的稳定，极大地提高工作效率。建筑企业信息化管理系统可以实现集团公司总部与分公司之间、分公司与分公司之间、部门与部门之间的信息共享与异地协同工作，使建筑企业的信息资源能够全方位地共享与流通，并使建筑企业的管理模式更趋合理化和规范化。

2. 建筑企业信息化管理系统的特点

目前，企业管理信息系统的发展经历了 MIS、MRP 以及企业资源计划系统（ERP）三个阶段。建筑企业信息化管理系统发展的新阶段是上述三个企业管理发展阶段的进一步深入。随着对互联网应用水平的不断提高，建立在企业自动化平台基础上，MIS、MRP/ERP 和 DSS（决策支持系统）之间的信息交换已成为可能。结合互联网远程数据传输快捷、方便以及传统的网络通信技术安全、稳定的特性，可以有效地实现企业内部各种应用系统的信息共享，并开放各种应用系统资源，确保企业从总体上对系统数据进行分析和处理。企业信息化管理系统的应用有利于提高企业管理能力和领导科学决策的能力，从而为企业带来巨大的经济效益。

### 12.1.4　建筑企业数字化转型

从信息化到数字化，是"数字到数字"这个环节起到了越来越重大的作用，企业将业务放在数字世界中开展，而物理世界响应数字世界的指令，这样才是数字化转型。

1. 信息化与数字化的区别

首先，信息化偏向于点与线的提升。以木桶效应为例，信息化是在努力去找那一块长板，这也是为什么 ERP 等系统选型往往都会非常谨慎，会加入各种技术评标考量。其次，信息化强调的是规范与流程，是把各种不规范的内容整理到数据库里，并且分门别类，这是数据电子化与信息格式化的问题。此时，成熟的、有经验的系统预留了更多字段，考虑了更多可能性，信息处理过程更准确，优势也更明显。通过信息化，减少了错漏，同时把大量的业务用流程进行归并，提升了效率。相较于信息化而言，数字化则是偏向于面的提升。同样以木桶效应作为例子，数字化强调的是不能有明显的短板，因为技术迭代速度快，需要围绕长板进行对齐，是一个整体提升的过程。再次，数字化不是从天而降的新事物，在信息化的年代，除了带来效率和减少错漏以外，大家都一直在摸索数据的价值，换言之，也就是数字的意义是什么？例如使用 BIM 管控施工精度时，现在现场进度如何？未来可能会变成怎样？每次当我们深究这两个问题的答案时，就会面临着"数据不足"的困惑，这也是数字化的本质：通过引入更多的数据，解决数字的意义问题。

2. 建筑企业数字化转型

从建筑企业看，数字转型是必答题、是核心战略。不论是国家"十四五"规划，还是建筑业"十四五"规划，都提出"以深化供给侧结构性改革为主线"，这意味着提质增效、节本降耗仍是"十四五"时期的重要议题，也意味着建筑企业需要加速数字化转型，以谋求持续生存与发展。此外，埃森哲发布的《2023 中国企业数字化转型指数》显示，与其他企业相比，在数字化转型方面致力于开创前沿的企业收入增长高出 10%，成本改善效果高出 13%，财务回报显著优于其他企业。企业数字化转型的紧迫性不言而喻，建筑企业只有将数字化转型作为核心战略来推进企业进一步发展。

建筑企业数字化转型需要通过构建以客户为中心、以流程为驱动、以数据为资产、以平台为支撑的组织和生态，快速响应市场需求，提高组织执行力和决策的科学性，最终实现企业管理信息化、项目生产智能化和建筑产业数字化。建筑企业数字化转型的步骤基本分为三步：

1）企业管理信息化

企业管理信息化是数字化转型的核心内涵之一，其基础是实现组织流程化、数据资产化和管理平台化。组织流程化即建立以流程为驱动的管理体系，基于公司核心业务梳理端到端流程，通过流程反映业务的本质，其目的在于建立以客户为中心、以流程为驱动的管理体系，以快速响应市场需求，提高组织执行力，为 IT 能力建设奠定组织基础。数据资产化借助云计算和大数据等数字技术，通过搭建企业数据资产管理体系，将数据变为生产要素和企业资产，推动企业数据资产管理规范和创新，提升数据资产应用价值，有效支撑管理决策，提升风险预测能力，实现数据资产变现升值。管理平台化在组织流程化和数据资产化的基础上，依托数字化平台对公司的业务流、信息流、数据流进行一体化和智能化管理，通过组织融合和生态整合，实现企业管理和生产要素管理在线化和数字化，提高运营效率和效益，其目的在于推进管理与技术深度融合，信息集成共享，实现数据连接、业务协同。

2）依托数字建造平台，构建工程建设转型发展新格局

建筑企业应建立数字技术的研究基础，并借助高等院校在数字科技领域的技术力量与人才资源，成立企业数字技术创新研究所，并着重进行企业数字技术创新研究、高端数字人才培养等，从而建筑企业可以依托于 BIM、数字孪生等技术，在研究所构建的数字建造大数据平台实现对建筑工程项目规划、设计、施工和运营的全周期数字化管理。例如在实际建造前，用数字化的方式对建筑物周边环境、建造全过程进行一比一模拟和分析，提前发现建造过程中可能面临的问题，及时做出调整优化，规避未来风险，节约资源，降低成本，加快进度。

3）构建建筑业供应链生态系统

建筑业供应链是以信息技术为支撑，以建设单位（使用单位或业主）需求为导向，以

总承包单位（EPC 或施工单位）为核心企业，按照设计意图，组织原材料及设备供应商、分包单位（专业分包、劳务分包）、检测检验单位、软硬件供应商、银行证券等金融机构与运维单位组成的网链系统。

## 12.2　建筑企业信息化技术和发展

基于 CAD、BIM、区块链、数字孪生等技术及其融合集成的科技创新成果，为建筑业实现智能建造提供了基本平台和关键功能，将推动建筑业的数字化转型升级。我国数字技术与建筑产业变革如下：（1）20 世纪 70 年代，国外建筑业已经开始将 CAD 技术商用化，而该技术在我国的普及较为滞后，直到 20 世纪 80 年代末期才被引入，20 世纪 90 年代末，CAD 软件在甲级设计院的出图率已达 80%，该技术的普及促进了我国建筑业的信息化变革。（2）21 世纪初，我国开始引入 BIM 技术，在冲突检测、进度管控安全管理方面发挥了重要作用，该技术的可视性、协调性、模拟性提升了建造效率，降低了建设成本，成为推动建筑业数字智能变革的关键技术。2010 年之后，结合 BIM 的虚拟现实、增强现实、混合现实技术在工程项目可视化、协同合作、安全监控、运营维护中得到应用，2010 年前后，建筑业开始应用物联网和云计算技术，主要是结合其他数字技术（如 BIM 等）应用于建筑项目的施工现场安全监控、进度监控和运营维护等。（3）区块链作为构建智能合约和智能追溯机制的核心技术可用于建设项目利益相关者明确彼此责任，推动建筑业健全诚信体系。（4）数字孪生技术充分利用各类数据，将现实物体在虚拟空间中完成映射，实现物理系统的实时智能监控，是工业 4.0 的技术架构、智能建造的参考框架。（5）涉及视频识别和机器学习的大数据分析技术，极大提升了建筑业海量信息的实时处理和知识挖掘能力。

### 12.2.1　BIM 应用概述

2021 年 4 月 14 日，住房和城乡建设部发布的《中国建筑业信息化发展报告（2021）》中提到，要大力发展数字设计、智能生产、智能施工和智慧运维，加快建筑信息模型（BIM）技术研发和应用。

2022 年 1 月 19 日，住房和城乡建设部关于印发《"十四五"建筑业发展规划的通知》，要求到 2025 年，基本形成 BIM 技术框架和标准体系。

2022 年 6 月 30 日，住房和城乡建设部、国家发展改革委联合发布了《城乡建设领域碳达峰实施方案》。其中，第四部分"强化保障措施"的第十七条"构建绿色低碳转型发展模式"中提出利用建筑信息模型（BIM）技术和城市信息模型（CIM）平台等，推动数字建筑、数字孪生城市建设，加快城乡建设数字化转型。

由此可见，基于 BIM 的设计、施工、运维等应用已经成为建筑业不可逆转的发展趋势，BIM 将会在建筑业中占据越来越重要的位置。

1. BIM 的概念

建筑信息模型（Building Information Modeling，BIM）是 1975 年美国乔治亚技术学院的查克伊斯曼（Chuck Eastman）博士提出的，建筑信息模型包括了不同专业的所有信息、功能以及性能要求，将一个工程项目中的所有信息全部统一整合到一个建筑模型中。BIM 技术成为继 CAD（计算机辅助设计）技术后出现的建设领域的又一重要的计算机应用技术。

美国国家 BIM 标准给出了 BIM 较为全面的定义：BIM 是一个设施（建设项目）的物理和功能特性的数字表达。BIM 是一个共享的知识资源，是一个分享有关这个设施的信息，为该设施从概念到拆除的全生命周期的所有决策提供可靠依据的过程；在项目不同阶段，不同利益相关方通过在 BIM 中插入、提取、更新和修改信息，以支持和反映其各自职责的协同作业。

2. BIM 的特点

（1）BIM 具有协调性

在对建筑工程项目进行管理的过程中，往往会出现一些各个部门之间需要协商才能解决的问题，同时，在协商过程中，如果不能及时地制定出一个合理的解决方案，可能就需要进行相关的会议，通过会议的方式让各个部门之间不断地交流和沟通，从而寻找出一个合理的解决方法，这种方式大大降低了建筑工程管理的效率和质量水平。而通过 BIM，则可以对其建筑中的一些内部构件进行合理的安排和协调，大大提高了建筑工程管理的效率。

（2）BIM 具有可视性

随着我国经济和社会的不断发展和进步，使得我国的建筑形式也向多样化和复杂化的方向发展，如果仅仅通过对图纸进行观察，可能会难以看清楚整个建筑工程项目的具体结构和建筑形式，而 BIM 的出现则可以为相关的施工人员展示一个相对来说比较立体的建筑结构的模型，给人一种立体化的视觉，从而保证了工程项目施工的顺利进行，从一定程度上也大大提高了建筑工程项目管理的质量和水平。

（3）BIM 具有模拟性

在对一个建筑进行设计的过程中，需要进行相关的模拟实验和建筑物的一些模拟设计活动，模拟一些在现实生活中不能够进行的实验活动和操作，而这些建筑设计的活动和操作都说明了 BIM 具有模拟性的特点之一，比如说对紧急疏散以及阳光照射进行模拟等，除此之外，通过 BIM 对整个建筑工程的造价进行合理的控制，能够增加建筑施工方和项目方自身的经济利益。

3. BIM 的优势

在目前的建筑工程当中之所以要进行 BIM 的充分运用，主要是因为其优势十分明显。优势体现在五个方面：

（1）以实现三维渲染，从而提升宣传展示效果

三维渲染动画，给人以真实感和直接的视觉冲击。建好的 BIM 模型可以作为二次渲染开发的模型基础，大大提高了三维渲染效果的精度与效率，给业主更为直观的宣传介绍，提升中标几率。

（2）可进行快速算量，而且算量的精度会得到明显的提升

BIM 数据库的创建，可以准确快速计算工程量，提升施工预算的精度与效率。由于 BIM 数据库的数据粒度达到构件级，可以快速提供支撑项目各条线管理所需的数据信息，有效提升施工管理效率。

（3）利用 BIM 能够精确计划，减少浪费

建筑企业精细化管理很难实现的根本原因在于海量的工程数据，无法快速准确获取以支持资源计划，致使经验主义盛行。而 BIM 的出现可以让相关管理条线快速准确地获得工程

基础数据,为施工企业制订精确人材机计划提供有效支撑,大大减少了资源、物流和仓储环节的浪费。且利用BIM技术之后,图纸和文档内容有效地转化成了建筑模型,在整个管理中,建筑模型能够实现图像化和文本化的转换,所以材料存储的便捷度大幅度提升。

(4)BIM能够实现虚拟施工,进而将施工步骤以及环节做到有效协同

三维可视化功能再加上时间维度,可以进行虚拟施工。随时随地直观快速地将施工计划与实际进展进行对比,同时进行有效协同,施工方、监理方,甚至非工程行业出身的业主领导都对工程项目的各种问题和情况了如指掌。这样通过BIM技术结合施工方案、施工模拟和现场视频监测,大大减少建筑质量问题、安全问题,减少返工和整改。

(5)利用BIM做好碰撞检查,能够减少返工

BIM最直观的特点在于三维可视化,利用BIM的三维技术在前期可以进行碰撞检查,优化工程设计,减少在建筑施工阶段可能存在的错误损失和返工的可能性,而且可以优化管线排布方案。最后施工人员可以利用碰撞优化后的三维管线方案,进行施工交底、施工模拟,提高施工质量,同时也提高了与业主沟通的能力。

4.BIM在工程建模领域中的应用

BIM在目前建筑工程当中有着较为普遍的应用,而从具体的总结和分析来看,其在七个方面的应用表现比较突出。

(1)设计深化

设计深化是目前建筑工程当中BIM应用的重要体现。在目前的一些大型工程项目当中,因为空间的布局复杂性较强,所以在设备管线等方面的要求比较高。为了避免管线在铺设的时候发生碰撞,需要对其布置进行深度的设计,而此设计包括了两方面的内容:

1)机电的深化设计。在机电深化设计中,利用BIM进行建筑、结构和机电的模型整合,可以根据具体的要求导入相应的管线,这样,碰撞情况可以有效避免。

2)钢结构的深化设计。在建筑工程中,钢结构的受力重要性十分显著,通过深化设计将其结构进行更加科学的布置,钢结构的整体承载力会得到加强,显著减少受力方面的问题。

(2)多专业协调

在建筑工程当中,BIM的应用还体现在多专业的协调方面。从建筑工程的施工实践来看,因为各个施工系统存在着差异性,所以需要分包施工。各个分包的系统属于建筑工程的整体建设项目,所以要对各个系统进行有效组织,这样才能够发挥整体性作用,共同为建筑工程服务。在有效组织的过程中,利用BIM技术进行各个独立系统的关系研究和分析,然后在逻辑关系基础上对各个系统进行连接,这样,各个系统的专业协调性目标可以实现。

(3)无人机踏勘与测绘

传统场地踏勘需多方多次前往场地,出差成本高、周期长,易出现关注点不同、踏勘不完整、描述不清晰等问题。无人机踏勘与测绘具有高精度、高效率、低成本的优势:全要素采集,厘米级精度,准确反映真实情况;采集速度快,$1km^2$的外业采集与正射建模仅需1人每日,一次采集可输出实景模型、地形图、正射影像等多种成果,可供多个阶段的多个参与方多次使用,持续创造价值。无人机采集的现场照片经实景建模技术处理,可获得高精度实景模型与数字高程模型。实景模型可提供项目及周边建筑的真实数据,分析

场地不利因素；与 BIM 技术结合可辅助分析日照、通风、可视度等，与方案模型集成可直观反映设计条件，辅助方案论证与决策，与 BIM 模型集成联用可辅助场地布置分析与决策。

（4）进度优化比选

进度管理是管理中需要重点注意的内容，因为进度管理的科学性对于工程成本的控制有着重要的影响，所以对于进度管理进行优化十分必要。利用 BIM 技术可以实现工程进度计划和工程构件的动态链接，而通过这个链接可以更加直观地对进度计划、施工过程以及施工方和监理方等进行了解。有了对施工中各个方面的详细了解，进度管理中可能出现的问题会有更加准确的把握。对问题进行针对性的解决和处理，施工进度的管理效果更加突出。

（5）现场质量管理

现场出错是不可避免的，但如果尽早发现并处理问题，那么施工成本会得到有效的降低。利用 BIM 模型和施工作业的结果进行对比验证，可以有效并及时发现异样的结果。在传统的施工质量管理中，主要采用目测或者是实测，这两种测量方式要么准确度不高，要么周期长，所以具体的利用效果都不理想。BIM 实现了参数化，各项内容都可以利用参数进行判断，所以在质量管理中，利用参数对比就能够发现问题并进行解决。这种方式有效地弥补了传统质量控制的缺陷。

（6）安全文明管理

建筑工程施工中，安全文明管理也是一项重要的内容。就现阶段的安全文明管理来看，利用 BIM 技术构建起来的管理模型，可以实现两方面的改变：

1）利用 BIM 模型的统计分析可以发现在施工中不安全事故的多发环节。有了这方面信息的参考，在管理当中对相应环境进行控制，安全管理的实效显著上升；

2）利用 BIM 的信息反馈可以将发生安全事故的原因进行系统阐述，在原因基础上布置安全预防措施，安全管理效果明显优化。

（7）装配式构件标准化设计

装配式建筑数字建造中 BIM 信息模型是所有产业链的基础，BIM 模型和设计、生产、施工、装修、管理都有密切联系的相关内容。装配式建筑设计应基于标准化构件库，建立以构件为单位的整体，因为装配式建筑的典型特征是标准化的预制构件或部品在工厂生产，运输到施工现场装配，组装成整体。基本单元依然是预制构件，需要通过 BIM 软件将数据集成在构件中，来建立 BIM 信息化建筑模型，这是和传统建模软件操作不一样的地方。在 BIM 标准件设计阶段，应用程序组件化思维设计模式，提高设计师工作效率，实现数据库模型标准化，从而形成构件设计数据库、埋件模型数据库和钢筋模型数据库。通过合作项目实践积累过程数据，在 BIM 操作面上可以进行库的筛选，在族库自有积累基础上结合现有新特征进行修改，节省时间，使数据库可自动匹配相似数据在匹配基础上进行快速优化和调整。

### 12.2.2 云计算概述

2012 年国家发布《中国云科技发展"十二五"专项规划》，对云计算软件相关技术做出规划。云计算经历了"十三五"的夯实基础，再到"十四五"时期培育壮大产业的阶段性发展。2020 年发布的"十四五"规划中，数字中国建设被提到新的高度，云计算成为重点发展产业。

推动云计算等产业深度融合，构建一批各具特色、优势互补、结构合理的战略性新兴产业增长引擎；通过云计算等技术加强数字社会、数字政府建设，提升公共服务、社会治理等数字化智能化水平。

我国云计算产业发展仍处于快速期，保持超过30％的年均增长率，成为全球增速最快的市场之一，云计算应用领域正向建筑、政务、金融、医疗、教育等企业级市场延伸拓展。

1. 云计算的概念

美国国家标准与技术研究院（NIST）定义：云计算是一种按使用量付费的模式，这种模式提供可用的、便捷的、按需的网络访问，进入可配置的计算资源共享池（资源包括网络、服务器、存储、应用软件、服务），只需投入很少的管理工作，或与服务供应商进行很少的交互，这些资源就能够被快速提供。

2. 云计算的特点

云计算为什么称为"云"，是因为它与天空中的云在很多地方有相似之处：天空中的云体积都很大，大小是不固定的，没有明确的边界，可以自由移动，虽然我们无法直接接触到，但它却实实在在的存在于天空中的某个地方。

（1）超大规模。云计算中心一般都是由成百上千台的服务器组成，世界知名公司的云计算中心服务器规模已经达到几十万台。它能给用户提供超强的计算能力。

（2）虚拟化。云计算中心不会指定用户的使用位置及获取服务的形式，用户不需要关心云计算中心的具体位置，只要使用一台电脑或者一部手机，就可以通过互联网轻松获取需要的资源。

（3）高可扩展性。云计算具有高效的运算能力，在原有服务器基础上增加云计算功能能够使计算速度迅速提高，最终实现动态扩展虚拟化的层次达到对应用进行扩展的目的。

（4）高可靠性。云计算中心中数据有多个备份并实时同步，计算资源可以随时转移，如果一台服务器损坏了，与其相关的计算资源会自动转移到其他可用的服务器上，如果数据出现丢失现象，备份的数据会立即启用，对用户使用没有任何影响，比单台服务器模式可靠性提高数倍。

（5）价格低廉。云计算中心的服务器都是由统一的运维人员集中管理，用户不需要负担高额的运维管理成本，降低了信息化项目的硬件投入，加速了信息化项目的实施进度。用户可以随时增加或者减少服务器的使用量，不需要因为项目的取消或者缩减而造成服务器资源的闲置。且"云"是庞大的资源池，用户可以按需购买服务，按需按量计费。

3. 云计算的服务模式

根据目前云计算所提供的服务模式，分为三层：基础层、平台层和应用层。对应三种服务模式为IaaS（Infrastructure as a Service）、PaaS（Platform as a Service）、SaaS（Software as a Service）。

IaaS（Infrastructure as a Service，基础构架即服务）是指云计算中心将多台服务器整合到一起组成一个庞大的基础设施，并根据用户需要为用户创建一个或多个虚拟的服务器主机，用户可以通过网络自由管理这些服务器。

PaaS（Platform as a Service，平台即服务）实际上是SaaS模式的一种延伸和扩展，是指将开发软件的平台作为一种服务租给用户使用。虽然，从某种意义上讲PaaS只是

SaaS 服务模式的一种，但是 PaaS 模式能够简化应用软件的测试及部署，有利于 SaaS 模式的快速发展。

SaaS（Software as a Service，软件即服务）是指，SaaS 提供商为企业搭建信息化所需要的所有网络基础设施及软件、硬件运作平台，并负责所有前期的实施、后期的维护等一系列服务，企业无需购买软硬件、建设机房、招聘 IT 人员，即只需要通过互联网就可以轻松租用基于 Web 的软件。

4. 云计算在工程建设领域的应用

（1）推进工程建设行业的资源整合，实现资源共享

集成和调配现有的施工、设计、监理、质量控制以及材料供应等企业资源，并且将现有分散的、自成一体的和本地化的网络平台转变为一个由具体网络运营环境、网络服务系统、网络操作系统组成的强大的、统一的云计算平台，是工程建设行业构建行业云计算系统的基础。对各个施工企业的资源汇总，并形成工程建设行业的管理体系和资源共享空间，实现各企业资源就能共享，杜绝企业之间的资源浪费和重复。

（2）构建内、外双层云计算系统

基于现在的虚拟化技术，可以采用更好的方法实现云计算。首先通过对施工、设计、监理、质量控制以及材料供应等企业当前的数据中心进行汇总，构建内部云计算，进而保证了数据安全；同时引进云计算运营商，共同建立可以与内部云计算兼容的外部云计算，进行统一的管理和动态的操作，从而保证将内部资源和外部资源相连共享，有助于各个企业进行资源共享和权限管理，更好地实现工程建设行业的统一。

（3）加快具有工程建设领域特色的视频云建设

借助计算机远程监控、设计集成、材料检测、模式识别和人工智能机自动控制等相关技术，实现视频云服务，其对象主要为施工、设计、监理、质量控制以及材料供应等企业。通过视频也可以实现对工程质量、设计集成、材料检测、安全监控和环境监控等进行实时图像监控和管理。

视频云主要通过四个结构实现，分别是视频输入结构、视频存储结构、控制管理结构和视频应用结构。视频输入结构是通过摄像头等传输设备和媒介在整个视频网络反映出工程进度和环境监测；视频存储部分主要用于所拍摄视频的存储和管理；控制管理部分则是使用集训和分布的系统通过内、外的云计算服务，借助通用的接口对数据进行加密和备份，并且负责数据的交换和安全；视频应用部分则是作为智能化视频应用平台为企业提供工程远程监控、设计集成、材料检测、环境监测、联动指挥和实时沟通等服务。

（4）云计算技术与 BIM 的集成

在设计阶段，由于专业间协同工作大多发生在设计单位内部，故搭建简单的私有云即可实现多专业的协同设计。许多学者从本单位的实际工作出发，构建了基于云的 BIM 协同设计体系，探讨了各专业的工作流程与模式，并通过一些实际工程的设计过程探讨了该模式的优势。在施工阶段，一些项目基于 BIM5D、广联云等商业云平台，以 BIM 模型为基础，将工程项目的进度、成本、质量、安全、资源等信息相挂接，利用云平台分布式存储的特性，对大规模、大范围、分散性的多个工程项目进行综合性统一管控，在建筑工程、城市轨道交通、桥梁工程等领域都已有应用案例。在运维阶段，一些研究人员将建筑能耗、结构监测信息通过云平台进行分布式采集与存储，从而克服海量数据存储困难、传

输不便的缺陷，对安全、节能等指标进行动态管理，该技术在绿色建筑、绿色校园、桥梁监测等已有应用案例。

（5）基于 SaaS 与 PaaS 的数据分析处理功能

信息时代中，工程造价的大部分工作都可以采用相关软件来完成。借助 SaaS 与 PaaS，可为用户提供前所未有的数据分析、处理功能。SaaS 的应用软件服务可为工程造价数据的分析和处理提供更多有效的工具、方法，为企业开展更多类型的造价活动提供技术支撑。而 PaaS 实质上是一种可以推动 SaaS 应用与发展的服务，以软件研发的平台为主导，最后采用 SaaS 的模式将服务提供给用户。PaaS 为应用软件服务提供者创造很大的便捷，有助于减少开发成本。对现阶段常用的造价软件，如神机妙算、鲁班、斯维尔、PK-PM 等，应充分利用云服务开发以 SaaS 为基础的软件，从而为造价人员提供更好的数据分析、处理服务。

### 12.2.3　大数据概述

在 2021 年发布的"十四五"规划中，大数据标准体系的完善成为发展重点。2021 年 11 月，《"十四五"大数据产业发展规划》的出台明确了未来五年大数据产业发展工作的行动纲领，促进大数据产业从规模增长向结构优化、质量提升转型。2022 年，党中央、国务院先后通过《关于构建数据基础制度更好发挥数据要素作用的意见》等文件，多次强调了释放数据要素价值对于我国发展的必要性、紧迫性，为我国大数据发展提供了良好的政策环境和明确的发展目标。

目前针对建筑业，大数据技术应用领域广、适用性强，工程项目领域理应顺势融入大数据时代，依靠更先进的技术、更科学的方法、更客观的分析，帮助企业实现管理质量和管理效率质的突破，助推传统管理模式向数字化、信息化管理模式转变，助力工程项目领域实现转型升级。

1. 大数据的定义

大数据是一个较为抽象的概念，正如信息学领域大多数新兴概念，大数据至今尚无确切、统一的定义。

在维克托·迈尔-舍恩伯格及肯尼斯·库克耶编写的《大数据时代》中大数据指不用随机分析法（抽样调查）这样捷径，而采用所有数据进行分析处理。在维基百科中关于大数据的定义为："大数据"是由数量巨大、结构复杂、类型众多的数据构成的数据集合，是基于云计算的数据处理与应用模式，通过数据的集成共享、交叉复用形成的智力资源和知识服务能力。大数据（Big Data），或称巨量数据、海量数据、大资料，指的是所涉及的数据量规模巨大到无法通过目前主流软件工具在合理时间内达到截取、管理、处理，并整理成为帮助企业经营决策积极有效的信息。

2. 大数据的特征

大数据不是一种新技术，也不是一种新产品，而是一种新现象，是近年来研究的一个技术热点，大数据具有以下特点，即四个"V"：

（1）数据规模大（Volume）。从 TB（1TB＝1024GB）级别，跃升到 PB（1PB＝1024TB）级别。海量信息都被记录在大数据中，数据本身也出现了爆发式增长。其中，大数据计量单位逐渐发展起来，目前大数据计量已达到 EB 级（1EB＝1024PB）。

（2）数据种类多（Variety）。数据来自多种数据源，主要包括结构化数据、非结构化数据和半结构化数据。结构化数据是将事物向便于人类和计算机存储、处理、查询的方向抽象的结果，例如表格、关系型数据库；非结构化数据没有统一的结构属性，难以用表结构来表示，例如音频、视频、图片；半结构化数据就是介于完全结构化数据和完全无结构的数据之间的数据，例如 HTML 文档，文档中的数据结构和内容混在一起，没有明显的区分。

（3）数据要求处理速度快、时效高（Velocity）。处理速度快，时效性要求高，这是大数据区分于传统数据挖掘最显著的特征。既有的技术架构和路线，已经无法高效处理如此海量的数据，而对于相关组织来说，如果投入巨大采集的信息无法通过及时处理反馈有效信息，那将是得不偿失的。可以说，大数据时代对人类的数据驾驭能力提出了新的挑战，也为人们获得更为深刻、全面的洞察能力提供了前所未有的空间与潜力。

（4）数据价值密度低（Value）。随着物联网的广泛应用，信息感知无处不在，信息海量，但价值密度较低。如何通过强大的机器算法更迅速地完成数据的价值"提纯"，是大数据时代亟待解决的难题。

这些特性使得大数据区别于传统的数据概念。大数据的概念与"海量数据"不同，后者只强调数据的量，而大数据不仅用来描述大量的数据，还更进一步指出数据的复杂形式、数据的快速时间特性以及对数据的分析、处理等专业化处理，最终获得有价值信息的能力。

3. 大数据的挑战

目前，大数据技术的运用仍存在一些困难与挑战，体现在大数据挖掘的四个环节中。

（1）价值密度低。相比于其他类型的项目，工程项目具有数据量巨大、覆盖面特别广、工期比较长、不确定性因素较多等特点。海量数据和信息本身仅仅作为过程资料保存留档，绝大部分资料和数据被认为无价值或者价值不大而最终被忽略、丢弃，并未充分发挥作用，对工程项目管理决策起到的作用非常有限。例如，在工程项目进度管理中，如果不能将各类原材料进场的先后顺序、进场时间、各工种工人单位时间内的生产效率等信息转化为数据，并及时做出处理，可能会出现影响工程总体进度的情况。

（2）数据存储量大。要达到低成本、低能耗、高可靠性目标，通常要用到冗余配置、分布化和云计算技术，在存储时按照一定规则对数据进行分类，通过过滤和去重，减少存储量，同时加入便于日后检索的标签。

（3）数据处理复杂。有些行业的数据涉及上百个参数，其复杂性不仅体现在数据样本本身，更体现在多源异构、多实体和多空间之间的交互动态性，难以用传统的方法描述与度量，处理的复杂度很大，需要将高维图像等多媒体数据降维后度量与处理，利用上下文关联进行语义分析，从大量动态而且可能是模棱两可的数据中综合信息，并导出可理解的内容。如何在工程项目管理中利用大数据技术、云计算来深层次挖掘真实数据、分析数据、提取有效数据作为决策支撑是亟待解决的问题。

（4）结果的可视化呈现，使结果更直观以便于洞察。目前，尽管计算机智能化有了很大进步，但还只能针对小规模、有结构或类结构的数据进行分析，谈不上深层次的数据挖掘，现有的数据挖掘算法在不同行业中难以通用。

4. 大数据在工程建设领域的应用

（1）将大数据应用到建筑企业供应商选择

在建筑大数据平台建设过程中可以预设供应商的淘汰和引入机制，并建立合格的供应商库制度和黑名单制度，对于黑名单中的供应商一律不予考虑，在评标过程中可以省去技术评审、商务评审等步骤，评审委员只需对评审结果进行把握，检查与实际情况的偏差等情况。同时，由于不同区域的材料价格、气候条件、政策等的不同，不同区域之间的供应商淘汰和引入机制也应有所不同，同时在建筑企业系统内将不同区域之间的黑名单进行共享。目前该方法的使用还需具备一定的条件，一方面是大数据技术的发展和应用还不够成熟，建筑大数据平台的构建以及数据整合、提取与去噪尚未实现；另一方面是大多数的企业还不具备大数据的思维，大数据的使用成本还比较高，该方法的具体实施环境还不完善。

（2）建筑活荷载的大数据调查方法

可靠的荷载取值是建筑结构可靠性设计的基础。传统上采用入户抽样称重的方式调查建筑物活荷载，存在效率低、成本高、周期长、样本少、时效性差以及大件物品称重困难等问题。基于大数据研究思维，提出大数据支撑下的建筑物活荷载调查的新方法，综合利用照片、语音、文本、手机测量、人机结合等各种前端信息获取方式，得到各类物品的直接或间接特征，再结合网络大数据和网络爬虫技术，最终得到各种物品的重量。可以在不进行现场称重的前提下获得具有较好精度的重量结果，成本低而效率高。

（3）标准件生产

在标准生产方面，依托工业互联网、大数据等技术与智能化生网络化协同、规模化定制等模式，将建筑构件、部件生产需求与制造能力、工业知识精准匹配，推进标准化、模块化、集成化发展，增强资源高效配置和产能利用水平，实现工厂制造与现场建造一体化推进。

（4）民用建筑"四节一环保"大数据平台建设

借助现有的互联网、大数据可视分析和地理信息等先进技术，构建"四节一环保"大数据平台，实现数据的持续采集、存储、更新、统计、分析和共享，支持宏观分析决策工作。大数据可视分析是指在大数据自动分析挖掘的同时，利用支持信息可视化的用户界面以及支持分析过程的人机交互方式与技术有效融合计算机的计算能力和人的认知能力，以获取对于大规模复杂数据集的洞察力。平台的数据中心集成了海量多源异构的"四节一环保"数据，为了更加直观清晰地展示数据和高效深入地挖掘数据，使用大数据可视化技术进行展示与分析。

### 12.2.4 数字孪生技术概述

《国民经济和社会发展第十四个五年规划纲要和2035年远景目标》明确提出"以数字化助推城乡发展和治理模式创新，全面提高运行效率和宜居度"，要"探索建设数字孪生城市"[14]。2022年12月23日，科技部、住房和城乡建设部发布的《"十四五"城镇化与城市发展科技创新专项规划》中提出：研究建筑、大型交通枢纽与市政公用设施智慧运维关键技术装备，研究城市数据大脑及数字孪生城市建设理论与技术，构建全场景智能监测预警和智慧综合运维服务平台。

随着科技的飞速发展，数字孪生技术逐渐成为建筑行业的一个新选择，作为将物理世界与数字世界相连接的创新方法，无缝互动与反馈的数字孪生可能为建筑环境带来深远的变革，为建筑环境的规划、设计、施工和运营管理提供了全新的可能性。

1. 数字孪生的概念

学术上对数字孪生的定义是以数字化方式创建物理实体的虚拟模型，借助历史数据、实时数据以及算法模型等，模拟、验证、预测、控制物理实体全生命周期过程的技术手段，是未来城市形态演变的重要方向。在建筑工程行业，数字孪生不仅仅是做一个模型，而是对产品和生产系统的持续优化，主要包含四个方面：①对产品、对建筑实体进行数字化，建立模型，这是前几年用 BIM 经常做的；②对工程、对工艺进行数字化，让人的动作标准化；③对过程、流程进行数字化；④对生产进行数字化，这里的生产既包括现场也包括工厂。因此数字孪生不仅仅是我们说的模型、实体，还包括以上这些部分。

"数字孪生"赋能建筑产业的典型场景在规划设计、生产施工、产品交付、运维管理等全生命周期中均有体现，最终通过全数字化实现"想象即现实，所见即所得"。

2. 数字孪生的特点

(1) 互操作性：数字孪生中的物理对象和数字空间能够双向映射、动态交互和实时连接，因此数字孪生具备以多样的数字模型映射物理实体的能力，具有能够在不同数字模型之间转换、合并和建立"表达"的等同性。

(2) 可扩展性：数字孪生技术具备集成、添加和替换数字模型的能力，能够针对多尺度、多物理、多层级的模型内容进行扩展。

(3) 实时性：数字孪生技术要求数字化，即以一种计算机可识别和处理的方式管理数据以对随时间轴变化的物理实体进行表征。表征的对象包括外观、状态、属性、内在机理，形成物理实体实时状态的数字虚体映射。

(4) 保真性：数字孪生的保真性指描述数字虚体模型和物理实体的接近性。要求虚体和实体不仅要保持几何结构的高度仿真，在状态、相态和时态上也要仿真。值得一提的是在不同的数字孪生场景下，同一数字虚体的仿真程度可能不同。例如工况场景中可能只要求描述虚体的物理性质，并不需要关注化学结构细节。

(5) 闭环性：数字孪生中的数字虚体，用于描述物理实体的可视化模型和内在机理，以便于对物理实体的状态数据进行监视、分析推理、优化工艺参数和运行参数，实现决策功能，即赋予数字虚体和物理实体一个大脑。因此数字孪生具有闭环性。

3. 数字孪生在工程建设领域中的应用

(1) 智慧城市

随着移动互联网、云计算、大数据等新一轮信息通信技术的发展，智慧城市逐渐成为城市建设的重要发展趋势。在智慧城市的发展和建设过程中数字孪生的理念也得到了进一步的应用。目前已有学者阐述了物理城市、虚拟城市、城市大数据、虚实交互、智能服务之间的关系，搭建了数字孪生城市的运行框架。我国政府将数字孪生城市作为实现智慧城市的必要途径和有效手段，在雄安新区的规划中致力于将雄安打造为数字城市。中国信通院成功举办了 3 次数字孪生城市研讨会，得出了一系列理论研究成果。将数字孪生理念应用于智慧城市建设中，要明确智慧城市管理服务的动态实现与虚拟地理环境是紧密联系的。

未来，智慧城市的主要工作就是打造数字孪生城市，其根本目的是产生新的应用、社会价值及生产力。而城市运营流程的数字孪生化主要是智慧政务、数字政务等内容。数字孪生驱动的智慧城市能够达到虚拟服务现实、模拟仿真决策、智能化发展的目标。

(2) 智能建筑

近年来，随着现代化信息技术的不断提升和应用，建筑行业也获得了很大的发展，其中数字孪生技术在建筑行业的应用推动了智能建筑的发展。例如在建筑测量过程中提出数字化监测方法，解决了传统建筑质量监测中误差过大等问题。火灾自动报警系统，为智能建筑的防火控制搭建了数字孪生理论体系基于 BIM 的绿色智能运维管理平台，实现了运维过程的数字孪生。在智能建筑运维方面，不少专家学者正研究数字孪生驱动的消防安全疏散方法，利用建筑信息建模技术和物联网技术，结合智能算法，实现环境信息实时采集及疏散路径规划等功能。在建筑装修方面，随着数字技术的不断完善，虚拟现实技术驱动的室内装饰成为主流。另外，室内设计也在创造性地使用互联网空间设计平台。由此可见，在建筑的装饰装修领域，数字孪生技术已经有所应用，并不断提高装饰的精度。在数字孪生技术架构下，建筑的施工和运维不断智能化，这也促进了智能建筑的发展。

（3）装配式建筑

无论是装配式建筑还是数字孪生，为更快达到建筑行业智能化的产业目标，二者结合将对行业发展形成创新思路，建立具象化、细节化的安装整体体系框架。利用数字孪生技术实现装配式构件的安装智能化管理过程中，施工现场重点要素集中于构件完成吊装后的宏观定位、构件间拼接精准定位及构件连接牢固度监测环节。将数字孪生技术应用到装配式建筑业，辅助装配式构件安装为主体目标，得到安装现场的实时施工进展和相关人员、设备状态数据，为施工计划和实时安装进度提供参考和理论依据，实现装配式构件施工的三维可视化与数据智能化交互，遵循"十四五"期间建筑业信息化发展纲要中提及的绿色施工、优化成本、早日实现碳中和的要求，少人、无人化施工场地建设，及建立完善项目智能化建造方案的发展目标，对工程建造过程和建筑全生命周期高效监测具有推动作用。

（4）数字施工

在生产施工环节，数字孪生的应用较为成熟。一方面，通过数字生产线，先试后建，全数字化虚拟建造，建成数字虚体建筑，从而提升建造全过程精细化管理的"软实力"；另一方面，通过实体生产线，完成工厂的实体生产和工地的实体建造过程，建成物理实体建筑，形成智能建造和优质服务的"硬实力"。概言之，数字孪生推动未来房子建两遍，先全数字化虚拟建造一遍，再工业化实体建造一遍，大幅度提高生产施工效率。在产品交付环节，通过数字孪生虚拟建造，可交付工业级品质的建筑。以广联达西安大厦为例，利用数字孪生技术，通过数字建筑平台赋能，实现数据驱动的精益建造，如计划排程到末位级、时间精确到小时、任务执行最小到工序和"图纸模型"细化到构件等。数字孪生实现了对人员、机械、材料、环境等各要素的实时感知、可视化分析、智能决策和智能执行，推动进度动态优化、费用及时支付、质量零缺陷、安全零事故，最终达成了项目成功目标。

（5）生态管理

此外，数字孪生还能赋能生态治理，助力生态信息模型（EIM）平台的搭建，使生态治理可视化、可量化、可优化，助力生态长效运营。以重庆智慧广阳岛项目为例，该项目以广联达 EIM 数字孪生平台为依托，通过深化顶层设计，建设以 5G、物联网、云数据中心、AI 平台等为核心的新型基础设施，形成智慧广阳岛智能化硬件基础。在此基础上，搭建智慧生态、智慧建造、智慧管理、智慧风景四大智慧应用系统，建成集智慧展示中心、监测评价、指挥调度于一体的智慧管理中心，支撑了"长江智慧风景眼，重庆数字生态岛"的建设。

### 12.2.5　区块链技术概述

2021年6月，工业和信息化部发布的《关于加快推动区块链技术应用和产业发展的指导意见》中明确，到2025年，区块链产业综合实力达到世界先进水平，产业初具规模，区块链应用渗透到经济社会多个领域。党的二十大报告提出，要"加快发展数字经济，促进数字经济和实体经济深度融合，打造具有国际竞争力的数字产业集群"。"十四五"规划纲要中将区块链作为新兴数字产业之一，提出以联盟链为重点发展区块链服务平台和金融科技、供应链金融、政务服务等领域应用方案等。随后，各部委陆续出台的"十四五"各行业各领域发展规划，对各领域如何利用区块链技术促进经济社会高质量发展做出了战略部署。区块链技术有助于促进建筑业中数据共享、优化业务流程、降低施工成本、提升项目相关方协同效率、建设可信体系。

1. 区块链的概念

区块链在本质上是对等网络、共识机制、密码学、智能合约等一系列成熟技术的重新组合，是一种去中心化的分布式账本技术，通过不断增长的数据块链（Block Chain）记录交易和信息，确保数据的安全和透明性。

2. 区块链的发展历史

（1）区块链1.0——加密货币

区块链的概念最早由中本聪提出。最初，区块链1.0被引入是作为一种安全验证和存储交易信息的模式被用于加密货币。比特币（Bitcoin）是第一个被引入金融行业的区块链应用。除比特币外，还有许多其他的加密货币，如莱特币（Litecoin，LTC）、多吉币（Dogecoin）、以太坊（Ethereum）等。

（2）区块链2.0——智能合约和金融应用

区块链2.0与1.0最大的不同就是在数字货币基础上加入了智能合约。通用计算机编程语言使用户能够开发在区块链上运行的智能合约，智能合同被定义为自动执行合同条款的计算机化交易协议。智能合约可以实现更复杂的可编程交易，同时加强用户之间的互信机制，成为区块链2.0的核心技术。智能合约实现了业务流程的数字化和自动化；即自动执行合同，其中执行由共识机制完成。智能合约以计算机代码的形式编写，并在以太坊、EOS等区块链中部署和执行。

（3）区块链3.0——行业应用

区块链3.0的使用被认可用于货币、金融和市场以外的应用，特别是与政府、卫生、科学、艺术、文化和其他相关的应用，从而发挥区块链的非货币属性。例如，区块链被认为是防止身份盗窃的理想解决方案。由于存储在区块链中的数据被认为是不可变的，欺诈者不可能在没有50%节点的帮助下更改数据。因此，可以通过区块链实现身份保护。除此之外，区块链还可用于境外援助，目前向难民和流离失所者提供援助的制度存在效率低下等若干问题。大多数国际救济援助费用的3.5%被用作交易费或其他相关费用，而由于第三方费用、盗窃或管理不善，估计所有发展资金的30%无法到达目标人群手中。为了避免这个问题，可以引入区块链来连接捐赠者和最终接收者，避免第三方参与。

3. 区块链技术的特征

区块链技术的特点包括去中心化、匿名性、安全性、不可变性、可验证性、准确性、透明性、去中介化、图灵完备。其中区块链的一个重要特性就是通过去中心化实现数据的不可篡改性，从而解决信任和共识的问题，建筑行业可行的很多应用正是基于这一特性。

（1）去中心化：区块链由分散的对等网络组成。因此，区块链分布式账本系统的主要特性是没有中央管理员或集中数据存储机制。

（2）匿名性：在区块链交易中，由于使用了公钥和私钥，人们可以选择保持匿名以保护自己的隐私，同时允许第三方验证自己的身份。这使得交易具有维护和保全隐私的能力。

（3）安全性：区块链使用涉及非对称公钥密码的加密机制来保护存储信息的有效性和防止欺诈。消息加密可以维护私有数据的隐私性，而数字签名则保证了数据的真实性、完整性和不可否认性。

（4）不可变性：存储在区块链上的数据被认为是不可变的，交易在记录被添加到区块链后无法撤销，所以分布式账本是所有交易的不可变记录。区块链只允许创建和读取操作。

（5）可验证性：交易通过时间戳在区块链上进行验证和记录，这使得用户可以通过访问分布式网络中的任何节点来轻松地跟踪以前的记录。

（6）准确性：进一步地，每条历史记录都经过共识验证，在更高的层次上提高了准确性。如果创建了伪条目，则会因无法达成共识而被识别和剔除。

（7）透明性：在公共区块链中，所有交易都是透明的，并向公众公布。活动记录可以公开，以便所有链上参与者都可以看到，或者可以根据需要控制透明度水平。

（8）去中介化：区块链技术否定了第三方的参与，避免了需要可信中介。因此，可以降低运营成本，同时提高共享服务的效率。当第三方及其相关费用被移除时，买方和卖方将能够共享更多的价值。

（9）图灵完备：大多数现代区块链网络支持智能合约，开发者可以在区块链网络上构建和运行各种应用。图灵完备是通过使用此类编程语言中可用的所有丰富功能来创建分布式应用程序的关键因素。除了比特币之外，大多数区块链网络（如以太坊、EOS和超级账本结构）都符合图灵完备，并支持有状态合约。

4. 区块链技术在工程建设中的应用

（1）利用区块链技术进行工程招投标辅助验证

因区块链技术的不可篡改性，使得建筑行业从业人员的从业经历有可能更加透明和可信赖，从而可辅助身份验证。如在大型工程项目招标时，按照现在的规定需要对项目负责人的执业资格、职称、以往同类规模和专业的项目经验等有较为严格细致的要求，在政府项目和依法必须招标的社会投资项目进行资格预审和评标时需要花费大量时间和精力进行真伪验证等。采用区块链技术后，可以更好地反映和输出建筑行业从业人员的真实经验，从而有效降低交易成本。

（2）利用区块链技术进行工程质量安全事故溯源调查

因区块链技术可提供溯源性追索，在建设工程项目质量安全事故调查中，可以快速清晰地查证到究竟是哪一步未按照质量安全规范进行操作，应当由哪家参建单位哪位工程师负责，使得传统的"物勒工名"习惯在区块链技术下更为便捷和准确，从而进一步保证了建设工程项目质量安全，有利于政府监管部门对市场参与者的实时监督和事后追责。

（3）将区块链技术应用在 BlM 协同建模与共享中

与 BIM 技术结合，项目参建各方都能方便地为 BIM 模型做出贡献。通过区块链技术有效记录项目管理过程，在业主和项目团队、承包人、设计人、监测、许可、投标、安装、授权和项目运营方之间执行智能合约，项目前期的立项审批记录、项目施工过程中的各种许可、项目竣工验收过程中的权益转移以及建筑使用中的物业管理等过程均可永久有效地记录并随时可查询。

（4）利用区块链技术提高建材物流效率并保存物流全程记录

基于区块链技术的共识机制和分布式存储特点，解决建筑材料重量大、体积大、运输环节长、角色多、良莠不齐等问题，使建材从生产出厂、仓储运输、堆放、最终使用都有据可查。通过将建材所有参与者的数据连接并记录到区块链网络中，有效解决因各参与方的信任未知和物流信息离散而产生的纠纷，保证建材的安全性和可靠性，同时也可以提高运输车辆匹配效率，降低物流成本，对建筑固废垃圾的处理也能实现有效的监督。

（5）利用区块链技术实现工程造价数据积累和传递

通过区块链技术的加密算法帮助工程造价数据的积累与分析，将单个工程项目的钢材、水泥、人工、机械等数据信息进行脱敏处理后，在保护项目业主隐私的情况下提供分布式造价数据存储方案，这种存储机制下的数据可以用来进行价值工程分析和改进，通过造价数据的流通和整合推动建筑工程成本的降低，也有助于建筑行业知识积累与传递。

### 12.2.6　5G 技术概述

2021 年，《国民经济和社会发展'十四五'规划》中提出："加快 5G 网络规模化部署""构建基于 5G 的应用场景和产业生态""推动 5G、大数据中心等新兴领域能效提升""深化工业、建筑、交通等领域和公共机构节能，推动 5G、大数据中心等新兴领域能效提升"等要求。2022 年 3 月，国务院政府工作报告中指出，要促进数字经济发展，加强数字中国建设整体布局，建设数字信息基础设施，推进 5G 规模化应用，促进产业数字化转型，发展智慧城市、数字乡村。由此可见国家对 5G 行业的重视程度不断提升。5G 技术在建设领域也具有广泛的应用场景，包括 5G＋智慧消防、5G＋智慧楼宇、5G＋智慧排水、5G＋智慧道路、5G＋轨道交通、5G＋智慧综合管廊、5G＋智慧工地等。

1.5G 的概念

5G，即第五代的蜂窝移动通信（5th Generation Mobile Communication System），相较于以往的移动通信技术而言，5G 一改面向消费娱乐通信应用的目标，专门设计高上行速率、低时延、高可靠、海量连接、高能效、高安全等工业特性，成为面向各行业应用的工业级移动通信系统。5G 还需要大幅提高网络部署和运营的效率，相比 4G，频谱效率提升 3 倍，能效和成本效率提升百倍以上。

国际电信联盟（ITU）定义了 5G 的三大类应用场景，即增强移动宽带（eMBB）、超高可靠低时延通信（uRLLC）和海量机器类通信（mMTC）。其中的海量机器类通信（mMTC）主要面向智慧城市、智能家居、环境监测等以传感和数据采集为目标的应用需求，将其运用到智慧建筑之中，可使国家有效实现建设智慧城市的发展目标。

2.5G 技术的特点

第五代移动通信（5G）具有三个显著的技术特征：

（1）增强的移动宽带（eMBB），支撑大流量移动宽带，满足极致移动体验。

（2）超高可靠低时延（uRLLC），保证通信的高安全性、超高可靠性和超低时延性。

（3）海量机器类通信（m MTC），支持人与物大规模通信，满足超高密度、深度覆盖和超低能耗要求。5G 能更好应对爆炸性移动数据增长、海量设备连接和新业务应用场景。

更重要的是，5G 技术将伴随 AI、云计算、大数据、区块链等高精新技术协同发展，实现万物感知、万物互联、万物智能，可渗透到城市建设和治理的各领域，推动全产业链创新融合发展，引领一场新的革命，给各行各业带来全新的发展机遇。

3.5G 技术在工程建设领域中的应用

（1）5G＋智慧运维

智慧建筑中很重要的一项就是建筑物内各类设备的运维以及建筑节能的智能化分析和管理。5G 时代将实现监控系统的无线化，相较于传统有线系统，无线技术更加灵活、便捷，能够契合各种场景；同时结合边缘计算技术，能够增加系统计算能力，可以将采集的数据在现场进行处理，避免大量低价值的数据全部回传至核心，降低时延并缓解网络压力。

例如，5G 对建筑设备的监控，如冷水机组、冷却塔、冷冻泵等设备。温/湿度传感器、压力传感器、流量计等各类采集设备均可通过 5G 网络将有关数据传输至具有边缘计算功能的网关内，网关可以通过智能节能算法对各项数据进行分析，计算出当前工况下最优的运行逻辑，将控制指令通过 5G 网络发送至受控设备，来调节设备的运行状态，保证系统安全、高效运行，实现智能节能控制。

（2）5G 视频远程辅助

利用 5G＋AL 技术建立远程协作系统，远程连线专家及领导组建视频会议，对建筑工程实现远程巡检、指导、交流，实时进行语音、文字、视频交互，同步指导，缩短了时间和空间的距离。利用 5G 网络的大带宽、低时延、广连接、组网灵活等特性，应用于视频监控系统可提供毫秒级时延，每平方公里百万连接，可以支持 40 路 1080P 视频或 5 路 4K 超高清视频上传。结合边缘计算和大数据分析等技术，可以建设一套具备超高清像素、人脸识别、车辆识别、行为分析人员定位等功能于一体的智慧视频监控系统。

（3）5G＋智慧数据系统

5G＋智慧数据系统将施工现场的智慧电箱、车辆出入口闸机、塔机监测、高支模监测、大体积混凝土监测、扬尘监测等设备的数据集成并展示于可视化看板。管理人员能根据项目节点需求，对展示模块位置、大小进行定制，同时联动 BIM 节点管理展示当前进度，使得管理人员能够在海量的设备信息中筛选出需求数据和内容，实现精准管控。

现场各种开关箱设备和施工现场塔吊照明设备数据汇总于此子系统，管理人员通过现场布控的监测点报警信息和天眼系统，综合判断现场是否出现安全风险，并由此子系统对各种开关箱和施工现场塔吊照明进行反向控制，保证现场大型机械使用安全，降低现场安全风险。

（4）5G＋高频扫描

我们偶尔会看到，一辆无人驾驶的实验车车顶上有一个高速旋转的设备，就是激光雷达。激光雷达上有一排激光，每旋转一周，就完成了一次周边环境的扫描。要获取高精度的信息，就必须通过激光高频的扫描完成。在一些特殊行业或者场景中，扫描频率必须要高，比如一些建筑工程监测设备、无人驾驶的激光雷达等。高频的扫描可以尽可能减少重要信息的遗漏，提前了解监测数据的变化。建筑施工现场实现数字化转型，海量的机器类终端通信必然要被更广泛的应用，并且需要部署在现场的各个角落，对实时数据进行有效的收集与传输，加上高精度的高频扫描应用，会抓取体量庞大的施工生产数据。而这些数据会通过 5G 技术，稳定地、及时地传输给云端处理器，处理器再将处理后的结果指令发送给项目的管理平台以及设备机械控制系统，管理者就可以通过网络，对施工现场各个关键角落进行有效监管。仅是结合 5G 技术的高频扫描应用这一点，就可以把建筑业安全生产的事故率降低 80%。

（5）5G＋智能电网

在开展智能建筑建设的时候，相关的建筑工程部门可以运用 5G 建设所属区域的智能电网，有效地保障 5G 技术能够为建筑工程部门提供专网服务，保障智能建筑中电力流与信息流的有效融合，有效地提高智慧建筑能源传输和信息传输的效果，消除外界网络环境对于智慧建筑建设的不良影响，以智能电网的专网服务保障智慧建筑工作的安全、顺利和高效开展。所以，相关的建筑工程部门应在集成的、高速双向通信网络（5G）的基础上，通过先进的传感和测量技术、设备技术、控制方法以及先进的决策支持系统技术建立智能电网。并结合实际的智慧建筑施工情况，将智能电网合理地运用到实际的工作之中，使整个智慧建筑工程能够得到智能化与信息化地开展，进一步提高智慧建筑的建设效果，加快我国智慧城市建设发展的步伐。

4.5G 网络建设在工程项目中的挑战

（1）环境的挑战

环境的挑战主要集中在工程项目类型复杂和信号稳定性这两方面。对线性工程例如高速公路，项目长度都在几百公里甚至上千公里；地铁和隧道的建设环境在封闭的地下，同样也涉及项目长且复杂的挑战；房建工程多处于大面积空地或相对偏远的区域，难以做到信号的覆盖。对于信号的稳定性问题，工地现场会涉及大量金属构件的应用，金属件位置的移动可能会对信号产生屏蔽；同时工地现场的环境简陋，水电等资源往往是临时性供给，缺乏稳定性，所以对于 5G 组网过程中终端设备的续航、发射功率的提供都提出了不同层面的诉求。

（2）成本的挑战

成本方面也是在工地进行 5G 组网建设要考虑的重要问题。对于一个工程项目而言，为了保证网络全覆盖，5G 基站数量需求大且基站建设成本高、终端设备价格贵等都导致设备投资比较高。在建造过程中涉及的参与方众多，核心包括业主方、设计方和承建方。在 5G 网络组网建设过程中，产生的费用主要会由承建方承担，由于建设方在工程交付后就结束了与业主方的履约过程，5G 基站的建设费用只覆盖了建造过程，在投入产出比方面并不划算，所以成本问题不容忽视。

（3）网络通信设备的挑战

对于 5G 组网建设中通信设备运维和 IT 系统维护方面，作为承建方的施工单位将会面对多方面的挑战。工地环境较为复杂，有线设备和线路在施工过程中很容易被工人损坏，无意地挖断光纤、损坏设备的情况时有发生，同时雨水冲泡、粉尘腐蚀也会造成通信设备的损坏。这对于网络的稳定性就提出了一定的要求，承建方又不具备设备维护的能力，5G 网络建设完成后，如何快速响应海量通信设备发生故障后的发现、诊断和维护工作也是主要挑战之一。

## 12.3　建筑企业信息化应用软件

现在的建筑企业信息化应用软件非常多，应用范围各异，大致有这样一些功能的软件：以网络分析为核心的通用项目管理软件，例如 P6、Project、Open Plan、Link Project 等；特殊功能的软件，例如工程概算及预算软件、合同控制软件、风险分析、项目后勤管理、项目评估软件等；仅在日常工作中起辅助作用，作为日常工作和信息处理工具的工作岗位软件，例如文本处理软件、表处理软件、制度软件、数据库软件等。

### 12.3.1　项目管理软件的应用

项目管理软件主要有费用管理软件、进度计划管理软件、资源管理软件、风险管理软件、过程管理软件等。

1. 项目管理软件的基本功能

（1）实现施工企业的信息共享

实现企业内部的信息共享可以确保企业所采用的标准的统一。能够保证在同一个工程项目中不同的施工人员所接收的信息一致，包括施工进度、施工时间、财务预算及物资采购等，此外，实现信息的共享也便于企业经验数据的积累。

（2）实现工程项目信息的快速处理

先进的计算机数据库管理系统具有非常便利的数据查找算法，能够供管理者从众多的数据中查找到所需要的信息，并且所耗费的时间很短。

（3）确保统计资料的准确性

传统的工程项目管理中，数据资料在传递或者存储时可能会由于人为因素导致资料不准确。而采用工程项目管理软件进行处理时，工程项目数据是存储在计算机数据库中，用户需要获得数据时只需要从中调出即可，能够保证资料的准确性，避免由于信息的传递错误导致物资调度或者施工进度出现问题。

（4）可以呈现不同的报表形式

通常情况下，报表是常用的数据信息统计以及传递的一种形式。但是不同的数据往往需要采用不同的报表格式，所以工程项目管理软件应该能够根据用户选择数据信息制成不同格式的报表。

（5）通过模拟计算来辅助决策

一个项目的实施往往都需要较长的时间，短则数月，多则几年，并且在项目实施的过程中还会遇到原始物资缺乏、施工工艺不满足要求、施工进度缓慢等问题，这些都会给这个工程项目的管理带来许多困难，因此工程项目管理软件需要能够对工程项目进行模拟计算，将分析结果供管理人员进行参考，辅助管理人员进行科学合理的决策。

2. 项目管理软件在工程建设领域的应用

（1）进度计划管理软件

指的是对建设工程进行适当的调控，以便使得工程在规定的计划时间内完成。对建设工程项目来说，进度是项目管理控制的要素之一，时间就是宝贵的资源，基于网络技术的进度计划管理功能是建设工程项目管理中使用最普遍的、技术最成熟的功能，是项目管理信息化系统中的重要内容。在进度计划管理软件中其网络整体结构主要有两种：一种是多级网络；另一种是多阶网络，在划分层次上和多级网络相同，但是各个阶段之间具有相互关联的特点。

例如，科威特国民银行新总部大楼（NBK）项目位于科威特城金融中心的核心区，采用Primavera 6（简称P6）项目管理软件作为施工进度计划编制、施工过程时间、资源及费用动态监控和控制的工具。

（2）费用管理软件

指的是对建设工程中所需要花费的资金进行有效的管理，对建设工程进行预算和费用评估，以便确保建设工程费用控制在预期范围内。费用管理软件的功能主要有投标报价、预算管理、费用预测、费用控制、绩效监测、差异分析等。费用管理包括预算、报价和分析管理、中期的结算和分析管理以及竣工后的决算和费用分析。

例如，在日常的财务信息管控中，及时采用ERP改进财务部门工作方式，有效提高人员核算能力和财务管理水平，大力提倡信息化渗透。

（3）资源管理软件

主要指的是对建设工程所涉及的各种资源进行有序的管理，例如人力资源、机械设备、材料等资源。同时还包括工程量和影响因素等有利于提高项目管理效率的因素。其主要功能包括具有完善的资源库、能够自动调配所有可行的资源，并对资源需求和供给进行差异分析。

（4）风险管理软件

指的是对建设工程在施工过程中可能出现的各种风险进行预估和评价，并采取有效措施解决。例如对费用风险、技术风险、时间风险等进行有效管理。

（5）过程管理软件

指的是将建设工程所有的过程集成在一起，以便确保项目目标的实现。过程管理功能是每个项目管理软件必须要具备的功能，主要是对项目管理工作中的项目启动、计划编制等提供帮助。

（6）假设分析

项目管理系统一个非常实用的特点是进行假设分析。用户可以利用这一特点来探讨各种情形的效果。在某一项目的一些节点上，用户可以向系统询问："如果拖延一周，会有什么结果？"系统会自动计算出延迟对整个项目的影响，并显示出结果。例如，某个建筑项目，要研究木材消耗率上升15%将发生什么结果，承包商只要把这一变化输入计算机，所有的相关费用成本就能显示出来，几乎可以对项目中所有变量（人员、工资率、成本）进行测试，观察发生具体情况的影响。这种分析能使项目经理更好地控制有关项目的各种风险。

### 12.3.2　工程造价软件的应用

1. 工程造价软件的基本功能

通常情况下工程造价软件要能够达到以下功能：人、材、机表模块需求功能；总体需求功能；分部分项模块需求功能等。

（1）人、材、机表模块需求功能

人、材、机表模块主要是对单位工程中的人工、机械以及材料来进行分析和汇总。该模块主要是通过应用多种展现形式来对人、材、机数据，人、材、机汇总数据等来进行专业化处理。此外，在人、材、机表模块中，能够对人、材、机价格调整，对单条人、材、机价格、浮动率以及厂家产地等信息进行调整。借助造价软件设计，工程造价中的合价分析、价差对比等处理，都能够迅速、快捷、准确地实现。同时，造价软件也具备市场价引用功能，该功能主要包括人、材、机价格的复用功能，人、材、机价格导入功能等。

（2）总体需求功能

该功能促进了清单模式的造价软件同定额模式造价软件之间的合并。通过两种造价软件的合并有助于提高客户工作效率，合并之后用户可以自主决定到底选择哪种造价软件合适。造价软件虽然各有不同，但是编制流程却是相似或相同的。为了方便使用可以把所有的工程造价软件放到一个造价软件中来使用。

（3）分部分项模块需求功能

分部分项模块是造价软件中的重要部分。工程造价中的各项计算数据主要来源于分部分项模块。在该模块中，清单、分部、定额人材机进行录入编制，实现造价计算。

2. 工程造价软件在工程管理领域的应用

（1）工程造价软件在工程预算的运用

工程造价软件会依照人工预算与审计工作的流程，并将所有具有工程量的设计图纸存入计算机中，利用软件自身强大的功能来进行预算，从根本上提升原有造价工作的效率与质量，缩短了人员的工作时间，极大程度降低了原有人工操作所产生的较多失误与漏洞。

（2）工程造价软件在审计中的运用

首先，工程造价软件改变了传统工程造价的审计方法，可以实现单方面综合造价。运行工程造价软件，选出其中的分项工程，通过对原来的直接费用和综合费用进行调差分配，可快速准确地看出分项工程的真实价格。经对比发现，工程造价软件提供的综合价格误差为零，同时建设单位对审计结果比较满意。

其次，工程造价软件让工程造价的审计抽样更有针对性，可以突出审计重点。在对工程项目结算的审计中，可以挑选对工程项目中工程量大、价格贵、数量多的分项目进行重点审计，从而提高了工程审计的效率。

再次，工程造价软件还可形成新的审计分析报告。在对工程造价进行审计时，通过对工程造价软件进行再次开发，使其能够根据分项目审计。开发后的工程造价软件，除了可以反映工程总价外，还可分析出每个分项目的差价以及引起差价的原因，从而让工程造价审计报告变得更全面、更直观、更有说服力。

3. 工程造价软件的发展前景

（1）向着网络化方向发展

在信息技术快速发展的今天，很多建筑工程造价管理中都应用了网络技术，并且工程造价软件的特征也逐步向着网络化、平台化、多元化的方向发展，与网络技术的特征越来越接近，能够满足日益发展的工程造价管理需求。很多城市和地区已经开始建立网络信息管理平台，使得造价软件的工作范围进一步扩大，使其能够渗透在工程项目的评估、预决算、造价管理等多个环节之中，确保信息和资源的质量，使项目造价管理的整体水平得到提升，为项目建设提供科学的依据。

（2）向着系统审核的方向发展

从当前造价软件应用的实际情况来看，通过计算机来进行造价管理已经十分成熟，能够实现对工程项目编制预算与调整。但是，当前的造价软件系统中，依然无法自动实现对工程造价的预算和调整，因此，在未来，审核功能将是工程造价软件系统发展的重中之重。对于造价系统本身来说，审核功能有利于系统对各种项目信息的处理，能够在保障运行质量的基础上，实现正向和逆向的推理，从而对工程造价出现问题的解决对策进行探索，能够实现更具针对性的工程造价管理。

（3）向着信息集成的方向发展

在造价软件使用的过程中，能够实现对各类信息的搜集和整合，使得造价人员通过对软件的使用，就可以对建筑市场进行深入分析，能够对人才市场进行了解，更能够对工程建设项目的各类资源进行整合，从而有效提高工程造价的效率。在未来，造价软件的集成化将更加突出，解决造价管理中存在的各种问题。

（4）基于 BIM 技术的工程造价

整合算量和计价软件是实现基于 BIM 编制造价的第一步，为基于建筑模型的清单项目编制建立数据信息通道，使得清单与模型实现有效连接，同时为后期造价指标数据的积累和应用提供了可视化的模型信息基础，使指标运用合理化，为基于 BIM 的投资估算、项目指标分析提供充分的后台数据支撑。

## 本 章 小 结

信息化是充分利用信息技术，促进信息交流和知识共享，提高经济增长质量，推动经济社会发展转型的历史进程。建筑企业信息化建设旨在将信息技术融入各生产经营和管理活动，提升企业整体水平和竞争实力。尽管我国建筑企业信息化水平相对较低，但在 BIM、云计算、大数据、数字孪生、区块链、5G 技术等方面已取得一定成就。

BIM 全称为建筑信息模型，是一个设施（建设项目）的物理和功能特性的数字表达，它具有协调性、可视性和模拟性的特征，可实现三维渲染、快速算量，具有实现精确计划、虚拟施工等优势。

云计算是通过网络按需提供可动态伸缩的廉价计算服务，具有高可扩展性、高可靠性、价格低廉等特点，常用于实现资源共享。

大数据是基于云计算的数据处理与应用模式，通过数据集成共享形成规模大且时效高的智力资源和知识服务能力，具有规模大、种类多、处理速度快时效高，但价值密度低的特点。

数字孪生是一种旨在精确反映物理对象的虚拟模型，可以将建筑物的三维模型与传感器、监测设备等数据源相连，具有互操作性、可扩展性、实时性、保真性、闭环性的特点。

区块链技术是一种去中心化的分布式账本技术，可将建筑全生命周期的所有历史信息记录在链上，具体去中心化、匿名性、安全性、不可变性、可验证性、准确性、透明性、去中介化、图灵完备的特点。

5G 技术作为工业级移动通信系统，具有高速度、广连接、低时延的优势，在建筑领域主要应用于海量的设备传输、无人塔吊、高清监控操作、机器人代替人工作业等方面。

除各类信息化技术之外，建筑企业也应用项目管理软件帮助企业运营。项目管理软件有实现施工企业的信息共享、实现工程项目信息的快速处理、确保统计资料的准确性、可以呈现不同的报表形式和通过模拟计算来辅助决策等基本功能。

**案例分析一**

## 中铁二十五局一公司项企一体数字化探索

"十四五"规划以来，以 5G、大数据、物联网为代表的现代信息技术正快速迭代，数字化浪潮席卷而来。中铁二十五局集团第一工程有限公司是一家大型综合工程公司。于 2021 年 5 月开始推行信息化建设。其信息化建设的整体过程遵循先项目后公司，先试点后推广，先建立标准后统一管理的原则。

（1）第一阶段：主要推进项目层系统应用，在试点项目引进 BIM5D 智慧工地系统＋智能物料验收系统并开始试点应用，试点项目承担着输出方法论、人才培养、信息化建设标杆打造等多项任务。在保障各项目正常使用的基础上，逐步推动数据赋能管理，制订管理制度，实现标准化、信息化管理，最终实现试点项目应用效果显著。

（2）第二阶段：引入 GEPS 项目管理系统（即项企一体化管理平台），在公司层统一规范各业务管理流程，加强对各项目合同、成本、分包、物资、设备等经济线业务的管控。通过规范各业务基础资源，将公司管理制度落地，并较大程度提高了各项成本数据的及时性、准确性，为公司管理提供数据支撑和决策依据，从而提高公司层管控水平。

（3）第三阶段：该公司为规范物资采购流程，控制物资成本，上线了数字采购平台（穗云采），将项目 C 类物资及部分 B 类物资由项目自采转为公司集采，把这一部分小而杂的物资进行集中管控，通过集中采购降低采购成本，规范采购流程，提高采购质量。

（4）第四阶段：将项目级与公司级系统进行集成，打破各系统数据壁垒，实现物资管理从招投标、采购、现场管理、库房管理、合同履约管理等各流程均在线上进行，搭建项企一体化平台，提高数据流通性，提升企业管理效率。

（5）第五阶段：推进系统应用及推广，完善信息化管理制度、考核办法，并定期检视系统使用情况，持续推进系统应用。

**案例来源**：广联达数字基建．数字化标杆企业——中铁二十五局一公司项企一体数字化探索．（2023-9-27）

案例分析题：

1. 你认为中铁二十五局一公司推进信息化建设中有哪些工作亮点？
2. 建筑企业信息化建设可为其带来哪些绩效？

**案例分析二**

## 中建三局的"云—网—端"数字化应用架构

建筑业是数字化水平最低的行业之一，建筑行业数字化的困难在于，建筑企业没有一个项目是一模一样的，组织管理非常困难，业务模型非常复杂，充满不确定性，管理标准化的程度非常低。

以最基础的数据采集为例，施工工地的项目经理或者安全员，白天跑工地检查项目的进度，晚上回到公司将风险信息从 Excel 录入项目管理系统，客观存在数据收集周期长、数据格式不统一等问题，大量相同数据需要重复填报到不同的系统，浪费时间和精力。建筑行业的数字化不是单点问题，而是全局问题，所以必然需要从顶层至底层的方法论，同时也要找到小场景的切入口，切实解决生产中的疑难杂症。

最终中建三局总结出了云-网-端的应用架构：

（1）应用归集到一个端。为管理层、员工等用户的各类场景提供统一应用服务端。实现一个千人千面的统一端，力出一"口"，使得数字化的能力能够更简单的在统一的端上按需使用。

（2）能力集中到一朵云。将企业的数字化能力与各类资源沉淀到云上、各类智慧场景连接到云上，数智平台是面向各级组织和产业开放的能力中枢。

（3）产业汇聚到一张网。将企业的核心数字化能力、资源整合能力、数据能力向产业输出，打造全新服务和产品生态，推动产业从劳动密集型向数据和技术密集型转变。

目前，中建三局全司已上线应用"数智建造平台"，实现了组织内全员工和全业务的线上管理。连接员工、组织、装备、伙伴，实现上下贯通、左右联动、内外协同、人机互动。最终通过在线、灵活、全面的数据，为企业各个层级及全产业链提供全方位数据服务。

**案例来源：**

[1] 中建三局：在数字世界里盖一座摩天大厦云栖战略参考 [EB/OL] . 云栖战略参考，（2021-12-23）

[2] 陈海峰. 数智建造引领建筑业发展方向——央企建筑工地展示多项技术 [EB/OL]. 中国新闻网，（2021-11-10）

**案例分析题：**

1. 建筑企业数字化的难点与障碍是什么？

2. 建筑企业"数智建造平台"在项目建造过程中具体如何实现？

思 考 与 练 习 题

1. 简述信息化的概念和层次以及建筑企业信息化的概念。

2. 阐述我国建筑企业信息化发展中存在的问题以及建筑企业信息化管理系统的概念。

3. BIM 主要应用于工程建设领域的哪些方面？

4. 简述大数据技术四个"V"的特征。

5. 云计算和大数据在工程建设领域有哪些方面的应用，两者的区别和联系是什么？

6. 阐述区块链技术的特点。

7. 5G 技术在工程建设领域中的应用有哪些？

8. 项目管理软件有哪些基本功能？其在工程建设领域有什么样的作用？

9. 工程造价软件主要在工程建设的哪些方面发挥作用？

# 参 考 文 献

[1] 吴拓 . 现代企业管理[M]. 3 版 . 北京：机械工业出版社，2017.

[2] 李红民等 . 建筑企业管理[M]. 北京：化学工业出版社，2012.

[3] 周绍朋 . 用"五大发展理念"引领企业创新[J]. 企业管理，2016(S2)：1-2.

[4] 张俊科 . 推行精细化管理提升企业管理水平的实践研究[J]. 中国国际财经，2018(02)：154.

[5] 肖彬，郭颖 . 两化融合背景下企业管理创新的理论框架研究[J]. 科研管理，2015，36(S1)：54-60.

[6] 汪士和 . 准确定位·建筑业迎来发展春天——学习《国务院办公厅关于促进建筑业持续健康发展的意见》有感[J]. 建筑，2017(07)：10-17.

[7] 何振声 . 浅论建筑业对国民经济的影响[J]. 中国经贸导刊，2017(02)：10-11.

[8] 桑培东，纪凡荣 . 建筑企业经营管理[M]. 2 版 . 北京：中国电力出版社，2014.

[9] 蔡雪峰 . 建筑工程施工组织管理[M]. 3 版 . 北京：高等教育出版社，2014.

[10] 王德中 . 企业战略管理[M]. 成都：西南财经大学出版社，2016.

[11] 吴照云 . 战略管理[M]. 北京：中国社会科学出版社，2013.

[12] 李云霞 . 高科技企业的组织结构优化研究[D]. 武汉：武汉理工大学，2012.

[13] 易明贵 . CR 集团有限公司的发展战略研究[D]. 上海：华东理工大学，2017.

[14] 王庚 . HNHD 建筑公司发展战略研究[D]. 哈尔滨：哈尔滨工业大学，2017.

[15] 王笃立，汪荣林 . 建筑企业经营与管理[M]. 2 版 . 北京：北京理工大学出版社，2013.

[16] 特伦斯·E·迪尔，艾伦·A·肯尼迪 . 企业文化：企业生活中的礼仪与仪式[M]. 北京：中国人民大学出版社，2015.

[17] 姚桂清 . 以企业文化建设促进大型建筑企业管理提升[J]. 铁道工程学报，2015，32(08)：100-105.

[18] 石莺歌 . 浅析建筑企业文化建设的现状及对策[J]. 科技创新与应用，2015(06)：166.

[19] 邓植谊 . 浅析企业文化建设的原则与途径[J]. 商场现代化，2016(30)：99 100.

[20] 张春珍 . 谈企业文化建设的层次性[J]. 江苏航空，2016(02)：53.

[21] 吴进梅 . 境外项目工程建设中的文化融合与管理[J]. 建筑技术，2017(12)：1335-1336.

[22] 刘晓初 . 建筑企业人力资源管理实务[M]. 上海：同济大学出版社，2014；64；280-285.

[23] 刘晓初 . 建筑企业人力资源管理实务操作手册[M]. 上海：同济大学出版社，2014；74；139.

[24] 萧鸣政 . 人力资源开发与管理[M]. 北京：科学出版社，2016；39-43.

[25] 姚裕群 . 人力资源开发与管理通论[M]. 北京：清华大学出版社，2016；339.

[26] 郭毅 . 市场营销学原理[M]. 北京：电子工业出版社，2014；35-36.

[27] 市场调研 . 中国行业研究报告中心，2014.

[28] 徐勇戈 . 马继伟 . 项目管理学[M]，西安：西安交通大学出版社，2014；9-10.

[29] 王新宏 . 现代管理学[M]. 天津：天津大学，2012；33.

[30] 阮连法，张凌，傅群 . 建筑企业管理学[M]. 3 版 . 杭州：浙江大学出版社，2012.

[31] 李红民，何秄僳 . 建筑企业管理[M]. 北京：化学工业出版社，2012.

[32] 田金信 . 建筑企业管理学[M]. 4 版 . 北京：中国建筑工业出版社，2015.

[33] 雷仲麓 . 建筑企业的全面计划管理[J]. 工程技术，2016，1002-8498(2016)18-0071-06.

[34] 刘颖.建筑企业管理教程与案例[M].北京：清华大学出版社，2015.

[35] 叶道华.建筑市场诚信体系建设研究[D].南宁：广西大学，2014：11-12.

[36] 刘军.EPC工程项目总承包管理模式研究[J].财经界（学术版），2016(20)：170-171.

[37] 汪建顺.BOT建设模式在我国的应用研究[J].工程与建设，2015，29(06)：869-871.

[38] 何清华，刘晴.集成项目交付(IPD)典型模式合同治理研究[J].建设监理，2016(02)：20-22.

[39] 中华人民共和国国务院.《中华人民共和国招标投标法实施条例》[Z].2017-12-28.

[40] 中华人民共和国国家发展和改革委员会.《电子招标投标办法》[Z].2013-02-04.

[41] 建筑业10项新技术.住房和城乡建设部.2017年：140-141.

[42] 李飞，李伟，李智，刘昭.《基于BIM的施工现场安全管理》[J].土木建筑工程信息技术，2015(10).

[43] 房屋建筑工程与市政基础设施工程竣工验收暂行规定[Z].2013.

[44] 丁士昭.建筑工程施工管理[M].北京：中国建筑工业出版社，2013：240-241.

[45] 住房和城乡建设部关于加强建筑工人职业培训工作的指导意见[Z].2015.

[46] 陈林聪.风电机组齿轮箱预防性维修与机会维修决策研究[D].北京：华北电力大学，2016.

[47] 阮连法，张凌，傅群.建筑企业管理学[M].3版.杭州：浙江大学出版社，2012.

[48] 田金信.建筑企业管理学[M].4版.北京：中国建筑工业出版社，2015.

[49] 王凤起.从工法看我国建筑业企业技术发展进程[J].施工技术，2015，1002-8498(2015)18-0071-06.

[50] 赵广军.预制装配式混凝土结构发展现状分析[J].质量管理，2016，1671-3702(2016)07-0016-04.

[51] 张立宁.建筑企业经营与管理实务[M].北京：煤炭工业出版社，2016.

[52] 陆培争.基于BIM和大数据的建筑工程质量管理研究[D].北京：中国矿业大学，2017：75-100.

[53] 国家标准化管理委员会.GB/T 19000—2016[Z].2016-12-30.

[54] 郝永池.建筑工程质量与安全管理[M].北京：北京理工大学出版社，2017.

[55] 中国建设监理协会.全国监理工程师资格考试辅导资料[M].北京：中国建筑工业出版社，2018：118-121.

[56] 国际标准化组织.ISO 9000—2015[S].2016.

[57] 任江博.建筑企业信息化建设研究[D].长春：吉林大学，2015.

[58] 张梦琪，李晓虹，熊伟.BIM技术的发展现状与前景展望[J].价值工程，2018，37(06)：212-213.

[59] 崔起飞.BIM在建筑工程中的应用[J/OL].工程技术研究，2018(02)：67-68[2018-03-17].

[60] 张梦琪，李晓虹，熊伟.BIM技术的发展现状与前景展望[J].价值工程，2018，37(06)：212-213.

[61] 董海斌.云计算技术浅析[J].中国新通信，2018，20(04)：54.

[62] 黄楠鑫，王佳.基于点云技术的BIM产品模型库建立方法研究[J].建设科技，2017(03)：24-26.

[63] 左自波，龚剑.3D激光扫描技术在土木工程中的应用研究[J].建筑施工，2016，38(12)：1736-1739.

[64] 马钊.项目管理软件在建设工程管理中的应用[J].电子测试，2014(24)：124-126.

[65] 牛增祥.工程造价软件设计研究[J].科技风，2014(05)：130.

[66] 万亚.浅谈工程造价软件在全面造价管理中的作用[J].赤峰学院学报（自然科学版），2017，33(06)：69-70.